河南省高等学校哲学社会科学创新团队支持计划“秦汉史”
（项目编号：2024-CXTD-08）阶段性成果；
国家社科基金后期资助项目“西汉皇权对皇朝的形塑瓦解研究”
（项目编号：23FZSB006）阶段性成果。

汉昭帝传

李 峰 著

人 民 出 版 社

目　录

绪　言

汉昭帝刘弗，初名弗陵，即位后因避讳而名“弗”，如张晏云:“后但名弗，以二名难讳故。”[①] 人们用到“弗”字要以“不”字代之，如荀悦曰:“讳弗之字曰不。”[②] 生于太始三年（前 94 年），后元二年（前 87 年）二月十五日即位，元平元年（前 74 年）四月十七日崩于长安未央宫，享年二十一岁。是西汉第六任皇帝。

昭帝为汉武帝少子，本不具备做皇帝的资格，却在八岁时被推上天子之位，应该说是当时激烈的权力博弈的结果。先是昭帝出生未久，武帝与其长子卫太子刘据反目，导致巫蛊之祸发生，卫太子全家死于非命，仅余一遗孙在世，卫皇后及卫氏外戚悉数被诛除，另外还有数万百姓无辜而死；继而武帝三子燕王刘旦因觊觎皇位受到武帝严惩；最后是拥武帝五子昌邑王刘髆的李氏外戚全部被诛除。可以说，自昭帝出生至其即位，八年之间，汉朝的政坛祸乱迭兴，杀戮频起。之所以如此，是由于此时的汉朝已进入权力更迭期。

按说皇权更迭于皇朝属正常现象，且通察汉代的历史，此前当皇位处于新老交接之际，从来没有出现过皇帝因认为皇太子对自己构成威胁而坐卧不安的现象。究其原因乃在于此前皇帝所掌

---

① （东汉）班固:《汉书》卷六《武帝纪》，中华书局 1962 年版，第 212 页。

② 《汉书》卷七《昭帝纪》，第 217 页。

握的皇权尚属有限皇权，皇帝为应对军功集团、宗室诸侯王的挑战，有必要协调皇室内部关系，以为己之助力；皇太子则须在皇帝的羽翼下获得成长的机会，为继续应对来自外部的挑战积聚力量。于是皇帝与皇太子相处，往往先叙父子亲情，再论君臣之礼。皇太子安，则其外戚亦安。是以当时外戚虽受到皇帝的疑忌，但在应对重大关键问题时，尤其是权力交接之际，每每受到皇帝倚重。就皇帝与朝臣的关系而言，拥有有限皇权的皇帝为维护皇朝稳定，有必要与朝臣妥协，在处理彼此的利益关切时，一般不以诛戮作为解决问题的手段。同时由于政府为军功阶层所把持，皇位的更迭对朝臣的仕进之路影响有限。是以虽然进入皇位更迭时期，但基本上皇帝、皇太子、外戚、朝臣皆能安然待之。

及至武帝时期，君主实现了对绝对皇权的掌控。绝对的皇权不允许有任何权力真空存在，自然也不存在与人分享的可能，即便是皇太子也不行。在绝对皇权之下，皇帝与皇太子相处，必须是先有君臣尊卑之礼，方才可能有父子天伦之亲。外戚的地位也由皇帝的助手降为制衡其他力量的工具，外戚势力的壮大往往被视为皇权的威胁而非助力。亦即武帝时期皇帝与皇太子及其外戚的关系已经发生根本性变化。而这很容易导致皇帝与皇太子及其背后的外戚势力关系紧张。又由于皇帝集帝国所有权力于一身，朝臣的命运因而也被操持于皇帝之手，而皇太子之安否又系于皇帝一念之间，为自己的前途考虑，使朝臣不得不密切关注皇权的走向，并有意识地介入到权力的争夺之中，由此围绕诸皇子不可避免地形成了一个个利益集团。于是当汉朝再度进入权力更迭时期后，各种矛盾不免日渐加深，最终导致武帝与其诸子的矛盾持续恶化，杀戮随之而起。

世人往往感慨皇家骨肉相残之酷烈，殊不知由于皇帝与其诸子各有拥戴者，因此他们之间的关系本质上是政治集团之间的关系，不同的政治集团有着不同的利益诉求，于是彼此之间产生纠葛与博弈竟成必然，只是披着父子亲情的外衣展开而已。而由于武帝的少子刘弗陵不仅对他构不成威胁，并且使他的存在变得更有意义，于是其在临终前立了刘弗陵为皇太子。

由于刘弗陵年幼，短期内没有主政能力，这要求武帝必须给他配备得力的大臣来辅政。而考武帝崩前选霍光、金日磾、上官桀等辅佐昭帝，确实是经过深思熟虑的。检讨西汉的历史，异姓大臣因在高帝时期屡屡反叛，早就败光了自己的信誉；外戚在高帝死后的拙劣表演，又让历代皇帝长期对其充满疑忌；而宗室在文帝时又成为乱源。是故文帝试图通过礼敬大臣来解决皇权关键时刻无助手可用这一问题，这一思路后又为景帝、武帝所继承。武帝在晚年选定霍光等作为辅政大臣就与这一政治试验有直接的联系，当然又不仅止于此。

武帝即位之初，慨然行大有为之志，外事四夷，内兴功利，于是群士慕向，异人并出。但是随着时间的推移，导致问题丛生、矛盾重重，以至于社会动荡，纷争不断。武帝则因极权傍身而态度强硬，不肯妥协，以严刑峻法予以应对。这不仅加重了百姓的苦难，且使许多权贵受到沉重打击。然而受种种因素制约，不仅使其无法对权贵之家斩尽杀绝，还无力阻止他们的后裔通过各种运作进入统治体系，并活跃于政坛之上，这让武帝不能不对这些人心存忌惮，其频繁地对臣子们进行杀戮其实就是这一心态的写照。

尤其是进入统治后期，武帝更是迭兴大狱。武帝此举主观上是为了强化自身的统治，客观上却进一步深化了他与臣下的矛盾，以至于能得到他信任的人愈来愈少，这自然限缩了他选择辅政之臣的范围。其最终选择霍光等，自然是因为他们深得自己的信任，但更重要的是不管武帝承认与否，此数人在事实上已经掌控了武帝的生死。武帝若不能对他们做出妥善安排，他自己可能死无葬身之地。是以武帝晚年之严惩燕王刘旦、清算李氏外戚，既是为己，也是为霍光等；后来赐霍光周公负成王画、诛钩弋夫人，都可视为在向霍光等示好。由于武帝严威尚在，使霍光等对他心怀敬惧；而其一系列举措又指向霍光等将被委以重任，则让霍光等对武帝心存感激。恩威并施之下，武帝在其末年实际上与霍光等达成了一个默契，即在未来的政局中，霍光等的地位会举足轻重，但他们不能干涉武帝的人事安排。

霍光执政后，其行为举措起初确实颇可圈点。如其行权不专擅，主动与其他辅政大臣交好，注重维护辅政班子的团结；立身重操守，秉公执义、奉法直行、尽忠无私；为政知要务，倾力贯彻落实武帝晚年确定的安民、富民国策。及至铲除以上官桀为首的反霍集团，行事风格却大变。如其施政不仅不再征求昭帝的意见，还对昭帝进行全面控制；同时毫无顾忌地在朝中大肆安插亲党，很快便形成党亲连体，根据于朝廷的局面；并且复行武帝之政，以严刑峻法痛绳群下。前后相比，判若两人。

究其原因，是因为在其辅政之初，团结同僚并高扬至公大义的旗帜，有弥补其在行使权力时因资历过浅而造成的不足之效用，及至大权在握，原来的问题都不复存在，于是行事不免就随心所欲起来。所以不是霍光变了，是时势变了。但这显然与武帝委任霍光的初衷相左，故若武帝地下有知，定当大失所望。

考武帝临终前的各项安排，不仅无制衡霍光之意，还竭力组建出一个优秀团队，来协助霍光。但有意思的是霍光之所以一度忠心谋国，从根本上看，竟是因为武帝组建的这个辅政团队在客观上对霍光形成的权力制衡。而这也意味着自文帝以来所做的政治试验的破产。不过，纵使霍光大权独揽，短时期内，受各种因素的制约也使他不可能走得太远。

首先，大环境要求霍光承担起治国理政的重任。虽然武帝的统治给汉朝带来严重危机，但因高帝拨乱反正于前，文景与民休息于后，因而汉德未衰，人们普遍只是不满武帝而不反感汉朝，武帝让霍光来主持朝政，则他就是皇朝的代理人，必须承担起安定皇朝的重任，否则，他主政的正当性就会受到舆论的质疑。

其次，霍光所构建的统治集团之中，那些忠于汉朝的官员会对其起到一定的制衡作用。霍光之所以能够实现对时局的掌控，离不开一批与武帝有着极深渊源的官员的支持。这些人的富贵并非全得自霍光，当他们加入霍光团队时，是或多或少自带有政治资源的，这使他们虽为霍光之下属，但与霍光的关系在一定程度上还带有合作性质，而非完全依附于霍光。而霍光能够得他们的拥戴，一是在于霍光与他们在忠于武帝、忠于汉朝这方面有共识；二是在于霍光为了对抗敌对势力，愿意与他们分享权力，是以他们在政治上给霍光以有力的支持，但普遍又有意识地与霍光保持着一定的距离。由于行事以忠于朝廷为旨归，有利于他们的发展，若霍光行事过于嚣张，他们是不会放任不管的，这在本质上也是一种权力制衡。

最后，霍光深知民心稳，天下就容易操控。霍光长期追随武帝，知时务之要、安危之机。是以自其主政起，根据形势的需要，不断调整统治政策，轻徭薄赋，与民休息。及至铲除上官桀集团后，仍然力行不辍。

然自元凤元年（前 80 年）铲除反霍集团后，霍光的众亲吏官位纷纷向上跃升，由于这个群体中颇多官员的权力是完全来自霍光，他们自然是唯霍光马首是瞻；与此同时，其家族姻亲子弟也纷纷进入统治中枢，不仅各自分掌一部分权力，还可为霍光之耳目，紧盯他人之动向；并且霍光还让他的家奴参与处理朝政。这意味着在霍光的统治团队之中，一个完全听命于霍光的核心队伍正在成型。因此，展望未来，霍光最终将汉朝引向何方，其实并不易把握。

就当时的情势而言，由于朝政尽在自己掌握，而昭帝又青春年少，霍光接下来完全有时间推动时局朝着更有利于自己的方向发展，惜乎世事难料，昭帝在二十一岁时便因病去世了。至于致病之由，抑郁成疾应该是一个可能。

从昭帝与霍光相互配合对付上官桀等看，两人的关系起初还是颇为融洽的。及至霍光大权独揽后，昭帝不仅对朝政的影响力尽失，而且还受到霍光的严密监控。生活在如此冷酷的环境中，昭帝能不抑郁成疾？但形势发展到这个地步，昭帝其实也难辞其咎。

昭帝即位之初，虽然霍光有专断国是之权，但昭帝作为君主，若对其所做出的决断提出质疑，并得到上官桀等的支持，霍光的主张也只能作罢。亦即尽管霍光对昭帝的忠诚有目共睹，但由于上官桀等的存在使霍光不能为所欲为也是客观事实。当时上官桀集团意识到昭帝在制衡霍光方面的重要作用，因此千方百计地拉拢昭帝。但是昭帝却没有意识到他与上官桀等其实是一种共生关系，所以对上官桀等日益排斥，并最终倒向了霍光的一方。上官桀等绝望之下，遂欲发动政变，以扭转被动局面，结果遭到彻底清洗。而昭帝在朝政中的话语权也自此尽失，成为真正的傀儡。当然，由于昭帝时年不过十四五岁，要他有如此缜密的考虑是不现实的。

虽然霍光对于昭帝之崩颇有准备，但对他而言，真正的麻烦却在昭帝崩后，因为稍有不慎，他就会身败名裂，他能经受得住接下来的严峻考验吗？

第一章　弗陵出生，太子危乎

太始三年（前 94 年），汉武帝借其少子刘弗陵出生事，委婉地透露了其意欲更换继嗣之心。在此前后，武帝还曾通过表扬江充秉公执法变相对其长子卫太子刘据提出批评。而察武帝之所以动了易储之心，乃在于此时的汉朝已进入权力更迭时期，各种矛盾日渐加深，最终恶化了他与卫太子的关系。但因兹事体大，使武帝一度犹豫不决，可是上天的警示又让他欲罢不能。

第一节　尧母门事件

太始三年，钩弋夫人为武帝生下其少子刘弗陵，"号钩弋子"。钩弋夫人姓赵，河间人，以有奇异得幸于武帝。据称"武帝巡狩过河间，望气者言此有奇女，天子亟使使召之。既至，女两手皆拳，上自披之，手即时伸。由是得幸，号曰拳夫人"①。汉魏六朝间典籍颇述其事。如《汉武故事》曰："上巡狩，过河间，见青紫气，自地属天。望气者以为其下有奇女，必天子之祥。求之，见一女子在空馆中，姿貌殊绝，两手皆拳。上令开其手，数百人擘莫能开，上自披，手即伸。由是得幸，为拳夫

① 《汉书》卷九七《赵婕妤传》，第 3956 页。

人。"[①]《列仙传》称钩弋夫人，"少好清净，病卧六年，右手卷，饮食少。汉武帝时，望气者云东北有贵人气，推而得之，召到，姿色甚伟。武帝发其手而得玉钩，手得展。幸之，生昭帝"[②]。虽然诸书把钩弋夫人奇异事演绎得神乎其神，但有一个不容抹杀的事实是钩弋夫人的家庭距离统治核心并不远。

钩弋夫人出身宦者之家，其未发迹时，其父已死，并葬在长安附近："先是其父坐法宫刑，为中黄门，死长安，葬雍门。"颜师古曰："雍门在长安西北孝里西南，去长安三十里。《广记》云赵父冢在门西也。"[③]据《三辅黄图》，长安城四面每面三座城门，共十二座，雍门为西面三座城门中最北边那座："长安城西出北头第一门曰雍门。本名西城门"，由于"其水北入有函里，民呼曰函里门"[④]。

中黄门为禁中侍奉皇帝的宦者。未央宫皇帝寝殿温室殿周围有宫墙环绕，其门称"省户"或"禁门"，其内即称"省中"或"禁中"，"是未央宫中警卫等级最高的区域"。[⑤]司马彪述东汉官制称："黄门令一人，六百石。本注曰：宦者。主省中诸宦者。"关于"黄门令"之得名，黄巴称是由于禁门为黄色的缘故："禁门曰黄闼，以中人主之，故号曰黄门令。""中黄门"即是省中诸宦者之一，司马彪称中黄门秩"比百石。本注曰：宦者，无员。后增

---

① （唐）欧阳询撰，汪绍楹校：《艺文类聚》卷七八《灵异部上·仙道》，上海古籍出版社1982年版，第1331页。

② （北宋）李昉等编：《太平广记（2）》卷五九《女仙四》，中华书局1961年版，第366页。

③ 《汉书》卷九七《赵婕妤传》，第3956页。

④ 何清谷：《三辅黄图校释》卷一《都城十二门》，中华书局2005年版，第86页。

⑤ 陈苏镇：《汉未央宫"殿中"考》，《文史》2016年第2辑。

比三百石。掌给事禁中”[①]。《汉书·百官公卿表》云“中黄门”为少府属官，颜师古曰：“奄人居禁中在黄门之内给事者也。”[②]其意与司马彪所言同。

征诸史实，中黄门供职处确实在禁中。如昭帝崩后，霍光立昌邑王刘贺为新君，立二十七日复废之，当时，皇太后上官氏“乃车驾幸未央承明殿，诏诸禁门毋内昌邑群臣。王入朝太后还，乘辇欲归温室，中黄门宦者各持门扇，王入，门闭，昌邑群臣不得入”[③]。是知温室殿门即禁门，守门者即为中黄门。司马彪称东汉中黄门初秩比百石，由于东汉官制承自西汉，则此或是西汉时的秩禄。中黄门地位虽然卑下，但因属皇帝贴身近侍，实非亲信不能任此职。是故当时皇帝的私密之事，往往让中黄门来处置。如成帝时暗中处置宫婢曹宫生子事，即遣“中黄门田客持诏记”办理，参与其事者又有中黄门王舜。中黄门靳严、吴恭则参与了成帝处置许美人生子事。许美人产子后，成帝“诏使严持乳医及五种和药丸三，送美人所”。后成帝在赵昭仪的逼迫下，“诏使严持绿囊书予许美人”，取其子，然后送到成帝及赵昭仪的住处，及成帝与赵昭仪害死许美人子，吴恭“受诏”[④]，将装有许美人子尸体的小箱子交给掖庭狱丞籍武处理。哀帝时王莽被罢官就第，哀帝为王莽“置使家，中黄门十日一赐餐”。苏林解释此举是“使黄门在其家中为使令”[⑤]。对此，有学者指出：“这实际上是让中黄门进

---

① （西晋）司马彪撰，（南朝·梁）刘昭注补：《后汉书志》卷二六《百官三》，中华书局1965年版，第3594页。

② 《汉书》卷一九《百官公卿表》，第732页。

③ 《汉书》卷六八《霍光传》，第2938—2939页。

④ 《汉书》卷九七《赵飞燕传》，第3990—3993页。

⑤ 《汉书》卷九九《王莽传》，第4042—4043页。

驻王莽第宅，起到监视作用，以防备他在私下进行不法活动。”[①]

总之，钩弋夫人之父虽地位卑下，但其能居中黄门之职，为武帝近侍，说明他是为武帝所亲信的宦者，故其当熟知武帝的性情，并颇谙权谋之道。此外，由于其侍奉在武帝身边，使其手中握有一定的政治资源，则若其为朝廷内外官员所拉拢亦属常事，亦即其并不缺乏在朝中编织自己关系网络的条件，所以若其在朝中拥有一定的人脉也是有可能的。就钩弋夫人被武帝宠幸一事而言，很可能是其父在死前与同党设好的局，否则怎么可能武帝到河间，望气者一说有奇女，钩弋夫人马上就被推到武帝面前？有学者也指出:“刘彻之好奇早已人所共知。‘巧遇奇女’不过是‘望气’者内外勾通的骗术。”钩弋夫人之父“熟知汉宫廷秘事和刘彻的心理特点。‘两手皆拳’不过是以‘奇’邀宠之智”[②]。

考钩弋夫人得幸时日，《汉书・赵婕妤传》仅称是武帝巡狩过河间时之事而已。《卫子夫传》云皇后卫子夫色衰后，“赵之王夫人、中山李夫人有宠，皆早卒。后有尹婕妤、钩弋夫人更幸”[③]。

元狩六年（前 117 年）三月，霍去病上疏请武帝册封王夫人子刘闳等皇子，经过讨论，当年四月武帝立刘闳等皇子为王。据褚少孙称，刘闳将被立为王时，王夫人病，“武帝自临问之”，并表示要封刘闳于齐，王夫人死后，武帝“使使者拜之曰:‘皇帝谨使使太中大夫明奉璧一，赐夫人为齐王太后。’”[④] 是知王夫人死在元狩六年武帝封刘闳为齐王前后。

---

① 宋杰:《汉代宫禁的黄门官署与员吏考论》,《南都学坛（人文社会科学学报）》2022 年第 2 期。

② 庄春波:《汉武帝评传》，南京大学出版社 2001 年版，第 382 页。

③《汉书》卷九七《卫子夫传》，第 3950 页。

④（西汉）司马迁:《史记》卷六〇《三王世家》，中华书局 1982 年版，第 2115 页。

关于李夫人，据《汉书·郊祀志》云："其春，既灭南越，嬖臣李延年以好音见。"[①]《李夫人传》称："初，夫人兄延年性知音，善歌舞，武帝爱之。"李延年继而为武帝歌《北方有佳人》，"上叹息曰：'善！世岂有此人乎？'平阳主因言延年有女弟，上乃召见之，实妙丽善舞。由是得幸"。由于武帝灭南越在元鼎六年（前111年）冬，由于汉自太初改历前以十月为岁首，元鼎六年冬就是该年年初，故可知李夫人得幸武帝时间在该年春李延年得武帝赏识之后。《李夫人传》又云："及夫人卒，上以后礼葬焉。其后，上以夫人兄李广利为贰师将军，封海西侯，延年为协律都尉。"[②]《李广利传》称："李广利，女弟李夫人有宠于上，产昌邑哀王。太初元年，以广利为贰师将军。"[③]是知李夫人当死在李广利为贰师将军前的元封太初之际。钩弋夫人得幸则在此后。

《隋图经》云武帝"元封元年"巡狩至河间而得钩弋夫人。[④]然而元封元年（前110年），武帝两度出巡，皆未之河间。第一次是当年十月，武帝"行自云阳，北历上郡、西河、五原，出长城，北登单于台，至朔方，临北河。……还，祠黄帝于桥山，乃归甘泉"。第二次是当年正月，武帝行幸缑氏，由华山至中岳嵩山，"行，遂东巡海上"。四月，武帝从海上还，登封泰山，继而"行自泰山，复东巡海上，至碣石。自辽西历北边九原，归于甘泉"[⑤]。且其时李夫人正受宠，故其说不可信。

钩弋夫人以握拳而得幸，初号"拳夫人"。由于其事甚奇异，

---

① 《汉书》卷二五《郊祀志》，第1232页。

② 《汉书》卷九七《李夫人传》，第3951—3592页。

③ 《汉书》卷六一《李广利传》，第2699页。

④ （北宋）乐史撰，王文楚等点校：《太平寰宇记》卷六六《河北道·瀛州》，中华书局2007年版，第1343页。

⑤ 《汉书》卷六《武帝纪》，第189—192页。

据说传扬开后，还引起了时人的仿效，进而发展出一种叫“藏彄”或“藏钩”的游戏。“彄”或“钩”指妇人所用的顶针箍之类的环状物，参与游戏者分为两方，一方将钩藏于手中，让另一方猜。如宗懔称：“岁前，又为藏彄之戏。始于钩弋夫人。”杜公瞻云：“辛氏《三秦记》曰：‘汉昭帝母钩弋夫人，手拳有国色，世人藏钩起于此。’周处《风土记》曰：‘进清醇以告蜡，竭恭敬以明祀，乃有藏钩。俗呼为行彄。盖妇人所作金环以锴指而缠者，腊日祭后，叟妪各随其侪为藏钩之戏，分二曹以较胜负。得一筹者为胜，其负者起拜谢胜者。’周处、成公绥并作彄字，《艺经》、庾阐则作钩字，其事同也。”①

钩弋夫人入宫后，“进为婕妤，居钩弋宫”。婕妤在宫中女子诸称号中，位在皇后之下，其他称号之上，地位甚尊崇。关于钩弋宫，颜师古曰：“《黄图》钩弋宫在城外，《汉武故事》曰在直门南也。”②据《三辅黄图》，“直门”又称“直城门”，是长安城西面三座城门中中间那座城门：“长安城西出第二门曰直城门。《汉宫殿疏》曰：‘西出南头第二门也。’亦曰故龙楼门，门上有铜龙，本名直门。”直门南面为章城门：“长安城西出南头第一门曰章城门。《汉宫殿疏》曰：‘章城门，汉城西面南头第一门。’《三辅旧事》曰：‘章城门亦曰光华门，又曰便门。’”③史念海对此进行辨析后，认为《三辅黄图》《汉武故事》之说不可信。因为直城门“其南直至章城门之间，西为建章宫，东为长安城西城墙，无地可容钩弋宫”④。

---

① （南朝·梁）宗懔撰，宋金龙校注：《荆楚岁时记》，山西人民出版社1987年版，第69页。

② 《汉书》卷九七《赵婕妤传》，第3956页。

③ 何清谷：《三辅黄图校释》卷一《都城十二门》，第83—85页。

④ 史念海：《汉代长安城的营建规模》，《中国历史地理论丛》1998年第2辑。

刘庆柱、李毓芳则推测“此宫就在建章宫中，而那时建章宫‘度比未央’，实际相当于皇宫”[①]。由于《三辅黄图》云:“未央宫有宣室、麒麟、金华、承明、武台、钩弋等殿。”[②] 张守节又称:“《括地志》云:‘钩弋宫在长安城中。’”[③] 何清谷依此推考，认为钩弋宫似在未央宫，并且“也许钩弋宫在未央宫西墙附近，故可说在直城门南”[④]。

钩弋夫人居钩弋宫，大有宠，其“任身十四月乃生”刘弗陵[⑤]，按说此颇违背常理，以至崔适发问道:“岂钩弋故缓其期耶？”[⑥] 然而武帝却说:“闻昔尧十四月而生，今钩弋亦然。”于是“乃命其所生门曰尧母门”[⑦]。亦即他认可了此事，还很高兴。因为在汉代君主临幸宫中女子都是有记录的，他似乎没理由怀疑。如《汉旧仪》云:“掖庭令昼漏未尽八刻，庐监以茵次上婕妤以下至后庭，访白录所录，所推当御见。刻尽，去簪珥，蒙被入禁中，五刻罢，即留。女御长入，扶以出。御幸赐银镮，令书得镮数，计月日无子，罢废不得复御。”[⑧]

尧母门事自被班固写入《汉书》后，长期鲜有人论说，及至北宋中期，司马光对此发表了看法。司马光认为作为一国之君，为万众所瞩目，他无论说什么或是做什么，天下都会无不知之，

---

① 刘庆柱、李毓芳:《西汉十一陵》，陕西人民出版社 1987 年版，第 133 页。
② 何清谷:《三辅黄图校释》卷二《汉宫》，第 117 页。
③ 《史记》卷四九《外戚世家》，第 1985 页。
④ 何清谷:《三辅黄图校释》卷三《甘泉宫》，第 189 页。
⑤ 《汉书》卷九七《赵婕妤传》，第 3956 页。
⑥ 崔适著，张烈点校:《史记探源》卷七《吕不韦列传》，中华书局 1986 年版，第 192 页。
⑦ 《汉书》卷九七《赵婕妤传》，第 3956 页。
⑧ （东汉）卫宏撰，（清）孙星衍校:《汉旧仪》卷下，孙星衍等辑，周天游点校:《汉官六种》，中华书局 1990 年版，第 77—78 页。

因此他的一举一动都必须慎重。就当时的情况而论，皇后卫子夫与皇太子刘据都没有什么过错，而武帝却将钩弋夫人生刘弗陵的宫门命名为“尧母门”，这是很不应该的。因为尧是古代的圣君，而武帝期许少子以尧，分明是想让他的少子做他的继承人，而在刘据仍居于储君之位的情况下，武帝只有先废黜刘据才能达到他的目的。所以武帝虽然就说了这么一句话，命名了这么一个门，却透露出了他意欲动摇其长子刘据太子之位的意向，“是以奸人逆探上意，知其奇爱少子，欲以为嗣，遂有危皇后、太子之心，卒成巫蛊之祸，悲夫！”①

对于司马光的看法，一些学者并不认同，如劳干指出：“至于昭帝出生，被题为‘尧母门’，这一个问题，并经司马光指责。其实尧、舜、禹、汤，在汉代常作命名，并不见得有储嗣的问题，也不足深究了。”②柏杨认为：“‘尧母门’也者，不过是老年生子，一时高兴，不能认为有‘易储’含意。”③韩树峰称：“武帝取‘尧母门’之名，可能主要表达对钩弋的宠爱之情，未必包含以刘弗陵取代太子之意。”④沈明得也说：“弗陵的出生与卫太子败亡，不可导为因果关系。如由时间的先后顺序，年龄与诸子喜好等考量，要说以弗陵出生有了易储的作为，似乎过于牵强。”⑤而据

---

① （北宋）司马光：《资治通鉴》卷二二，“太始三年”，中华书局 1956 年版，第 723 页。

② 劳干：《霍光当政时的政治问题》，《古代中国的历史与文化（上）》，中华书局 2006 年版，第 139 页。

③ 柏杨译：《现代语文版资治通鉴（6）对外扩张》，中国友谊出版公司 1985 年版，第 155 页。

④ 韩树峰：《论巫蛊之狱的性质——以卫太子行巫蛊及汉武帝更换继嗣为中心》，《社会科学战线》2015 年第 9 期。

⑤ 沈明得：《汉武帝与卫太子的父子关系——刘据的储君地位与威胁》，《通识教育学报》2014 年第 2 期。

《汉书·赵婕妤传》，武帝产生立其少子为储君的念头是在数年之后："钩弋子年五六岁，壮大多知，上常言'类我'，又感其生与众异，甚奇爱之，心欲立焉。"[1] 所以学者们的看法是有道理的。

然而武帝施政过程中，常用晦涩的言辞来表达自己对一些敏感事情的态度，却也是不争的事实。据《资治通鉴》，武帝每外出巡幸，常将朝中事托付给卫太子，宫内托付给卫皇后，卫太子"有所平决，还，白其最，上亦无异，有时不省也"。卫皇后担心这样时间久了会得罪武帝，"每戒太子，宜留取上意，不应擅有所纵舍"。而武帝听说后，"是太子而非皇后"。这到底是什么意思呢？肯定卫太子的行为就是对卫太子的表扬吗？其实这倒未必。武帝肯定卫太子，是欣赏他率性而行，不加掩饰，至于他的行为是否合乎武帝的心意，武帝没有说，并且始终没有对他的行为有过评价，这是什么意思？很玄妙的。又如有次卫太子去见卫皇后，过了很长时间才出来，宦官黄门苏文就向武帝打小报告说："太子与宫人戏。"武帝听后，将卫太子的宫女增加到二百人。无缘无故地增加宫女，让卫太子甚感疑惑，后得知是苏文进谗言的缘故，遂"心衔文"[2]。因为苏文一句话，父亲就赐给自己宫女，卫太子解读后应该认为这不是奖赏，而是批评，武帝的意思是告诫卫太子，他身为国之储君，要注意自己的形象，不要在自己宫外做有失体面的事情。就"尧母门"事而言，若说武帝把其少子刘弗陵比作尧，把钩弋夫人比作尧母，是在以含蓄的方式来向外界透露他的易储之心，也是有可能的。因为在此次事件前后，武帝还曾通过表扬江充秉公执法变相批评了卫太子。

---

① 《汉书》卷九七《赵婕妤传》，第 3956 页。

② 《资治通鉴》卷二二，"征和二年"，第 727 页。

据《汉书·江充传》，武帝晚年，江充为“直指绣衣使者，督三辅盗贼，禁察逾侈”。后江充随从武帝赴甘泉宫，路上遇到卫太子的属下违制乘车马在皇帝专用道路“驰道”上行进，遂没收了他们的车马。卫太子听说后，特地派人去请求江充予以宽恕说：“非爱车马，诚不欲令上闻之，以教敕亡素者。唯江君宽之！”江充却不为所动，仍然将此事向武帝作了汇报，武帝听后，对江充予以激赏说：“人臣当如是矣。”① 蒲慕州认为这显示“武帝心中也并非十分满意太子”②。因为武帝虽未明言对卫太子的看法，然其肯定江充的行为，就是对卫太子的批评。太子因违制而被臣下举奏的事情在前代也曾发生过。如文帝时，张释之为公车令，就曾有震慑太子之举。然而文帝却将太子不敬之责揽在自己身上，对于张释之，文帝只是惊讶于他敢冒犯太子，此事过后，很快拜他为职司顾问应对没有实权的中大夫，观此可知文帝此举颇有保护太子之意：“顷之，太子与梁王共车入朝，不下司马门，于是释之追止太子、梁王无得入殿门。遂劾不下公门不敬，奏之。薄太后闻之，文帝免冠谢曰：‘教儿子不谨。’薄太后乃使使承诏赦太子、梁王，然后得入。文帝由是奇释之，拜为中大夫。”③ 而武帝却不仅不维护卫太子的声誉，还公开显扬卫太子的过失，于此可见武帝对卫太子疑忌之深。考此事发生的具体时间或在太始三年（前94年）。因为史称江充向武帝告发卫太子家使违制事后，武帝将江充“迁为水衡都尉”④，据《汉书·百官公卿表》，太始三

---

① 《汉书》卷四五《江充传》，第2177—2178页。

② 蒲慕州：《巫蛊之祸的政治意义》，《“中央研究院”历史语言研究所集刊》第57本第3分（1986年）。

③ 《史记》卷一〇二《张释之列传》，第2753页。

④ 《汉书》卷四五《江充传》，第2178页。

年“直指使者江充为水衡都尉”①。故蒲慕州称:“是年江充因劾奏卫太子家使行甘泉驰道受武帝嘉许，迁为水衡都尉。”②

总之，太始三年（前 94 年），应该是武帝与卫太子关系恶化趋于表面化之年。故司马光虽然对“尧母门”事件存在误读，但他将此作为一个关键节点予以揭示，是值得称道的。当然他为此抱怨武帝不该透露这一信息，显然未能洞察武帝的用心。因为武帝虽有易储之心，但要想实现这一愿望，却必须借助他人的力量，“若不表露出来，臣下如何能知道并助他实现这个愿望？”③

因为在此之前，在世人看来，武帝对卫太子一直相当宠爱。武帝即位后，由于一直没有儿子降生，以至引起统治集团内部人心浮动。建元二年（前 139 年），淮南王刘安入朝。武帝的舅舅太尉、武安侯田蚡私下里对刘安说:“方今上无太子，大王亲高皇帝孙，行仁义，天下莫不闻。即宫车一日晏驾，非大王当谁立者！”刘安闻言大喜。建元六年，“彗星见”，有人以此劝说刘安:“先吴军起时，彗星出长数尺，然尚流血千里。今彗星长竟天，天下兵当大起。”刘安“心以为上无太子，天下有变，诸侯并争，愈益治器械攻战具，积金钱赂遗郡国诸侯游士奇材”④。是以元朔元年（前 128 年）春卫太子出生后，不仅时年已二十九岁的武帝“甚喜”⑤，而且群臣亦“喜”⑥。为了表达举朝上下快乐的心情，武帝“为立禖，使东方朔、枚皋作禖祝”。⑦即武帝为求子之神禖立祠，并

① 《汉书》卷一九《百官公卿表》，第 787 页。
② 蒲慕州:《巫蛊之祸的政治意义》。
③ 李峰:《巫蛊之祸:西汉中期政坛秘辛》，河南大学出版社 2015 年版，第 3 页。
④ 《史记》卷一一八《刘安列传》，第 3082 页。
⑤ 《汉书》卷六三《戾太子传》，第 2741 页。
⑥ 《汉书》卷五一《枚皋传》，第 2366 页。
⑦ 《汉书》卷六三《戾太子传》，第 2741 页。

让东方朔、枚皋撰写祭祀禖神之文，以表达谢意。据《汉书·枚皋传》，枚皋与东方朔所作祝辞分别为《皇太子生赋》与《立皇子禖祝》。该传还着重指出："受诏所为，皆不从故事，重皇子也。"[①]

元狩元年（前122年）四月，刘据七岁时，被立为皇太子。此后，卫子夫虽色衰，然其皇后之位尚稳。对于武帝对卫后的宠遇，《汉书·卫子夫传》初仅言其"色衰"而不言其"宠衰"："皇后立七年，而男立为太子。后色衰，赵之王夫人、中山李夫人有宠，皆早卒。后有尹婕妤、钩弋夫人更幸。"[②]同时明确指出其"宠衰"是在"武帝末"。在此期间，卫太子也得到武帝的刻意栽培，且武帝对卫太子的宠爱一直持续到他行冠礼后尚不衰："少壮，诏受《公羊春秋》，又从瑕丘江公受《穀梁》。及冠就宫，上为立博望苑，使通宾客，从其所好。"[③]

"就宫"即入居太子宫。考《汉书》屡言"太子宫"而不具宫名，则其当为专称。因为太子宫有一套系统复杂的官僚机构，据《百官公卿表》，太子太傅、少傅为太子宫长官，"属官有太子门大夫、庶子、先马、舍人"。应劭称"门大夫""庶子"，各"员五人，秩六百石"。张晏称"先马"，"员十六人，秩比谒者"。同时，詹事在太子宫设有分支机构："詹事，秦官，掌皇后、太子家，有丞。属官有太子率更、家令丞，仆、中盾、卫率、厨厩长丞。"颜师古指出自"卫率"以上，"太子之官也"[④]。是以太子宫官职众多，事务繁杂，一经建置，便增益易，改置难。

西汉长安城有未央宫、长乐宫、北宫、桂宫、明光宫诸宫。

---

① 《汉书》卷五一《枚皋传》，第2367页。

② 《汉书》卷九七《卫子夫传》，第3950页。

③ 《汉书》卷六三《戾太子传》，第2741—2742页。

④ 《汉书》卷一九《百官公卿表》，第733—734页。

长乐宫、未央宫皆建成于高帝时。高帝五年（前 202 年）后九月，“治长乐宫”[①]，七年十月，“长乐宫成”[②]。长乐宫建成后，萧何当开建未央宫，高帝九年(前 198 年)，“未央宫成”[③]。关于北宫，据《史记·外戚世家》，汉初吕氏外戚被灭后，“唯独置孝惠皇后居北宫”[④]。显见当时已有北宫。而《三辅黄图》又云，北宫“高帝时制度草创，孝武增修之”[⑤]。桂宫、明光宫皆建于武帝时。太初四年(前 101 年)秋，武帝“起明光宫”[⑥]。据《三辅黄图》云:“汉武帝造”桂宫[⑦]。《玉海》所辑《三辅黄图》则云:“汉武帝太初四年秋起”桂宫[⑧]。景帝为太子时，纳武帝母王美人于“太子宫”[⑨]。未央宫、长乐宫建成后，高帝曾居长乐宫，“后太后常居之，孝惠至平帝，皆居未央宫”[⑩]。由于此时桂宫、明光宫未建，则太子宫即当是北宫。景帝时武帝为太子亦当居此。《汉书·戾太子传》称卫太子:“及冠就宫。”汉世太子行冠礼，大致在十六岁至十九岁之间。如武帝为太子，景帝后元三年（前 141 年）正月行冠礼，时年十六岁；元帝为太子，五凤元年（前 57 年）春行冠礼，时年十八岁；成帝为太子，竟宁元年（前 33 年）正月行冠礼，时年十九岁；哀帝未立为太子前，于元延四年（前 9 年）行冠礼，时

---

① 《汉书》卷一《高帝纪》，第 58 页。
② 《汉书》卷四三《叔孙通传》，第 2127 页。
③ 《史记》卷八《高祖本纪》，第 386 页。
④ 《史记》卷四九《外戚世家》，第 1969—1970 页。
⑤ 何清谷:《三辅黄图校释》卷二《汉宫》，第 136 页。
⑥ 《汉书》卷六《武帝纪》，第 202 页。
⑦ 何清谷:《三辅黄图校释》卷二《汉宫》，第 133 页。
⑧ （南宋）王应麟辑:《玉海（4）》卷一五六《宫室》，江苏古籍出版社、上海书店 1987 年版，第 2865 页。
⑨ 《史记》卷四九《外戚世家》，第 1975 页。
⑩ 何清谷:《三辅黄图校释》卷二《汉宫》，第 110 页。

年十七岁。则卫太子行冠礼当不晚于二十岁。假定卫太子行冠礼是二十岁，则是年为元封二年(前109年)，八年之后方建明光宫、桂宫。因此卫太子所据太子宫亦当为北宫。

博望苑，据《三辅黄图》云："在长安城南，杜门外五里有遗址。"[①] 杜门即覆盎门，是长安城南面三座城门中东边那座门。如《三辅黄图》称："长安城南出东头第一门曰覆盎门，一号杜门。"[②]

卫太子长大后，"性仁恕温谨"，武帝"嫌其材能少，不类己"，而武帝后宫女子诸如王夫人、李姬、李夫人等都生有子，这让卫皇后母子常有不自安之意。武帝知道后，特地让大将军卫青对其母子传话说："汉家庶事草创，加四夷侵陵中国，朕不变更制度，后世无法；不出师征伐，天下不安；为此者不得不劳民。若后世又如朕所为，是袭亡秦之迹也。太子敦重好静，必能安天下，不使朕忧。欲求守文之主，安有贤于太子者乎！闻皇后与太子有不安之意，岂有之邪？可以意晓之。"当时，刘据每劝谏武帝不要征伐四夷，武帝总是笑着说："吾当其劳，以逸遗汝，不亦可乎！"并如前所述，武帝每有巡幸即将朝政交给卫太子处理。武帝身体曾稍有不适，让小黄门常融去召唤太子来见自己，常融回来后对武帝说，太子听到武帝生病的消息后，面有喜色。武帝闻言默然不语。太子来后，武帝看他的脸上有泪痕，可是他却假装高兴，与武帝谈笑，武帝感到很奇怪。"更微问，知其情，乃诛融"[③]。

所以说，一直以来，武帝给世人的印象都是很宠爱刘据，所以他不表态让人们知道他的想法变了，谁敢直接向卫太子发起挑

---

① 何清谷:《三辅黄图校释》卷四《苑囿》，第244页。

② 何清谷:《三辅黄图校释》卷一《都城十二门》，第79页。

③《资治通鉴》卷二二，"征和二年"，第726—727页。

战呢?

而察武帝之所以动了易储之心，乃在于此时的汉朝已进入权力更迭时期，各种矛盾日渐加深，最终恶化了他与卫太子的关系。

第二节　卫太子失宠

武帝无疑是一位雄才大略的帝王，但他终究是要老去，太始三年（前 94 年），他已 63 岁，能活到这个年龄，在当时是比较罕见的。

有学者曾对《居延汉简释文合校》《居延新简》等主要记载西汉中后期居延戍卒屯戍活动的简牍资料进行检索，发现有 67 枚简载有 69 名戍卒年龄，“其中 20 岁者 1 人，21—30 岁 51 人，31—40 岁 15 人，41—45 岁 2 人”。得到 58 条载有戍卒家庭成员情况的数据，这些家庭成员共 126 人，其中 101 名记载有年龄信息。这 101 人中，30 岁以下者共 80 人，31—40 岁 11 人，41—50 岁 6 人，51—60 岁 2 人，61—70 岁 2 人。[①] 从这些数据看，对于普通百姓而言，在当时能活到四五十岁已经相当不容易。

统治者由于拥有相对充裕的生活、医疗资源，则他们的寿命应该比普通百姓稍长。但数据显示，即使是居于权力顶端的权贵，能活过 60 岁的也不多见。如秦自孝公至秦二世，共有 8 位君主，其享年依次是孝公 45 岁，惠王 46 岁，武王 23 岁，昭王 75 岁，文王 54 岁，庄王 35 岁，始皇帝 50 岁，二世皇帝 24 岁。汉朝自

---

① 施伟青:《汉代居延随军戍卒家庭人口的若干问题》,《中国社会经济史研究》1998 年第 3 期。

高祖刘邦至景帝，共 4 位君主，其享年依次是高祖 53 岁（一说 62 岁）、惠帝 23 岁、文帝 46 岁、景帝 48 岁。中川祐志也指出西汉皇帝的平均寿命，“即使受粮食和健康状况等个人差异的影响，一般认为平均寿命大约在四十岁到五十岁之间”[①]。

汉景帝共有 14 个儿子，除武帝外，刘德、刘阏活到了 50 岁左右，刘胜活过了 50 岁，刘彭祖活过了 60 岁，余者寿皆不足 50 岁。[②]

由于当时人们普遍寿限不高，因此对自己寿命的预期也就是四五十岁而已。是故景帝年近 40 岁时生病，就有意安排后事。如他在 36 岁时立栗姬子刘荣为太子，后“尝体不安，心不乐，属诸子为王者于栗姬，曰:‘百岁后，善视之。’”[③]元狩六年（前 117 年），武帝病鼎湖[④]，很久方愈，当时他不过 40 岁，就疑心人们以为他要死了，为此还杀掉了时任右内史的义纵:“上幸鼎湖，病久，已而卒起幸甘泉，道多不治。上怒曰:‘纵以我为不复行此道乎？’嗛之。至冬，杨可方受告缗，纵以为此乱民，部吏捕其为可使者。天子闻，使杜式治，以为废格沮事，弃纵市。”[⑤]此外，上官桀为未央厩令时，“上尝体不安，及愈，见马，马多瘦，上大怒:‘令以我不复见马邪！’”[⑥]幸亏上官桀应对得体，方才免于重责。又如主父偃“结发游学四十余年”，方得到武帝的赏识，他在解释自

① ［日］中川祐志:《遺詔から见る前汉期の皇帝位形成过程》,《史学论丛》第 48 号（2018 年 3 月）。

② 《汉书》卷五三《景十三王传》，第 2409—2437 页。参见《汉书》卷一四《诸侯王表》，第 409—418 页。

③ 《史记》卷四九《外戚世家》，第 1976 页。

④ 李峰:《〈通鉴〉汉武帝元狩年间史事书写辨正》,《史学理论与史学史学刊》2018 年上卷。

⑤ 《史记》卷一二二《义纵列传》，第 3146—3147 页。

⑥ 《汉书》卷九七《上官皇后传》，第 3957 页。

己为什么行事违背常理时说："吾日暮途远，故倒行暴施之。"[①]

所以，武帝能活过六十岁，在当时已远超人们的预期，而这也意味着权力的转移在人们看来随时可能发生。纵观整部皇朝史，可知每当皇朝进入权力更迭之际，或多或少都会发生臣下阳奉阴违、见风使舵、首鼠两端的事情，而"政治权力的转移，对于最高执政者本人来说，是非常严重的事。"[②]就武帝而言，更是不能容忍这样的事情发生。

汉初之政治结构，"可以理解为宫廷皇权、诸侯王国和以丞相为中心的政府所形成的三权并立的政治结构"[③]。君主所拥有的皇权属"有限皇权"[④]。及至武帝时期，随着军功阶层的持续衰落，以及诸侯王国问题的彻底解决，使在景帝时期就已经失衡的三权并立政治结构被彻底打破，武帝又采取了一系列措施以加强集权政治，遂使帝国所有权力尽集于其一身，原来的有限皇权变成了绝对皇权，绝对皇权不允许有任何的权力真空存在，自然也不存在与人分享的可能，即便是皇太子也不行。而当时正值盛年的卫太子不仅颇得民心，而且还羽翼已丰。

据《汉书 · 戾太子传》，卫太子"少壮，诏受《公羊春秋》，又从瑕丘江公受《穀梁》"。《儒林传》称武帝尊《公羊》家，"诏太子受《公羊春秋》，由是《公羊》大兴。太子既通，复私问《穀梁》而善之。"[⑤]由于《公羊传》宣扬大一统、鼓吹大义灭亲，强

---

① 《史记》卷一一二《主父偃列传》，第 2961 页。

② 王子今：《晚年汉武帝与"巫蛊之祸"》，《固原师专学报（社会科学）》1998 年第 5 期。

③ 李开元：《汉帝国的建立与刘邦集团——军功受益阶层研究》，生活·读书·新知三联书店 2000 年版，第 227 页。

④ 李开元：《汉帝国的建立与刘邦集团——军功受益阶层研究》，第 256 页。

⑤ 《汉书》卷八八《儒林传》，第 3617 页。

调复国仇;《穀梁传》讲亲亲尊尊、重视礼教、主张以民为本；而武帝重《公羊传》，卫太子善《穀梁传》，反映在政见上，就可能会出现一定的差异。

并且，获得绝对皇权的武帝在经营皇朝的过程中，以严刑峻法为手段，意欲驱使天下万民按照他的构想形塑皇朝理想的样态，显得颇为自信和任性，然而他虽然取得重大成就，但也导致社会残破，经济萧条。百姓忍无可忍，最终揭竿而起。天汉二年（前99年）关东地区出现“西汉建立以来最大的一次来自下层的大震动”①，参与暴动的百姓相聚在一起，大群至数千人，小群以百数，攻打城邑，掠夺乡里，声势甚盛。武帝派绣衣使者，发兵分部逐捕，历时数年，方才勉强将暴动镇压下去，但盗贼问题始终没能得到彻底解决。当此情势下，若卫太子目睹时局之严峻，思有以变更以苏民困，也是合乎逻辑的。

而据《资治通鉴》，武帝巡幸，常让卫太子代理朝政，而“上用法严，多任深刻吏；太子宽厚，多所平反”，结果导致“用法大臣皆不悦”，而“得百姓心”，且“群臣宽厚长者皆附太子”②。武帝作为在位的皇帝却为百姓所唾弃，卫太子作为储君却为百姓所爱戴，这不免会让极重声誉的武帝倍感失落，更何况此时的卫太子在朝中还实力雄厚。

卫太子自元狩元年（前122年）四月被立为皇太子，至太始三年（前94年）武帝少子出生时，已为国之储君29年。武帝又委任卫太子的母家卫氏外戚中的两个核心人物卫青、霍去病长期统兵征伐，卫、霍遂以军功屡受封赏，卫青拜爵长平侯、官至大司马大

---

① 田余庆:《论轮台诏》,《历史研究》1984年第2期。

② 《资治通鉴》卷二二,“征和二年”，第727页。

将军；霍去病拜爵冠军侯，官至大司马骠骑将军，位极人臣。卫青的三个儿子又皆被封为侯。与此同时，他们的大批属下也因功被加官晋爵，活跃在当时的政坛之上。如元朔二年（前127年），校尉苏建被封为平陵侯，张次公被封为岸头侯。元朔五年，诸校尉公孙敖、韩说、公孙贺、李蔡、李朔、赵不虞、公孙戎奴等分别被封为合骑侯、龙额侯、南窌侯、乐安侯、涉轵侯、随成侯、从平侯；李沮、李息、豆如意等皆被赐爵关内侯。元朔六年，以卫青统军征匈奴有功，特置武功爵，军功多用越等，大者封侯卿大夫，小者郎吏。是役封霍去病为冠军侯、郝贤为众利侯。元狩二年，封赵破奴为从骠侯，赐校尉从至小月氏爵左庶长。元狩四年，封路博德为符离侯、邢山为义阳侯、李敢为关内侯，徐自为为大庶长，其他军吏卒为官，赏赐甚多。从而形成了一个以卫青、霍去病为领袖的庞大的军功外戚集团，成为卫太子母子的重要依靠。

但武帝之时，随着绝对皇权的确立，外戚已由皇帝的助手降为制衡其他力量的工具，外戚势力的壮大往往被视为皇权的威胁而非助力。是以武帝在利用卫氏外戚时，又频频对其进行打压，随着霍去病、卫青的先后去世，这个集团在武帝后期的政坛已呈江河日下之势，但这支力量还在，一旦卫太子有召唤，没有人敢保证他们不会倒向卫太子。

并且卫氏外戚的核心人物中其时颇有身居要职者。如卫后姊卫君孺的丈夫公孙贺为丞相，其子公孙敬声为太仆，父子并居公卿位。而卜式、庄青翟、赵周等名臣皆曾为太子之师，这些人后皆不得意，或以过见谴，或获罪自杀，属于他们的势力为图谋东山再起，在政治上倾向于支持卫太子是可以想见的。而名臣张汤之子张贺为卫太子亲吏。东城侯居股、开陵侯禄、亚谷侯卢贺等与卫太子关系密切。

就卫太子本人而言，其成人后，武帝特为他立博望苑，任由其招揽宾客，这使社会上许多才俊被其所延揽，成为其亲信。而征和二年（前91年），当卫太子为江充所逼，问计于少傅石德时，石德建议卫太子："可矫以节收捕充等系狱。"[①]显见刘据持有武帝授予的"节"，该物"代表皇帝命令，是一种最高权力的象征"，持节"可以行使天子给予的特殊权力"。[②]据此可知卫太子拥有武帝的授权，可以行使部分皇权。

总此诸方面原因，使卫太子在朝中权势颇盛，根基坚实，而武帝已进入暮年，随时就可能崩逝，当此情势下，若群臣暗中纷纷倒向卫太子，实在是再正常不过的事情了。

更何况卫太子行事颇不让武帝安心。汉初由于皇帝拥有的是有限皇权，皇帝为应对外来挑战，有必要协调皇室内部关系，以为己之助力；皇太子则需在皇帝的羽翼下获得成长的机会，为继续应对来自外部的挑战集聚力量。是以皇帝与皇太子相处，往往是先叙父子亲情，再讲君臣之礼。及至武帝时期，在绝对皇权之下，皇太子在与皇帝相处时，必须是先有君臣尊卑之礼，方才可能有父子天伦之亲。是以武帝让卫太子持节，卫太子应该将此理解为礼遇，而不能因此认为自己真有行使皇权的资格。其在武帝巡幸期间代理朝政，依己意处置政务且武帝还朝后又不作全面汇报，其实已经犯了武帝的忌讳。

而卫太子的亲党中又有颇多跋扈之徒。如名将李广之子李敢的女儿为卫太子所"爱幸"，李敢之子李禹"有宠于太子"，由于其人"好利"，司马迁见微知著，因云"李氏陵迟衰微矣"。[③]班

---

① 《汉书》卷六三《戾太子传》，第2743页。

② 安作璋、熊铁基：《秦汉官制史稿（下册）》，齐鲁书社1984年版，第476页。

③ 《史记》卷一〇九《李将军列传》，第2876页。

固对李禹事迹的叙述稍详，如其称李禹“有宠于太子，然好利，亦有勇”。有次李禹与武帝近臣“侍中贵人”在一起饮酒时，李禹对其进行侵逼欺凌，该人“莫敢应”。后该贵人将李禹的行为告诉了武帝，这让武帝很生气，便把李禹召来，使他去虎圈中刺虎，先让人将他的身体用绳子捆上，然后用绳索系着下放到虎圈中。不过，李禹没接触到地面，武帝又下诏让把他从虎圈里拉上来。而李禹“从落中以剑斫绝累，欲刺虎”。[①]即李禹恃其勇力，不肯从命，将系自己的绳索用剑砍断，落到虎圈中，定要与虎决一胜负。其嚣张与跋扈，于此可见一斑。太仆公孙敬声，“以皇后姊子，骄奢不奉法”[②]。因此纵使群臣没有倒向卫太子、卫太子也无逆乱之心，但卫太子的亲党如此恣意妄为，也难以让生性多疑、年迈多病、执政能力严重下降的武帝心安。

此外，若由卫太子继位，汉家可能会再度出现太后擅权的局面。因为从汉代的传统看，“汉母后预政，不必临朝及少主，虽长君亦然”[③]。若如此，则庞大的卫氏外戚集团成员自然也将随之复起而遍据要津，卫子夫因此将权倾内外，而这是武帝所不愿看到的。汉初由于吕后专权而险些夺去汉家江山的往事，一直是武帝心中挥之不去的阴影；其祖母窦太后对其父子所做的一切，更是让他记忆犹新。汉初吕后专权期间，先后封其兄子吕台、吕产、吕禄及吕台之子吕通为王，其中吕台、吕产还分掌南、北二军，吕氏族人又有六人封侯，权势之盛，一度颇有倾危汉室社稷之虞。景帝在位期间，他的母亲窦太后不仅经常插手政务，还想让景帝

---

① 《汉书》卷五四《李广传》，第 2450 页。

② 《汉书》卷六六《公孙贺传》，第 2878 页。

③ （南宋）洪迈撰，孔凡礼点校：《容斋随笔》卷二《汉母后》，中华书局 2005 年版，第 28 页。

立自己的小儿子梁王刘武为储君，把景帝搞得非常被动。武帝即位后，窦氏为太皇太后，继续干预政事，致使朝廷为之震荡，武帝帝位为之不稳。因此从为汉家安危考虑，武帝不希望继他而立的君主身边有一个强大的外戚势力。

最后要说的是，以卫太子为首的卫氏外戚，不仅不为武帝所喜，朝中一些当权者与他们的关系也不睦。后宫中意欲颠覆卫太子储君之位的活动也丝毫不逊于外朝。

总之，各种矛盾交织在一起，使武帝遂生易储之心。

第三节　武帝之机心

武帝晚年，性情烦躁、多疑、喜怒失常，劳干认为这与其服食丹药有关："汉武帝求神仙，服食丹药，而这种丹药的材料，无论那一种方剂，都离不开铅和汞，有时且杂有砷和铜（雄黄就是砷的化合物，会青为铜的化合物）。这些原料任何一种都是有剧毒的。"然后称："服食丹药可以严重的影响君主的性情，变得非常急燥，因而影响到政治，这是毫无问题的。"并举魏道武帝、唐宪宗、唐武宗为例，指出"所以服食丹药以后，第一是性情变成烦燥，喜怒失常。第二是性情变成多疑，猜忌的过分，以至亲人都不相信。这两点在汉武帝当巫蛊事件发生时的性情相合"。故而剖析巫蛊之祸，武帝"服食丹药这个因素，是应当加以注意的"。就巫蛊之祸而言，"最大的可能，是汉武帝对于这个事件的处理并没有预定的计划，和一贯的方针"。[①] 辛德勇沿此推考，遂得出了武

① 劳干:《对于〈巫蛊之祸的政治意义〉的看法》,《"中央研究院"历史语言研究所集刊》第 57 本第 3 分（1986 年）。

帝当时的性情已非常情所能理喻的看法："劳氏这一分析，应当符合当时的实际情况，汉武帝在长期服食仙方秘药之后，一方面，身体日益衰败，另一方面，情绪也越来越失去控制，在很大程度上，已非常情所能理喻。"[①] 实则劳干对丹砂在中国古代的应用情况有专门的研究，他的结论是："盖武帝时仅欲以丹砂炼金，所服者当为其他药物，尚非丹砂。故未中毒，因差可少病，年至七十余。"[②]

虽然劳干前说发表在后，后说发表在前，然其前说并未对武帝服食丹药事有所考证，后说则言之有据，同时征诸史实，确实得不出武帝曾服食丹药的结论。故劳干前说是缺乏说服力的，应当以其后说为准。并且武帝晚年性情虽然确实不好把握，但通过梳理武帝发动巫蛊之狱的心路历程，可知其行事是颇有轨辙可循的，不过事态的发展屡屡出乎武帝的意料却是实情。

就武帝而言，虽然他借少子出生一事，透露了自己的易储之心，但接下来他的举止又让人觉得这更似无心之语。因为太始四年（前 93 年）三月，他又去行幸泰山，到五月时才回到长安城西的建章宫。当年十二月又行幸雍，西至安定、北地，至征和元年（前 92 年）正月才又回到建章宫。按照惯例，在他巡行期间，朝政当仍是卫太子主持，后宫当仍是卫皇后打理。

究其原因，可能是年过花甲而得少子，让武帝自觉身体尚健，认为易储之事不必急在一时。并且，他与卫太子为父子数十年，对卫太子还是有感情的，让他断然下狠手处置卫太子，可能会有点于心不忍。同时此事操作起来难度颇大。因为一直以来，

---

① 辛德勇:《海昏侯刘贺》，生活·读书·新知三联书店 2016 年版，第 82—83 页。

② 劳干:《中国丹砂之应用及其推演》，《"中央研究院"历史语言研究所集刊》第 7 本第 4 分（1938 年）。

卫太子鲜有负面信息流布民间，故若武帝直接废黜卫太子，纵使理由再充分，百姓也不会接受，而只会认为这是一个阴谋，因为一个忠孝、仁德的人是绝对不会谋害君父、祸乱国家的。或许有人会认为，以武帝之强悍，他若一定要废黜卫太子，谁又能奈他何！然而我们历数武帝之政，可发现当他推行政令时，大都要给自己的行为找出一个冠冕堂皇的理由。究其原因，乃在于他深知要想保有皇权，就必须保持社会的稳定，而要想如此，对于君主而言，一个最基本的要求是，君主本人必须遵守与维护为整个社会所尊奉的那些构成社会稳定的基石的基本价值理念，比如儒家所宣扬的“五常”——仁、义、礼、智、信，就是汉代普遍认同的价值观。具体而言就是对人要有亲爱之心，做事要公平合理，行为要与一定的准则相适合，要言行一致、表里如一。如果这些基本理念得不到尊重与维护，汉代的社会就会陷入混乱。因此武帝虽然握有整个帝国的生杀予夺之权，却不能公然肆意妄为。所以他要想废黜卫太子，就必须拿出一个可以让百姓接受的理由。更何况此时的卫太子羽翼已成，若轻率动摇卫太子，稍有不慎，就会引发朝局动荡。但是来自上天的警示却又让他屡屡欲罢不能。

自先秦以来，盛行天人感应之说。如《易·系辞》云：“天垂象，见吉凶。”[①]《中庸》称：“国家将兴，必有祯祥；国家将亡，必有妖孽。”[②]《吕氏春秋·应同》云：“凡帝王者之将兴也，天必先见祥乎下民。”[③]是以人们一直热衷于通过分析天地异常之象以揣摩天心。

---

① （三国·魏）王弼等注，（唐）孔颖达等正义：《周易正义》卷七《系辞上》，《十三经注疏》，上海古籍出版社1997年版，第82页。

② （南宋）朱熹：《中庸章句》，《四书章句集注》，中华书局1983年版，第33页。

③ 王利器：《吕氏春秋注疏》卷一三《应同》，巴蜀书社2002年版，第1277页。

太始四年（前 93 年）七月，“赵有蛇从郭外入邑，与邑中蛇群斗孝文庙下，邑中蛇死”[①]。此事当引起武帝的注意，因为历史上曾发生过类似的蛇斗事件。春秋时，郑庄公死后，诸子争位，郑昭公忽、子亹、子仪相继死于非命，鲁庄公十四年（前 680 年），流亡在外的郑厉公突复入郑国。在郑厉公复位前，子仪为君，郑国的国都南门曾发生过被视为妖异之事的蛇斗事件：“初，内蛇与外蛇斗于郑南门中，内蛇死。六年而厉公入。公闻之，问于申繻曰：‘犹有妖乎？’对曰：‘人之所忌，其气焰以取之。妖由人兴也。人无衅焉，妖不自作。人弃常，则妖兴，故有妖。’”[②]

就太始四年（前 93 年）发生在赵国的蛇斗事件而言，据《淮南万毕术》云：“蛇无故斗于君室，后必争立，小死小不胜，大死大不胜，小大皆死，皆不立也。”[③] 其兆对应的当为朝廷之事，因为此次蛇斗发生在已故君主文帝庙下，相当于事故发生在“君室”。而江充是赵人，因此《汉书》认为这是江充将为祸宫廷之谶：“后二年秋，有卫太子事，事自赵人江充起。”[④] 进一步讲此为君主诸子争位之谶。从历史上的案例及《淮南万毕术》所持的谶理推考，此事预示着武帝他子将与卫太子争立，郭外蛇由外侵入邑内，处于争位，象征要攻取太子之位的武帝他子；邑中蛇处于守位，象征要保有太子之位的卫太子，而最终的结果是郭外蛇战胜了郭内蛇，也就预示着武帝他子战胜了卫太子，故武帝应当欣慰。然而武帝能做此解读，未必卫太子就不能，若如此，颇具实力的卫太

---

① 《汉书》卷六《武帝纪》，第 207 页。

② （西晋）杜预注，（唐）孔颖达等正义：《春秋左传正义》卷九，“庄公十四年”，《十三经注疏》，上海古籍出版社 1997 年版，第 1771 页。

③ （唐）瞿昙悉达：《唐开元占经》卷一二〇，《文渊阁四库全书》第 807 册，第 1040 页。

④ 《汉书》卷二七《五行志》，第 1468 页。

子势力为了反制，极有可能率先做出过激行动！

至于与卫太子争位者为何人，宋艳萍认为是武帝少子刘弗陵，其称“班固记载赵蛇事件的真正目的，其实是映射‘尧母门’”，因为“‘尧母门’中，赵婕妤为赵人，她生的儿子，最终战胜汉武帝的其他儿子，顺利地当上了皇帝”[①]。然而赵婕妤家在河间国而非赵国。当然其地在战国时属赵地，称其为赵人亦无不可，但是“中山本来也属于赵国，后来才从赵国分出来的”[②]。而武帝五子昌邑王刘髆的母亲李夫人出自中山国，且其时武帝对李氏外戚的宠幸甚盛，故宋艳萍的看法是值得商榷的。但觊觎太子之位的拥钩弋夫人势力及李氏外戚集团，各自将此解读为此谶预示着己方将争得太子之位，却是有可能的。而这势必会进一步激化各方的矛盾，并严重影响武帝对时局的判断。

太始四年（前93年）“冬十月甲寅晦，日有蚀之”[③]。“日蚀”即日食，《上海博物馆藏战国楚竹书（五）》之《竞建内之》载齐桓公问日食发生的缘故，鲍叔牙答曰：“曷将来，将有兵，有忧于公身。”[④]鲁昭公七年（前535年）发生日食，士文伯指出该天象的出现反映的是上天对人事的谴责：“不善政之谓也。国无政，不用善，则自取谪于日月之灾。”[⑤]故文帝二年（前178年）十一月

① 宋艳萍：《汉武帝时期的“赵蛇”之谶解析——兼论汉代画像中的“蛇”形象》，《邯郸学院学报》2015年第2期。

② 方诗铭：《西汉武帝晚期的“巫蛊之祸”及其前后——兼论玉门汉简〈汉武帝遗诏〉》，《上海博物馆集刊（总第4期）》，上海古籍出版社1987年版。

③ 《汉书》卷六《武帝纪》，第207页。

④ 陈佩芬：《竞建内之》，马承源主编：《上海博物馆藏战国楚竹书（五）》，上海古籍出版社2005年版，第171页。

⑤ （西晋）杜预注，（唐）孔颖达等正义：《春秋左传正义》卷四四，“昭公七年”，第2048页。

晦日日食，文帝特下诏求言称："谪见于天，灾孰大焉！"[①]

征和元年（前92年）夏，"大旱"[②]。《尚书·洪范》云："曰僭，恒旸若。""恒旸"即久晴不雨，属"咎征"[③]。

征和元年（前92年）冬，又发生搜索奸人事件。据《汉书·武帝纪》，该年"冬十一月，发三辅骑士大搜上林，闭长安城门索，十一日乃解"。三辅指京兆尹、左冯翊、右扶风。武帝征发三辅骑士大搜，文颖认为这是"简车马，数军实也"。臣瓒则引据《汉帝纪年》，明确指出这是在搜捕"奸人"："搜谓索奸人也。上林苑周回数百里，故发三辅车骑入大搜索也。《汉帝年纪》发三辅骑士大搜长安上林中，闭城门十五日，待诏北军征官多饿死。"[④]《艺文志》录有《汉大年纪》五篇，王应麟认为："《高祖·文帝·武帝纪》臣瓒注引《汉帝年纪》，盖即此书。"[⑤]张舜徽亦指出："此乃汉初诸帝大事记也。"[⑥]故其语颇可采信。

武帝在上林苑、长安城大搜奸人，"是武帝当时对于肘腋之下的安全也发生了疑问"[⑦]。而若推考谁为奸人的幕后指使者，虽然武帝认为欲害已者甚众，但联想到太始四年（前93年）七月出现的蛇斗之谶，继而发生的预示可能发生非常之事的日食、大旱等异兆，使其更有理由断定这很可能是出自卫太子势力所为。总

① 《史记》卷一〇《文帝本纪》，第422页。

② 《汉书》卷二七《五行志》，第1393页。

③ （西汉）孔安国传，（唐）孔颖达等正义：《尚书正义》卷一二《洪范》，《十三经注疏》，上海古籍出版社1997年版，第192页。

④ 《汉书》卷六《武帝纪》，第208页。

⑤ （南宋）王应麟：《汉艺文志考证》卷三，《二十五史补编》（第二册），开明书店1937年版，第1403页。

⑥ 张舜徽：《汉书艺文志通释》，湖北教育出版社1990年版，第73页。

⑦ 徐复观：《〈盐铁论〉中的政治社会文化问题》，《两汉思想史（第三卷）》，华东师范大学出版社2001年版，第74页。

之，通察武帝除掉卫太子的过程，此次大搜的对象“奸人”，在巫蛊之祸中起到了关键作用，因为正是所搜捕的“奸人”彻底激怒了武帝，使他对卫氏外戚大开杀戒。

而据《汉武故事》，该奸人在建章宫为武帝所亲见：“上又见一男子带剑入中龙华门，逐之弗获。上怒，闭长安城诸宫门，索十二日不得，乃止。”①《通鉴》言之尤详：“上居建章宫，见一男子带剑入中龙华门，疑其异人，命收之。男子捐剑走，逐之弗获。上怒，斩门候。冬，十一月，发三辅骑士大搜上林，闭长安城门索；十一日乃解。巫蛊始起。”② 若果如此，则此事甚诡异。因为按照常理推考，若卫氏外戚有意暗害武帝，断不会选在武帝身边有侍卫的情况下贸然派刺客行刺。然而武帝却不循常理考虑，借此径向卫氏外戚大开杀戒，可知他除掉卫太子之心已定，所缺的只是借口而已。而若问设局者为何人，拥钩弋夫人势力及李氏外戚集团皆有可能，而此事可能也为日后武帝相继除掉这两股势力埋下了伏笔。

---

① 佚名:《汉武故事》，（北宋）晁载之:《续谈助》卷三，《丛书集成初编》本，第 68 页。

② 《资治通鉴》卷二二，“征和元年”第 725 页。

第二章　巫蛊事起，卫氏灰飞

征和元年（前 92 年）冬，巫蛊事起。次年正月，卫氏外戚的重要成员丞相公孙贺、太仆公孙敬声父子死于狱中，其家被族诛。闰五月，皇后卫子夫女诸邑公主、阳石公主、外孙平阳侯曹宗及卫青子故长平侯卫伉皆被处死。卫青的亲信故因杅将军公孙敖亦当被族诛于此时。继而武帝幸甘泉宫，幕后操控李氏外戚的骨干成员左丞相刘屈氂除掉卫太子母子。在此过程中，由于江充的主动介入，使形势变得更加严峻。卫太子被逼至绝境，方起而抗争，失败后逃出长安城。武帝重新掌控长安，严酷清算卫太子亲党，并追捕卫太子，迫其自杀于京兆湖县。

第一节　诏捕朱安世

武帝铲除卫太子羽翼的过程，始自抓捕朱安世："是时诏捕阳陵朱安世不能得，上求之急。"究其原因，是由于朱安世为"京师大侠"[①]，而当时的京师游侠"几乎没有一个不以权贵为靠山"[②]。故武帝抓捕朱安世或是为了探知卫氏外戚的阴私，据以惩治卫氏外戚，以收事半功倍之效。因求之不得，遂直接抓捕卫子夫的姐

① 《汉书》卷六六《公孙贺传》，第 2878 页。

② 劳干:《对于〈巫蛊之祸的政治意义〉的看法》。

姐卫君孺之子太仆公孙敬声，剑指卫君孺的丈夫丞相公孙贺，强攻卫氏外戚："敬声以皇后姊子，骄奢不奉法，征和中擅用北军钱千九百万，发觉，下狱。"[①]

公孙贺武人出身，谋事简单，救子心切，竟自请逐捕朱安世以赎公孙敬声之罪。武帝恐怕不会想到公孙贺会出此下策，但这分明对自己有利。因为公孙敬声自恃权贵身份，居官骄奢不奉王法，武帝想抓他，随时就能找到借口，让武帝发愁的是怎样才能尽快抓到朱安世，现在公孙贺主动请缨，武帝当然愿意让他试试，并且这样做还会给世人造成错觉，那就是武帝抓公孙敬声确实是因为他犯了罪，而不是为了清算卫氏集团而设的局。因许之，"后果得安世。"公孙贺抓到朱安世后，直接将其送进了监狱，接下来就等着武帝信守诺言，放公孙敬声出来。没想到朱安世却于狱中上书，"告敬声与阳石公主私通，及使人巫祭祠诅上，且上甘泉当驰道埋偶人，祝诅有恶言。下有司案验贺，穷治所犯，遂父子死狱中，家族"。其间有个小插曲，即朱安世是被送入狱中后，方才"闻贺欲以赎子"[②]。可知公孙贺为了抓捕朱安世，使用了欺骗的手段，因此惹怒朱安世，不待拷问即告发了公孙敬声。不过公孙贺纵使事前对朱安世有所安抚，以汉朝刑狱之酷，朱安世终究是要交代的。征和二年（前 91 年）正月，公孙贺父子死狱中，其家被族诛。

巫蛊之术是流行于汉代的一种暗害仇敌的巫术。"蛊"本义"是指经由饮食给人们带来疾病的害虫"。其首要特性是伤害性。

---

① 《汉书》卷六六《公孙贺传》，第 2878 页。

② 《汉书》卷六六《公孙贺传》，第 2878 页。

汉代“巫蛊”之“蛊”就是“由其伤害性含义引申而来”[1]。巫师为蛊，故称巫蛊。其方法是让巫师用桐木制作象征仇敌的木偶，将其作为施术对象埋置地下，并加以祭祀和诅咒，人们认为这样做就可以达到伤害仇敌的目的。武帝对此非常忌讳。元光五年(前130年)，女子楚服等因替陈皇后行巫蛊之事，被定为大逆不道之罪，除楚服被枭首于市外，“相连及诛者三百余人”[2]。现在得知公孙敬声又以此术谋害自己，武帝岂能饶他！

武帝虽然除掉了公孙贺家族，但同案的阳石公主却没有受到惩处，而据《汉书·江充传》云：“会阳陵朱安世告丞相公孙贺子太仆敬声为巫蛊事，连及阳石、诸邑公主”[3]，可知涉案的尚有诸邑公主，然也未被惩处。在诛除公孙贺家族后，“虽然此案对社会造成极大震动，但在相当长一段时间内，武帝并没有给出任何解释，而是让各方势力根据自己所掌握的相关信息，对公孙贺一案进行自由解读”[4]。

武帝此举可能意欲达成三个目的：其一，损伤卫皇后母子的声誉。因为公孙贺父子身为卫氏外戚，却犯下如此深重的罪行，卫皇后母子自然难辞其咎。其二，让卫氏外戚集团感到惶惑不已。因为若说武帝要铲除他们，为什么将案子只追到公孙贺家族，而放过了阳石公主、诸邑公主？混乱的信息，既让他们心存侥幸，又忧

---

① 周凤霞：《汉代巫蛊术溯源》，上海市社会科学界联合会编：《人文教育 文明·价值·传统——上海市社会科学界第五届学术年会文集（2007年度）哲学·历史·人文学科卷》，上海人民出版社2007年版，第287—288页。参见蒲慕州《巫蛊之祸的政治意义》；劳干：《对于〈巫蛊之祸的政治意义〉的看法》；李建民：《〈汉书·江充传〉“桐木人”小考》，《中国科技史料》2001年第4期。

② 《汉书》卷九七《陈皇后传》，第3948页。

③ 《汉书》卷四五《江充传》，第2178页。

④ 李峰：《巫蛊之祸：西汉中期政坛秘辛》，第16页。

心不已，以至于不知该如何应对。其三，让反卫氏外戚势力跃跃欲试。因为他们可从此案的处理中，推断出武帝很可能已经开始着手清算卫氏外戚集团了，他们尽可倾力攻击卫太子！

当年春，“涿郡铁官铸铁，铁销，皆飞上去”。论者认为“此火为变使之然也”，或认为此是“金不从革”所致[①]。五行之中，金之性为“革”，其意为金能顺从人的意愿而改变其形状。如今铁飞而器不成，就是发生异变的表现。但无论哪种解释，都认为这预示着接下来可能要发生非常之事。

三月，武帝提拔涿郡太守刘屈氂为左丞相，封澎侯。刘屈氂，“武帝庶兄中山靖王子”，然属李氏外戚成员。李氏外戚是武帝宠姬李夫人的外戚，李夫人早卒，其死后，武帝先是在太初元年（前 104 年）拜李夫人的兄长李广利为贰师将军，让其统兵征大宛。至太初四年又以伐大宛之功，封李广利为海西侯。继而在天汉二年（前 99 年）、天汉四年先后两次派李广利统军攻打匈奴。天汉四年四月，又立李夫人子刘髆为昌邑王。在武帝的扶持下，李氏家族很快崛起为显赫的外戚之家，与卫氏外戚形成分庭抗礼之势。而“贰师女为屈氂子妻”[②]。

武帝在敏感时期任用刘屈氂为左丞相，应该是深思熟虑的结果。有人认为刘屈氂能为丞相，“可能即是出于李广利的推荐”[③]。然“武帝雄猜，拔擢一人，必欲恩自己出，丞相犹不敢荐士，况为将握兵者乎！”[④]所以当年以卫青、霍去病之尊贵，亦不敢在

① 《汉书》卷二七《五行志》，第 1334 页。

② 《汉书》卷六六《刘屈氂传》，第 2879—2883 页。

③ 方诗铭:《西汉武帝晚期的“巫蛊之祸”及其前后——兼论玉门汉简〈汉武帝遗诏〉》。

④ （清）何焯著，崔高维点校:《义门读书记》卷一七《前汉书　列传》，中华书局 1987 年版，第 290 页。

这方面置喙，李广利又如何敢公然为刘屈氂讨要丞相之位，尤其是当此政局动荡之际！成祖明认为此“可见李氏集团与力焉”[①]，但将李氏外戚的参与理解为武帝利用所致，可能更符合史实。至于韩树峰推测“刘屈氂可能是公孙贺案的发动者之一，客观上帮助武帝打击了卫氏集团，因此武帝将其擢升为丞相”[②]，并不合理。因为当时其尚在涿郡为太守，远离权力中心，如何在“客观上帮助”疑忌心理甚重的武帝挑战当权的丞相公孙贺？由于“扶持一个新起的外戚打击另一个正在得势的外戚”[③]，是武帝惯用的伎俩，此次刘屈氂能入长安，应该就是出于武帝的决断，而这势必将引起卫氏外戚的不安。同时任由公孙敬声与阳石公主私通一事流布民间，成为百姓的笑料谈资，是会有损皇家声誉的。是以武帝遂借拜刘屈氂为左丞相一事，制诏御史，对公孙贺被诛及提拔刘屈氂的原因进行解释。

诏书称公孙贺被惩治，是因为他“倚旧故乘高势而为邪”。颜师古曰：“帝为太子，贺已为舍人，故云旧故。”亦即是说公孙贺依仗着与武帝的“旧故”关系，利用其权势而作奸犯科。而观其所列公孙贺的罪状甚众，诸如损公肥私、收受贿赂、困扰百姓等，然而于巫蛊事却只字未提。此可解读为虽然朱安世告公孙敬声犯下与阳石公主私通、祝诅武帝等罪，但武帝并未予以采信，之所以惩处公孙贺，完全是因为他擅权误国，无关其他。并且诏书又说“狱已正于理”，此可解读为此案已结，相关涉案人员不必担心

---

① 成祖明：《内部秩序与外部战略：论〈轮台诏〉与汉帝国政策的转向》，《清华大学学报（哲学社会科学版）》2016年第2期。

② 韩树峰：《论巫蛊之狱的性质——以卫太子行巫蛊及汉武帝更换继嗣为中心》。

③ 陈启喆：《“巫蛊之祸”中外戚、权臣势力消长的考证——以〈史记〉、〈汉书〉为中心》，《西南古籍研究》2011年总第9期。

会受到株连。至于以刘屈氂为左丞相，武帝说他是在效法“亲亲任贤”的周唐之道[①]，因此委自己的侄子以重任，故世人不必对此作过度联想。

闰五月，在卫氏外戚猝不及防的情况下，武帝骤然出手，“诸邑公主、阳石公主皆坐巫蛊死”[②]。而卫青子故长平侯卫伉亦因巫蛊罪“坐诛”[③]。

卫子夫的外孙平阳侯曹宗当亦死于此时。据《汉书·曹参传》，曹宗“有罪，完为城旦”[④]。据《高惠高后文功臣表》，征和二年（前91年），曹宗“坐与中人奸，阑入宫掖门，入财赎完为城旦”[⑤]。然《史记·曹参世家》云：“征和二年中，宗坐太子死，国除。”[⑥]《汉书·五行志》云：“巫蛊事兴，帝女诸邑公主、阳石公主、丞相公孙贺、子太仆敬声、平阳侯曹宗等皆下狱死”[⑦]。故沈家本认为曹宗“或免侯之后复坐太子事死于狱也”[⑧]。

卫青的亲信故因杅将军公孙敖亦当被族诛于此时。据《汉书·武帝纪》，天汉四年（前97年），公孙敖击匈奴，不利而还，“太始元年春正月，因杅将军敖有罪，要斩”[⑨]。《卫青霍去病传》则称公孙敖有罪当斩，“诈死，亡居民间五六岁。后觉，复系。坐妻为巫

---

① 《汉书》卷六六《刘屈氂传》，第2879页。

② 《汉书》卷六《武帝纪》，第208页。

③ 《汉书》卷六三《戾太子传》，第2742页。

④ 《汉书》卷三九《曹参传》，第2021页。

⑤ 《汉书》卷一六《高惠高后文功臣表》，第532页。

⑥ 《史记》卷五四《曹参世家》，第2031页。

⑦ 《汉书》卷二七《五行志》，第1334页。

⑧ （清）沈家本撰，邓经元、骈宇骞点校：《汉律摭遗》卷一六，《历代刑法考》，中华书局1985年版，第1665页。

⑨ 《汉书》卷六《武帝纪》，第205页。

蛊，族”[①]。《汉纪》《资治通鉴》皆将公孙敖被诛事书于太始元年（前96年）正月，并云其坐妻为巫蛊腰斩。吕祖谦认为“敖既卫氏党，所坐巫蛊，必与曹宗、卫伉事相连同诛，是时去余吾之战已五六年矣。当以《传》为正”。故其将此事书于征和二年闰月，云公孙敖与诸邑公主等“皆坐巫蛊诛”[②]。

针对武帝自征和二年（前91年）正月至闰五月的杀戮，易佩绅指出：“此杀皇后、太子之渐也。公孙贺之族，后姻党也；诸邑、阳石两公主，后所生也；长平侯伉，后弟卫青之子也。初以卫后之宠废陈后，遂宠及卫氏姻党，至卫后宠衰而姻党先诛矣，次及两公主矣，后与太子其能保乎！”[③]所以巫蛊之祸的爆发，表面上看似偶然，然通察整个过程，“人们有理由相信这是一场有预谋的针对卫氏集团的一次公开的政治斗争。也就是说，在此之前，各方势力其实早已暗流涌动，矛盾和斗争已积聚很久，朱安世案不过是将整个斗争公开引爆而已”[④]。

第二节　江充治巫蛊

剪除卫氏外戚集团的骨干力量后，武帝幸甘泉宫，幕后操控除掉已形同困兽的卫太子母子事宜。当此情势之下，江充跳将出来。

江充，原名江齐，赵国人，早年借其妹妹攀附上赵太子刘

① 《汉书》卷五五《卫青霍去病传》，第2491页。

② （南宋）吕祖谦：《大事记解题》卷一二，黄灵庚、吴战垒主编：《吕祖谦全集（第八册）》，浙江古籍出版社2008年版，第872—873页。

③ （清）易佩绅：《通鉴触绪》卷八，清光绪刻本。

④ 成祖明：《内部秩序与外部战略：论〈轮台诏〉与汉帝国政策的转向》。

丹，进而得幸于赵王刘彭祖："有女弟善鼓琴歌舞，嫁之赵太子丹。齐得幸于敬肃王，为上客。"[①]后因与刘丹争宠于刘彭祖而结怨，最终双方矛盾激化，刘丹以确凿的罪证诛杀了江充的父兄："久之，太子疑齐以己阴私告王，与齐忤，使吏逐捕齐，不得，收系其父兄，按验，皆弃市。"江充为报大仇遂奔赴长安，诣阙告发刘丹"与同产姊及王后宫奸乱"及"交通郡国豪猾，攻剽为奸，吏不能禁"等两条大罪。结果刘丹被废。当时刘彭祖认为江充这样做是为了"复私怨"[②]，即公报私仇，恳请武帝饶恕刘丹，其实刘丹又何尝不是。而对于这样的行为，一经发现，武帝是定要予以严惩的。如元鼎二年（前 115 年）十一月，丞相庄青翟及三长史挟私借武帝之手除掉了御史大夫张汤，后被武帝发觉，遂按诛三长史，并逼庄青翟自杀。然而此次刘丹、江充所为虽同属利用公器而逞其私欲，但武帝最终却只惩治了刘丹，而不问罪于江充，乃在于江充洞察时势，揣摩到了武帝的心思。汉自七国之乱后，持续强化对诸侯王国的控制，早在景帝中五年（前 145 年），已"令诸侯王不得复治国，天子为置吏"[③]。又"自吴楚反后，五宗王世，汉为置二千石，去'丞相'曰'相'，银印。诸侯独得食租税，夺之权"。而刘彭祖擅权赵国，为所欲为，"立五十余年，相、二千石无能满二岁，辄以罪去，大者死，小者刑，以故二千石莫敢治"。虽然如此，由于刘彭祖为人"巧佞卑谄，足恭而心刻深"[④]，朝廷竟奈何不得。故江充遂于此处用力，告发刘丹扰乱地方秩序，而武帝一收到江充的奏书，即严惩刘丹，藉以打击刘彭祖，故刘彭

---

① 《汉书》卷四五《江充传》，第 2175 页。
② 《汉书》卷四五《江充传》，第 2175—2176 页。
③ 《汉书》卷一九《百官公卿表》，第 741 页。
④ 《史记》卷五九《五宗世家》，第 2098—2104 页。

祖虽竭力请求武帝宽恕刘丹，武帝却不为所动，“竟败赵太子”[①]。通过梳理整个事件的经过，可知就江充而言，其初借妹妹与刘丹攀上关系，“进不由道”[②]，后与刘丹争宠于刘彭祖，当时若刘丹任由他受宠于刘彭祖，纵使刘丹犯下滔天的罪过，他也不会赴长安告发的。故其行虽有益于国，但其心却可诛，因此被时人视为奸邪之徒。如巫蛊之祸中，卫太子骂江充：“赵虏！乱乃国王父子不足邪！”[③]壶关三老茂在为卫太子讼冤时称：“往者江充谗杀赵太子，天下莫不闻。”[④]

如前所述，江充因举报卫太子属下违法事受到武帝称赞，并迁官水衡都尉，“久之，坐法免”。由于他得罪卫太子，当他窥伺到武帝有易储之心后，遂欲乘势除掉卫太子：“后上幸甘泉，疾病，充见上年老，恐晏驾后为太子所诛，因是为奸，奏言上疾祟在巫蛊。于是上以充为使者治巫蛊。”[⑤]《资治通鉴》言及此事尤详：“是时，方士及诸神巫多聚京师，率皆左道惑众，变幻无所不为。女巫往来宫中，教美人度厄，每屋辄埋木人祭祀之；因妒忌恚詈，更相告讦，以为祝诅上，无道。上怒，所杀后宫延及大臣，死者数百人。上心既以为疑，尝昼寝，梦木人数千持杖欲击上，上惊寤，因是体不平，遂苦忽忽善忘。江充自以与太子及卫氏有隙，见上年老，恐晏驾后为太子所诛，因是为奸，言上疾祟在巫蛊。于是上以充为使者，治巫蛊狱。”[⑥]

江充治蛊先在民间展开，率领胡巫檀何等掘地寻找木人，抓

---

① 《汉书》卷四五《江充传》，第 2176 页。
② 《汉书》卷九三《佞幸传》，第 3741 页。
③ 《汉书》卷四五《江充传》，第 2179 页。
④ 《汉书》卷六三《戾太子传》，第 2745 页。
⑤ 《汉书》卷四五《江充传》，第 2178 页。
⑥ 《资治通鉴》卷二二，“征和二年”，第 728 页。

捕为巫蛊及夜间祭祀诅咒之人，让巫师污染地上为祠祭之处，以为人犯罪的证据，并对被抓的人施以酷刑，强迫他们屈服，死者甚众："充将胡巫掘地求偶人，捕蛊及夜祠，视鬼，染污令有处，辄收捕验治，烧铁钳灼，强服之。民转相诬以巫蛊，吏辄劾以大逆亡道，坐而死者前后数万人。"[①] 江充这样做，"其意一是为了避免打草惊蛇，招致卫太子的反制；同时也含有揣摩武帝的心思的想法。因为虽然他已窥测到武帝意欲废黜太子，但此事做到什么程度，武帝并没有明言，所谓天威难测，过与不及都是不可取的，他需要边做边观察武帝的反应，以确保自己每一步行动都与武帝的意愿相符"[②]。及见武帝对自己的举措并无不满，接下来又"白言宫中有蛊气"[③]，其意就在于向武帝请示是否向卫皇后、卫太子下手，而武帝则允许他入宫治蛊，江充于是再无顾忌。

当时，江充先在甘泉宫治蛊，然后转至长安宫中。如武帝称："曩者，江充先治甘泉宫人，转至未央椒房。"颜师古曰："椒房，殿名，皇后所居也。以椒和泥涂壁，取其温而芳也。"[④] 具体而言，在长安宫中治蛊是先从武帝的御座开始："入宫至省中，坏御座掘地。"意在显示宫中无禁地，所有的地方都必须搜查。为使工作得以顺利开展，武帝又"使按道侯韩说、御史章赣、黄门苏文等助充"[⑤]。据《汉书·江充传》，江充等"先治后宫希幸夫人，以次及皇后，遂掘蛊于太子宫，得桐木人"[⑥]。《戾太子传》亦称："充遂

---

① 《汉书》卷四五《江充传》，第 2178 页。
② 李峰：《巫蛊之祸：西汉中期政坛秘辛》，第 31 页。
③ 《汉书》卷六三《戾太子传》，第 2742 页。
④ 《汉书》卷六六《田千秋传》，第 2885 页。
⑤ 《汉书》卷六三《戾太子传》，第 2742 页。
⑥ 《汉书》卷四五《江充传》，第 2179 页。

至太子宫掘蛊，得桐木人。”[①] 故辛德勇认为卫太子“以桐木人偶诅咒汉武帝速死，当属事实”[②]。又称：“像《汉书》这样严谨的历史著作，其最基本、也是最为首要的功能，当然是如实记述史事。在有关巫蛊之案侦办与被告双方人物的传记里，都决然不见江充暗设计谋来诬陷太子据埋设桐木偶人以行蛊术的记载，清楚显示出这是一件在太子宫内实实在在发生了的事情，并非无中生有。”[③]

然而以常理揣度，设若卫太子果真为巫蛊祝诅武帝，后见武帝严查巫蛊事，为求自保，太子母子也当及早挖出所埋之蛊。因为江充等“查治巫蛊并非秘密行动，京师尽人皆知，皇后、太子如若真行巫蛊，完全有时间消灭痕迹”[④]。

可是江充等还是在太子宫掘出了蛊，这可能宫中本就有蛊，但非卫太子所为。征和四年（前 89 年），田千秋（或称“车千秋”）为丞相后，曾率群臣劝慰武帝，武帝回应称：“曩者，江充先治甘泉宫人，转至未央椒房，以及敬声之畴、李禹之属谋入匈奴，有司无所发，今丞相亲掘兰台蛊验，所明知也。至今余巫颇脱不止，阴贼侵身，远近为蛊，朕愧之甚，何寿之有？”[⑤] 辛德勇认为“这些话等于是说江充虽然另有图谋，醉翁之意本不在酒，但太子据行用巫蛊，实亦确有其事”[⑥]。实则武帝这段话并非是说卫太子确实有为蛊诅咒自己事，而是说巫师在宫中活动猖獗，为蛊成风，

---

① 《汉书》卷六三《戾太子传》，第 2742 页。

② 辛德勇：《制造汉武帝》（增订本），生活 · 读书 · 新知三联书店 2018 年版，第 51 页。

③ 辛德勇：《汉武帝太子据施行巫蛊事述说》，《华中师范大学学报（人文社会科学版）》2016 年第 3 期。

④ 顿文聪：《再论巫蛊之祸——以卫氏宠衰与昭帝承统为中心的考察》，《唐都学刊》2017 年第 5 期。

⑤ 《汉书》卷六六《田千秋传》，第 2885 页。

⑥ 辛德勇：《汉武帝太子据施行巫蛊事述说》。

自己起用江充治蛊，然而江充却与巫师在宫中狼狈为奸，另外公孙敬声、李禹等人与胡巫谋划叛逃匈奴，所有这一切官员都无所发举。事实上宫中是有蛊的，现在丞相田千秋就亲自在兰台掘出了蛊，这是大家都清楚的，因此当年追查巫蛊事不是没有原因的。

就此事而论，由于卫太子宫中侍从甚众，若有人暗中埋蛊祝诅他人是有可能的。同时，这也可能是江充等所置。

由于石德论及江充在卫太子宫中掘得桐木人事称："不知巫置之邪，将实有也，无以自明。"[①] 辛德勇认为这是"石德故意为戾太子开脱"，"而戾太子并没有当面否认他有埋藏桐人的举措，这就说明他以桐木人偶诅咒汉武帝速死，当属事实"。[②]

韩树峰认为："从当时情形分析，石德、太子之间的问答事属机密，不可能在众目睽睽、大庭广众之下进行。太子是否诅咒过武帝，两人心照不宣，在这种情况下，石德既无必要为太子开脱，太子亦无必要在石德面前洗刷自己，以证清白。将此语与'无以自明'结合起来分析，石德意在说明，太子无法在武帝面前证明巫蛊之事是江充陷害，还是自己所为。"[③]

事实确实如此，如《汉书·蒯伍江息夫传》赞语称："江充造蛊，太子杀。"[④] 但辛德勇通过梳理江充入宫治蛊的过程，指出所谓"造蛊"意为"江充之所造，是制造巫蛊之祸，而不是埋置巫蛊之具——桐木偶人"[⑤]。然而班固在此赞语中又说江充此举属"自小覆大，由疏陷亲"[⑥]。也就是说，在班固看来巫蛊之祸中卫太子

---

① 《汉书》卷六三《戾太子传》，第 2743 页。

② 辛德勇：《制造汉武帝》（增订本），第 51 页。

③ 韩树峰：《论巫蛊之狱的性质——以卫太子行巫蛊及汉武帝更换继嗣为中心》。

④ 《汉书》卷四五《蒯伍江息夫传》，第 2189 页。

⑤ 辛德勇：《汉武帝太子据施行巫蛊事述说》。

⑥ 《汉书》卷四五《蒯伍江息夫传》，第 2189 页。

是受到了江充的陷害的，所谓“造蛊”指的应该就是栽赃陷害，否则若卫太子确实有埋蛊诅咒武帝之事，何来“陷亲”之说？并且汉人也是这样认为的。如《春秋保乾图》称：“江充之害太子，交啄反舌鸟入殿。”宋均注：“交啄反舌，百舌鸟。”[①]

《汉书·田千秋传》称田千秋上急变为太子讼冤曰：“子弄父兵，罪当笞；天子之子过误杀人，当何罪哉！臣尝梦见一白头翁教臣言。”[②]因其中未言及巫蛊事，辛德勇遂认定：“这也显示出在田千秋看来，太子据在行用巫蛊一事上，亦并非无辜。”[③]实则并非如此。据学者研究，《汉书》虽然保存了大量的汉代篇籍，被视为汉代文献的渊薮，但《汉书》毕竟是史著而非文选，因此根据行文的需要，班固对汉代文章采录的方式有全录、摘录、照录、改写、引录、转叙等，其特点为：“全录与摘录结合；照录与改写相混；引录与转叙交融。”[④]就此事而言，由于《刘屈氂传》已将江充诬陷卫太子事做了叙述：“其秋，戾太子为江充所谮，杀充。”[⑤]《田千秋传》在叙过田千秋的奏章后又云：“是时，上颇知太子惶恐无他意。”[⑥]而如前所述，在田千秋为丞相后，率群臣劝慰武帝时，武帝还批评群臣眼看着江充等在宫中为非，却无人予以揭发。显见班固将江充诬陷卫太子事已说清楚，故虽然《武五子传》赞

① （北宋）李昉编纂，孙雍长、熊毓兰校点：《太平御览（第8卷）》卷九二三《羽族部十》，河北教育出版社1994年版，第399—400页。参见（唐）欧阳询撰，汪绍楹校《艺文类聚》卷九二《鸟部下·反舌》，第1601页。

② 《汉书》卷六六《田千秋传》，第2883页。

③ 辛德勇：《汉武帝太子据施行巫蛊事述说》。

④ 罗书华：《〈汉书〉引文的方式与特点——兼说〈全汉文〉采录〈汉书〉的难误》，北京大学中国古文献研究中心编：《北京大学中国古文献研究中心集刊（第七辑）》，北京大学出版社2008年版，第269页。

⑤ 《汉书》卷六六《刘屈氂传》，第2880页。

⑥ 《汉书》卷六六《田千秋传》，第2883页。

语称田千秋在奏章中指明巫蛊之事的真实情况，使卫太子之冤得以显露明白："故车千秋指明蛊情，章太子之冤。"[1]但班固为了避免行文重复，在采录田千秋奏章时，只是摘录了田千秋为卫太子兴兵所犯的"过误"进行开解之文而已。

除以上分析外，《汉书》还有多处明言卫太子死于江充的诬陷。如《戾太子传》明言江充治蛊，其意就在于卫太子："充与太子及卫氏有隙，恐上晏驾后为太子所诛，会巫蛊事起，充因此为奸。"[2]《丙吉传》则称丙吉治巫蛊郡邸狱，"心知太子无事实"，又"吉治巫蛊事，连岁不决"[3]。《五行志》称："后有江充巫蛊卫太子事。"王先谦云："诬卫太子为巫蛊也。"《五行志》又称征和二年（前91年）"七月，使者江充掘蛊太子宫，太子与母皇后议，恐不能自明，乃杀充"[4]。《卫子夫传》亦云江充为奸，陷害卫太子："卫后立三十八年，遭巫蛊事起，江充为奸，太子惧不能自明，遂与皇后共诛充。"[5]

总之，自征和元年(前92年）冬武帝向卫氏外戚集团发难起，直到江充在太子宫掘出桐木人前，卫太子面对武帝咄咄逼人的攻势，一直隐忍以对，及至江充在太子宫掘蛊得桐木人，为求自保，方奋起抗争。壶关三老茂论及此事称："太子进则不得上见，退则困于乱臣，独冤结而亡告，不忍忿忿之心，起而杀充。"[6]韩树峰因此称："而太子在遭到陷害的情况下，求告无门，进退两难，不

---

① 《汉书》卷六三《武五子传》，第2771页。

② 《汉书》卷六三《戾太子传》，第2742页。

③ 《汉书》卷七四《丙吉传》，第3142页。

④ （东汉）班固撰，（清）王先谦补注，上海师范大学古籍整理研究所整理：《汉书补注》卷二七《五行志》，上海古籍出版社2008年版，第1921—1922页。

⑤ 《汉书》卷九七《卫子夫传》，第3950页。

⑥ 《汉书》卷六三《戾太子传》，第2744—2745页。

得已起而诛杀江充，举兵反叛。”[①] 辛德勇则认为三老茂之语“并不符合当日实际情况，不过是刻意为太子据开脱而已”。因为以江充的身份，“根本无力阻止太子据为自己辩护”[②]。此说颇有道理。事实上，后来卫太子问计于石德，石德在论及此事时并不担心卫太子没机会为自己辩护，而是认为由于江充等掘蛊太子宫获得确凿的证据，故卫太子虽可为自己辩护，却已无法自证清白。显见三老茂的说法只是出于推测。

第三节　长安五日乱

卫太子被江充逼至绝境，进退失据，方才问计于太子少傅石德。

关于石德，蒲慕州认为其父“即前丞相石庆”[③]。阎步克亦认为其为石庆之子：“石德是著名的‘万石君’石奋之孙，石庆之子。”[④] 其论或是受颜师古影响而发，因为颜师古认为少傅石德是“石庆子”[⑤]。实则并非如此。据《汉书·石庆传》，石奋子石庆为丞相，封牧丘侯，石庆薨，武帝让其中子石德嗣，“后为太常，坐法免，国除”[⑥]。《百官公卿表》称太初三年（前 102 年），“牧丘侯石德为太常，三年坐庙牲瘦入谷赎论”[⑦]。《外戚恩泽侯表》称“石德嗣侯，二年，天汉元年，坐为太常失法罔上，祠不如令，完为

---

① 韩树峰：《论巫蛊之狱的性质——以卫太子行巫蛊及汉武帝更换继嗣为中心》。

② 辛德勇：《汉武帝太子据施行巫蛊事述说》。

③ 蒲慕州：《巫蛊之祸的政治意义》。

④ 阎步克：《汉武帝时“宽厚长者皆附太子”考》，《北京大学学报（哲学社会科学版）》1993 年第 3 期。

⑤ 《汉书》卷六三《戾太子传》，第 2743 页。

⑥ 《汉书》卷四六《石庆传》，第 2200 页。

⑦ 《汉书》卷一九《百官公卿表》，第 784 页。

城旦”[1]。故周寿昌指出这说明石庆之子石德“从未官太子少傅，亦无劝戾太子矫节发兵事，且德免官失侯在天汉元年，距征和二年已十年，无缘复为太子少傅”。并且若劝太子矫节发兵，随太子发兵反者为石庆之子石德，由于此属当族诛之重罪，故《汉书》必当书之，“而《万石君传》及各表皆无之，此等大事，班史不容有遗误，兼以年代考之，亦不合”。故认为“此盖别一石德，非石庆之子德也”[2]。此论甚是。

由于当时武帝欲除掉卫太子之意已大明，卫太子问计于石德，更多的当是想从石德那里寻求支持，而非如一些学者认为的那样真的只是向石德寻求应对之策。因为太子少傅为太子宫官属之领袖，代表着太子宫众官属，而史称石德“惧为师傅并诛”[3]，因此建议卫太子起而抗争。观此，似乎是石德的私心让卫太子走上了不归路，然回顾当年楚服巫蛊狱，有哪一个陈皇后身边的人能置身事外免受惩罚？所以石德的态度其实就是太子宫众官属的态度，卫太子最终决定奋起抗击，其底气也就在此。

当卫太子问计于石德时，石德建言：“前丞相父子、两公主及卫氏皆坐此，今巫与使者掘地得征验，不知巫置之邪，将实有也，无以自明，可矫以节收捕充等系狱，穷治其奸诈。且上疾在甘泉，皇后及家吏请问皆不报，上存亡未可知，而奸臣如此，太子将不念秦扶苏事耶？”[4]显见石德的建议“只是收捕江充等”[5]，通过对江充等的审讯，获得他们陷害卫太子的证据，使卫太子得以证其

---

① 《汉书》卷一八《外戚恩泽侯表》，第690页。

② （清）周寿昌：《汉书注校补》卷四一，（清）沈钦韩等撰：《汉书疏证（外二种）》（二），上海古籍出版社2006年版，第726页。

③ 《汉书》卷六三《戾太子传》，第2743页。

④ 《汉书》卷六三《戾太子传》，第2743页。

⑤ 劳干：《对于〈巫蛊之祸的政治意义〉的看法》。

清白。而考卫太子之初衷，亦是要按照石德的建议行事，所以当时没有与卫皇后商量，便在七月初九，自行抓捕江充等，惜乎没有成功："乃使客为使者收捕充等。按道侯说疑使者有诈，不肯受诏，客格杀说。御史章赣被创突亡，自归甘泉。"[①]之所以出现这种状况，当是由于韩说"佞幸"于武帝[②]；章赣为御史，乃皇帝耳目之官；苏文为宦官，属皇室家奴，皆为武帝亲信。武帝派他们来助江充，定会有明确的授意。是以当卫太子之客以使者身份抓捕他们时，他们皆不肯受诏。如就韩说而言，其人"不仅是巫蛊事件的参与者，而且应是直接秉承武帝旨意的帮凶。……也正由于韩说的特殊身份，深知武帝的用意，才能在掘蛊太子宫后，太子假传诏书收捕韩说、江充等时，韩说'疑使者有诈，不肯受诏'，而江充则不能"[③]。结果江充束手就缚，韩说被格杀，章赣被创突亡，苏文也逃脱。

抓捕中出现的变故，一下子打乱了卫太子的计划。因为卫太子遣使持节假传诏令，已犯了武帝的忌讳，更何况又擅杀使者，可谓大错已成；而苏文等逃归甘泉，定会将治蛊情况汇报给武帝，到得此时，再审讯江充等已无意义。"于是太子之思想开始转变为放手一搏，消灭政敌，取得继位先机。"[④]

据《汉书·戾太子传》，时未央宫有"中厩"。颜师古曰："皇后车马所在也。"[⑤]而《史记·李斯列传》称秦二世时，公子高上书二世皇帝，称始皇帝在时，"中厩之宝马，臣得赐之"[⑥]。胡三省据

---

① 《汉书》卷六三《戾太子传》，第 2743 页。

② 《史记》卷一二五《韩嫣列传》，第 2195 页。

③ 吴刚:《"巫蛊之祸"新探》，《中国史研究》1993 年第 2 期。

④ 顿文聪:《再论巫蛊之祸——以卫氏宠衰与昭帝承统为中心的考察》。

⑤ 《汉书》卷六三《戾太子传》，第 2743—2744 页。

⑥ 《史记》卷八七《李斯列传》，第 2553 页。

此认为中廐为“天子之内厩”，并非“专主皇后车马”[①]。

未央宫、长乐宫之间有储藏兵器的武库。秦昭王七年（前300年），秦惠王异母弟樗里子卒，葬于渭南章台之东。“至汉兴，长乐宫在其东，未央宫在其西，武库正直其墓。”[②] 考古发掘显示，武库位于未央宫东宫墙以东、直城门大街以南、安门大街以西这片区域的南部。安门是长安城南面三座城门中中间那座的城门，据《三辅黄图》，“长安城南出第二门曰安门，亦曰鼎路门，北对武库”[③]。安门大街即自安门通往城内的街道。考古勘探显示，直城门大街自西向东与安门大街相通，“长2900米”，安门大街南北长“5400米”，两条大街“路宽45 ~ 56米”[④]。武库“南距南城墙1810、北距直城大街225、东距安门大街82、西距未央宫东宫墙75米”，“周筑围墙，形成平面呈长方形的院落，东西长710、南北宽322、周长2064米”。[⑤]

当时，卫太子“使舍人无且持节夜入未央宫殿长秋门，因长御倚华具白皇后，发中厩车载射士，出武库兵，发长乐宫卫，告令百官曰江充反。乃斩充以徇，炙胡巫上林中”[⑥]。

武帝时京师军事力量由四部分组成，即南军、北军两支部队及专职宿卫皇帝的郎吏侍从、持兵之宦者。

首先，卫尉统领的南军卫士。

据《汉书·刑法志》，汉朝建立后，“踵秦而置材官于郡国，

---

① 《资治通鉴》卷二二，“征和二年”，第729—730页。
② 《史记》卷七一《樗里子列传》，第2310页。
③ 何清谷:《三辅黄图校释》卷一《都城十二门》，第81页。
④ 刘庆柱、李毓芳:《汉长安城》，文物出版社2003年版，第19页。
⑤ 刘庆柱、李毓芳:《汉长安城》，第127页。
⑥ 《汉书》卷六三《戾太子传》，第2743页。

京师有南北军之屯”[①]。惠帝七年(前188年)八月，惠帝崩，时张辟强向丞相王陵、陈平建言，让吕氏外戚为将，“将兵居南北军”以安吕后之心。高后八年（前180年）七月，高后崩前，以赵王吕禄为上将军，军北军；吕王吕产居南军。并告诫吕产、吕禄自己崩后，一定要“据兵卫宫”[②]。可知南北军距未央宫当甚近。

吕后崩后，吕产又以吕后遗诏为相国。后功臣与宗室合谋诛诸吕，先是太尉周勃通过运筹，逼吕禄交出军权，“遂将北军。然尚有南军”。而在此之前，吕产尚在私第，郎中令贾寿的使者从齐国来见吕产，“具以灌婴与齐楚合从，欲诛诸吕告产，乃趣产急入宫。”[③]由于“据兵”方才能“卫宫”，是以贾寿的使者要求吕产“急入宫”，就是要他急入南军，亦即南军就在未央宫。而未央宫驻扎的军队只有一支，即卫尉所统领的卫卒，是知此即南军。

“南北军”当是因所屯之方位而得名，如陈元粹就称“南军”是“以其在北军之南，故谓南军。”卫尉即是南军，又居于未央宫内，则“北军”当如钱文子言在“在未央北”[④]。自景帝时起，文献不见载“南军”事。但卫尉始终都在。

据《汉书·百官公卿表》云:“卫尉，秦官，掌宫门卫屯兵”[⑤]。钱大昕云:“宫门者，未央宫门也。”景帝初年卫尉更名为中大夫令，后元年（前143年）复为卫尉。此处所言的卫尉即“未央卫

---

① 《汉书》卷二三《刑法志》，第1090页。

② 《史记》卷九《吕太后本纪》，第399—406页。

③ 《史记》卷九《吕太后本纪》，第409页。

④ （南宋）钱文子:《补汉兵志》,《二十五史补编（1）》，开明书店1936－1937年版，第417页。

⑤ 《汉书》卷一九《百官公卿表》，第728页。

尉”，一般单称“卫尉”[①]，常置。“属官有公车司马、卫士、旅贲三令丞。卫士三丞。又诸屯卫候、司马二十二官皆属焉。”[②]。此外，又有长乐卫尉、建章卫尉、甘泉卫尉，“皆掌其宫，职略同，不常置。”[③]

未央宫由宫、殿、省三个区域组成，殿在宫中，省在殿中，各有围墙环绕，构成封闭空间，墙设门阙，以供出入交通。《汉旧仪》云卫尉寺即卫尉的治所“在宫内”，其所管辖的诸官署即“门署”及所统卫卒驻屯在宫内殿外这个空间。如胡广称卫尉：“主宫阙之门内卫士，于周垣下为区庐。”颜师古曰：“区庐者，若今之仗宿屋矣。”[④]《汉旧仪》云：“殿外门署属卫尉”[⑤]。秦时，赵高欲诛秦二世，使咸阳令阎乐“将吏卒千余人至望夷宫殿门，缚卫令仆射，曰：‘贼入此，何不止？’卫令曰：‘周庐设卒甚谨，安得贼敢入宫？’”[⑥]卫令为卫尉属吏，可知“殿门外”亦是卫尉屯兵之所[⑦]。据《汉旧仪》，除司马门、殿门外，掖门也有卫尉的屯兵：“司马掖门殿门屯卫士，皆属卫尉。”[⑧]

卫尉的职责主要是负责盘查吏民出入宫门及维护殿外至宫墙外围的治安。如《汉旧仪》云：“宫司马内，百官案籍出入，营

① （清）钱大昕著，方诗铭、周殿杰校点：《廿二史考异》卷六《汉书一》，上海古籍出版社 2004 年版，第 107 页。
② 《汉书》卷一九《百官公卿表》，第 728 页。
③ 《汉书》卷一九《百官公卿表》，第 728 页。
④ 《汉书》卷一九《百官公卿表》，第 728 页。
⑤ （东汉）卫宏撰，（清）孙星衍校：《汉旧仪》卷上，第 61 页。
⑥ 《史记》卷六《秦始皇本纪》，第 274 页。
⑦ 曲柄睿：《秦汉郎中令与卫尉的权力分野——以〈史记 · 吕太后本纪〉所载刘章击杀吕产事为切入点》，《北京大学研究生学志》，2011 年第 1 期。
⑧ （东汉）卫宏撰，（清）孙星衍校：《汉旧仪》卷上，第 66 页。

卫周庐，昼夜谁何。”[①] 宫司马即宫司马门的省称，初元五年（前44年），元帝诏称：“令从官给事宫司马中者，得为大父母父母兄弟通籍。”颜师古曰：“司马门者，宫之外门也。卫尉有八屯，卫候司马主卫士徼巡宿卫。每面各二司马，故谓宫之外门为司马门。”[②]《汉官解诂》云：“卫尉主宫阙之内，卫士于垣下为庐，各有员部。凡居宫中者，皆施籍于门，案其姓名。若有医巫僦人当入者，本官长吏为封启传，审其印信，然后内之。人未定，又有籍，皆复有符。符用木，长二寸，以当所属两字为铁印，亦太卿炙符，当出入者，案籍毕，复齿符，乃引内之也。其有官位得出入者，令执御者官，传呼前后以相通。从昏至晨，分部行夜，夜有行者，辄前曰：‘谁！谁！’若此不解，终岁更始，所以重慎宿卫也。诸门部各陈屯夹道，其旁当兵，以示威武，交戟，以遮妄出入者。”[③]

卫尉所率卫士来自地方郡国。《汉旧仪》云：“民年二十三为正，一岁而以为卫士，一岁为材官骑士，习射御骑驰战阵。”[④] 建元元年（前140年）七月，诏曰：“卫士转置送迎二万人，其省万人。”郑氏曰：“去故置新，常二万人。”[⑤] 对此苏诚鉴指出：“即原来‘送’、‘迎’或‘故’、‘新’合为二万人，减省一万，则留屯宿卫者当为五千人。”[⑥] 卫士不仅戍守诸宫，还守卫京师诸官府。如昭帝时，河南太守魏相因人告发而获罪，“河南卒戍中都官者

---

① （东汉）卫宏撰，（清）孙星衍校：《汉旧仪》卷上，第61页。

② 《汉书》卷九《元帝纪》，第286页。

③ （东汉）胡广注，（清）孙星衍辑：《汉官解诂》卷下，孙星衍等辑，周天游点校：《汉官六种》，中华书局1990年版，第14页。

④ （东汉）卫宏撰，（清）孙星衍校：《汉旧仪》卷下，第81页。

⑤ 《汉书》卷六《武帝纪》，第157页。

⑥ 苏诚鉴：《西汉南北军的由来及其演变》，《安徽师大学报》1980年第3期。

二三千人，遮大将军，自言愿复留作一年以赎太守罪”[①]。显见力量比较分散，战斗力有限。

其次，北军卫戍部队。

《汉书·百官公卿表》云：“中尉，秦官，掌徼循京师，有两丞、候、司马、千人。武帝太初元年更名执金吾。属官有中垒、寺互、武库、都船四令丞。都船、武库有三丞，中垒两尉。又式道左右中候、候丞及左右京辅都尉、尉丞兵卒皆属焉。”[②]

考《汉书·百官公卿表》言及卫尉，称其“掌宫门卫屯兵”，言及中尉，称其“掌徼循京师”。两者分工甚明确。汉初在京师只有南北军两支军事力量，卫尉既为南军，则中尉当就是北军。

且自高帝以至于武帝，京师部队屡屡参与国家的重要军事行动。由于卫尉职在护卫宫门，不便出征，则承担此工作者就当是北军，而史书往往以“中尉卒”“中尉材官”称之，而不云“北军”，当是由于“北军”乃习惯说法，非官称。如高帝十一年（前196年），淮南王黥布反，高帝在击黥布前，“上乃发上郡、北地、陇西车骑，巴蜀材官及中尉卒三万人为皇太子卫，军霸上。”[③]文帝三年（前177年），“发中尉材官属卫将军军长安。”[④]元鼎六年（前111年），“发陇西、天水、安定骑士及中尉，河南、河内卒十万人”[⑤]，平定西羌之乱。

此外，中尉在汉初即北军还有其他证据。如《百官公卿表》称中尉属官有中垒令丞，中垒又有两尉外，又称“中垒校尉掌北

① 《汉书》卷七四《魏相传》，第3134页。

② 《汉书》卷一九《百官公卿表》，第732页。

③ 《汉书》卷一《高帝纪》，第73页。

④ 《史记》卷一〇《文帝本纪》，第399—410页。

⑤ 《汉书》卷六《武帝纪》，第188页。

军垒门内”[①]，显见中尉与北军颇有关联。如陈树镛就称：“夫中垒校尉而掌北军之垒门，则北军有中垒之名可知。中尉之属官有中垒令丞与尉，则中垒即北军而为中尉所掌，又可知也。”[②]然中垒校尉为“武帝初置”[③]，且非中尉属官，故其说颇值得商榷。苏诚鉴则认为中垒校尉“当即中垒令的升格改名”，太初元年（前 104 年）中尉改称执金吾，中垒校尉“脱离执金吾而留于北军营内。由此可以证明，在太初改制以前，中尉属官中垒令之职掌当即北军营垒之事”[④]。其说颇有道理。

考武帝在置中垒校尉的同时，还增置了其他诸校。如《汉书·刑法志》云：“至武帝平百粤，内增七校。”[⑤]然据《百官公卿表》，共增加了八校尉：“中垒校尉掌北军垒门内，外掌西域。屯骑校尉掌骑士。步兵校尉掌上林苑门屯兵。越骑校尉掌越骑。长水校尉掌长水宣曲胡骑。又有胡骑校尉，掌池阳胡骑，不常置。射声校尉掌待诏射声士。虎贲校尉掌轻车。凡八校尉，皆武帝初置”，其秩禄“皆二千石”[⑥]。故晋灼认为《刑法志》之所以说“内增七校”，是由于“胡骑不常置，故此言七也”[⑦]。沈钦韩不赞同其说：“按中垒校尉掌北军垒门，又掌西域，不领兵，故但云七校。晋灼言胡骑不常置，故七。此是在后之制，非武帝制，晋灼非也。”[⑧]

百粤即南越，武帝灭之在元鼎六年（前 111 年），北军增置诸

---

① 《汉书》卷一九《百官公卿表》，第 737 页。
② （清）陈树镛：《汉官答问》卷四，《续修四库全书》第 746 册，第 633 页。
③ 《汉书》卷一九《百官公卿表》，第 738 页。
④ 苏诚鉴：《西汉南北军的由来及其演变》。
⑤ 《汉书》卷二三《刑法志》，第 1090 页。
⑥ 《汉书》卷一九《百官公卿表》，第 737—738 页。
⑦ 《汉书》卷二三《刑法志》，第 1090 页。
⑧ （清）沈钦韩：《汉书疏证（一）》卷一五《刑法志》，（清）沈钦韩等撰：《汉书疏证（外二种）》，第 454 页。

校尉当在此年。关于“校尉”，颜师古曰：“校者，营垒之称，故谓军之一部为一校。”[①] 应劭曰：“自上安下曰尉，武官悉以为称。”[②] 亦即武帝增设了八支军事力量，每支设一武官予以统领。然从中垒校尉的设置看，所谓的“增”当是在整合已有军事力量的基础上的增置，亦即有继承有创新。及至太初元年（前104年），中尉改名为执金吾后，在“三辅”地区“督大奸猾”[③]，成为纯粹的司法官员，不复领北军。执金吾拥有自己的执法力量。如元帝时，石显等在劝说元帝同意逮捕萧望之入狱后，“因令太常急发执金吾车骑驰围其第”[④]。可以直接抓捕违法者，如杜周为执金吾，“逐捕桑弘羊、卫皇后昆弟子刻深”[⑤]。平帝时，尹赏以右辅都尉“迁执金吾，督大奸猾。三辅吏民甚畏之”[⑥]。并有权直接予以惩治，如居摄三年（公元8年），“司威陈崇奏，衍功侯光私报执金吾窦况，令杀人，况为收系，致其法”[⑦]。另外，天子出行，执金吾侍从：“车驾出，从六百骑，走六千二百人。”[⑧]

细绎《汉书·百官公卿表》所述，中垒校尉负责北军垒门内的管理工作，屯骑校尉以至于虎贲校尉则分掌具体事务，俨然八校一体共居北军垒门内。又据《续汉书·百官志》，东汉设“北军中候一人，六百石。本注曰：掌监五营”。所谓五营即屯骑、越骑、步兵、长水、射声等五校尉所统之军营，五校尉秩皆比二千石，

① 《汉书》卷五五《卫青霍去病传》，第2476页。
② 《汉书》卷一九《百官公卿表》，第725页。
③ 《汉书》卷九〇《尹赏传》，第3675页。
④ 《汉书》卷七八《萧望之传》，第3288页。
⑤ 《汉书》卷六〇《杜周传》，第2661页。
⑥ 《汉书》卷九〇《尹赏传》，第3675页。
⑦ 《汉书》卷九九《王莽传》，第4092页。
⑧ （东汉）卫宏撰，（清）孙星衍校集：《汉旧仪补遗》卷上，孙星衍等辑，周天游点校：《汉官六种》，中华书局1990年版，第91页。

掌宿卫兵。"本注曰：旧有中垒校尉，领北军营垒之事。有胡骑、虎贲校尉，皆武帝置。中兴省中垒，但置中候，以监五营。胡骑并长水。虎贲主轻车，并射声。"[①]是以"北军五校"之称屡见于东汉。

对此，章如愚指出《汉书·百官公卿表》"虽不明言八校尉为北军"，然考之《百官志》，东汉北军五校是在西汉八校基础上整合而成的。因云："是知武帝之八校，正北军也。"[②]徐天麟亦称："中垒校尉掌北军，则知八校皆北军也。东都五营，即八校之并省者，而后书每有北军五校之称，则八校属北军，又明矣。"[③]不过，中垒校尉虽属北军，但并不掌北军，而是"掌北军垒门内"，掌北军者为将军。如胡建守军正丞，当北军"选士马日，监御史与护军诸校列坐堂皇上"，因监御史有罪，胡建遂按军法斩之，然后上奏疏称："臣谨按军法曰：'正亡属将军，将军有罪以闻，二千石以下行法焉。'"孟康曰："二千石谓军中校尉、都尉之属。"[④]此显见胡建守军正丞时，主北军事者为将军，中垒校尉等"诸校"皆为将军属官。若无将军，主其事者则为监北军使者，任安就是以此职统领北军。

然如马端临所言北军为"京城门内之兵"[⑤]。前述征和元年（前92年）冬，武帝闭长安城门搜索，臣瓒称："《汉帝年纪》发三辅骑士大搜长安上林中，闭城门十五日，待诏北军征官多饿

---

① 《后汉书志》卷二七《百官四》，第3612—3613页。

② （南宋）章如愚：《群书考索·后集》卷三九《兵门》，第701页。

③ （南宋）徐天麟：《西汉会要》卷三二《职官二》，中华书局1955年版，第322页。

④ 《汉书》卷六七《胡建传》，第2910—2911页。

⑤ （南宋）马端临著，上海师范大学古籍研究所、华东师范大学古籍研究所点校：《文献通考》卷一五〇《兵考二》，中华书局2011年版，第4496页。

死。”亦可证北军在长安城内。不过，并非皆驻屯长安城内。如步兵校尉掌上林苑门屯兵。长水校尉“掌长水宣曲胡骑”[①]。韦昭曰：“长水校尉典胡骑，厩近长水，故以为名。”刘昭曰：“长水盖关中小水名。”[②]颜师古曰：“长水，胡名也。宣曲，观名，胡骑之屯于宣曲者。”[③]又曰：“长水，校名，宣曲，宫也，并胡骑所屯。今鄠县东长水乡即旧营校之地。”[④]司马相如《上林赋》云：“西驰宣曲。”张揖曰：“宣曲，宫名也，在昆明池西。”[⑤]而西安三桥高窑村所出土十四号铜鼎铭文云“上林宣曲宫初元三年受东郡白马宣房观鼎容五斗重十九斤六两神爵三年卒史舍人工光造第十五”[⑥]。是知其地当在渭南上林苑。胡骑校尉，“掌池阳胡骑”，颜师古曰：“胡骑之屯池阳者也。”[⑦]池阳为左冯翊之县，在渭北，“惠帝四年置。巀嶭山在北。”应劭曰：“在池水之阳。”颜师古曰：“巀嶭，即今俗所呼嵯峨山是也。”[⑧]至于越骑，滨口重国认为“恐怕营舍就在长安城内”[⑨]。金涉“成帝时为侍中骑都尉，领三辅胡越骑”。颜师古曰：“胡越骑之在三辅者，若长水、长杨、宣曲之属是也。”[⑩]是知越骑与胡骑一样在三辅地区，而不在长安城内。此可理解为北军诸校虽驻屯地不同，但总部却设在长安城内未央宫北。

① 《汉书》卷一九《百官公卿表》，第738页。
② 《后汉书志》卷二七《百官四》，第3613页。
③ 《汉书》卷一九《百官公卿表》，第738页。
④ 《汉书》卷六六《刘屈氂传》，第2882页。
⑤ 《汉书》卷五七《司马相如传》，第2567—2568页。
⑥ 西安市文物管理委员会：《西安三桥镇高窑村出土的西汉铜器群》，《考古》1963年第2期。
⑦ 《汉书》卷一九《百官公卿表》，第738页。
⑧ 《汉书》卷二八《地理志》，第1545页。
⑨ ［日］滨口重国：《秦汉隋唐史の研究（上卷）》，东京大学出版会1966年版，第256页。
⑩ 《汉书》卷六八《金日磾传》，第2964页。

此外，卫太子起事后，先是众胡巫上林中，继而“使长安囚如侯持节发长水及宣曲胡骑”，后又亲自去“召监北军使者任安发北军兵”[①]。这似乎显示长水校尉并不隶属于北军，否则，卫太子要控制该部，就需经由任安的同意方可。并且昭宣时期，霍光专权，“自昭帝时，光子禹及兄孙云皆中郎将，云弟山奉车都尉侍中，领胡越兵”。及宣帝当政，又将“诸领胡越骑、羽林及两宫卫将屯兵”的霍氏亲党，“悉易以所亲信许、史子弟代之”[②]。可知越骑与胡骑都由专官统驭而不受北军统帅的调遣。结合卫太子发节召胡骑事，胡越骑当由天子近臣统领，直接听命于天子。此可理解为胡越骑日常管理事务属北军，其调发之权则在朝廷。

关于北军的人数，钱文子云：“汉制：每一校少者七百人，多者千二百人。”[③]征诸史实，元朔五年（前 124 年）护军都尉公孙敖以征匈奴功封合骑侯，所封诏书云其“傅校获王”。顾秘监云：“傅，领也。五百人谓之校。”元朔六年，霍去病从卫青征匈奴，以“剽姚校尉”率“轻勇骑八百”追击匈奴人[④]，是八百人为一校。宣帝时，赵充国征西羌，建言宣帝屯田称：“步兵九校，吏士万人，留屯以为武备”[⑤]。此为一校千余人。《汉官仪》称东汉时，“屯骑、越骑、步兵、射声各领士七百人。长水领士千三百六十七人”[⑥]。概言之，则汉代一校士卒当在五百人至千余人之间。

则八校总兵力在四千至一万左右。而地皇四年（公元 23 年），

---

① 《汉书》卷六六《刘屈氂传》，第 2881 页。

② 《汉书》卷六八《霍光传》，第 2948—2953 页。

③ （南宋）钱文子：《补汉兵志》，《二十五史补编（1）》，第 417 页。

④ 《史记》卷一一一《卫青霍去病列传》，第 2926—2928 页。

⑤ 《汉书》卷六九《赵充国传》，第 2987 页。

⑥ （东汉）应劭撰，（清）孙星衍校集：《汉官仪》卷上，孙星衍等辑，周天游点校：《汉官六种》，中华书局 1990 年版，第 148 页。

王莽拜将军九人，“将北军精兵数万人东”[①]。似乎北军士卒甚众。然北军在战时还有管理天下兵卒之责。当兵卒由北军出征之时，是可以谓之“北军”的。不过，北军兵卒虽有限，但实力不容小觑。当中尉之权被分解之时，其原来所统之兵北军取其精锐，余者则当由三辅都尉接掌。

如前所述，北军原属中尉所掌，而据《二年律令·秩律》云：“·御史大夫，廷尉，内史，典客，中尉，车骑尉，大仆，长信詹事，少府令，备塞都尉，郡守、尉，衛〈卫〉将军，衛〈卫〉尉，汉中大夫令，汉郎中、奉常，秩各二千石。”[②] 考这段叙述，征诸文献，可知自御史大夫至少府令及卫将军、卫尉、中大夫令、汉郎中、奉常等皆为朝廷官员，备塞都尉、郡守、郡尉则为地方官员，由于内史辖京畿，郡指地方建制，二者一体构成了皇朝的行政建制，而郡有武官郡尉，则内史亦当有相应的武官，由于“内”与“中”同，故郡有郡尉，内史之尉即是中尉。是以中尉之卒即内史之卒。王温舒以中尉元鼎六年（前 111 年）击东越，及还，“议有不中意，坐以法免。是时上方欲作通天台而未有人，温舒请覆中尉脱卒，得数万人作”[③]。这说明北军因以内史为依托，是以正常服兵役者的数量当相当可观。而据《汉书·百官公卿表》，内史，“周官，秦因之，掌治京师。景帝二年，分置左右内史。右内史武帝太初元年更名京兆尹”，左内史则“更名左冯翊”，而主爵中尉，景帝中六年（前 144 年）更名都尉，“武帝太初元年更名

---

① 《汉书》卷九九《王莽传》，第 4188 页。

② 张家山二四七号汉墓竹简整理小组：《张家山汉墓竹简［二四七号墓］》（释文修订本），文物出版社 2006 年版，第 69 页。

③ 《汉书》卷九〇《王温舒传》，第 3658 页。

右扶风，治内史右地”[①]。京兆尹、左冯翊、右扶风合称三辅，是以中尉或北军之卒亦即三辅之卒。易祓疑“北军以护京城，而乃调之于三辅”[②]。实为卓见。如宣帝时，守京兆尹黄霸“发骑士诣北军。”[③]

不过，此制自三辅形成之后，其中一部分原中尉所掌士卒应该交由三辅都尉来统领。如《三辅黄图》称：“三辅郡皆有都尉，如诸郡。京辅都尉治华阴，左辅都尉治高陵，右辅都尉治郿。”[④]宣帝时，京兆尹赵广汉欲报私怨于长安男子苏贤，使长安县丞案致其罪，“尉史禹故劾贤为骑士屯霸上，不诣屯所，乏军兴”[⑤]。是知苏贤当是由于没有按规定赴京辅都尉治下的屯所驻屯而被论罪，若苏贤为北军骑士，既已从军，长安县就无权管理了。

需要指出的是，武帝设八校后，北军士卒的来源已不仅限于三辅地区，而是扩大至关中地区。如越骑校尉掌越骑，如淳曰：“越人内附以为骑也。”晋灼曰：“取其才力超越也。”刘昭曰：“越人非善骑所出，晋灼为允。”[⑥]颜师古则认为：“如说是。”[⑦]杨鸿年亦持晋灼说：“与其说越骑是由‘越人内附’得名，毋宁说它是由‘材力超越’得名了。”[⑧]考地皇四年（公元23年），反新大军围长安，“或谓莽曰：‘城门卒，东方人，不可信。’莽更发越骑士为卫，门置六百人，各一校尉”[⑨]。若越骑为内附的越人，则不当为

---

① 《汉书》卷一九《百官公卿表》，第736页。

② 《文献通考》卷一五〇《兵考二》，第4503页。

③ 《汉书》卷八九《黄霸传》，第3631页。

④ 何清谷:《三辅黄图校释》卷一《三辅治所》，第11页。

⑤ 《汉书》卷七六《赵广汉传》，第3204页。

⑥ 《后汉书志》卷二七《百官四》，第3612页。

⑦ 《汉书》卷一九《百官公卿表》，第738页。

⑧ 杨鸿年:《汉魏制度丛考》，武汉大学出版社2005年版，第177页。

⑨ 《汉书》卷九九《王莽传》，第4190页。

城门卒。因为建元年间，“东瓯请举国徙中国，乃悉举众来，处江淮之间”。元封元年（前110年），东越降，武帝“诏军吏皆将其民徙处江淮间”[①]。亦即越人也是东方人。而元帝时，冯奉世征西羌，元帝诏称：“今发三辅、河东、弘农越骑、迹射、佽飞、彀者、羽林孤儿及呼速絫、嗕种，方急遣。”[②]可知越骑出自关中地区。如宣帝五凤年间，大司农中丞耿寿昌奏称：“故事，岁漕关东谷四百万斛以给京师，用卒六万人。宜籴三辅、弘农、河东、上党、太原郡谷足供京师，可以省关东漕卒过半。”御史大夫萧望之表示反对，其奏言有“今寿昌欲近籴漕关内之谷”之语。[③]所谓“关内”即关中，显见三辅、河东、弘农皆属关中，而越骑出其中。是以王莽以其为城门卒。

射声校尉“掌待诏射声士”。服虔曰：“工射者也。冥冥中闻声则中之，因以名也。”应劭曰：“须诏所命而射，故曰待诏射也。”[④]若如此则射声校尉当直接听命于天子，然史并未见有此说。而应劭又曰：“诸以材技征召，未有正官，故曰待诏。”[⑤]此说倒是颇有道理。而武帝初即位，微行时，“与侍中常侍武骑及待诏陇西北地良家子能骑射者期诸殿门，故有‘期门’之号自此始”[⑥]。此处的“待诏陇西北地良家子能骑射者”，或当即射声校尉所掌的“待诏射声士”。当然武帝初尚未设此校前，待诏射声士当由北军他官管理。赵充国，“陇西上邽人也，后徙金城令居”。武帝时，“始为骑士，以六郡良家子善骑射补羽林。”显见赵充国先是为北

---

① 《史记》卷一一四《东越列传》，第2980—2984页。

② 《汉书》卷七九《冯奉世传》，第3298页。

③ 《汉书》卷二四《食货志》，第1141页。

④ 《汉书》卷一九《百官公卿表》，第738页。

⑤ 《汉书》卷一一《哀帝纪》，第340页。

⑥ 《汉书》卷六五《东方朔传》，第2847页。

军骑士，后通过考核而补羽林。亦即北军也有向期门、羽林输送士卒的资格。关于“六郡”，服虔曰：“金城、陇西、天水、安定、北地、上郡是也。”颜师古曰：“陇西、天水、安定、北地、上郡、西河是也。昭帝分陇西、天水置金城。充国武帝时已为假司马，则初以六郡良家子者非金城也。此名数正与《地理志》同也。”[①]西汉后期人甘延寿，“北地郁郅人也。少以良家子善骑射为羽林，投石拔距绝于等伦，尝超逾羽林亭楼，由是迁为郎。试弁，为期门，以材力爱幸”[②]。细绎其经历，甘延寿也当是以六郡良家子的身份以善骑射先入北军服役或待诏，然后通过考校而为羽林、期门。而所谓“六郡”皆为关中之地。《汉书·地理志》云：“秦地，于天官东井、舆鬼之分野也。其界自弘农故关以西，京兆、扶风、冯翊、北地、上郡、西河、安定、天水、陇西，南有巴、蜀、广汉、犍为、武都，西有金城、武威、张掖、酒泉、敦煌，又西南有牂柯、越嶲、益州，皆宜属焉。”又称：“故秦地天下三分之一，而人众不过什三，然量其富居什六。”[③]此处的“秦地”，《史记》称为“关中之地”[④]。

通过以上分析还可以看出，北军八校士卒作为出自关中地区的常备兵，所选皆为出类拔萃者，故数量虽有限，但却实力甚强。

再次，光禄勋统领的郎吏侍从。光禄勋原名郎中令，“秦官，掌宫殿掖门户”。武帝太初元年（前 104 年）更名为光禄勋。“属官有大夫、郎、谒者，皆秦官。又期门、羽林皆属焉。”其中“郎掌守门户，出充车骑，有议郎、中郎、侍郎、郎中，皆无员，多

---

① 《汉书》卷六九《赵充国传》，第 2971 页。
② 《汉书》卷七〇《甘延寿传》，第 3007 页。
③ 《汉书》卷二八《地理志》，第 1641—1646 页。
④ 《史记》卷一二九《货殖列传》，第 3262 页。

至千人”[1]。郎官出身多为达官贵人及富人子弟。如董仲舒称:“夫长吏多出于郎中、中郎，吏两千石子弟选郎吏，又以富訾，未必贤也。”[2] 王鸣盛释其语云:“盖选郎大约出任子、筭赀二途者尤多，故未必贤。”[3] 期门“掌执兵送从，武帝建元三年初置，比郎，无员，多至千人”[4]。期门为善战之士，初由“陇西工射猎人及能用五兵材力三百人”组成[5]。羽林“掌送从，次期门，武帝太初元年初置，名曰建章营骑，后更名羽林骑。又取从军死事之子孙养羽林，官教以五兵，号曰羽林孤儿”[6]。羽林设中郎将一人统领，“从官七百人，取三辅良家子，自给鞍马。诸孤儿无数，父死子代，皆武帝时从军死，子孤不能自活，养羽林，官比郎从官，从车驾，不得冠，置令一人，名曰羽林骑孤儿”[7]。

最后，少府所掌宦者宿卫人员。据《汉旧仪》，少府与光禄勋等一样，“奉宿卫，各领其属，断其狱”。其所掌宿卫者如“中官、小儿官及门户四尚、中黄门持兵，三百人侍宿。冗从吏仆射，出则骑从夹乘舆车，居则宿卫，直守省中门户”。其中，黄门郎掌禁中门户:“黄门郎属黄门令，日暮入对青锁门拜，名曰夕郎。”又“黄门冗从持兵，无数，宣通内外”[8]。

就长安城内的四支军事力量而言，少府所掌的宦者人数有

---

① 《汉书》卷一九《百官公卿表》，第 727 页。

② 《汉书》卷五六《董仲舒传》，第 2512 页。

③ 王永平、张连生、孙显军、陈文和校点:《十七史商榷》卷二五《汉书十九》，陈文和主编:《嘉定王鸣盛全集（第四册）》，中华书局 2010 年版，第 269—270 页。

④ 《汉书》卷一九《百官公卿表》，第 727 页。

⑤ （东汉）卫宏撰，（清）孙星衍校:《汉旧仪》卷上，第 66 页。

⑥ 《汉书》卷一九《百官公卿表》，第 727 页。

⑦ （东汉）卫宏撰，（清）孙星衍校:《汉旧仪》卷上，第 66 页。

⑧ （东汉）卫宏撰，（清）孙星衍校:《汉旧仪》卷上，第 63—65 页。

限，可以忽略不计。其他三支军事力量，南军为郡国服役者，战斗力参差不齐，且虽有数千之众，然力量分散。光禄勋所掌宿卫力量，羽林、期门皆善骑射，羽林孤儿是国家专门培养的战士，合之当有数千之众，实力不容小觑。北军八校锐卒合之或有万余，其中中垒、屯骑、轻车、射声诸校当屯于未央宫北的北军大本营内，其余四校则居于长安周边，相互配合，威压长安，虎视南军，而与期门、羽林相颉颃。是以卫太子若欲掌控长安，就必须掌控期门、羽林与北军方可，但这几乎是不可能的事。因为武帝出行，期门、羽林皆侍从，卫太子自是不得染指。至于北军，太子也难以撼动。时坐镇北军总部的监北军使者为任安，武帝曾称："安有当死之罪甚众，吾常活之。"[1]对其可谓恩情深重，任安对武帝能不竭忠尽诚？长安外围的胡骑或者也包括越骑，又为武帝直接统领，所以卫太子在羽翼尽失之后，纵使拼命抗争，又能掀起多大的风浪呢？

不过，尽管卫太子已形同困兽，但其几十年的储君也不是白当的。观其发长乐宫卫，说明南军的一支力量已为其所掌握；在上林炙胡巫，可知步兵校尉所统领的一校士卒也已归附于他。

当卫太子开始抗争时，刘屈氂其实就在长安，但由于他与李广利是儿女亲家，身份敏感，为避免给人落下其是要借机除掉卫太子，助昌邑王刘髆上位的口实，从而招致不测之祸，因此在应对这一变局时，表现得相当谨慎小心。考卫太子举事是在七月初九日，自当日起，长安已大乱，其斩江充、炙胡巫已是次日的事情了，然而在此过程中，刘屈氂却无任何作为。而事实上丞相府距武库甚近。

如前所述，武库院落南北宽 322 米，北距直城大街 225 米，

---

① 《史记》卷一〇四《田叔列传》，第 2782—2783 页。

则武库南墙距直城门大街547米。未央宫大致呈方形，考古勘探显示其“东墙长2150米，西墙长2150米，南墙长2250米，北墙长2250米，宫城周长8800米”。未央宫四面各有一座宫门，东宫门“北距未央宫东北角835米”，“门址的门道路土宽8～9米”，该门道西通至未央宫前殿，东与安门大街相连。由于北宫墙“北距直城门大街路土遗迹80米”①，则东宫门距直城门大街为915米。由此可知武库南墙距东宫门通往安门的大路368米。武库分东院和西院，其中东院的东墙辟一门，“门道宽8米”，南墙辟一门，“门道宽3.3米”，西院南墙辟一门，“门道宽约20米”。②显见武库储藏及输出兵器等活动当主要通过南门进行。因此自武库南墙与东宫门向东的道路之间这片区域应属广场性质的空场，亦即当没有再建筑其他房舍。

而在未央宫东宫门外门道两旁，则有可能是建有阙。汉初，丞相萧何“营作未央宫，立东阙、北阙、前殿、武库、太仓”③。“阙”为建于门前左右两侧的称作“观”的高台建筑，因两者之间没有连接，当中空阙，可以通行，故名为“阙”。如《释名·释宫室》云:“阙，在门两傍，中央阙然为道也。”④《古今注》曰:“阙，观也。古每门树两观于其前，所以标表宫门也，其上可居，登之则可远观，故谓之观。”⑤考古工作者在东宫门门道外发现二夯土基址，据勘查，“二者分列门道南北，其间距150米。二夯土

---

① 中国社会科学院考古研究所编著:《汉长安城未央宫：1980～1989年考古发掘报告》，中国大百科全书出版社1996年版，第4—7页。

② 刘庆柱、李毓芳:《汉长安城》，第127—128页。

③《史记》卷八《高祖本纪》，第385页。

④（东汉）刘熙:《释名》卷五《释宫室》，中华书局2016年版，第82页。

⑤（西晋）崔豹撰，牟华林校笺:《〈古今注〉校笺》，线装书局2015年版，第56页。

基址东西长各32米；南北宽不尽相同，北者18米，南者14米。夯土基址距地表0.3米，夯土厚约1米，夯土筑于黄生土之上。二夯土基址或与东宫门阙址有关”[①]。

据《史记·高祖本纪》云："萧丞相营作未央宫，立东阙、北阙。"裴骃称："《关中记》曰：'东有苍龙阙，北有玄武阙。玄武所谓北阙。'"司马贞云："东阙名苍龙，北阙名玄武。"[②]《汉官典职仪式选用》曰："司徒本丞相官，哀帝改为大司徒，主司徒众，驯五品。府与苍龙阙对，厌于尊者，不敢称府也。"[③]据此可知，丞相府就在未央宫东宫门外，成帝时李寻言及丞相府，称"阖府三百余人"云云。[④]黄霸为丞相时，曾与郡国上计吏议事丞相府，与会者有数百之众，如张敞的奏书中称："长吏守丞对时，臣敞舍有鹖雀飞止丞相府屋上，丞相以下见者数百人。"[⑤]是知丞相府规模甚大。而武库与未央宫东宫墙75米的距离过于狭窄，无置丞相府的空间。丞相府只能位于东宫门至安门大街道路以南，安门大街以西，未央宫东宫墙以东，长安城南城墙以北，东西宽867米，南北长1433米这片区域内。亦即丞相府距武库甚近。而若在东宫门外发现的两个夯土基址就是东阙遗址，则丞相府就是与武库隔路相望了。

是以七月初九日夜卫太子出武库兵时，刘屈氂不可能不知道，然而却不见他有所应对。显见他是巴不得卫太子把事情闹大，

---

① 中国社会科学院考古研究所编著：《汉长安城未央宫：1980～1989年考古发掘报告》，第8页。

② 《史记》卷八《高祖本纪》，第385—386页。

③ （东汉）蔡质撰，（清）孙星衍校集：《汉官典职仪式选用》，（清）孙星衍等辑，周天游点校：《汉官六种》，中华书局1990年版，第201—202页。

④ 《汉书》卷八四《翟方进传》，第3421页。

⑤ 《汉书》卷八九《黄霸传》，第3632页。

从而使卫太子永无翻身的机会，用心可谓极其险恶。并且卫太子攻刘屈氂，是在处理过以上诸事之后，“遂部宾客为将率，与丞相刘屈氂等战”[①]。则刘屈氂不可能不作防备，然而卫太子的士卒却轻易攻入了丞相府，刘屈氂则挺身而逃，仓促之中甚至把印绶都弄丢了：“其秋，戾太子为江充所谮，杀充，发兵入丞相府，屈氂挺身逃，亡其印绶。”此举可能意在显示卫太子起事的事情，是直到卫太子发兵攻丞相府时，刘屈氂才知道的，此前并不知情，这可以解释卫太子七月初九已举事，何以当日他不派使者报告。刘屈氂逃出之后，不是发兵平叛，而是将功夫用到封锁消息上，同时派人乘驿站快马火速赶往甘泉宫向武帝汇报：“是时上避暑在甘泉宫，丞相长史乘疾置以闻。”[②]

当时武帝问丞相长史：“丞相何为？”长史回答说：“丞相秘之，未敢发兵。”[③]这可以理解为刘屈氂从国家大局出发，不希望把事情闹大，造成不可收拾的局面，以至于损伤皇家的声誉，动摇皇朝的统治。“把自己打扮成为一个不但与这次祸乱无关，而且是回护戾太子刘据的人物，从而将这次祸乱的责任全部推到太子身上，以激起汉武帝的‘震怒’”[④]。

由于卫太子反事已彰，刘屈氂却还在试图息事宁人，这势必会让武帝恼怒，而武帝也确实很生气，怒曰：“事籍籍如此，何谓秘也？丞相无周公之风矣。周公不诛管蔡乎？”然而对于刘屈氂而言，不如此就不能彰显他的公忠体国之心，所以纵使惹怒武帝他

① 《汉书》卷六三《戾太子传》，第2743页。

② 《汉书》卷六六《刘屈氂传》，第2880页。

③ 《汉书》卷六六《刘屈氂传》，第2880页。

④ 方诗铭：《西汉武帝晚期的“巫蛊之祸”及其前后——兼论玉门汉简〈汉武帝遗诏〉》。

也在所不惜，事实上，激怒武帝或许正是他的目的，因为只有这样才能向天下彰显他的清白：即他无意除掉卫太子，他所做的一切都是出于武帝的指令！武帝在批评过刘屈氂之后，又赐其玺书，明确要求他镇压卫太子："捕斩反者，自有赏罚。"[①] 至此，刘屈氂被动服从的态势遂成，所有顾虑尽除："由于他已抓到了汉武帝这面大旗，戾太子刘据的命运也就被确定了。"但方诗铭进而将此理解为"这是李氏集团精心设计的险谋"。并认为巫蛊之祸是"李氏集团发动，向卫氏集团进攻的政治事件"[②]。显然是值得商榷的。巫蛊之祸是由武帝发动，刘屈氂、江充协助推进的一个政治事件。在此过程中，参与各方既相互配合、利用，同时又相互疑忌、防备。

武帝在下令刘屈氂镇压卫太子反叛的同时，又做出两点指示。其一，要尽可能减少伤亡："以牛车为橹，毋接短兵，多杀伤士众。"其二，一定不能让造反者逃脱："坚闭城门，毋令反者得出。"[③]

有学者认为卫太子若起兵，就"与皇帝即构成你死我活之权力斗争"，而"武帝一旦斗争失败，退位软禁已是奢求，性命都有可能不保"。[④] 然而观武帝的反应，可知他并不这样认为，在他看来卫太子的失败是注定的，是以他最关心的是如何以最小的代价结束这场闹剧。

七月十日至十二日，是双方的战前准备环节。武帝为破除其病重被奸臣所控制的传言及就近指挥，很快便回到了建章宫："太子既诛充发兵，宣言帝在甘泉病困，疑有变，奸臣欲作乱。上于

---

① 《汉书》卷六六《刘屈氂传》，第 2880 页。

② 方诗铭：《西汉武帝晚期的"巫蛊之祸"及其前后——兼论玉门汉简〈汉武帝遗诏〉》。

③ 《汉书》卷六六《刘屈氂传》，第 2880 页。

④ 安子毓：《西汉武昭之际政局辨疑》，《齐鲁学刊》2020 年第 4 期。

是从甘泉来，幸城西建章宫。”并征发长安城附近士卒入城平叛：“诏发三辅近县兵，部中二千石以下，丞相兼将。”[①]卫太子则释放长安城内官府的囚徒，组建部队：“太子亦遣使者挢制赦长安中都官囚徒，发武库兵，命少傅石德及宾客张光等分将。”并调发胡骑入长安以为己助：“使长安囚如侯持节发长水及宣曲胡骑，皆以装会。”惜乎没能成功。因为如侯带领胡骑要进长安时，不想遇到了从建章宫赴长安城的使者侍郎马通[②]，马通“因追捕如侯，告胡人曰：‘节有诈，勿听也。’遂斩如侯，引骑入长安，又发辑濯士，以予大鸿胪商丘成”。辑濯士为从事行船工作的士卒，如颜师古云：“主用辑及濯行船者也。短曰辑，长曰濯。”[③]是水衡都尉在上林苑劳作的属下。据《汉书·百官公卿表》，水衡都尉“掌上林苑”，属官有“辑濯”等九官令丞。[④]如前所述，长水、宣曲胡骑驻屯地亦在上林，此当是马通衔命去征发水衡都尉治下的辑濯士，不想却先遇到了如侯征发的胡骑，于是追斩如侯，然后让胡骑也去了长安。

当此之时，长安城门应该已经被封锁，而卫太子兵力有限，无奈之下，又亲赴北军军门召监北军使者任安发兵。任安与丞相司直田仁都曾是卫青的舍人，卫青在时，曾请少府赵禹代他挑选舍人荐之朝廷为郎，初并未推荐田仁、任安，后却被赵禹从百余舍人中选中，“卫将军见此两人贫，意不平。赵禹去，谓两人曰：‘各自具鞍马新绛衣。’两人对曰：‘家贫无用具也。’将军怒曰：

---

① 《汉书》卷六六《刘屈氂传》，第 2881 页。

② 按：马通、马何罗兄弟，因在武帝末年谋反被诛，至东汉时，汉明帝皇后马皇后为马通之后，特将马何罗兄弟易姓为“莽”。故《汉书》或称其兄弟姓“莽”，或称其兄弟姓“马”。

③ 《汉书》卷六六《刘屈氂传》，第 2881—2882 页。

④ 《汉书》卷一九《百官公卿表》，第 735 页。

‘今两君家自为贫，何为出此言？鞅鞅如有移德于我者，何也？’将军不得已，上籍以闻”。或由于两人与卫青不睦之故，武帝甚重之，以田仁为丞相长史，时河南、河内两郡太守为御史大夫杜周家人，河东太守为已故丞相石庆子孙，田仁奏请武帝让自己先刺举三河，结果“三河太守皆下吏诛死”[①]。由于班固称杜周“列三公，而两子夹河为郡守”[②]。是知杜周家被诛死的应该是他的两个儿子。田仁还朝奏事，“武帝说，以仁为能不畏强御，拜仁为丞相司直，威振天下”。武帝亦甚重任安，曾称：“安有当死之罪甚众，吾常活之。”[③]卫太子起事时，任安为监北军使者。卫太子来召任安，任安倒是出军门见了卫太子，但“安受节已，闭军门不肯应太子”[④]。

见发北军无望，卫太子一方最终把目光盯向了长安的集市。长安设立工商业区始自高帝，高帝六年（前 201 年），“立大市”。及至惠帝六年（前 189 年）又“立太仓、西市”[⑤]。“西市”之得名或与“大市”有关。因为“刘邦在长安设立的‘大市’，应即后来的东市。高祖时，长安因无西市，故不言东市，只称‘大市’。惠帝在长安建西市时，因其东已有‘大市’，否则‘西’无从谈起。自长安大市之西建立西市，‘大市’亦更名东市”[⑥]。随着时代的发展，长安城的工商业区也发展起来，《三辅黄图》引《汉旧仪》《庙记》之文，称长安有“九市”。如其称：“《汉旧仪》曰：‘长安城中，经纬各长三十二里十八步，地九百七十三顷，八街九陌，三宫九

---

① 《史记》卷一〇四《田叔列传》，第 2781—2782 页。

② 《汉书》卷六〇《杜周传》，第 2661 页。

③ 《史记》卷一〇四《田叔列传》，第 2782—2783 页。

④ 《汉书》卷六六《刘屈氂传》，第 2881 页。

⑤ 《史记》卷二二《汉兴以来将相名臣年表》，第 1120—1123 页。

⑥ 刘庆柱、李毓芳：《汉长安城》，第 163—164 页。

府，三庙，十二门，九市，十六桥。'"[①]又曰："《庙记》云：'长安市有九，各方二百六十六步。六市在道西，三市在道东。凡四里为一市。致九州之人在突门。夹横桥大道，市楼皆重屋。'"[②]

《汉书·百官公卿表》言及汉朝的工商业管理，称京兆尹属官有"长安市、厨两令丞"。左冯翊属官有"长安四市"之"长丞"[③]。对于京兆尹、左冯翊皆有管理长安市场之属官，陈直认为："官名虽同，所管之地区不同。"对于长安四市管理官员之设，陈直称："西安汉城遗址中出土'市府'封泥最多，文字最精。又有东西南北四市封泥，皆为半通式，为左冯翊长安四市长所用者。"[④]

长安城内市的具体数量及方位今已不可尽考，但结合文献记述及考古发现，可知长安城的中南部主要为宫殿区，难以设置市场，因此其工商业区主要设在长安城的北部，其中"东市和西市应是都城中最重要的市"当是无疑义的。[⑤]王莽时，"更名长安东西市令及洛阳、邯郸、临甾、宛、成都市长皆为五均司市师。东市称京，西市称畿，洛阳称中，余四都各用东西南北为称，皆置交易丞五人，钱府丞一人"[⑥]。显见长安东西市中单是一市就可与其他五城的市相抗衡，可知长安两市规模甚大。更始时期，张卬等鉴于形势严峻，更始政权摇摇欲坠，议欲"勒兵掠城中以自富"，东归南阳以自存，后又欲劫持更始帝以成其谋，被更始帝发觉后，双方反

---

① 何清谷：《三辅黄图校释》卷一《汉长安故城》，第 67 页。

② 何清谷：《三辅黄图校释》卷二《长安九市》，第 93 页。

③ 《汉书》卷一九《百官公卿表》，第 736 页。

④ 陈直：《汉书新证》，中华书局 2008 年版，第 116—118 页。

⑤ 刘庆柱、李毓芳：《汉长安城》，第 160 页。

⑥ 《汉书》卷二四《食货志》，第 1180 页。

目，张卬等“遂勒兵掠东西市”[①]。这也显见东市、西市皆在城内，且物资充裕。

学者认为20世纪80年代后半期，在汉长安城西北部遗址，即长安城的雍门、厨城门、横门等三座城门通往城内的大街与西城墙、北城墙形成的空间之中，发掘的大型工商业市场遗址，应当就是东市和西市，并已“基本究明其范围”[②]。如前所述，雍门为长安城东面三座城门中最北边那座城门。厨城门、横门皆为长安城北面城门，其中厨城门为长安城北面三座城门中中间那座城门：“长安城北第二门曰厨城门。长安厨在门内，因为门名。”横门在厨城门西：“长安城北出西头第一门曰横门。”该城门“外有桥曰横桥”[③]。其中西市的范围在“汉长安城西城墙以东400米，横门大街以西120米，雍门大街以北80米，北城墙以南20～310米。西市东西550、南北420～480米”。东市的范围为“汉长安城的厨城门大街以西120米，横门大街以东90米，雍门大街以北40米，北城墙以南170～210米。东市东西780、南北650～700米”[④]。其地紧邻北宫。雍门大街与厨城门大街相交叉形成一个十字路口，东市和北宫分别位于这个十字路口的西北、东南两个方位。

汉代长安的商贸活动，都在专门设置的工商业街市中展开，据班固说“九市”开市之后，“货别隧分，人不得顾、车不得旋，阗城溢郭，傍流百廛，红尘四合，烟云相连”[⑤]。其说虽有夸张的成分，但这些集市为长安百姓聚集之地却是肯定的。而与北宫紧

---

① （南朝·宋）范晔：《后汉书》卷一一《刘玄传》，中华书局1965年版，第474页。

② 刘庆柱、李毓芳：《汉长安城》，第161页。

③ 何清谷：《三辅黄图校释》卷一《都城十二门》，第88页。

④ 刘庆柱、李毓芳：《汉长安城》，第161页。

⑤ 《后汉书》卷四〇《班固传》，第1336页。

邻的两个商业区规模巨大，则其中所聚百姓当更多。兼之汉的商业区尤其是所谓的东市、西市与北宫甚近，便于征集，是以卫太子召北军失败后，情急之下，遂“驱四市人凡数万众”与武帝一方相抗衡。[①]

北宫与丞相府皆在安门大街东面，北宫在北，丞相府在南。七月十三日，卫太子一方率领集结在北宫附近的士卒百姓沿安门大街向南进发，武帝一方由丞相刘屈氂统领的军队则沿安门大街向北迎击，双方相遇于“长乐西阙下”[②]。“长乐”即长乐宫，该宫隔安门大街与未央宫相对。“西阙”即长乐宫西门外的阙。考古发掘显示，长乐宫“西宫门与直城门大街东西相对”[③]，则西阙亦当在此，亦即双方相遇于直城门大街与安门大街的交叉路口。遂展开搏斗。

关于直城门大街与安门大街的路况，班固《两都赋》言及长安与十二城门相通的大街称：“披三条之广路，立十二之通门”[④]，亦即每条路都有三条股道。若十二门东西、南北相对应，当有各三条大街共六条大街纵横贯通全城，若不相对应，则当有十二条大街贯通于城中，不过“由于东面的霸门和南面的覆盎门入门不远即是长乐宫，西面的章门和南面的西安门入门不远就是未央宫，不可能形成大街，因此，实际上只有 8 个城门各有一条大街通入城内，东西和南北向各 4 条”[⑤]。据考古勘察显示，长安城的八条大街“结构基本相同，每条大街之上各有两条排水沟将其分为并

---

① 《汉书》卷六六《刘屈氂传》，第 2881 页。

② 《汉书》卷六六《刘屈氂传》，第 2881 页。

③ 西安市汉长安城遗赴保管所编：《汉长安城长乐宫 4、5、6 号建筑遗址保护工程报告》，三秦出版社 2017 年版，第 8 页。

④ 《后汉书》卷四〇《班固传》，第 1336 页。

⑤ 王社教：《汉长安城八街九陌》，《文博》1999 年第 1 期。

行的三股道”，其中“中股道宽 20 米，两侧的道路各宽约 12 米。排水沟系明沟，宽约 0.9、深约 0.45 米”①。

自七月十三日至十七日，双方“合战五日，死者数万人，血流入沟中”②。《三辅旧事》亦称：“武帝发兵攻卫太子，连斗五日，白虎阙前沟中血没足。”③白虎指西方，白虎阙即长乐宫西阙。由于“丞相附兵浸多，太子军败，南犇覆盎城门，得出”。卫太子是“会夜”即夜间逃至覆盎门，而“部闭城门”者是司直田仁④，田仁“以为太子骨肉之亲，父子之间不甚欲近，去之诸陵过”⑤。卫太子遂得脱。刘屈氂知道后，欲斩田仁，却为御史大夫暴胜之所阻：“御史大夫暴胜之谓丞相曰：‘司直，吏二千石，当先请，奈何擅斩之？’丞相释仁。”⑥

考卫太子之所以速败，或与其在起事之初未能封锁城门关系甚大，因为正是由于城门为武帝一方所掌控，导致三辅近县兵源源不断地涌入长安城。而推测其之所以不控制城门，不是不想，而是不能。当其起事之初，兵力有限，使其无法分派兵力去抢占城门；及至后来有了数万之众，城门已为武帝一方所控制，并且其所统领的人们主要为所劫掠的百姓，属乌合之众，使其不敢轻易让这些人独立从事军事活动，只能将他们纠集在一起作困兽之斗。

---

① 刘庆柱、李毓芳：《汉长安城》，第 19—20 页。

② 《汉书》卷六六《刘屈氂传》，第 2881 页。

③ （唐）佚名撰，（清）张澍辑，陈晓捷注：《三辅旧事》，三秦出版社 2006 年版，第 36 页。

④ 《汉书》卷六六《刘屈氂传》，第 2881 页。

⑤ 《史记》卷一〇四《田叔列传》，第 2782 页。

⑥ 《汉书》卷六六《刘屈氂传》，第 2881 页。

第四节　太子得于湖

武帝一重新掌控长安，便展开了严酷的政治清算。卫太子出逃后，据《汉书 · 卫子夫传》，武帝“诏遣宗正刘长乐、执金吾刘敢奉策收皇后玺绶，自杀。黄门苏文、姚定汉舆置公车令空舍，盛以小棺，瘗之城南桐柏。卫氏悉灭”[①]。据《刘屈氂传》，暴胜之阻止刘屈氂斩田仁，武帝“闻而大怒，下吏责问御史大夫曰：‘司直纵反者，丞相斩之，法也，大夫何以擅止之？’胜之皇恐，自杀”。田仁以纵卫太子逃脱罪被“要斩”。任安则因“坐受太子节，怀二心”，亦被“要斩”。[②]而据《史记·田叔列传》，田仁先是“坐纵太子，下吏诛死”。又被田千秋所告发，其家被族灭：“仁发兵，长陵令车千秋上变仁，仁族死。”任安是死于小吏告发。卫太子召任安，任安受节入军门后闭门不出，武帝听说后，对此颇感疑惑：“以为任安为详邪，不傅事，何也？”继而任安因笞辱北军钱官小吏，被该小吏上书举报，以为任安“受太子节，言‘幸与我其鲜好者’。”武帝得书后愤怒地说：“是老吏也，见兵事起，欲坐观成败，见胜者欲合从之，有两心。安有当死之罪甚众，吾常活之，今怀诈，有不忠之心。”于是“下安吏，诛死”。[③]

随卫太子起事者，武帝根据这些人与太子关系之亲疏分作三类，即太子家人、太子宾客、被胁迫参与叛乱者，然后予以不同对待。太子家人全部处死：“初，太子有三男一女，女者平舆侯嗣子尚焉。及太子败，皆同时遇害。卫后、史良娣葬长安城南。史

---

① 《汉书》卷九七《卫子夫传》，第 3950 页。

② 《汉书》卷六六《刘屈氂传》，第 2881 页。

③ 《史记》卷一〇四《田叔列传》，第 2778—2783 页。

皇孙、皇孙妃王夫人及皇女孙葬广明。”[①] 太子宾客没有参与反叛者皆处死，参与反叛者族诛：“诸太子宾客，尝出入宫门，皆坐诛。其随太子发兵，以反法族。”被胁迫参与叛乱者，都徙往敦煌郡：“吏士劫略者，皆徙敦煌郡。”[②] 又大兴诏狱，在全国范围收捕卫太子的党羽，押赴长安监狱审理。

同时武帝对平叛有功人员进行奖励。七月二十日，商丘成“以大鸿胪击卫太子，力战，亡它意”、马通“以侍郎发兵击反者如侯”、景建“以长安大夫从莽通共杀如侯，得少傅石德”[③]，分别被封为秺侯、重合侯、德侯。

当年，亚谷侯卢贺“受卫太子节，掠死”。颜师古曰：“以卫太子擅发兵，而贺受其节，疑有反心，故见考掠而死也。”[④]

由于卫太子逃亡在外，又大发兵抓捕卫太子，丞相刘屈氂亲督其事。八月初八，“太子自杀于湖”[⑤]。

此事《汉书·戾太子传》言之甚详。原来卫太子兵败后逃亡，与其二子“东至湖，臧匿泉鸠里”。颜师古曰：“湖，县名，今虢州阌乡、湖城二县皆其地也。”又曰：“泉鸠水今在阌乡县东南十五里，见有戾太子冢，冢在涧东也。”[⑥] 据《地理志》，京兆有湖县。顾祖禹称清代陕州有“泉鸠里”，其地“在县东南十里，汉戾太子亡匿处。有泉鸠涧，一名全节水，亦曰全鸠水，北流入河。戾太子冢在涧东，又有归来望思台址，皆汉武所作。《一统志》：

---

① 《汉书》卷六三《戾太子传》，第 2747 页。
② 《汉书》卷六六《刘屈氂传》，第 2882 页。
③ 《汉书》卷一七《景武昭宣元成功臣表》，第 663—664 页。
④ 《汉书》卷一七《景武昭宣元成功臣表》，第 641 页。
⑤ 《汉书》卷六《武帝纪》，第 209 页。
⑥ 《汉书》卷六三《戾太子传》，第 2746—2747 页。

‘今县东北二十里有汉武思子宫城。’”[①] 征诸文献，参酌谭其骧《中国历史地图集》，可知泉鸠里在三辅地区东缘的京兆湖县，南依秦岭，北濒黄河，周围丘峦起伏，地势偏僻复杂，故卫太子选此地容身，还是相当明智的。当然要想躲过武帝的追捕，还是逃得越远越好。但卫太子可能是对他父亲抱有一丝妄想，想着父亲查明真相后，能原谅自己，遂逗留三辅，不肯远去。

本来，泉鸠里地势偏僻，人迹罕至，卫太子父子躲在那里相对来说还是比较安全的，可惜的是收留他们父子的人家太穷，该家主人常靠卖屦招待卫太子父子。卫太子有一故人在湖县，卫太子听说其家境富裕，又见招待自己的主人太辛苦，就让人去叫故人来见自己，结果被官兵发觉。八月初八，“吏围捕太子，太子自度不得脱，即入室距户自经。山阳男子张富昌为卒，足蹋开户，新安令史李寿趋抱解太子，主人公遂格斗死，皇孙二人皆并遇害”[②]。卫太子丧命的具体经过已经无法还原了，但从《汉书》的叙述看，显然是官吏带着士卒来到泉鸠里后，马上便把卫太子躲藏的那户人家的住宅给包围了，卫太子自忖难以逃脱，就进入室内，撑拄门户，然后悬梁自尽，而官兵们为争头功，抢着去抓捕卫太子，其中山阳男子张富昌率先用脚踹开房门，新安令史李寿则趁势抢先冲进去，“抱解”卫太子脖上的绳子，整个过程也就数分钟，然而太子却死了。这里关于“抱解”的“解”，西嶋定生认为当释为“支解”，“即以兵刃斩断太子身体之意”[③]。然其说虽新颖，却于文义不通。

---

① （清）顾祖禹撰，贺次君、施和金点校:《读史方舆纪要》卷四八《河南三》，中华书局 2005 年版，第 2281 页。

② 《汉书》卷六三《戾太子传》，第 2746—2747 页。

③ ［日］西嶋定生著，李开元译:《武帝之死》，刘俊文主编:《日本学者研究中国史论著选译（第三卷・上古秦汉）》，黄金山、孔繁敏等译，中华书局 1993 年版，第 598 页。

得到卫太子死亡的消息后，武帝的反应是："上既伤太子，乃下诏曰：'盖行疑赏，所以申信也。其封李寿为邘侯，张富昌为题侯。'" 李寿获封邘侯，颜师古曰："为其解救太子也。" 张富昌获封题侯，孟康称"题"是"县名"。晋灼曰："《地理志》无也。《功臣表》食邑巨鹿。" 颜师古认为："晋说是也。"[①]

由于《汉纪》云："上知太子之无罪也，乃封李寿为抱侯，张富昌为蹋踶侯。""一说'蹋'当衍。"[②] 王念孙称："《汉纪·孝武纪》'题侯'作'踶侯'，'邘侯'作'抱侯'。" 认为《汉纪》是正确的，张富昌、李寿获封踶侯、抱侯，反映的正是他们解救太子之功："《汉纪》是也。踶，音特计反。《庄子·马蹄篇》：'马怒，则分背相踶。'李颐云：'踶，蹋也。'封李寿为踶侯者，为其足蹋开户，以救大子。" 又 "《广韵》踶、题并特计切，声相同，故字相通"。关于"抱"，"隶书'抱'字或作'抱'，'邘'字或作'玊'，二形相似，故'抱'讹作'玊'"。因《汉书·景武昭宣元成功臣表》云邘侯李寿的封邑在河内郡，"后人以河内野王县有邘城"，正与此相合，"遂改'玊'为'邘'，不知'玊'乃'抱'字之讹。且踶侯、抱侯，皆以救大子得名，非旧有之县名也"[③]。夏燮认为"此说似得之"[④]。不过，若如此，则李寿等获封的原因甚明确，又何来"疑赏"之说?

故王先谦对此提出异议，他认为 "《荀纪》作'抱侯'、'蹋踶侯'，盖是杂采他书之谬，不足据证。" 因为卫太子要自缢而死，

---

① 《汉书》卷六三《戾太子传》，第 2747 页。

② （东汉）荀悦著，张烈点校：《汉纪》卷一五，《两汉纪（上）》，中华书局 2002 年版，第 264—273 页。

③ （清）王念孙：《汉书第三·题侯　邘侯》，《读书杂志（四）》，江苏古籍出版社 1985 年版，第 205 页。

④ （清）夏燮：《校汉书八表》卷五，（清）梁玉绳等撰，吴树平、王佚之、汪玉可点校：《史记汉书诸表订补十种》，中华书局 1982 年版，第 294 页。

李寿抱解太子是"欲生得之，非救之也。"之所以诏称"疑赏"，是由于当时受壶关三老的影响，武帝已经改变了严惩卫太子的想法，故李寿等捕得卫太子已称不上是有功，但由于"无明诏赦之"，若不赏赐，朝廷就会失信于天下，因此武帝对此有疑虑，最终为了取信于天下，还是封赏了有功人员："时上方以反购太子，览壶关三老书而感寤，然无明诏赦之也。富昌、寿乃吏卒，相从围捕太子者，既获之后，上虽伤太子之死，不能不赏获者功，故曰疑赏申信。"并且《景武昭宣元成功臣表》也显示李寿并非以解救卫太子获封："《功臣表》'寿以得卫太子，侯'。岂以解救太子封乎？"[①]

李廷先则认为诏称"疑赏"，是因为围捕卫太子者中有欲救之者，有欲杀之者，而"事未得明"的缘故。围捕者虽众，而独侯张富昌、李寿，是因为二人事实清楚："为其解救太子也。"[②]因此不赞成王先谦说而支持颜师古说。

田余庆则持王先谦说："王念孙谓《汉书》表、传字讹，甚有理据；但是作踶作抱，仍可释为欲生得太子，非必释为解救，至少武帝当时未能肯定踶、抱动机究竟是为了解救太子，还是为了生得太子以求功，否则疑赏申信之语就无从理解。武帝终于置张、李于迫蹙太子者诸人之列，故张、李未得免死。权衡各家解释，仍觉王先谦之说于理为得，证据较强。"[③]蒲慕州也认为武帝行"疑赏"之"疑"，"是武帝不能确定李寿抱解太子的动机，但假设李是执行武帝追捕太子的命令，所以要依其功劳封侯以'申信'"[④]。

---

① 《汉书补注》卷六三《戾太子传》，第4381页。

② 李廷先：《王先谦〈汉书补注〉质疑》，《文献（第11辑）》，书目文献出版社1982年版，第128页。

③ 田余庆：《论轮台诏·作者后记》，《秦汉魏晋史探微》，中华书局1993年版，第57页。

④ 蒲慕州：《巫蛊之祸的政治意义》。

宋超也认为“揆之史实，王先谦的解释似符合事实”[①]。然当时当事人、目击者俱在，且治狱之能吏甚众，弄清一个不太复杂的问题真的就那么难吗?

辛德勇则认为由于《戾太子传》叙武帝下诏赏李寿等的文字之前，有“上既伤太子”一语，遂称:“因此，李、张二人，不可能是因为执行追捕太子据的命令而蒙受封赏，而只能是其曾有尝试解救太子的心意而得到汉武帝的褒扬。然而，他们二人实际的情况，确实又是在参与‘吏围捕太子’之事，绝非解救太子据。所以，汉武帝才会用‘行疑赏’这样的说法，来强自解说自己这一很不合理的做法。”[②]

就诸家之说而言，若如颜师古、王念孙、李廷先等所说李寿等是因解救戾太子得封，则《汉书・戾太子传》所载“泉鸠里加兵刃于太子者”便不当被提拔为北地太守[③]，因为其加害戾太子的意图甚明，然而其与李寿、张富昌等俱得封赏，是知无论动机如何，只要能得到太子就是有功。但如王先谦所言，武帝是因为疑虑若不赏赐李寿等，朝廷会失信于天下，故行“疑赏”，也是值得商榷的。因为武帝所行“疑赏”之“疑”是疑在无法确定太子此番举事的性质，而非其他。

卫太子起事后，武帝将其定性为反叛，自以为占据了道德制高点，遂倾力予以镇压，及至卫太子败亡，仍“怒甚，群下忧惧，不知所出”。然来自乡野的壶关三老茂的一封奏书，却让事情出现了转机:“书奏，天子感寤。”学者论及此数字，多认为是武帝察觉到太子可能是无辜的，实则并非如此。考茂的奏书，重点表达了对

---

① 宋超:《昭宣时代》，陕西人民出版社 2008 年版，第 43 页。

② 辛德勇:《海昏侯刘贺》，第 65 页。

③《汉书》卷六三《戾太子传》，第 2747 页。

此事的两点看法。首先，此事的发生，武帝要承担一定责任，因为他作为父亲，没有起到应有的表率作用："臣闻父者犹天，母者犹地，子犹万物也。故天平地安，阴阳和调，物乃茂成；父慈母爱，室家之中，子乃孝顺。阴阳不和则万物夭伤，父子不和则室家丧亡。故父不父则子不子，君不君则臣不臣，虽有粟，吾岂得而食诸！"其次，武帝所指派的清算卫太子势力的江充，被世人普遍认为是一个奸佞之徒："往者江充谗杀赵太子，天下莫不闻。"认为是太子为其所逼，为求自保，方才起兵。因此茂坚称："臣窃以为无邪心。"[①]

虽然不过是区区两点看法，却让武帝一下子认识到他据以惩治太子反叛的理由，是存在着严重瑕疵的，并且茂虽未明言江充与太子有仇事，但因武帝曾显明其事，故二人有过节事可谓天下皆知。因此武帝以江充治蛊太子宫是缺乏正当性的，自然也不会为社会舆论所接受。对于武帝而言，要想证成太子兴兵确属反叛，他必须再找证据。故当此之时，将太子起事定性为反叛是不合适的。这就是武帝所谓的"感寤"的实质内容。故武帝之疑，不在李寿等围捕卫太子时的动机，而是在于无法确定太子此番举事，是如茂所言的被逼自保还是真正的反叛。但因此前曾宣布捕得太子者有赏，于是虽然太子举事的性质成疑，但为了示信于天下，还是要先赏赐李寿等人。

关于巫蛊之祸，班固在《汉书·武五子传》的赞语中曾做过一个总评，他认为巫蛊之祸的发生的确与江充有关，但根本上还是在于天意："巫蛊之祸，岂不哀哉！此不唯一江充之辜，亦有天时，非人力所致焉。建元六年，蚩尤之旗见，其长竟天。后遂命将出征，略取河南，建置朔方。其春，戾太子生。自是之后，师

① 《汉书》卷六三《戾太子传》，第 2744—2745 页。

行三十年，兵所诛屠夷灭死者不可胜数。及巫蛊事起，京师流血，僵尸数万，太子子父皆败。故太子生长于兵，与之终始，何独一嬖臣哉！”然后又以秦征伐无度而败亡为喻。春秋初卫国州吁之乱，鲁国大夫众仲对此曾作出过战争犹如放火，不能制止必将自焚烧身的评论。班固因借以表达自己对穷兵黩武的反感：“故曰：‘兵犹火也，弗戢必自焚’，信矣。”[①]

通察班固的赞语，可知他意在对巫蛊之祸作一深刻剖析，但细绎其语，却颇为不伦。如班固所称的卫青攻取河南地，置朔方郡之事，发生在元朔二年（前127年），而卫太子生于元朔元年，故刘奉世称班固所作的赞语“殊为乖误”[②]。钱大昕也认为征诸《戾太子》《卫青传》《卫子夫传》，卫太子生于元朔元年春，班固的“赞语似未推校年岁”[③]。而李慈铭则认为：“此等大事，班氏不宜错误，读者不得其解耳。此赞盖谓自建元六年长星见，遂有征胡之事，至建置朔方之年，而其春戾太子生。史家省文，连属言之耳。考武帝太初元年始用夏正，以孟春为岁首，其前皆建亥，以冬十月为岁首。建朔方郡在元朔二年春二月以后，戾太子盖生于是年岁首。至太初用夏正以后，以前时月，皆追正之，故以戾太子为元朔元年生。班氏志其实，遂以为其春生矣。盖元朔二年之三四月间，夏正之十二月正月间也。”[④]王先谦剖析诸家观点，认为“刘、钱妄

① 《汉书》卷六三《武五子传》，第2770—2771页。

② （东汉）班固：《前汉书》卷六三《武五子传》，《四部备要（第16册）》，中华书局、中国书店1989年影印本，第911页。

③ （清）钱大昕著，方诗铭、周殿杰校点：《廿二史考异》卷八《汉书三》，第155页。

④ （清）李慈铭：《汉书札记》卷六，《越缦堂读史札记全编》，北京图书馆出版社2003年版，第202页。

讥，殊为不审”[①]。并认可李慈铭对赞语中“其春，戾太子生”的解释。然史明言卫子夫元朔元年因生刘据而被立为皇后：“元朔元年生男据，遂立为皇后。”[②]史又云元朔元年“春三月甲子，立皇后卫氏”[③]。结合《卫青传》：“元朔元年春，卫夫人有男，立为皇后。”[④]是知卫太子确实生于元朔元年春，故李慈铭的观点是不正确的。此外王先谦又指出：“武帝命将出征，自建元六年（前135年）遣王恢等击闽越始，长星见后也。先惟严助持节发会稽兵，未尝命将。”[⑤]

就卫太子而言，其为臣而忠，为子而孝，只是被逼无奈，才不得不铤而走险，他是此案的受害者，而非始作俑者。然而班固却将他的出生强与天象及兵事相连，以此来暗示卫太子本就是一不祥之人，命中本就有此一劫。这样一来，“既是上天注定的，凶手有福了，暴君暴官有福了。他们没有责任，责任在于上帝”[⑥]。蒲慕州对此未加细考，遂认为其说“可以成立”，并阐发道：“这天时的说法也暗示了其实巫蛊之祸是根源于当时整个国家的政治社会情况之中，而非江充一人所造成的。”[⑦]但事实上，如王先谦所言，武帝首次命将出征是在建元六年（前135年）八月长星也就是彗星蚩尤之旗出现之后，元朔二年（前127年）武帝命将出征已是蚩尤之旗出现九年后的事情了。此前一年卫太子出生，而非元朔二年。而班固不顾事实，将诸事发生时间的序列进行重排，对卫太子而言形同厚诬。就汉武帝而言，班固将他与卫太子父子

---

① 《汉书补注》卷六三《武五子传》，第4416页。
② 《汉书》卷九七《卫子夫传》，第3949页。
③ 《汉书》卷六《武帝纪》，第169页。
④ 《汉书》卷五五《卫青传》，第2473页。
⑤ 《汉书补注》卷六三《武五子传》，第4416页。
⑥ 柏杨译：《现代语文版资治通鉴（6）对外扩张》，第157页。
⑦ 蒲慕州：《巫蛊之祸的政治意义》。

反目、兵戎相见，归为他长期用兵、大事征伐的结果，平情而论，巫蛊之祸或与武帝长期用兵有一定关系，但将此视为巫蛊之祸发生的重要原因，不免过于牵强。所以班固的《武五子传》赞语虽甚长，但价值却颇有限。

司马光论及卫太子之死云：“古之明王教养太子，为之择方正敦良之士以为保傅、师友，使朝夕与之游处。左右前后无非正人，出入起居无非正道，然犹有淫放邪僻而陷于祸败者焉。今乃使太子自通宾客，从其所好。夫正直难亲，谄谀易合，此固中人之常情，宜太子之不终也！”然而就是在《资治通鉴》中，司马光记录了武帝对卫太子的评价：“太子敦重好静，必能安天下，不使朕忧。欲求守文之主，安有贤于太子者乎！”并称卫太子每每就武帝“征伐四夷”事进行劝谏，又称卫太子代武帝主持朝政时，“上用法严，多任深刻吏；太子宽厚，多所平反”[①]。并且巫蛊之乱中劝卫太子起事之人，是武帝任命的太子少傅石德而非卫太子的宾客。因此柏杨对司马光的评论非常反感：“司马光先生把所有责任，全部扣到刘据先生头上，好象《资治通鉴》不是他写的，而他又没有看过似的。史料上明白显示出刘据的美德，那正是儒家学派所歌颂的最高美德。刘据先生结交宾客朋友的结果，竟然培养出来他这么高境界的美德，难道还不够？不知道司马光先生还要求刘据先生更神化到什么程度？如果说起兵反抗是不对的话，提出建议的人可是儒家学派的教师，不是门客宾朋。”并愤慨地问：“为什么检讨的结论总是‘被迫害的该死，因为他引起有权大爷迫害！’为什么不能提高层次：有权大爷为什么迫害？原因何在？病源何在？”[②]

---

① 《资治通鉴》卷二二，“征和二年”，第726—734页。

② 柏杨译：《现代语文版资治通鉴（6）对外扩张》，第156—157页。

第三章　一食累月，老骥志消

武帝铲除卫太子母子后，为实现对皇朝的绝对掌控，继续穷治巫蛊狱，并除掉了如日中天的李氏外戚。继而又着手调整统治政策。武帝后期，由于长期穷兵黩武，导致汉朝国力虚弱，社会动荡，故在征服大宛后，武帝将对匈奴的策略由“灭胡”调整为“困胡”。但效果皆不理想，及至征和三年（前 90 年）发兵攻打匈奴，李广利七万大军全军覆没，使武帝认识到有必要对国策进行全面调整，遂以田千秋上急变为契机，为卫太子平反，并采取一系列措施，对此前所推行的扰民劳民之政进行持续调整，进而颁布《轮台诏》，指出接下来朝政的重点是发展民生而非开边兴利。这使长期积聚的社会矛盾在一定程度上得以消解，社会局势因而渐趋平稳。

第一节　严刑绳群下

梳理武帝铲除卫太子母子的过程，可知不仅颇费工夫，且死伤甚众、丑闻不断，令他在天下万民面前大失颜面，因而一直脾气暴躁闷闷不乐，田千秋为丞相后，“乃与御史、中二千石共上寿颂德美，劝上施恩惠，缓刑罚，玩听音乐，养志和神，为天下自虞乐”。武帝答称巫蛊之祸发生后，“朕日一食者累月，乃何乐之听？”而事实上，由于此举除去了腹心之患，接下来他对时局的应对显得颇为从容。是以他的心情纵使说不上快乐，也不至于如他描述的那样凄惨。当时真正不快乐是他的臣子们，因为自巫蛊之祸后，武帝“连年治太子狱，诛罚尤多，群下恐惧”[①]。而武帝之所以如此，是因为朝中当权者在巫蛊之狱中的表现让他非常不满。

当然，有一些学者并不这样认为，在他们看来，卫氏外戚与当权者的矛盾甚深。如田余庆认为在巫蛊之狱中，“江充充当了深酷用法的臣僚的代表，秉承武帝意旨，凭借党羽的优势，用非常手段摧毁以卫太子为代表的‘守文’的政治势力，这也许就是巫蛊之狱的实质”[②]。因《汉书·杜周传》云：“周中废，后为执金吾，逐捕桑弘羊、卫皇后昆弟子刻深，上以为尽力无私，迁为御史大夫。”[③] 成祖明认为这显示“卫氏家族与用法之臣的矛盾非独江充。冲突既生，用法之臣为武帝身后存亡安危或前途计，废后易储自然是他们所期望之事”。论及当权者在巫蛊之祸中的表现，成祖明说：“用法之臣既为武帝所依重，对卫氏集团的打击就无所顾及，不遗余力。”并且从朱安世被抓到阳石公主等被处死的经过，“可见用法之臣对卫氏的穷治”。[④]

然就卫太子而言，他与武帝用法之臣的关系其实并非如田余庆、成祖明所言，紧张到了势不两立的地步。如张汤、暴胜之、田仁皆为酷吏，然而张汤之子张贺“幸于卫太子”。张汤另一子张安世少为郎官，张汤自杀后，“上惜汤，复稍进其子安世”[⑤]。是知

---

① 《汉书》卷六六《田千秋传》，第 2884—2885 页。

② 田余庆：《论轮台诏》，《历史研究》1984 年第 2 期。

③ 《汉书》卷六〇《杜周传》，第 2661 页。

④ 成祖明：《内部秩序与外部战略：论〈轮台诏〉与汉帝国政策的转向》。

⑤ 《汉书》卷五九《张汤传》，第 2646—2651 页。

张安世是张汤在世时做的郎官，张贺为张安世兄，则其入太子宫亦当在张汤在世时。田仁在巫蛊之祸中放走了卫太子，刘屈氂为此欲斩田仁，却为暴胜之所阻。

倒是由于武帝多疑擅杀，使这批人在其治下惶惶不可终日。如前所述，武帝借田仁之手，诛杀了杜周的两个儿子及石庆的一个子孙。《汉书·江充传》则云："是时，上春秋高，疑左右皆为蛊祝诅，有与亡，莫敢讼其冤者。"[①]《戾太子传》亦称："是时，上春秋高，意多所恶，以为左右皆为蛊道祝诅，穷治其事。"[②]李陵更是称："陛下春秋高，法令亡常，大臣亡罪夷灭者数十家。"[③]所以就当时情势来说，若武帝驾崩而卫太子继位，对许多用事大臣而言，未始不是一件好事。

成祖明认为巫蛊之祸中，用法之臣对卫氏集团的打击不遗余力。事实是武帝急求朱安世却不能得，赖公孙贺之力方才如愿。武帝后来回忆巫蛊之祸，指出："巫蛊始发，诏丞相、御史督二千石求捕，廷尉治，未闻九卿廷尉有所鞫也。"[④]征和元年（前92年），武帝以常为"廷尉"，却很快又将其免职，征和二年又以信为"廷尉"，又被免职，当即与此有关。而太常、江都侯靳石在公孙敬声被捕之后，还赴狱中"谒问"[⑤]。究其原因，用事官员们与武帝离心离德是其一，另外，乃在于尽管有官员意欲动摇卫太子之位，在离间武帝父子关系方面可能不遗余力，但真到图穷匕见之时，却不可能不犹豫。因为疏不间亲，率尔而为，主动卷入皇

① 《汉书》卷四五《江充传》，第2179页。

② 《汉书》卷六三《戾太子传》，第2742页。

③ 《汉书》卷五四《苏武传》，第2464页。

④ 《汉书》卷六六《田千秋传》，第2885页。

⑤ 《汉书》卷一九《百官公卿表》，第788页。

室纷争，很可能会为自己招致不测之祸。

远且不提，只看景帝时的储位之争就足以令人胆寒。其时许多官员因卷入其中，而多不得善终。如当时景帝废太子刘荣，丞相周亚夫坚决反对，自此与景帝交恶，终被罢相，呕血而死。郅都倒是承景帝意逼死了废太子刘荣，但因此得罪了太皇太后窦氏，结果在窦氏的逼迫之下，景帝不得不将郅都处死。其间梁王刘武觊觎储君之位，然为袁盎等大臣所阻，刘武怨恨之下，遣刺客刺杀了袁盎等十余位大臣。

所谓殷鉴不远，谁敢贸然重蹈覆辙？更何况如今的储位之争中，武帝为人冷酷多疑、果于杀戮，太子刘据实力雄厚，爪牙甚众，拥武帝其他诸子的势力又虎视眈眈，情势之凶险较之景帝时有过之而无不及！所以就是与卫太子及卫氏有仇的江充，在诛除阳石公主等之前也未敢跳出来拨弄是非。

后来事态激化之后，官员们的表现应该更让武帝不安。如武帝对田仁和任安恩情深重，然而当太子起事后，任安态度暧昧，田仁则为卫太子放行，刘屈氂欲斩田仁，又为御史大夫暴胜之所阻。当年武帝任命信为廷尉，然次年廷尉为意，显见信在巫蛊之狱中的表现当也不如武帝之意。还是在当年，“京兆尹于己衍坐大逆诛”[①]。而亚谷侯卢贺亦受卫太子节。当时愿为武帝卖命的不过是左丞相刘屈氂、侍郎马通、大鸿胪商丘成等数人而已。

是以武帝掌控局势后，以故廷尉监丙吉为治狱使者，“治巫蛊于郡邸”[②]。征和三年（前90年），匈奴人散侯董贤“坐祝诅上，下狱病死”；东越人开陵侯禄“坐舍卫太子所私幸女子，又祝诅上，

---

① 《汉书》卷一九《百官公卿表》，第788—789页。

② 《汉书》卷八《宣帝纪》，第235页。

要斩”;东越人东城侯居股“坐卫太子举兵谋反，要斩”[①]。埤山侯仁“坐祝诅，要斩”[②]。

在此过程中，武帝又对其蠢蠢欲动的诸子进行了震慑。汉代皇位传承遵循的是父死子继的原则。如高帝六年（前201年）五月诏称:“人之至亲，莫亲于父子，故父有天下传归于子。”[③]景帝时，窦婴亦称:“天下者，高祖天下，父子相传，此汉之约也。”[④]关于君主之位的传承，考之三代，有“殷道”“周道”之异，如窦太后所谓“殷道亲亲，周道尊尊”云云。袁盎等对此进行解释曰：“殷道亲亲者，立弟。周道尊尊者，立子。殷道质，质者法天，亲其所亲，故立弟。周道文，文者法地，尊者敬也，敬其本始，故立长子。周道，太子死，立适孙。殷道，太子死，立其弟。”而论及汉朝，袁盎等指出汉朝采用的是周制:“方今汉家法周，周道不得立弟，当立子。”[⑤]据《公羊传》，周代贵族选立继承人的基本原则是,“立嫡以长不以贤，立子以贵不以长”[⑥]。而细绎自刘邦建汉以来选立继承人的史事，可知其在坚持传统的同时，又有适当的变通。即实行嫡长子继承制，若皇后有嫡子，则嫡子为太子。依此而立者有惠帝刘盈、武帝刘彻、卫太子刘据。若皇后无子，则采用庶长子继承制，储君从君主其他姬妾所生的庶子中选立，其中年长者优先。依此而立者有景帝刘启、废太子刘荣。

卫太子满门被诛后，国失储君，按照传统就应该从武帝其他

---

① 《汉书》卷一七《景武昭宣元成功臣表》，第652—658页。

② 《汉书》卷一六《高惠高后文功臣表》，第579页。

③ 《汉书》卷一《高帝纪》，第62页。

④ 《史记》卷一〇七《窦婴列传》，第2839页。

⑤ 《史记》卷五八《刘武世家》，第2091页。

⑥ （东汉）何休注,（唐）徐彦疏:《春秋公羊传注疏》卷一，“隐公元年”，《十三经注疏》，上海古籍出版社1997年版，第2197页。

儿子中选立新太子，而其在世四子以燕王刘旦年最长。若武帝要再立太子，按传统就应该立刘旦。然而燕王刘旦，“其母无宠，以忧死”[①]。从其被封在土地硗埆、北迫匈奴的燕地看，刘旦自身也不受武帝宠爱，及其“壮大就国”，远离汉宫，则与武帝关系更为疏远，更何况武帝喜欢恭谨的臣子，而刘旦的行事却甚张扬：“为人辩略，博学经书杂说，好星历数术倡优射猎之事，招致游士。”[②]当此情势下，武帝若立刘旦为太子，无疑是为自己再添新忧。但刘旦却自以为当立，遂上书请求入朝宿卫武帝，结果触怒武帝，受到严惩。据褚少孙称：“会武帝年老长，而太子不幸薨，未有所立，而旦使来上书，请身入宿卫于长安。孝武见其书，击地，怒曰：‘生子当置之齐鲁礼义之乡，乃置之燕赵，果有争心，不让之端见矣。’于是使使即斩其使者于阙下。”[③]对此，晋文指出：“表面上看，武帝对燕王反感的原因主要是厌恶他的争立，不懂谦让。但实际上，其原因却可能是卫太子之事让武帝对他不敢相信，惟恐再起争端。”[④]

《资治通鉴》《西汉年纪》分别将此事置于后元元年（前 88 年）七月地震之后、征和二年（前 91 年）卫太子败后。据《汉书·刘旦传》称：“及卫太子败，齐怀王又薨，旦自以次第当立，上书求入宿卫。上怒，下其使狱。后坐臧匿亡命，削良乡、安次、文安三县。武帝由是恶旦，后遂立少子为太子。”[⑤]

考燕国地处渔阳、上谷、涿郡、渤海诸郡之间，据《汉

① 《史记》卷四九《外戚世家》，第 1981 页。

② 《汉书》卷六三《刘旦传》，第 2751 页。

③ 《史记》卷六〇《三王世家》，第 2118 页。

④ 晋文：《桑弘羊“谋反”案考实》，《河南科技大学学报（社会科学版）》2007 年第 1 期。

⑤ 《汉书》卷六三《刘旦传》，第 2751 页。

书·地理志》，燕国在昭帝元凤元年（前 80 年）废罢为广阳郡，宣帝本始元年（前 73 年）更为广阳国。“户二万七百四十，口七万六百五十八。县四：蓟，方城，广阳，阴乡”[1]。而《地理志》“所录版籍为截止于汉成帝元延三年九月的行政区划信息”[2]。据《王子侯表》，初元五年（前 44 年）六月，封广阳顷王子刘云、刘容、刘发、刘婴等分别为临乡侯、西乡侯、阳乡侯、益昌侯。永光五年（前 39 年）三月，封广阳厉王子刘譬为襄平侯。而武帝以后所封王子侯食邑数“平均在千户以下”[3]。此外，宣帝即位后，立刘旦子刘庆为新昌侯、刘贤为安定侯，但两人被封是在立广阳国前，细考之，可以确定安定侯国不在燕之封域。这也就是说刘旦被削三县后，其封国剩下的面积不过四县及五六个侯国之地，口不过数万，于此可见武帝惩处之重。

当卫太子死后，储君之位虚悬，而深受武帝重用的李氏外戚对此正虎视眈眈，站在刘旦的立场考虑，若其不及早下手，李氏外戚就有可能捷足先登，更何况刘旦权欲甚重又性情轻躁，所以刘旦求入朝当如《汉书·刘旦传》所言，是在卫太子死后。至于说接下来刘旦又因藏匿亡命而获罪，其幕后操纵者很可能就是李氏外戚。因为燕国与涿郡相邻，此前刘屈氂就在该郡任太守，由于刘髆与刘旦属竞争关系，故若其对燕国的事务深感兴趣并着意打探也是合乎逻辑的，及至见刘旦觊觎太子之位，遂乘武帝盛怒之机让人告发刘旦，以期强化武帝对刘旦的厌恶之感，加重对刘旦的惩罚。

刘旦因觊觎太子之位受到武帝的严惩，按理拥武帝其他诸子

---

① 《汉书》卷二八《地理志》，第 1634 页。

② 马孟龙：《西汉侯国地理》，上海古籍出版社 2013 年版，第 82 页。

③ 柳春藩：《秦汉封国食邑赐爵制》，辽宁人民出版社 1984 年版，第 99 页。

的势力要引以为戒，谨言慎行，然而李氏外戚却不作此想。此时的李氏外戚，李广利为海西侯、贰师将军，刘屈氂为左丞相，俨然已成为朝廷最有势力的政治力量，与卫氏外戚相比，他们仅差一个皇太子之位而已。这让李氏外戚成员不免弹冠相庆，忘乎所以，及见皇太子之位虚悬，而武帝又严惩燕王刘旦，遂生觊觎储位之心。殊不知此一时，彼一时。对李氏外戚而言，今日的情势已非往日可比。

应该说，李氏外戚在李夫人死后会受到宠幸，李夫人死前就已经预料到了。

李夫人临终前，武帝前去探望，李夫人用被子蒙着头向武帝致谢说："妾久寝病，形貌毁坏，不可以见帝。愿以王及兄弟为托。"武帝说："夫人病甚，殆将不起，一见我属托王及兄弟，岂不快哉？"李夫人说："妇人貌不修饰，不见君父。妾不敢以燕惰见帝。"武帝说："夫人弟一见我，将加赐千金，而予兄弟尊官。"李夫人说："尊官在帝，不在一见。"武帝又表示一定要见上李夫人一面，李夫人却转过身去只是抽噎、叹息而不再说话。武帝于是"不说而起"。武帝走后，侍奉在李夫人身边的家人批评李夫人说："贵人独不可一见上属托兄弟邪？何为恨上如此？"李夫人说："所以不欲见帝者，乃欲以深托兄弟也。我以容貌之好，得从微贱爱幸于上。夫以色事人者，色衰而爱弛，爱弛则恩绝。上所以挛挛顾念我者，乃以平生容貌也。今见我毁坏，颜色非故，必畏恶吐弃我，意尚肯复追思闵录其兄弟哉！"[①]

李夫人死后，如李夫人预言，武帝果然对她非常怀念，"以后礼葬焉"。又"图画其形于甘泉宫"。还让一方士为自己招致李

① 《汉书》卷九七《李夫人传》，第3951—3952页。

夫人的神魂[①]，于是到了夜间，该方士弄了顶帐子，然后在帐中张设灯烛，盛陈酒肉等祭品，用来招致李夫人的神灵，武帝则远远地坐在另外一个帐子里静待李夫人的到来。不知这人是怎么搞的鬼，在武帝等待好一阵儿后，果然遥望见一个像李夫人一样的女子出现在帷幄中，就见那女子先是在帷幄中静坐了一会儿，接着又起身踱步，过了一会儿就又消失了。本来该方士是想藉此安慰一下武帝，不想武帝见罢李夫人的魂灵之后，思念更甚，回去之后就写了首诗，诗云："是邪，非邪？立而望之，偏何姗姗其来迟！"[②]。其意是向李夫人倾诉说："是不是你呀？如果是你，难道你就不想念我？为了见你，我早早地就站在这里遥望你，你却为何不急不躁步履缓慢从容地来得这么晚！"然后又令乐人谱成歌唱给自己听，估计是边听边落泪。

就这还不算完，武帝继续折腾，又写了一篇数百字的短赋，他在这篇怀念李夫人的赋中用了很多诸如修嫮、檪绝、山椒、凄泪、桂枝、菱扶、娥扬之类的华丽词藻。

武帝的赋，对于很多人而言，今天就是拿着字典来阅读，理解起来也有一定的难度，但武帝对李夫人的思念还是由此能让人感受一二的。要知道武帝是一个很忙的人，他后宫中有很多女子需要他去宠幸。元帝时贡禹称："武帝时，又多取好女至数千人，以填后宫。"[③]曾自言："能三日不食，不能一日无妇人。"[④]在这种情况下，武能抽出时间以堆砌大量华丽辞藻的方式来怀念一个已逝

① 李峰：《〈通鉴〉汉武帝元狩年间史事书写辨正》。
② 《汉书》卷九七《李夫人传》，第3952页。
③ 《汉书》卷七二《贡禹传》，第3070页。
④ （明）陆楫编：《汉武故事》，《古今说海·说纂甲集》，集成图书公司1909年版，第6页。

的女子，不是真喜欢他是不会这样做的。

此外据东晋王嘉的《拾遗记》称，武帝泛舟昆灵之池，自创歌曲，使女伶歌之。时日已西坠，凉风激水，武帝耳听女伶嘹亮的歌声，眼望女伶婀娜的身姿，不由地想起早已香消玉殒的李夫人，一时悲从中来，遂赋《落叶哀蝉》之曲曰："罗袂兮无声，玉墀兮尘生，虚房冷而寂寞，落叶依于重扃。望彼美之女兮安得，感余心之未宁！"[①]

因为武帝对李夫人感情甚深，是以尽管她已死去，武帝对李氏外戚的宠遇一直未衰，但如此受宠却又远非她一个宫廷女子思虑所能及。究其原因，乃在于武帝意欲借李氏外戚制衡卫氏外戚，现在卫氏外戚被连根拔去，李氏外戚对武帝的利用价值自然大减，不仅如此，李氏外戚还成为当朝最显赫的外戚，俨然卫氏外戚再现，这就不能不招致武帝的疑忌。

当此之时，莫说得到皇太子之位，就是能否生存下来，对李氏外戚来说都成了问题，因为武帝自知时日无多，且执政能力严重下降，已没有精力与李氏外戚周旋，严峻的形势要求他及早解决棘手问题。故而卫氏外戚被除掉后，李氏外戚看似前途光明，实则已危如累卵，李氏外戚若明智，就应该低调行事，努力消除武帝对他们的疑忌，但这也只是尽人事而已，能否回转天心真的是只能靠运气了。因为始而贵显，终而族灭，竟是武帝一朝外戚的宿命。

另外诛除卫太子一事，让武帝的声誉大损。为了挽回民心，武帝也有必要从速打击李氏外戚。

---

① （东晋）王嘉撰，（南朝·梁）萧绮录，齐治平校注:《拾遗记校注》卷五《前汉上》，中华书局 1981 年版，第 115—116 页。

前已论及，武帝为除掉卫太子颇下了一番功夫，他先是分两次以合法的手段除掉了卫氏外戚的中坚力量，然后才指派江充来对付卫太子母子，却没想到卫太子情急之下，竟做困兽之斗，发兵抗争，一下子将其父子之间的矛盾暴露在光天化日之下。武帝自以为占据了道义高地，遂将其定性为反叛，倾力予以镇压。后又进行严酷的政治清算。

但社会舆论对此并不一定认可。因为对于父子纷争，当事双方无论罗列出多少自以为有理的事例，外人仍有插话的机会。如对于父亲，常言道父慈子孝，儿子若不孝，说明父亲在慈爱儿子方面可能有做的不到之处。具体到卫太子而言，由于他对武帝的忠孝之心早已为百姓所熟知，而武帝行事一贯刚暴，不循情理，故而此事发生后，百姓很难不同情卫太子。更何况武帝所指派的清算卫太子势力的江充，被世人普遍认为是一个惯于顺从武帝旨意罗织罪名倾陷善人的奸佞之徒，所以他查案卫太子的事情纵使做成，也不会得到百姓的认可。

“壶关三老茂”敢于在卫太子出逃后，远赴长安，诣阙上书，并声称:“臣不胜惓惓，出一旦之命，待罪建章阙下。”[①] 其底气应该就在于此。因为他代表着民意。

三老是秦汉地方统治体制中的一个重要构成，县、乡皆设三老，县三老由乡三老产生。三老的选拔标准是“民年五十以上，有脩行，能帅众为善”[②]。其身份是“非吏比者”，应劭曰:“非吏而

① 《汉书》卷六三《戾太子传》，第 2744—2745 页。

② 《汉书》卷一《高帝纪》，第 33 页。

得与吏比者。”[1] 即三老具有“非吏非民、亦吏亦民的双重性。”[2] 其职责是“与县令丞尉以事相教” [3]。即负责教化百姓的工作。三老特殊的身份，“使他们在民众的心目中，被视为自己身边最具亲和力同时又最具权威（并不一定最有权力）的官方代表，而在国家一方，他们作为国家有意树立并为法令所认可的地方社会领袖，则是基层社会中政府可以凭赖的首席民意代表” [4]。

壶关为上党郡之县，茂为“壶关三老”，则其当为该县之三老，是代表一县百姓甚者可以说是代表天下万民来为卫太子讼冤的，故武帝对他的建言不能不予以重视。

武帝虽然当时严威不减，最终逼卫太子自杀于京兆湖县，并继续大兴诏狱，追究卫太子的罪责。然而继续追查的结果却使武帝不得不承认卫太子举事确属被逼无奈：“久之，巫蛊事多不信。上知太子惶恐无他意。” [5] 这无疑将武帝置于无法向天下万民交代的极其尴尬的境地。“在此情况下，武帝要想摆脱巫蛊之祸给自己造成的不利影响，除了诿过他人，推卸责任之外，竟似没有其他更好的办法。若如此，刘屈氂无疑是最好的人选。因为在与太子纷争的过程中，他是朝廷一方的直接领导者，而他向太子发难的原因也不难解释：刘屈氂是李氏外戚的重要成员，他想除掉卫太子，然后拥昌邑王刘髆为太子。” [6] 因此，卫氏外戚被诛除后，武帝很快就对李氏外戚动了杀机。而助成此事者则当为宫中宠姬钩

---

① 《史记》卷三〇《平准书》，第 1430—1431 页。

② 牟发松：《汉代三老：“非吏而得与吏比”的地方社会领袖》，《文史哲》2006 年第 6 期。

③ 《汉书》卷一《高帝纪》，第 33—34 页。

④ 牟发松：《汉代三老：“非吏而得与吏比”的地方社会领袖》。

⑤ 《汉书》卷六三《戾太子传》，第 2747 页。

⑥ 李峰：《巫蛊之祸：西汉中期政坛秘辛》，第 55 页。

弋夫人的势力。

钩弋夫人虽入宫较晚，资历甚浅，却有数点优势为李氏外戚所不及。如其侍奉在武帝左右，能够及时掌握武帝的动态；其子刘弗陵深得武帝宠爱；并且其作为宦者之女，与宫中宦者的渊源甚深，这从其在武帝去河间巡视时，被特意推荐给武帝就可看出来。而其在进宫之后，主动强化与宫廷宦官势力的关系是可以想见的。就钩弋夫人而言，如果说此前属于她的势力是与李氏外戚一道挑战卫氏外戚的话，现在该势力要做的就是铲除李氏外戚，搬掉最后一道阻挡在刘弗陵前进道路上的障碍了。

总之，各方角力的结果，导致征和三年（前 90 年），汉朝政坛再度发生血腥的诛戮事件。该年三月，因匈奴侵扰，武帝派李广利、商丘成、马通等分别将兵击匈奴。当李广利离京出征之时，刘屈氂为其设宴饯行，并将其送至渭桥，李广利因催促刘屈氂道："愿君侯早请昌邑王为太子。如立为帝，君侯长何忧乎？"刘屈氂则承诺向武帝建言立昌邑王。然而还没等刘屈氂向武帝提议，宦官内谒者令郭穰就向朝廷告发了他们："是时治巫蛊狱急，内者令郭穰告丞相夫人以丞相数有谴，使巫祠社，祝诅主上，有恶言，及与贰师共祷祠，欲令昌邑王为帝。"观此可知，郭穰早已将相关证据搜集到手，只是在等待出手的时机。有关方面奏请武帝批准审查，经审理，刘屈氂夫妻"罪至大逆不道。有诏载屈氂厨车以徇，要斩东市，妻子枭首华阳街。贰师将军妻子亦收。贰师闻之，降匈奴，宗族遂灭"[①]。

李广利投降匈奴应该出乎武帝的意料。因为外戚以女色兴，作为皇权的衍生物而存在，他们只有得到君主的支持才能为朝臣

① 《汉书》卷六六《刘屈氂传》，第 2883 页。

所认可，故武帝之世每每以外戚统兵征伐。就李广利而言，因其人资质平庸，武帝更是没把他放在心上。殊不知武帝将权力交给李广利，就使李广利获得了组建忠于自己的团队的能力，又兼军队内部构成复杂，一些敌视朝廷的军吏混迹其间，故李广利并非武帝想象的那样易于驾驭。因此刘屈氂被族诛，李广利家族被下狱的消息一传至军中，李广利的部属便发生了分裂，军队遂被拥李广利势力所挟持。李广利初欲深入邀功，以赎其罪，及至战败，自知求生无望，遂率众投降匈奴。

第二节　困胡屡受挫

武帝得知李广利叛降匈奴的消息后，虽然诛杀了其宗族，但七万大军俱陷匈奴，酿成自兴师征伐匈奴以来最大的惨败，还是让其陷入了无法向天下交代的窘境。同时残酷的现实，也让他认识到汉朝到得此时，已是元气大伤，再也经不起折腾了。他未竟的事业，可能只能留给后人来完成了。

汉初推行无为而治，与民休息，经过数世发展，至武帝即位之初，汉朝呈现出一派经济繁荣的景象，豪富之家遍布天下，贵族之家亦富甲一方。然而富庶的贵族、豪富却不关心国家安危，且常常干扰地方统治，扰乱国家经济秩序，导致皇权与贵族、豪富之间矛盾重重。同时汉承秦制治理国家，一直没能建立起与汉朝相匹配的典章制度。凡此种种，显示历史发展到武帝时期，要想维持汉朝的稳定与发展，就必须对此前的统治思想与政策措施予以调整、完善。

就外部形势而论，周边异族政权对汉朝时时构成威胁，尤其是北方的匈奴，更是成为心腹之患。汉初为解决匈奴问题，刘邦曾率精兵三十余万迎击匈奴，结果不仅问题没有解决，反而被围于平城七天七夜，差点成了匈奴的阶下囚。嗣后，为了免遭匈奴的侵扰，自高帝起至武帝初汉对匈奴一直采取和亲政策，其间先后多次将公主嫁与匈奴冒顿、老上、军臣等单于，并奉以厚礼。不过虽卑辞重币以事匈奴，然掠夺性的战争仍频繁发生。

为了解决汉朝所面临的一系列问题，武帝一继位，即在建元元年（前 140 年）十月，下制策问贤良文学之士以治国之道，表示自己钦慕五帝三王改制作乐而天下洽和的治道，想使教化流布而政令推行，刑罚轻而奸邪之事得到改正，百姓和睦安乐，政事得到宣明。并问贤良文学，自己怎样做，才能达到太平盛世："何脩何饬而膏露降，百谷登，德润四海，泽臻草木，三光全，寒暑平，受天之祜，享鬼神之灵，德泽洋溢，施虖方外，延及群生？"①

元光元年（前 134 年）五月，武帝再次下诏申明自己的理想。武帝声称自己听说在尧舜时期，在衣服上画上象征五刑的图画，百姓就不会犯法，日月所照耀的地方，没有不服从他们的领导的。周朝的成康时期，由于百姓服从领导，不触犯刑律，以至于刑罚搁置不用，德泽及于鸟兽，教令通达四海。海外东到肃昚，北到渠搜，以及西方的氐族、羌族都来臣服；星辰不变乱，日月不亏缺，山陵不崩塌，河谷不堵塞；麒麟、凤凰出现在郊外的草泽，黄河、洛水出图书。武帝说自己不知道他们究竟实施了什么办法而达到如此完美的境地！现在自己得以继承汉家基业，无时不在追求、思考，却如同涉渡深水，不知如何才能到达彼岸。因此询问贤良们，自己怎样做才能弘扬先帝宏业美德，而跻身尧、舜、三王的行列："何行而可以章先帝之洪业休德，上参尧舜，下配三

---

① 《汉书》卷五六《董仲舒传》，第 2497 页。

王！朕之不敏，不能远德，此子大夫之所睹闻也。贤良明于古今王事之体，受策察问，咸以书对，著之于篇，朕亲览焉。”[①]

总之，武帝的理想就是要在自己有生之年，实现四夷宾服、百姓和乐、天下太平的远大抱负，或者说这就是他要形塑的汉皇朝理想的样态。为此，武帝与周边政权展开了长期的军事斗争。及至西南夷、两粤、朝鲜等皆已平定后，汉若继续用兵，当在西域与匈奴。汉经略西域主要有三个目的，其一，为了图制匈奴，“断匈奴右臂”；其二，满足武帝“威德遍于四海”的愿望；其三，获得西方的珍宝，亦即时人所谓的“外国奇怪利害”“外国所有”。[②]为了实现第一个目标，汉朝甚重葱岭以东玉门以西的西域：“孝武之世，图制匈奴，患其兼从西国，结党南羌，乃表河西列四郡，开玉门，通西域，以断匈奴右臂，隔绝南羌、月氏。”[③]另外两个目标主要针对的是葱岭以西的大宛、康居、大月氏、大夏、安息之属，时人称为“西北国”[④]，采用利诱的手法，使其“朝”汉，从而达到宣扬汉朝威德以及获得其珍宝的目的，亦即汉朝对葱岭以西诸国并无领土要求。

然而武帝却发动了大宛之役。究其原因，乃在于“当时大宛已成为汉王朝西域经营的巨大障碍”。大宛为北道西出葱岭的要地，且北与康居、南与大月氏相接，若大宛不附，直接的后果就是“东西道被隔，国威扫地，而且由于西域经营将不得不中止，匈奴右臂无从切断”[⑤]。而汉求宛马不得，使者被杀，显然已与汉

---

① 《汉书》卷六《武帝纪》，第 161 页。

② 《史记》卷一二三《大宛列传》，第 3166—3171 页。

③ 《汉书》卷九六《西域传》，第 3928 页。

④ 《史记》卷一二三《大宛列传》，第 3169 页。

⑤ 余太山：《大宛和康居综考》，《西北民族研究》1991 年第 1 期。

朝交恶。另外，汉与西北诸国通使之后，“西北外国使，更来更去。宛以西，皆自以远，尚骄恣晏然，未可诎以礼羁縻而使也”。这对汉朝也造成了相当大的困扰。故汉对大宛有不得不征伐之势。而李广利降大宛，得大宛良马，大宛新立之王蝉封又“遣其子入质于汉。汉因使使赂赐以镇抚之”。汉因之立威宛西诸国，并使汉朝的军事力量深入葱岭以东地区：“而汉发使十余辈至宛西诸外国，求奇物，因风览以伐宛之威德。而敦煌置酒泉都尉；西至盐水，往往有亭。而仑头有田卒数百人，因置使者护田积粟，以给使外国者。”[①]葱岭以东诸国于是普遍倒向汉朝。如李广利班师东归，“诸所过小国闻宛破，皆使其子弟从入贡献，见天子，因为质焉”[②]。楼兰也倒向汉朝，“匈奴自是不甚亲信楼兰”[③]。而“乌孙之属骇胆，请为臣妾。匈奴失魄，奔走遁逃”[④]。总之，史书所言虽不免有夸大的成分，但经大宛一役，确实基本实现了武帝的各项诉求，故已无再向葱岭以西兴师的必要。

就匈奴而言，早在建元年间，汉朝即“欲事灭胡”[⑤]。元朔初，主父偃又盛言朔方为“灭胡之本”[⑥]。直到元封至太初初年仍以“灭胡”为务。元封年间，武帝为联合乌孙，制衡匈奴，将公主细君嫁于乌孙君主昆莫，“昆莫年老，欲使其孙岑陬尚公主。公主不听，上书言状，天子报曰：‘从其国俗，欲与乌孙共灭胡。’”[⑦]考其

---

① 《史记》卷一二三《大宛列传》，第 3173—3179 页。
② 《汉书》卷六一《李广利传》，第 2703 页。
③ 《汉书》卷九六《西域传》，第 3877 页。
④ 王利器校注：《盐铁论校注（定本）》卷八《西域》，中华书局 1992 年版，第 500 页。
⑤ 《史记》卷一二三《大宛列传》，第 3157 页。
⑥ 《史记》卷一一二《主父偃列传》，第 2961 页。
⑦ 《汉书》卷九六《西域传》，第 3904 页。

时当在元封末至太初初年。因为“细君公主妻乌孙事在元封三年（即公元前 108 年）”[①]，因武帝不同意细君的请求，“岑陬遂妻公主。……岑陬尚江都公主，生一女少夫。公主死，汉复以楚王戊之孙解忧为公主，妻岑陬”[②]。据《汉书·西域传》，解忧甘露三年（前 51 年）70 岁，则其生于元狩三年（前 120 年），汉代女子正常初婚年龄是“十三、四岁至十六、七岁”[③]。即解忧正常出嫁时间当在元封三年（前 108 年）至太初元年（前 104 年）之间。故徐松认为细君“在乌孙仅四、五年而死”是有道理的[④]。

及至太初四年（前 101 年）春，李广利携大宛王首、汗血马还朝后，武帝将对匈奴的策略由“灭胡”调整为“困胡”：“汉既诛大宛，威震外国。天子意欲遂困胡。”[⑤] 考其原因，当是武帝通察汉朝当时所处的形势之后，做出的战略性调整。

就汉攻大宛而言，“太初元年，以广利为贰师将军，发属国六千骑及郡国恶少年数万人以往”，然至隋成受阻而还，“往来二岁，至敦煌，士不过什一二。”武帝不甘心受挫，继而“发恶少年及边骑，岁余而出敦煌六万人，负私从者不与。牛十万，马三万匹，驴橐驼以万数赍粮，兵弩甚设。天下骚动，转相奉伐宛，五十余校尉……益发戍甲卒十八万酒泉、张掖北，置居延、休屠以卫酒泉。而发天下七科谪，及载糒给贰师，转车人徒相连属至

---

① 王明哲、王炳华：《〈汉书·乌孙传〉笺证》，《乌孙研究》，新疆人民出版社 1983 年版，第 74 页。

② 《汉书》卷九六《西域传》，第 3904 页。

③ 彭卫：《汉代婚姻形态》，三秦出版社 1988 年版，第 90 页。

④ （清）徐松著，朱玉麒整理：《汉书西域传补注》卷下，《西域水道记（外二种）》，中华书局 2005 年版，第 460 页。

⑤ 《史记》卷一一○《匈奴列传》，第 2917 页。

敦煌”[①]。是役虽然取得胜利，但由此也在天汉年间引发了全国性的暴乱："当此之时，将卒方赤面而事四夷，师旅相望，郡国并发，黎人困苦，奸伪萌生，盗贼并起，守尉不能禁，城邑不能止。"[②]后虽被镇压下去，但也让武帝真正看清了汉朝已经极度虚弱的国力。而当时匈奴实力仍颇强，如太初二年（前 103 年），汉朝“遣浚稽将军赵破奴二万骑出朔方击匈奴，不还”。太初三年，“秋，匈奴入定襄、云中，杀略数千人，行坏光禄诸亭障；又入张掖、酒泉，杀都尉”[③]。此显见一味强调“灭胡”是不现实的。但匈奴此时已形同困兽也是不争的事实。因为早在大宛之役前，汉朝就将匈奴的力量限缩在漠北苦寒之地，在与匈奴的博弈中已“处于绝对优势地位”[④]，后经大宛之役，汉朝又筑牢了围堵匈奴的防线，在宏观上实现了对匈奴的把控。当此情势下，汉朝若能改变对匈奴的策略，由“灭胡”调整为“困胡”，以封锁、围堵之策与匈奴周旋，通过消耗其国力之法最终将其拖垮，可能更符合汉朝的国情。或许职是之故，使武帝在大宛之役后开始调整对匈奴的政策。

武帝征服大宛后，先后三次出兵击匈奴，考其用意，皆在于“困”而不是“灭”匈奴。

如天汉二年（前 99 年）之役，是役李广利率 3 万骑兵打击匈奴右地，重点是盘踞天山的右贤王。为防止单于救援，又出动李陵、公孙敖、路博德率部策应，而三人策应之处一为浚稽山，一为涿邪山，皆地近汉塞。如李陵受诏率步兵五千出居延北，牵制匈奴兵力。诏云："以九月发，出遮虏鄣，至东浚稽山南龙勒水上，

① 《汉书》卷六一《李广利传》，第 2699—2700 页。

② 《盐铁论校注（定本）》卷八《西域》，第 501 页。

③ 《汉书》卷六《武帝纪》，第 201 页。

④ 田余庆:《论轮台诏》,《历史研究》1984 年第 2 期。

徘徊观虏，即亡所见，从浞野侯赵破奴故道抵受降城休士，因骑置以闻。”[①] 李陵将步卒出居延，北行三十日，至浚稽山止营，继而在此与单于展开激战，李陵且战且退，至距边塞百余里处败降。浚稽山的地望“在武威北”[②]。距居延千余里。如《史记·匈奴列传》称：“又使骑都尉李陵将步骑五千人，出居延北千余里，与单于会，合战，陵所杀伤万余人”云云。[③] 因杅将军公孙敖，依部署“与强弩都尉会涿邪山，亡所得”[④]。胡三省曰：“在高阙塞北千里。”[⑤]

天汉四年（前97年）之役，投入总兵力20余万，重在打击匈奴左地，其中贰师将军李广利将步骑13万出朔方，因杅将军公孙敖将步骑4万出雁门，游击将军韩说将步兵3万出五原，强弩都尉路博德统军万余与李广利会。此役汉军攻至余吾水。余吾水，司马贞云：“《山海经》云：‘北鲜之山，鲜水出焉，北流注余吾。”[⑥] 据谭其骧主编的《中国历史地图集》显示，余吾水在漠北单于庭附近。如匈奴得到汉军出师的消息后，“悉远其累重于余吾水北，而单于以十万待水南，与贰师接战”。李广利虽重兵深入匈奴漠北腹地，然并无意决战，与单于一交锋，即“解而引归，与单于连斗十余日。”[⑦] 形同耀兵。其他两支部队，韩说无所得。公孙敖亦至余吾水：“复以因杅将军再出击匈奴，至余吾。”[⑧] 公孙敖与左贤王的战斗甚激烈，然未能取得胜绩：“因杅与左贤王战，不利，引

---

① 《汉书》卷五四《李陵传》，第2451页。
② 《汉书》卷九四《匈奴传》，第3775页。
③ 《史记》卷一一〇《匈奴列传》，第2918页。
④ 《汉书》卷九四《匈奴传》，第3777页。
⑤ 《资治通鉴》卷二一，“天汉二年”，第713页。
⑥ 《史记》卷一一〇《匈奴列传》，第2918页。
⑦ 《汉书》卷九四《匈奴传》，第3778页。
⑧ 《汉书》卷五五《卫青霍去病传》，第2491页。

归。”[1] 考此役的部署当是李广利佯攻牵制单于，由公孙敖主攻左贤王，此外公孙敖还肩负迎李陵归汉之任务：“陵在匈奴岁余，上遣因杅将军公孙敖将兵深入匈奴迎陵。”[2] 韩说策应。

征和三年（前90年），汉朝向匈奴发动进攻，贰师将军李广利将7万人出五原，御史大夫商丘成将2万人出西河，重合侯马通将4万骑出酒泉。

匈奴得到汉兵大出的消息后，单于将辎重、百姓转移至漠北深处，自己亲率精兵前出迎击汉军：“悉遣其辎重，徙赵信城北邸郅居水。左贤王驱其人民度余吾水六七百里，居兜衔山。单于自将精兵左安侯度姑且水。”[3] 赵信城，据《史记·卫将军骠骑列传》，元狩四年（前119年）春，卫青统兵出定襄。单于得知消息，以精兵待漠北。“而适值大将军军出塞千余里，见单于兵陈而待”，遂战，单于见形势不妙，在数百骑兵的保卫下，“直冒汉围西北驰去”，汉军因发轻骑夜追之，卫青军随其后。“迟明，行二百余里，不得单于，颇捕斩首虏万余级，遂至窴颜山赵信城，得匈奴积粟食军。”[4] 是知赵信城在漠北腹地，而郅居水更在赵信城北。兜衔山在余吾水北：“兜衔山似匈奴牙帐要地，且在漠北”[5]。安侯，班固《燕然山铭》叙及窦宪、耿秉击匈奴的路线称“遂逾涿邪，跨安侯，乘燕然，蹑冒顿之区落，焚老上之龙庭。”李贤曰：“安侯，水名。”[6] 前已言及，涿邪山地近汉塞，安侯水则地近涿邪山，在

---

① 《汉书》卷九四《匈奴传》，第3778页。

② 《汉书》卷五四《李陵传》，第2457页。

③ 《汉书》卷九四《匈奴传》，第3778页。

④ 《史记》卷一一一《卫将军骠骑列传》，第2935页。

⑤ 岑仲勉：《外蒙古于都斤山考》，《突厥集史》（下册），中华书局2004年版，第1078页。

⑥ 《后汉书》卷二三《窦宪传》，第815—816页。

其北，《汉书》既云“单于自将精兵左安侯度姑且水”，可知姑且水地近安侯水，亦在迎击汉军的要道上。

而汉朝对匈奴仍是执行“困胡”的战略，商丘成部与匈奴的战斗在浚稽山附近展开：“御史大夫军至追邪径，无所见，还。匈奴使大将与李陵将三万余骑追汉军，至浚稽山合，转战九日，汉兵陷陈却敌，杀伤虏甚众。至蒲奴水，虏不利，还去。”马通主攻天山，全师而还：“重合侯军至天山，匈奴使大将偃渠与左右呼知王将二万余骑要汉兵，见汉兵强，引去。重合侯无所得失。是时，汉恐车师兵遮重合侯，乃遣闿陵侯将兵别围车师，尽得其王民众而还。”①

李广利出师前，武帝明确要求其不能轻师深入：“故朕亲发贰师下鄜山，诏之必毋深入。”②从武帝所言看，鄜山当近汉塞，徐松亦称：“鄜山者，五原塞外山也。”③李广利部出塞不久，即与匈奴部队在夫羊句山狭、范夫人城展开搏斗：“贰师将军将出塞，匈奴使右大都尉与卫律将五千骑要击汉军于夫羊句山狭。贰师遣属国胡骑二千与战，虏兵坏散，死伤者数百人。汉军乘胜追北，至范夫人城，匈奴奔走，莫敢距敌。”④据此可知夫羊句山狭、范夫人城两地与汉塞相距不远。从李广利与其亲信的商讨看，战至范夫人城已基本完成征伐的任务。但其时其家人已被收押，李广利因担心其功不足以赎罪，“欲深入要功，遂北至郅居水上”⑤。由于是孤军深入，遂大败，因降。

---

① 《汉书》卷九四《匈奴传》，第3779页。

② 《汉书》卷九六《西域传》，第3913页。

③ 徐松：《汉书西域传补注》卷下，第75页。

④ 《汉书》卷九四《匈奴传》，第3779页。

⑤ 《汉书》卷九四《匈奴传》，第3779页。

三次战役有得有失，其经验与教训都足以引起武帝的深思。汉朝连续出击，使匈奴不得宁居，对其造成的杀伤亦颇重，在一定程度上确实起到了削弱其实力的作用。然而既言是“困胡”，首先应该使自己立于不败之地。可是第一次战役，李广利几不得脱，李陵更是大败；第二次战役得不偿失；第三次战役，李广利 7 万大军全军覆没。总之，武帝虽意在“困胡”，但结果却为胡所困。因此征和三年（前 90 年）之役失利后，武帝已经开始考虑对国策进行全局性调整。

第三节　千秋上急变

武帝虽欲调整国策，可一时之间，却又找不到着力点，这不免让他感到焦虑。因为此前他一直在为内兴功利、外事四夷的国策进行辩护，现在却要进行转向，则其道理何在？恰护卫高帝陵寝的郎官田千秋此时上紧急奏书为太子讼冤说：“子弄父兵，罪当笞；天子之子过误杀人，当何罪哉！臣尝梦见一白头翁教臣言。”由于田千秋供职高庙，故他这样说，其意显然是在暗示武帝，这是高帝刘邦让他传言教诲武帝。这就如同给了处境尴尬的武帝一个台阶，因为谁的话他都可以不听，但是祖宗的训诫却不能不服从。因此汉武帝一见田千秋的奏书，大喜，因召见田千秋，对他说：“父子之间，人所难言也，公独明其不然。此高庙神灵使公教我，公当遂为吾辅佐。”遂立拜田千秋为大鸿胪，数月之后，又拜田千秋为丞相、富民侯。然而田千秋“无他材能术学，又无伐阅功劳，特以一言寤意，旬月取宰相封侯，世未尝有也”。因此招致匈奴单于的嘲笑：“后汉使者至匈奴，单于问曰：‘闻汉新拜丞相，何用得之？’使者曰：‘以上书言事故。’单于曰：‘苟如是，汉置丞相，非用贤也，妄一男子上书即得之矣。'”武帝听说后，好长时间方才释怀：“使者还，道单于语。武帝以为辱命，欲下之吏。良久，乃贳之。”[①]

当时，武帝以田千秋上奏书事为契机，着力解决为百姓所关注的一系列问题。

由于百姓对卫太子含冤而死一事一直耿耿于怀，为抚慰民心，武帝采取了一系列措施，为卫太子平反昭雪：“久之，巫蛊事多不信。上知太子惶恐无他意，而车千秋复讼太子冤，上遂擢千秋为丞相，而族灭江充家，焚苏文于横桥上，及泉鸠里加兵刃于太子者，初为北地太守，后族。上怜太子无辜，乃作思子宫，为归来望思之台于湖。”[②]据《汉书·百官公卿表》，征和三年（前90年），“邗侯李寿为卫尉，坐居守擅出长安界使吏杀人下狱死”[③]。《功臣表》则云李寿征和二年九月封，“三年，坐为卫尉居守，擅出长安界，送海西侯至高桥，又使吏谋杀方士，不道，诛”[④]。据《王子侯表》，城阳顷王刘延子原洛侯刘敢，“征和三年，坐杀人弃市”[⑤]，陈直认为此与任执金吾的刘敢“时代正合，当即此人”[⑥]。

同时又将巫蛊之祸明确定性为李氏外戚阴谋逆乱所致。征和四年（前89年），武帝在对田千秋等上寿颂己德美事所做的答复中称：“朕之不德，自左丞相与贰师阴谋逆乱，巫蛊之祸流及士大夫。”[⑦]同年汉遣使送匈奴使者归匈奴并回访匈奴，“单于使左右难

① 《汉书》卷六六《田千秋传》，第2883—2884页。
② 《汉书》卷六三《戾太子传》，第2747页。
③ 《汉书》卷一九《百官公卿表》，第789—790页。
④ 《汉书》卷一七《景武昭宣元成功臣表》，第664页。
⑤ 《汉书》卷一五《王子侯表》，第471页。
⑥ 陈直：《汉书新证》，第437页。
⑦ 《汉书》卷六六《田千秋传》，第2885页。

汉使者，曰：‘汉，礼义国也。贰师道前太子发兵反，何也？’使者曰：‘然。乃丞相私与太子争斗，太子发兵欲诛丞相，丞相诬之，故诛丞相。此子弄父兵，罪当笞，小过耳。孰与冒顿单于身杀其父代立，常妻后母，禽兽行也！’”[①] 这也就意味着原来的疑案的是非曲直至此已经大明。

应该说武帝不遗余力地对卫太子冤案进行平反昭雪，并表示哀伤，这其中确实有情感的因素，因为在相当长的时期内武帝与太子的关系还是比较融洽的，武帝在太子身上是付出了相当多的心血的。并且从后来调查的结果看，虽然他对太子心存疑忌，但太子确实没有挑战他的权威，说来说去都是他性情多疑，逼死太子，这使他内心深处相当愧疚，不伤感是不可能的。但如前所述，更重要的原因还是在于他希望通过这一系列的举措，能换得百姓的谅解，以扭转对自己不利的形势而已。是以柏杨指出武帝筑“思子宫”，建“归来台”，“不过是政治性的小动作，用以混淆天下人的耳目”。[②] 陈启喆亦称：“汉武帝所谓‘思子台’等行为用今天的话来说就是‘作秀’，作秀的目的应该是迫于舆论的压力。”[③] 事实上，他的目的也达到了，尤其是百姓们得知他筑思子宫、归来望思之台后，都感到甚为悲伤：“天下闻而悲之。”[④]

因为，若他真哀怜卫太子，就应该将卫太子家族中的唯一幸存者，当时被关在郡邸狱中的号“皇曾孙”的卫太子之孙刘病已从狱中释放出来。因为自古以来世人便极重世系的传承，“兴灭继

---

① 《汉书》卷九四《匈奴传》，第 3780 页。

② 柏杨译：《现代语文版资治通鉴（7）宫廷斗争》，中国友谊出版公司 1985 年版，第 7 页。

③ 陈启喆：《“巫蛊之祸”中外戚、权臣势力消长的考证——以〈史记〉、〈汉书〉为中心》。

④ 《汉书》卷六三《戾太子传》，第 2747 页。

绝”被视为莫大的善举。如孔子陈帝王之法云:“谨权量，审法度，修废官，四方之政行焉;兴灭国，继绝世，举逸民，天下之民归心焉。”[①]班固亦称:“自古受命及中兴之君，必兴灭继绝，修废举逸，然后天下归仁，四方之政行焉。”[②]而皇曾孙因受乃祖卫太子牵连，当时虽刚生下数月，仍被关押在郡邸狱中:“曾孙虽在襁褓，犹坐收系郡邸狱。”如淳曰:“谓诸郡邸置狱也。”颜师古曰:“据《汉旧仪》，郡邸狱治天下郡国上计者，属大鸿胪。此盖巫蛊狱繁，收系者众，故曾孙寄在郡邸狱。”[③]武帝“悲思刘据，是父子常情，证明他的天良，还没有完全泯灭。但既已后悔，怜念儿子，为什么不怜念曾孙?曾孙也是骨肉，现在仍囚禁在暗无天日的诏狱之中，为什么不释放出来，留在身边?”[④]

对此，武帝不知道其曾孙在狱中应该是个合理的解释。吕思勉就曾发问:“然则武帝果自知尚有曾孙与否?”[⑤]但武帝不知其曾孙在狱中是不可能的，因为“卫太子一案震动朝廷，震动天下。武帝对之十分重视，亲自部署了对太子的镇压，又亲自主持了对事件的处理。对太子家人大都被杀、只有遗孙一人收系狱中这一重要情况，武帝不会不知”[⑥]。所以其曾孙被置于郡邸狱，其实就是他的安排。武帝知道其曾孙在狱中，却不肯放出来，这不能不让人怀疑其意在斩草除根。

---

① （三国魏）何晏等注，（北宋）邢昺疏:《论语注疏》卷二〇《尧曰》，《十三经注疏》，上海古籍出版社 1997 年版，第 2535 页。

② 《汉书》卷一八《外戚恩泽侯表》，第 677 页。

③ 《汉书》卷七《宣帝纪》，第 235—236 页。

④ 柏杨译:《现代语文版资治通鉴（7）宫廷斗争》，第 7 页。

⑤ 吕思勉:《秦汉史》，上海古籍出版社 1983 年版，第 155 页。

⑥ 陈苏镇:《汉代政治与〈春秋〉学》，中国广播电视出版社 2001 年版，第 323 页。

当然，不赞同武帝有杀其曾孙之心者会指出，若武帝果有杀其曾孙之心，他当初何必赦免他！但问题是当时纵使他想除掉其曾孙，但其曾孙却有不杀之理。汉代宗室诸侯王谋反，朝廷只处置组织者及参与者，如文帝时，济北王刘兴居发兵反，被俘后，“王自杀，国除”[①]。景帝时发生七国之乱，吴王刘濞被东越人击杀，“盛其头，驰传以闻”。楚王刘戊“军败，自杀”[②]。赵王刘遂“自杀，国除”。胶东王刘雄渠、胶西王刘卬、济南王刘辟光、菑川王刘贤“皆伏诛，国除”[③]。武帝时淮南王刘安以谋反被朝廷所穷治，“安自刑杀。后、太子诸所与谋皆收夷”[④]。衡山王刘赐以谋反事泄自杀，“诸坐与王谋反者皆诛”[⑤]。江都王刘建“元狩二年，谋反，自杀”[⑥]。对于涉案但未参与反叛的宗室贵族的家人则皆予以赦免。因此在史书中偶尔会见到这些谋反者后人活动的记载。如武帝元封年间，“遣江都王建女细君为公主”，以妻乌孙君主昆莫，后又妻昆莫孙岑陬。细君死后，“汉复以楚王戊之孙解忧为公主”，[⑦]妻岑陬。据此可知，武帝对卫太子一家大行诛戮已属过当，更何况皇曾孙为襁褓小儿，无预世事，且于情为其曾孙，于理亦当哀矜，故武帝虽欲除之，却杀之无由，只好将其关押在郡邸狱中。班固在叙述此事时，用了一个“犹”字：“曾孙虽在襁褓，犹坐收系郡邸狱。”显见在班固看来，皇曾孙是不应该被关在监狱之中的。在当时将一个襁褓小儿置于监狱之中，无异于要他的性命。

---

① 《汉书》卷三八《高五王传》，第1997页。
② 《汉书》卷三五《刘濞传》，第1916页。
③ 《汉书》卷三八《高五王传》，第1990—1998页。
④ 《汉书》卷四四《刘安传》，第2153页。
⑤ 《汉书》卷四四《刘赐传》，第2156页。
⑥ 《汉书》卷一四《诸侯王表》，第411页。
⑦ 《汉书》卷九六《西域传》，第3903—3904页。

之所以这样说，是因为当时婴儿死亡率相当高，极难养育。两汉文献对此屡有论及。如王吉称："世俗嫁娶太早，未知为人父母之道而有子，是以教化不明而民多夭。"[①]桓谭云："后世遭衰薄恶气，娶嫁又不时，勤苦过度，是以身生子皆俱伤，而筋骨血气不充强，故多凶短折"[②]，亦即多夭折、早死。王符认为当时由于做父母的"不能已于媚子"，以至于"婴儿有常病"，即"伤饱也"，而"哺乳太多，则必掣纵而生痫"，由此导致"父母有常失"。[③]虽然王吉等关于婴儿死因的看法颇相歧异，但都承认婴儿早夭是当时相当普遍的社会现象。王子今通过对传世文献及睡虎地秦简《日书》、孔家坡汉简《日书》等考古文物资料中与婴儿健康问题有关的信息进行剖析，也指出"因疾病所导致的初生婴儿夭亡，是相当普遍的社会现象"。于是父母家人"不得不深切关心子女的命运"[④]。

正是因为婴儿死亡率高，为了让婴儿能够存活下来，当时做父母者对婴儿都是倍加珍爱，但仍避免不了婴儿的死亡，更何况是生长在生存条件恶劣的监牢之中。关于"狱"，应劭云："《易》：'噬嗑为狱。'狱，十月之卦，从犬言声，二犬，亦所以守也。廷者，阳也，阳尚生长。狱者，阴也，阴主刑杀。故狱皆在廷北，顺其位。"[⑤]《意林》引《风俗通》作："狱字，二犬守言，无情状犬

① 《汉书》卷七二《王吉传》，第 3064 页。

② （东汉）桓谭：《新论》卷中《祛蔽》，上海人民出版社 1977 年版，第 32 页。

③ （东汉）王符：《潜夫论·忠贵》，《诸子集成》（8），上海书店出版社 1986 年版，第 47 页。

④ 王子今：《秦汉"小儿医"略议》，《西北大学学报》2007 年第 4 期。

⑤ （东汉）应劭撰，王利器校注：《佚文》，《风俗通义校注》，中华书局 2010 年版，第 585 页。

亦得之。”[①] 当时监狱的生存条件相当恶劣，许多犯人因此死于狱中。后来宣帝时已行宽缓之政，这种现象仍甚严重，以至于引起朝廷的重视。地节四年（前66年）宣帝诏称：“今系者或以掠辜若饥寒瘐死狱中，何用心逆人道也！”[②] 故将婴儿置于监狱之中，无异于判其死刑。

事实也确实如此，皇曾孙入狱后，“病，几不全者数焉”。幸亏有治狱使者丙吉的悉心呵护方才每每转危为安，如当其病时，“吉数敕保养乳母加致医药，视遇甚有恩惠，以私财物给其衣食”[③]。

所以武帝将皇曾孙长期羁押在监狱之中，其用心是极其险恶的。不过洪迈不这样认为，在他看来这可能是由于汉法太严，武帝虽知太子之冤，也不能屈法将皇曾孙赦出：“岂非汉法至严，既坐太子以反逆之罪，虽心知其冤，而有所不赦者乎？”[④] 然此说太牵强。“在君主至上的时代，法律若顺从皇帝的意志，可以得到伸张，但若是和皇帝一时的心意有所冲突，仍然只有在皇帝的意志之前低头。”[⑤] 尤其是对武帝而言，国家的法令只是其独断专行统驭天下的工具而已，他要想做的事，没有任何一条律文能够限制住他，所以说放与不放皇曾孙，只在武帝一念之间，但是他始终没有这样做！

想想如果卫太子不做任何反抗，任由江充陷害，并束手就擒，武帝就可以以确凿的罪名将他绳之以法，自然也就不会出现后来的被动局面。公孙贺父子、他的两个女儿等就是被他以适当

---

① 王天海、王韧：《意林校释》卷四《风俗通三十一卷》，中华书局2014年版，第428页。

② 《汉书》卷七《宣帝纪》，第252—253页。

③ 《汉书》卷七四《丙吉传》，第3142页。

④ （南宋）洪迈撰，孔凡礼点校：《容斋随笔》卷二《戾太子》，第29页。

⑤ 蒲慕州：《巫蛊之祸的政治意义》。

的罪名，名正言顺地给处理了。再没想到处置卫太子时，卫太子竟然做出极其过激的举动，这不仅出乎武帝的意料，也让武帝在世人面前出尽了丑。所以在武帝内心深处，对卫太子相当讨厌也说不定，因为这让他太被动了。

考丙吉恩养皇曾孙的原因，史家称是“心知太子无事实，重哀曾孙无辜”。然从丙吉的处事风格看，他显然是卫太子仁政治国理念的拥护者。如史书一则称其“为人深厚”，再则称其“本起狱法小吏，后学《诗》、《礼》，皆通大义。及居相位，上宽大，好礼让”。“于官属掾史，务掩过扬善。”[①] 故丙吉之善待皇曾孙，不仅仅是出于同情，更多的应该是出于为卫太子延续胤嗣的使命感。

第四节　大哉轮台诏

在为太子平反的同时，武帝对此前所推行的扰民劳民之政进行了持续调整。征和四年（前 89 年）正月，武帝行幸东莱，“三月，上耕于巨定”[②]。王袆认为这是武帝改变政策的先兆：“武帝一纪，征伐、宫室、祭祀、诗乐之事，无岁无之，独农桑之务未尝及焉。至是，始亲耕巨定，是殆悔心之萌乎？轮台悔过之诏，富民、搜粟之封，兆于此矣。”[③] 此说甚是。征和四年六月，田千秋同日官拜丞相、富民侯。如《汉书·百官公卿表》称征和四年“六月丁巳，大鸿胪田千秋为丞相”[④]。《外戚恩泽侯表》称“征和四年六月丁巳”

① 《汉书》卷七四《丙吉传》，第 3142—3146 页。

② 《汉书》卷六《武帝纪》，第 210 页。

③ 王袆：《大事记续编》卷一，《文渊阁四库全书》第 333 册，第 10 页。

④ 《汉书》卷一九《百官公卿表》，第 790 页。

田千秋“以丞相侯”。[①] 并且将封田千秋为富民侯的原因讲得甚明白：“武帝末年，悔征伐之事，乃封丞相为富民侯。下诏曰：‘方今之务，在于力农。’”[②] 由于这次任命意义重大，哀帝时，王舜、刘歆特显言之。如他们论及武帝时事，指出面对四夷之患，武帝遣将南灭百粤、北攘匈奴、东伐朝鲜、西伐大宛，终至“四垂无事，斥地远境，起十余郡。功业既定，乃封丞相为富民侯，以大安天下，富实百姓，其规橅可见”[③]。这显示，“汉朝当代确实有人认为汉武帝晚年意欲停止对外征伐的政策、从此与民休息”[④]。另外，需要指出的是，《食货志》在叙罢武帝封田千秋为富民侯后，紧接着又称：“以赵过为搜粟都尉。”[⑤] 其任职时间史无明文，或认为在征和四年，或认为在武帝去世时，但肯定是由武帝所任命的。赵过是当时著名的农学家，武帝以其为搜粟都尉，主持农事，推行代田法，也体现了其重农之意。

田千秋为丞相后，搜粟都尉桑弘羊与田千秋及御史大夫商丘成等建议屯田轮台：“故轮台东捷枝、渠犁皆故国，地广，饶水草，有溉田五千顷以上，处温和，田美，可益通沟渠，种五谷，与中国同时孰。其旁国少锥刀，贵黄金采缯，可以易谷食，宜给足不乏。臣愚以为可遣屯田卒诣故轮台以东，置校尉三人分护，各举图地形，通利沟渠，务使以时益种五谷。张掖、酒泉遣骑假司马为斥候，属校尉，事有便宜，因骑置以闻。田一岁，有积谷，募民壮健有累重敢徙者诣田所，就畜积为本业，益垦溉田，稍筑列

---

① 《汉书》卷一八《外戚恩泽侯表》，第 690 页。

② 《汉书》卷二四《食货志》，第 1138 页。

③ 《汉书》卷七三《韦玄成传》，第 3126 页。

④ 黄怡君：《是谁“制造”了汉武帝》，《澎湃新闻》2016 年 9 月 23 日，https：//www.thepaper.cn/newsDetail_forward_1532766。

⑤ 《汉书》卷二四《食货志》，第 1138 页。

亭，连城而西，以威西国，辅乌孙，为便。臣谨遣征事臣昌分部行边，严敕太守都尉明獒火，选士马，谨斥候，蓄茭草。愿陛下遣使使西国，以安其意。臣昧死请。”[①] 考其意，“是把轮台作为基础，把河西四郡的郡县方式，再向西推进一步。既在西域树立了郡县化的基础，那就大漠以北的游牧行国，处于两面受迫的情势，并且资源匮乏，不能再有所作为”[②]。在此之前，有关方面建言“欲益民赋三十助边用”。另外，大鸿胪等又议遣囚徒赴匈奴行刺单于：“欲募囚徒送匈奴使者，明封侯之赏以报忿。”[③] 观此三策无一有兴师攻打匈奴之意，是知在贯彻武帝的“困胡”之策方面，朝廷已经形成共识。但在武帝看来，在当时的情况下，此三策要么没有可操作性，要么与当时的国力不符，因此遂下轮台之诏，借桑弘羊等建言屯田轮台事明确表达了自己对时政的看法。

班固在《汉书·西域传》述及轮台之诏，首言：“上乃下诏，深陈既往之悔，曰：‘前有司奏，欲益民赋三十助边用，是重困老弱孤独也。而今又请遣卒田轮台。”[④] 观班固采录此诏令属于摘录，鲁西奇亦指出“这里引录的诏书，应当不是诏书的原文，而是节录”[⑤]。此说甚是。在摘录之前班固先对诏令前面的叙述作一概括即“深陈既往之悔”，然后再行摘引。故细绎文意，其诏书中语“是重困老弱孤独也”，应该是前面已论述过既往的行为使老弱孤独困穷，因此讲有司奏言是“重困”之，现在又请屯田轮台更是不应该。为了说明这一问题，武帝举征和三年（前 90 年）开陵侯成娩

① 《汉书》卷九六《西域传》，第 3912 页。

② 劳干：《霍光当政时的政治问题》，《古代中国的历史与文化（上）》，第 141 页。

③ 《汉书》卷九六《西域传》，第 3912—3914 页。

④ 《汉书》卷九六《西域传》，第 3912—3913 页。

⑤ 鲁西奇：《何草不黄：〈汉书〉断章解义》，广西师范大学出版社 2015 年版，第 115 页。

攻车师事以证。

武帝指出成娩攻车师，虽取胜，但因军粮补给极其困难，致使汉朝损失极大："轮台西于车师千余里，前开陵侯击车师时，危须、尉犁、楼兰六国子弟在京师者皆先归，发畜食迎汉军，又自发兵，凡数万人，王各自将，共围车师，降其王。诸国兵便罢，力不能复至道上食汉军。汉军破城，食至多，然士自载不足以竟师，强者尽食畜产，羸者道死数千人。朕发酒泉驴橐驼负食，出玉门迎军。吏卒起张掖，不甚远，然尚厮留其众。"攻车师既已如此，而轮台又在车师西千余里，若屯田轮台，势必要劳师动众，得不偿失。因此武帝说："今请远田轮台，欲起亭隧，是扰劳天下，非所以优民也。今朕不忍闻。"①

至于遣囚徒赴匈奴行刺单于事，武帝认为此议不可行，因为像这样的阴狠之事，"五伯所弗能为也"，堂堂大汉更不能这样做。并且也易被匈奴识破："且匈奴得汉降者，常提掖搜索，问以所闻。"就汉朝当前应对匈奴的策略而言，当务之急既非增加民赋，也非遣人行刺，而是整顿边塞秩序，因为边塞局势混乱，常常给匈奴以可乘之机，从而使汉朝每每陷入被动："今边塞未正，阑出不禁，障候长吏使卒猎兽，以皮肉为利，卒苦而燧火乏，失亦上集不得，后降者来，若捕生口虏，乃知之。"②

观武帝所议诸事，及由此而提出的应对之策，皆是从得失角度进行考虑，即凡出一策，都要通盘进行思考，权衡其利弊，如果得不偿失，或无足够的胜算，就不予以实施。这与此前武帝不计得失、穷兵黩武的行事风格大异。

① 《汉书》卷九六《西域传》，第 3913 页。

② 《汉书》卷九六《西域传》，第 3914 页。

最后，武帝强调指出在当前的情势下朝政的重心是发展民生，至于增加边防的投入，强化对西域的控制，要待国力恢复到一定程度再说："当今务在禁苛暴，止擅赋，力本农，修马复令，以补缺，毋乏武备而已。郡国二千石各上进畜马方略补边状，与计对。"[①]也正因如此，班固在《汉书·西域传》赞语中追述武帝外事四夷、内兴功利的史事，再度指出："是以末年遂弃轮台之地，而下哀痛之诏，岂非仁圣之所悔哉！"[②]

通过以上的梳理可以看出，为了将朝政的重心由此前的开边兴利向发展民生转移，征和四年（前 89 年），武帝通过采取一系列措施，全力进行政策调整，而轮台之诏的颁布，可称得上是武帝政策调整的标志性事件。

武帝通过一系列运作，平复了百姓悲伤的情绪，缓解了他们的生活压力，并让他们对未来再度萌生希冀，从而使长期积聚的社会矛盾在一定程度上得以消解，社会局势遂渐趋平稳。在此背景下，自知时日无多的武帝开始着手安排后事。

---

① 《汉书》卷九六《西域传》，第 3914 页。

② 《汉书》卷九六《西域传》，第 3929 页。

第四章　不御之权，何人是托

武帝崩前，为求善终，不得不东躲西藏，显得甚是狼狈，但昭帝一朝的政局确实是他临终安排的。根据武帝的设计，立其八岁少子刘弗陵为继嗣，是为昭帝。辅政大臣由霍光、金日磾、上官桀、田千秋、桑弘羊等五人组成，其中霍光、金日磾、上官桀三人领中朝，掌决策，田千秋、桑弘羊领外朝，负责执行，而政令一决于霍光。同时安排盖主居后宫，负责昭帝的饮食起居事务，并让宗室子侍奉昭帝。

第一节　大行五柞宫

据《汉书·景武昭宣元成功臣表》，马通、景建于征和二年（前91年）七月二十日同日封侯，俩人封侯后，“四年，后二年”，马通“坐发兵与卫尉溃等谋反，要斩”。景建“坐共莽通谋反，要斩”[①]。而《武帝纪》言及此事称后元元年（前88年）六月，“侍中仆射莽河罗与弟重合侯通谋反”[②]。故杜贵墀论及《功臣表》所言马通事认为：“据《武纪》通、何罗谋反在后元年，此作‘后二年’，表字误。”王先谦进而指出由于景建与马通同时谋反，故其

① 《汉书》卷一七《景武昭宣元成功臣表》，第663—664页。

② 《汉书》卷六《武帝纪》，第211页。

腰斩时间“亦不能迟至后二年。两‘二’字皆当正作‘元’”[①]。据范晔称班固著《汉书》，“其八表及《天文志》未及竟而卒”[②]，后由其妹班昭及马续续补而成。袁宏则云班固著《汉书》，“缺其七《表》及《天文志》，有录无书，续尽踵而成之”[③]。“一般而言，史著的作者对其著述的熟悉程度远高于续作者，故当二者所叙史事出现抵牾时，人们往往倾向于相信原作者的叙述。”[④]因此，杜贵墀、王先谦采信《武帝纪》之说不无道理。并且《霍光传》亦称：“后元年，侍中仆射莽何罗与弟重合侯通谋为逆。”[⑤]

然而，据《汉书·金日磾传》，马通等谋反之地为“林光宫”。论及该宫，服虔曰：“甘泉一名林光。”颜师古曰：“秦之林光宫，胡亥所造，汉又于其旁起甘泉宫。”[⑥]《三辅黄图》称：“林光宫，胡亥所造，从广各五里，在云阳县界。”[⑦]张衡《西京赋》云：“览往昔之遗馆，获林光于秦余。处甘泉之爽垲，乃隆崇而弘敷。”李善曰：“《汉书音义》瓒曰：林光，秦离宫名也。”[⑧]综合诸说，可知林光宫初建于秦时，地在云阳县，是一座独立的建筑，与甘泉宫比邻而立，故武帝行幸林光宫当在其巡幸甘泉时。然而《汉书·武帝纪》云：“后元元年春正月，行幸甘泉，郊泰畤，遂幸安定。”[⑨]

---

① 《汉书补注》卷一七《景武昭宣元成功臣表》，第799页。

② 《后汉书》卷八四《班昭传》，第2784页。

③ （东晋）袁宏撰，周天游校注：《后汉纪校注》卷一九《顺帝纪》，天津古籍出版社1987年版，第527—528页。

④ 李峰：《〈汉书·百官公卿表〉元寿二年所叙公卿官职变动考》，《史学史研究》2017年第4期。

⑤ 《汉书》卷六八《霍光传》，第2933页。

⑥ 《汉书》卷六八《金日磾传》，第2961页。

⑦ 何清谷：《三辅黄图校释》卷一《秦宫》，第62页。

⑧ 高步瀛著，曹道衡、沈玉成点校：《文选李注义疏》卷《西京赋》，中华书局1985年版，第307—308页。

⑨ 《汉书》卷六《武帝纪》，第211页。

该年六月并未巡幸甘泉。并且据《百官公卿表》，后元元年（前88年），“守卫尉不害”[①]，而非守尉溃。但王先谦认为这是可以理解的：“卫尉溃死，故《公卿表》是年书‘守卫尉不害’也。”[②]据《百官公卿表》云，后元二年，“守卫尉遗。”而始元元年（前86年），“卫尉天水王莽稚叔”[③]。由于后元元年至始元元年，前后三年，连续更换三个卫尉，方诗铭认为：“很明显，后元二年的那个‘守卫尉遗’就是《功臣表》的‘卫尉溃’，‘遗’、‘溃’二字的字形太相近了，这属于校勘学上的‘形近而误’。”[④]其说颇有可取之处。

若如此，则马何罗兄弟谋反事当发生在后元二年（前87年）初。据《汉书·武帝纪》，该年“二月春正月，朝诸侯王于甘泉宫，赐宗室”[⑤]。《宣帝纪》云：“巫蛊事连岁不决。至后元二年，武帝疾，往来长杨、五柞宫。”对此，颜师古指出：“长杨、五柞二宫并在盩厔，皆以树名之。帝往来二宫之间也。”[⑥]据《三辅黄图》云：“咸阳北至九嵕、甘泉，南至鄠、杜，东至河，西至汧、渭之交，东西八百里，南北四百里，离宫别馆，相望联属。”[⑦]盩厔与鄠同为右扶风之县，在鄠县之西，南依南山，北临渭水，位于诸离宫、别馆群的南缘，与位于北缘的云阳相距四百里。初春天气尚寒冷，武帝又年迈体衰，却在甘泉召见诸侯后南行，又不入长

---

① 《汉书》卷一九《百官公卿表》，第790页。

② 《汉书补注》卷一七《景武昭宣元成功臣表》，第799页。

③ 《汉书》卷一九《百官公卿表》，第791—792页。

④ 方诗铭：《西汉武帝晚期的“巫蛊之祸”及其前后——兼论玉门汉简〈汉武帝遗诏〉》。

⑤ 《汉书》卷六《武帝纪》，第211页。

⑥ 《汉书》卷八《宣帝纪》，第236页。

⑦ 何清谷：《三辅黄图校释》卷一《咸阳故城》，第25页。

安，而是长途跋涉到更为寒冷的盩厔，且不居于一宫，而是来往于长杨、五柞二宫，显见是一定发生了严重的事件，让武帝心生恐惧，以至于不得宁居。并且据《汉书·金日磾传》，马何罗行刺武帝失败后，武帝又“穷治”其事。[①]而检索《高惠高后文功臣表》，后元二年，太常、缪侯郦终根“祝诅上，腰斩”[②]。匈奴人襄城侯病已“坐祝诅上，下狱瘐死”。匈奴人容城侯徐光、南越人膫侯奉义、东越人外石侯首、瓯骆人下鄜侯奉汉，皆“坐祝诅上，要斩”[③]。是知此次整肃牵扯面甚广，并且从中也可看到此时的武帝对臣子的疑惧已经到了草木皆兵的地步。陆生楠论及极权对人主之反噬云：“人愈尊，权愈重，则身愈危，祸愈烈。盖可以生人杀人，赏人罚人，则我志必疏，而人之畏之者必愈甚，人虽怒之而不敢泄，欲报之而不敢轻，故其蓄必深，其发必毒。”[④]就武帝而言，其本欲通过诛除异己的方式获得安全，结果却是愈诛愈紧张，终至四处躲藏，惶惶不可终日，形同作茧自缚。

而商丘成当死于此次清洗。据《汉书·武帝纪》，后元元年（前88年），“夏六月，御史大夫商丘成有罪自杀”[⑤]。《百官公卿表》则称征和二年（前91年）“九月大鸿胪商丘成为御史大夫，四年坐祝诅自杀”[⑥]。《景武昭宣元成功臣表》又称商丘成征和二年七月二十日封侯，“四年，后二年，坐为詹事侍祠孝文庙，醉歌堂下曰

---

① 《汉书》卷六八《金日磾传》，第2961页。

② 《汉书》卷一六《高惠高后文功臣表》，第547页。

③ 《汉书》卷一七《景武昭宣元成功臣表》，第640—657页。

④ （清）蒋良骐撰，林树惠、傅贵九校点：《东华录》卷三〇，中华书局1980年版，第500页。

⑤ 《汉书》卷六《武帝纪》，第211页。

⑥ 《汉书》卷一九《百官公卿表》，第788—789页。

'出居，安能郁郁'，大不敬，自杀"[①]。司马光《通鉴考异》云："按成不为詹事,《功臣表》误也。"[②]因而《资治通鉴》将此事置于后元元年（前 88 年）六月。然此只能说明商丘成为詹事事有误，而不能证其时间有误。且按《公卿表》，商丘成也是死于后元二年。由于他与马何罗兄弟关系密切，当马何罗兄弟谋反事发后，受到牵连而死，也是合乎逻辑的。

据《汉书·金日磾传》称，马何罗兄弟之反与江充有关："初，莽何罗与江充相善，及充败卫太子，何罗弟通用诛太子时力战得封。后上知太子冤，乃夷灭充宗族党与。何罗兄弟惧及，遂谋为逆。"[③]史言江充因与卫太子有仇，故一定要置其于死地。让人不解的是，史不见马通兄弟与卫太子有何过节，何以马通也要拼死力与卫太子战?

方诗铭认为武帝晚年李广利、刘屈氂、马何罗兄弟、江充、商丘成等构成了"李氏政治集团"。李广利、刘屈氂俱出中山，又是姻亲，说他们是李氏政治集团成员是合理的。但因马何罗兄弟原籍邯郸，中山原属赵国，彼此有乡里关系，而将马何罗兄弟归为李氏集团，继而又因江充是邯郸人，还与马何罗兄弟相善，遂认为江充"参加李氏政治集团是很自然的"，则显然有点武断，因为虽为乡里却隶属不同阵营或反目成仇的事情可谓史不绝书。故方诗铭又提出了另外一个证据，即这些人有着"共同的政治阴谋"，并且这一点"更重要"。[④]然而，当李氏外戚被清洗时，马何罗兄

---

① 《汉书》卷一七《景武昭宣元成功臣表》，第 663 页。

② 《资治通鉴》卷二二，"后元元年"，第 743 页。

③ 《汉书》卷六八《金日磾传》，第 2960—2961 页。

④ 方诗铭:《西汉武帝晚期的"巫蛊之祸"及其前后——兼论玉门汉简〈汉武帝遗诏〉》。

弟并不担心，是知江充、马何罗等皆非李氏外戚之党。但马何罗兄弟显然在政坛有自己的同党。如《金日磾传》云，马何罗欲谋逆后，“日磾视其志意有非常，心疑之，阴独察其动静，与俱上下。何罗亦觉日磾，以故久不得发”[①]。显见马何罗一有谋逆之心，即为金日磾所发现，而马何罗也很快便发现金日磾窥到其意图。对此，张继昊认为这可能是因为他们本就不属于一个集团，所谓：“焉知……双方本即各有立场呢？”当然，张继昊也认为江充、马何罗、马通等，“应可解读为支持昌邑（哀）王髆的李系人马”[②]。但事实并不支持这种看法。

如果稍作推理的话，马何罗兄弟、江充等可能属于拥钩弋夫人势力。马何罗兄弟扶风茂陵人，其家“武帝时，以吏二千石自邯郸徙焉”[③]。钩弋夫人家在河间，邯郸、河间两地广义上皆属赵地，武帝时，马何罗兄弟皆为郎官，当钩弋夫人之父为中黄门时，若马何罗兄弟以乡里之谊与其结交，是合乎逻辑的，而若当时马何罗已为侍中仆射，则其与钩弋夫人父同为天子近臣，因乡里之谊而亲近，更合常理。及至钩弋夫人入宫生子，由于武帝有动摇太子之心，且对钩弋夫人之子甚为宠爱，则作为天子近臣，对此点滴在心的马何罗兄弟等为前程考虑，着力强化与钩弋夫人的关系，也是可以想见的。武帝工于权谋，卫太子起事后，由于此事关系到他自己的身家性命，因此他在选用对付卫太子的官员时，一定要选不仅不会临阵倒戈投向卫太子，而且还会出死力与卫太子斗争的官员。就马通而言，若他达不到武帝这一条件，武帝是

① 《汉书》卷六八《金日磾传》，第2961页。

② 张继昊：《汉武帝将立其子而杀其母说法的检讨——兼论汉武帝的皇位继承问题》，《空大人文学报》2003年第12期。

③ 《后汉书》卷二四《马援传》，第827页。

不会贸然派他为使者进入长安的。而马通既然非李氏外戚之党羽，就极有可能是因其属拥钩弋夫人势力而获选。另外，当时中二千石官员有宗正刘长乐、执金吾刘敢、大鸿胪商丘成、廷尉信，此外还有搜粟都尉桑弘羊。然而武帝只让马通征发辑濯士交给商丘成而不是其他人来指挥，可知此人也符合武帝的要求，并且可能与马通交情不浅。事实上，征和二年（前 91 年），江充得知武帝幸甘泉后疾病的消息，可能就是马何罗兄弟提供的。因为当时江充因罪免官，远离统治核心，自是无缘随侍甘泉，然而他却能够知道武帝患病的确切信息，并能对武帝的病因做出判断，可知他在甘泉一定有可靠的消息源。

武帝在清算过李氏外戚及江充、苏文等对抗卫氏外戚的标志性人物或其家人后，并没有收手，如征和四年（前 89 年），按道侯韩兴，“坐祝诅上，要斩”[①]。王子侯鄗侯刘舟“坐祝诅上，要斩”[②]。承父侯续相如，“四月癸亥，坐贼杀军吏，谋入蛮夷，祝诅上，要斩”[③]。大鸿胪戴仁“坐祝诅诛”[④]。后元元年（前 88 年），戴侯秘蒙，“坐祝诅上，大逆，腰斩”[⑤]。遒侯陆则“坐祝诅上，要斩”[⑥]。京兆尹建“坐祝诅要斩”[⑦]。故马何罗兄弟由于有案底在身，则其疑神疑鬼，担心殃及自身是有可能的。不过马何罗兄弟造反事颇有不可解之处，如柏杨就说马何罗“如果仅因为恐惧家族被屠，才去行凶，应该了解，即令谋刺成功，家族也会被屠。一帝

① 《汉书》卷一六《高惠高后文功臣表》，第 629 页。

② 《汉书》卷一五《王子侯表》，第 478 页。

③ 《汉书》卷一七《景武昭宣元成功臣表》，第 662 页。

④ 《汉书》卷一九《百官公卿表》，第 790 页。

⑤ 《汉书》卷一六《高惠高后文功臣表》，第 606 页。

⑥ 《汉书》卷一七《景武昭宣元成功臣表》，第 639 页。

⑦ 《汉书》卷一九《百官公卿表》，第 790 页。

死，一帝立，他们阴谋中并没有另立一帝的计划，又没有全族逃亡的可能，则结果可以预卜。马氏兄弟，不是白痴，为什么如此？”[①]但马氏兄弟确实造反了。东汉明帝马皇后为马通之后，据孟康称马皇后“恶其先人有反”，特将马何罗兄弟“易姓莽”。[②]是以柏杨认为他们兄弟为什么要造反，“我们不知道隐情，但推断必有隐情，而且是不可告人的隐情”[③]。而让他们最终决定铤而走险，刺杀武帝，走上不归路，当与钩弋夫人之死有关。

据《史记·外戚世家》，褚少孙称：“上居甘泉宫，……帝谴责钩弋夫人。夫人脱簪珥叩头。帝曰：‘引持去，送掖庭狱！’夫人还顾，帝曰：‘趣行，女不得活！’夫人死云阳宫。”[④]而《汉书·赵婕妤传》亦云：“钩弋倢伃从幸甘泉，有过见谴，以忧死，因葬云阳。”[⑤]

可知此为钩弋夫人随武帝赴甘泉居住期间发生的事情。检索史书，武帝自巫蛊之祸后，先后三次幸甘泉。细绎之，钩弋夫人死事当不发生在后元二年（前 87 年）幸甘泉期间。因为据王褒《云阳宫记》云：“钩弋夫人从至甘泉而卒，尸香闻十余里，葬云阳。武帝思之，起通灵台于甘泉宫。”[⑥]而该年正月，武帝“朝诸侯王于甘泉宫，赐宗室”，此显然是赴甘泉处理公务，且过后很快便南巡，二月即去世，当没有时间起通灵台。而后元元年正月，武帝“行幸甘泉，郊泰畤，遂幸安定”。可知其赴甘泉是为了郊祀泰畤，然后就去了安定，非如褚少孙所言是来居住，又由于此时

---

① 柏杨译：《现代语文版资治通鉴（7）宫廷斗争》，第 15 页。
② 《汉书》卷六《武帝纪》，第 211 页。
③ 柏杨译：《现代语文版资治通鉴（7）宫廷斗争》，第 15 页。
④ 《史记》卷四九《外戚世家》，第 1985—1986 页。
⑤ 《汉书》卷九七《赵婕妤传》，第 3957 页。
⑥ 何清谷：《三辅黄图校释》卷三《甘泉宫》，第 187 页。

尚寒冷，钩弋夫人随行的可能性并不大。而征和四年（前 89 年）六月，武帝自泰山“还幸甘泉”[①]。《关中记》称林光宫或曰甘泉宫，“武帝常以五月避暑于此，八月乃还”[②]。据此可知，武帝六月幸甘泉后，正常情况下将在此居住很长时间，钩弋夫人或在此时赴甘泉侍奉武帝。而据《汉书·赵婕妤传》：“钩弋子年五六岁，壮大多知，上常言‘类我’，又感其生与众异，甚奇爱之，心欲立焉，以其年稚母少，恐女主颛恣乱国家，犹与久之。”[③]刘弗陵生于太始三年（前 94 年），征和四年六岁。是知武帝当在征和三年就已动了诛杀钩弋夫人的念头，若其在征和四年终下决心在甘泉除掉钩弋夫人，也是合乎“犹与久之”之意的。因此钩弋夫人或死于后元元年春，但最有可能是死在征和四年夏秋之际。并且王褒所谓的“尸香”，其实就是尸体腐烂散发出的气味，而六、七月间，天气炎热，尸体停放时间稍长就腐败了，若是正月，由于天气寒冷，则纵使腐烂，也不至于其气味“闻十余里”。

并且武帝除掉钩弋夫人是有预谋的，并非临时起意，仓促而为之。因为在此之前，武帝先通过送霍光周公负成王画，暗示将要把少子托付给他。据《汉书·霍光传》云：“是时上年老，宠姬钩弋赵婕妤有男，上心欲以为嗣，命大臣辅之。察群臣唯光任大重，可属社稷。上乃使黄门画者画周公负成王朝诸侯以赐光。”[④]

而武帝赐霍光周公负成王画是有深意的。原来当年周朝刚建立，周武王就因病去世，武王死前，由于儿子成王年幼，没有能

---

① 《汉书》卷六《武帝纪》，第 210—211 页。

② （北宋）宋敏求撰，辛德勇、郎洁点校：《长安志》卷四《林光宫》，三秦出版社 2013 年版，第 192 页。

③ 《汉书》卷九七《赵婕妤传》，第 3956 页。

④ 《汉书》卷六八《霍光传》，第 2932 页。

力主持国政，武王就把国家托付给了他的同母弟周公旦来代为掌管。据说后来周公不负武王重托，经常背着成王去上朝，把国事处理得井井有条，等到成王长大后，周公又把天子之位还给了成王，周公也因此被视为忠臣的典范而传扬后世。武帝当时赐给霍光周公负成王画，其意就是要把自己的小儿子托付给他。当然，这种事情武帝也可以直接告诉霍光，但由于当时朝中各种关系错综复杂，一旦把事情挑明，就会把霍光推到风口浪尖，并且武帝其他儿子尤其是燕王刘旦立刻就会闹将起来。自古及今，无论什么人家，最难处理的都是家务事，各种关系剪不断理还乱。就武帝而言，他若下狠手，那就是骨肉相残。若姑息儿子们，那就保不准他们会闹出什么事来，所以就当时的情势，传位之事，不到万不得已，还是不挑明的好，因为这样一来，儿子们由于猜不透老皇帝的心思，少不得都存了点念想，自然也就不敢闹腾。因此武帝让人送了霍光一幅画，让他自己回家琢磨去。

关于送画的时间，据褚少孙称："上居甘泉宫，召画工图画周公负成王也。于是左右群臣知武帝意欲立少子也。后数日，帝谴责钩弋夫人。……夫人死云阳宫。"[①] 据此，武帝此次来甘泉宫居住，主要就是为了安排后事，若如此，则钩弋夫人更当是在征和四年（前 89 年）夏秋时节被处死的。

论及钩弋夫人之死因，沈长卿称："方夫人顾盼之顷，帝曰：'速去，汝不得活。'令人凄恻而不忍闻。夫立其子杀其母，古无是法。其曰有鉴于母后之临朝而然，非真情也。当是时弗陵虽稚，帝春秋未高，方求神仙不死之术，而即为子少母壮虑，亦太早计矣。然则何以竟杀之耶？曰：巫蛊之祸，必夫人构之也。尧母名

① 《史记》卷四九《外戚世家》，第 1985—1986 页。

门，帝无心授之以隙，夫人因谋夺嫡，而江充乘之，未可知也。周宜臼非褒姒为内间必不废，晋申生非骊姬为内间必不死，唐太子瑛非杨贵妃为内间必不诛。戾太子与武帝父子骨肉，何物江充敢间之哉？必钩弋有微巧之术，默中英主之蔽。而帝徐悟于事，后因而杀之。在钩弋甘伏其辜，帝亦安于厥心，而断然不贷。特不以告人，而人遂不及知耳。”[①] 沈长卿称武帝春秋未高，显与事实不符。其认为巫蛊之祸是由钩弋夫人谋划而起，也值得商榷。但其认为钩弋夫人的死可能与她参与了巫蛊之祸后为武帝所发觉有关，还是颇有道理的。由于钩弋夫人颇不安分，武帝虑及身后之事，竟不得不除之。

武帝除掉钩弋夫人，意味着他已彻底抛弃了拥钩弋夫人势力，接下来若武帝为了维护政局稳定，而铲除这股势力，实是再正常不过的事情。或因此之故，使马何罗兄弟惶惶不可终日。

如前所述，后元二年（前 87 年）正月，武帝“朝诸侯王于甘泉宫，赐宗室。”[②] 此次朝会“可能含有镇抚诸侯要他们拥护弗陵的意义”[③]。

而昌邑王刘髆亦死于后元二年（前 87 年）初。据《汉书·武帝纪》，后元元年正月，“昌邑王髆薨”[④]。《刘贺传》则称刘髆崩于后元二年：“昌邑哀王髆天汉四年立，十一年薨，子贺嗣。立十三年，昭帝崩，无嗣，大将军霍光征王贺典丧。”[⑤]《诸侯王表》亦称刘髆“天汉四年六月乙丑立，十一年薨”。又云：“始元元年，王

---

① （明）沈长卿：《沈氏弋说》卷二，明万历刻本。
② 《汉书》卷六《武帝纪》，第 211 页。
③ 罗义俊：《汉武帝评传》，学林出版社 2008 年版，第 248 页。
④ 《汉书》卷六《武帝纪》，第 211 页。
⑤ 《汉书》卷六三《刘贺传》，第 2764 页。

贺嗣，十二年，征为昭帝后。”[①] 是知刘髆应该薨于后元二年。《昭帝纪》在叙述武帝末年选立继嗣事，只对燕王刘旦、广陵王刘胥、少子刘弗陵进行比较，而不言昌邑王刘髆：“武帝末，戾太子败，燕王旦、广陵王胥行骄嫚，后元二年二月上疾病，遂立昭帝为太子。”[②]《赵婕妤传》称：“后卫太子败，而燕王旦、广陵王胥多过失，宠姬王夫人男齐怀王、李夫人男昌邑哀王皆早薨。”[③] 是知刘髆已死在武帝崩前。罗义俊认为，刘髆之死，与其“体质可能较差”有关。[④] 然而，由于其死在关键时刻，故张小锋怀疑他的死，“很可能是武帝为昭帝即位扫清障碍而巧作安排的结果”[⑤]。

另外，后元二年（前 87 年）武帝去世前，又下达了屠狱之命。此事应该也是武帝在为使其少子刘弗陵顺利掌权所采取的一项措施。劳干就指出这件事“可能根本就是一个阴谋，要根本除掉卫氏的残余势力”[⑥]。陈苏镇亦称：“武帝不惜再次滥杀无辜，可能是因为他对太子党残余势力也不放心，因而决意除掉皇曾孙，以免日后对昭帝构成威胁。”[⑦] 因为皇曾孙的祖父卫太子为储君三十余年，在社会上有着广泛的声望，所以留卫太子的孙子在世上，对其少子刘弗陵是不利的。于是武帝以“望气者言长安狱中有天子气”为借口[⑧]，派遣使者把中都官诏狱的犯人一一疏录清楚，然后下令不分罪行轻重一律处死。

---

① 《汉书》卷一四《诸侯王表》，第 420 页。

② 《汉书》卷七《昭帝纪》，第 217 页。

③ 《汉书》卷九七《赵婕妤传》，第 3956 页。

④ 罗义俊：《汉武帝评传》，第 247 页。

⑤ 张小锋：《卫太子冤狱昭雪与西汉武、昭、宣时期政治》，《南都学坛》2006 年第 3 期。

⑥ 劳干：《对于〈巫蛊之祸的政治意义〉的看法》。

⑦ 陈苏镇：《汉代政治与〈春秋〉学》，第 324 页。

⑧ 《汉书》卷七四《丙吉传》，第 3142 页。

为达到处死皇曾孙的目的，武帝特派郭穰赴郡邸狱执行屠狱令：“内谒者令郭穰夜到郡邸狱，吉闭门拒使者不纳，曰：‘皇曾孙在。他人亡辜死者犹不可，况亲曾孙乎！’相守至天明不得入，穰还以闻，因劾奏吉。武帝亦寤，曰：‘天使之也。’因赦天下。”①

由于郭穰在清除李氏外戚过程中起过关键性作用，劳干认为“他是反李氏势力的”，而从此次“不彻底执行”武帝的诏令看，他是不愿迫害皇曾孙的：“他到郡邸狱，只是奉命行事，丙吉闭郡邸狱不得入。他知道皇曾孙在那里也就算了。当然他会向武帝解释的，武帝知道他的曾孙在那里，也就不愿深究了。”②张继昊赞同劳干的看法，并阐发说：“的确，郭穰可以白天去，也可以再去，甚或是当场坚持要丙吉开门，但他都没有那么做。配合他告倒刘屈氂、李广利的事迹看，他确是十分可能倾向卫氏的。”③实则观《汉书·丙吉传》对此事发生经过的叙述，郭穰先是与丙吉相持到天明，回去之后便告诉武帝事情的经过，并劾奏丙吉，整个过程显示郭穰对此事是不承担任何责任的，抗旨不从的始终都是丙吉。

从郭穰夜间去屠狱一事看，其用心可谓甚险恶。因为夜间进去之后，趁天黑可以不问青红皂白，见人就杀，自然也就不用顾忌皇曾孙了。并且由于是夜间且是猝然而至，知道的人就少，这时即使有人说皇曾孙如何，事态也相对好控制。没想到丙吉却拒不开门，遂使计划流产。武帝果于杀戮，晚年又喜怒无常，是以

---

① 《汉书》卷七四《丙吉传》，第 3142 页。

② 劳干:《对于〈巫蛊之祸的政治意义〉的看法》。

③ 张继昊:《汉武帝将立其子而杀其母说法的检讨——兼论汉武帝的皇位继承问题》。

诏令所到之处，谁敢阻挠！再没想到丙吉竟敢抗命不从，这只能说是命数使然。然而到得此时，阴谋已败露，再去屠狱杀掉皇曾孙已不可能，不免慨叹：“天使之也。”因赦天下，将皇曾孙及郡邸狱羁押犯人悉数赦免。所以这只能是一个阴谋。

而细究丙吉抗命之事，甚为蹊跷。因为按理郭穰以使者身份衔命而来，丙吉当开门迎接，然后郭穰传宣诏令，然而丙吉却隔门而问诏令，难道他事先已经知道了消息？若如此，是谁把消息透露给他的呢？

据《汉书·武帝纪》，后元二年（前 87 年）二月，武帝“行幸盩厔五柞宫。乙丑，立皇子弗陵为皇太子。丁卯，帝崩于五柞宫，入殡于未央宫前殿”[①]。据《昭帝纪》，该年二月“戊辰，太子即皇帝位，谒高庙”[②]。武帝崩前，特地为昭帝安排了辅政大臣。据《田千秋传》，共有四位辅政大臣：“武帝疾，立皇子钩弋夫人男为太子，拜大将军霍光、车骑将军金日磾、御史大夫桑弘羊及丞相千秋，并受遗诏，辅道少主。”[③]据《霍光传》，辅政大臣中还有上官桀：“后元二年春，上游五柞宫，病笃，光涕泣问曰……上以光为大司马大将军，日磾为车骑将军，及太仆上官桀为左将军，搜粟都尉桑弘羊为御史大夫，皆拜卧内床下，受遗诏辅少主。”[④]考其时日，当为武帝立刘弗陵为皇太子之后及其崩之前的二月丙寅即十三日。如《昭帝纪》云：“后元二年二月上疾病，遂立昭帝为太子，年八岁。以侍中奉车都尉霍光为大司马大将军，受遗诏

---

① 《汉书》卷六《武帝纪》，第 211—212 页。

② 《汉书》卷七《昭帝纪》，第 217 页。

③ 《汉书》卷六六《田千秋传》，第 2886 页。

④ 《汉书》卷六八《霍光传》，第 2932 页。

辅少主。明日，武帝崩。”①《霍光传》云武帝令霍光等受遗诏辅少主，“明日，武帝崩”②。至于《百官公卿表》云：“二月丁卯，侍中奉车都尉霍光为大司马大将军。”③显然与事实不符。

第二节　一息犹独断

由于武帝是在有燕王刘旦、广陵王刘胥等两个成年儿子可供选择的情况下，立了其没有主政能力的幼子为帝，故有学者怀疑武帝临终的安排可能并非出自其本意。如针对武帝让霍光主政一事，李源澄指出：“自汉初以来政事皆在丞相，政事一决于霍光，未必为武帝之意。”霍光秉政、领尚书事，是自领之，非遗诏所授；霍光等三人以武帝遗诏封侯，王忽扬言无其事，霍光听说后，切责王忽之父王莽，王莽酖杀王忽。李源澄据此认为这说明王忽之言“必可信”。卫太子死后，武帝不立其年长诸子而立其幼子，且处死其母，“此皆难明之事”④。西嶋定生认为：“所谓武帝遗诏及其人事，或许就是由霍光等内廷近臣所制造出来的。”⑤吕思勉称：“盖武帝末年，继嗣之际，事有不可知者矣。”如史言武帝崩前要霍光行周公之事，吕思勉认为：“夫光疏贱，武帝即欲托以后事，岂得拟之周公？”又称：“画周公负成王朝诸侯以赐光之语，又安知非光等为之邪？然则昭帝之立，果武帝意与否，信不可知

① 《汉书》卷七《昭帝纪》，第217页。

② 《汉书》卷六八《霍光传》，第2932页。

③ 《汉书》卷一九《百官公卿表》，第791页。

④ 李源澄：《秦汉史》，商务印书馆1947年版，第55—56页。

⑤ ［日］西嶋定生著，李开元译：《武帝之死》，刘俊文主编：《日本学者研究中国史论著选译（第三卷·上古秦汉）》，黄金山、孔繁敏等译，第590页。

矣。”[①] 姚秀彦云：“武帝立少子后即崩，宫中事秘，真象若何，不能确知，但武帝老耋去世，立一八岁少子，颇为意外。”[②] 方诗铭认为：“刘弗陵的立为太子十分匆促，并可能存在不可告人之隐。”又称：“汉昭帝的继位，很可能不完全出于武帝的本意，至于武帝本人之死，也很可能是一个历史的谜。”武帝去世前立太子之诏、让霍光等辅少主之诏、武帝封霍光等为侯之诏以及甘肃玉门花海发现的遗诏等，都可能是霍光等“伪造”[③]。意谓武帝末年，可能已被霍光等所控制。鲁惟一认为武帝临死前，继位的太子尚未指定：“据报导，霍光曾向武帝询问后事。武帝的遗愿究竟实现到什么程度，其遗愿在多大程度上是霍光自己的意图，这个问题可能永远搞不清楚。”[④] 张继昊称在武帝垂死之际，“取得当时宫内发言代表身分的霍光等三人，由于专制政体下内、外的隔绝，在整个过程中是否加了些料，作了某些调整，也不是不合理的怀疑”[⑤]。诸家虽对武帝临终安排有疑问，但是有几个反证却无法排除。

其一，将与霍光有政见之异的资深理财官员桑弘羊，在武帝死前提拔至御史大夫之位，并让其跻身辅政大臣之列。

其二，让盖主居禁中照顾昭帝的起居。据《汉书·昭帝纪》称：“帝姊鄂邑公主益汤沐邑，为长公主，共养省中。”[⑥]《上官皇后传》亦云：“昭帝始立，年八岁，帝长姊鄂邑盖长公主居禁中，共

---

① 吕思勉：《秦汉史》，第150—151页。

② 姚秀彦：《秦汉史》，（台北）三民书局1983年版，第201页。

③ 方诗铭：《西汉武帝晚期的“巫蛊之祸”及其前后——兼论玉门汉简〈汉武帝遗诏〉》。

④ ［英］崔瑞德、鲁惟一编：《剑桥中国秦汉史》，杨品泉、张书生、陈高华等译，张书生、杨品泉校订，中国社会科学出版社1992年版，第161页。

⑤ 张继昊：《汉武帝将立其子而杀其母说法的检讨——兼论汉武帝的皇位继承问题》。

⑥ 《汉书》卷七《昭帝纪》，第217页。

养帝。”[1]

武帝崩前，在为其少子布置辅政团队的同时，还考虑到了他的饮食起居。天子女称公主，高帝十二年（前195年）三月诏云：“重臣之亲，或为列侯，皆令自置吏，得赋敛，女子公主。”如淳曰：“《公羊传》曰‘天子嫁女于诸侯，必使诸侯同姓者主之’，故谓之公主。《百官表》‘列侯所食曰国，皇后、公主所食曰邑’。”颜师古曰：“如说得之。天子不亲主婚，故谓之公主。……而臣瓒、王楙或云公者比于上爵，或云主者妇人尊称，皆失之。”[2]建始元年（前32年）春，“赐诸侯王、丞相、将军、列侯、王太后、公主、王主、吏二千石黄金”。张晏曰：“天子女曰公主，秩比公也。”[3]

是知鄂邑公主为武帝之女，昭帝的姐姐，而封于“鄂邑”，故称鄂邑公主。关于“鄂邑”，应劭曰：“鄂，县名，属江夏。公主所食曰邑。”[4]

关于“长公主”的称谓，蔡邕曰：“帝女曰公主，仪比诸侯。姊妹曰长公主，仪比诸侯王。”[5]如淳云：“帝姊妹曰长公主”。[6]张守节云：“汉制，帝女曰‘公主’，仪比诸侯；姊妹曰‘长公主’，仪比诸侯王；姑曰‘大长公主’，仪比诸侯王。”[7]故颜师古论及鄂邑公主“为长公主”曰：“帝之姊妹则称长公主，仪比诸王，又以供养天子，故益邑也。”[8]

---

① 《汉书》卷九七《上官皇后传》，第3958页。

② 《汉书》卷一《高帝纪》，第78页。

③ 《汉书》卷一〇《成帝纪》，第303页。

④ 《汉书》卷七《昭帝纪》，第218页。

⑤ 《史记》卷一二《武帝本纪》，第464页。

⑥ 《汉书》卷一《高帝纪》，第78页。

⑦ 《史记》卷八《高祖本纪》，第345页。

⑧ 《汉书》卷七《昭帝纪》，第218页。

然征诸史实，颇多帝女为“长公主”者，如《汉书·高祖纪》云：“吕公女即吕后也，生孝惠帝、鲁元公主。”服虔曰：“元，长也。”韦昭曰：“元，谥也。”[①] 因《张敖传》称高祖疑赵王张敖谋反，“吕后数言张王以鲁元故，不宜有此”[②]。颜师古据此指出：“当时并已谓之元，不得为谥也。韦说失之。”[③]《窦皇后传》云文帝即位，以“窦姬为皇后，女为馆陶长公主”[④]。武帝时曾以“卫长公主”妻栾大[⑤]。

关于高祖女称“鲁元公主”，颜师古认为：“公主，惠帝之姊也，以其最长，故号曰元。”[⑥] 文帝女称“馆陶长公主”，颜师古称：“年最长，故谓长公主。”[⑦]

然就馆陶长公主刘嫖而言，其似乎并非文帝长女。据《史记·外戚世家》云：“代王王后生四男。先代王未入立为帝而王后卒。及代王立为帝，而王后所生四男更病死。”[⑧]《汉书·窦皇后传》所载与此同。《史记·景帝本纪》则称：“孝景皇帝者，孝文之中子也。母窦太后。孝文在代时，前后有三男，及窦太后得幸，前后死，及三子更死，故孝景得立。”[⑨] 吕后时出宫女入赐诸侯王，窦姬被赐予代王，窦姬“至代，代王独幸窦姬，生女嫖。孝惠七年，生景帝”[⑩]。据此可知，由于窦姬来代后为代王所“独幸”，则

① 《汉书》卷一《高帝纪》，第4—5页。
② 《汉书》卷三二《张敖传》，第1841页。
③ 《汉书》卷一《高帝纪》，第5页。
④ 《汉书》卷九七《窦皇后传》，第3943页。
⑤ 《史记》卷一二《武帝本纪》，第463页。
⑥ 《汉书》卷一《高帝纪》，第5页。
⑦ 《汉书》卷九七《窦皇后传》，第3943页。
⑧ 《史记》卷四九《外戚世家》，第1972页。
⑨ 《史记》卷一一《景帝本纪》，第439页。
⑩ 《汉书》卷九七《窦皇后传》，第3943页。

王后诸子皆生在刘嫖前，至于是三男还是四男，王益之认为代王前王后有“三男”，“此《史记 · 本纪》所载也”[①]。因取其说。梁玉绳也认为：“《景纪》作‘三男’，疑‘四’字非。”[②]

考堂邑侯陈午尚馆陶公主当在文帝三年（前 177 年）以后，“孝文三年，侯午嗣，尚馆陶公主，四十八年薨”[③]。是知陈午薨于元光五年（前 130 年）。据《汉书·东方朔传》，“午死，主寡居，年五十余矣”[④]。由于刘嫖先于景帝出生，而景帝生于惠帝七年（前 188 年），据此可知刘嫖当生于该年初，景帝则生于该年末。若刘嫖生于惠帝六年（前 189 年），就是 60 岁了。据《薄姬传》，汉王四年（前 203 年），高祖幸薄姬，“有身。岁中生文帝，年八岁立为代王”[⑤]。据《文帝纪》，时为高祖十一年（前 196 年）：“高祖十一年，诛陈豨，定代地，立为代王，都中都。”[⑥]据此可知刘嫖生时，文帝时年 16 岁。由于此前文帝的王后先后为其生了三个儿子，则文帝大致在 13 岁时应该就已经有了生育能力。

文帝三年（前 177 年）十一月，绛侯周勃免丞相就国，“岁余”，因被人告发欲反而被逮捕入狱，“勃以千金与狱吏，狱吏乃书牍背示之，曰‘以公主为证’。公主者，孝文帝女也，勃太子胜之尚之，故狱吏教引为证”[⑦]。据此可知，周胜之尚公主当在周勃免相以前，否则便无由证周勃之清白。而刘嫖在文帝三年时年方 12 岁，还不

---

① 王益之撰，王根林点校：《西汉年纪》卷九《景帝》，中华书局 2018 年版，第 145 页。

② （清）梁玉绳撰，贺次君点校：《史记志疑》卷二六《外戚世家》，中华书局 1981 年版，第 1147 页。

③ 《汉书》卷一六《高惠高后文功臣表》，第 537 页。

④ 《汉书》卷六五《东方朔传》，第 2853 页。

⑤ 《汉书》卷九七《薄姬传》，第 3941 页。

⑥ 《汉书》卷四《文帝纪》，第 105 页。

⑦ 《史记》卷五七《周勃世家》，第 2072 页。

到当嫁之年。由于正常情况下，子女之嫁娶以长幼为序，则周胜之所尚公主当年长于刘嫖，亦即刘嫖并非文帝诸女中年最长者。

考鲁元公主、馆陶长公主、卫长公主皆为皇后之女，又景帝王皇后长女为平阳公主，亦称“长公主”[①]，而其他公主无论是帝女或是帝姊妹皆不得称长公主。因此就西汉而言，长公主当为皇后长女的称号，而裴骃拘持于所谓的“汉制”，对于武帝女称“卫长公主”颇为不解：“此帝女也，而云长公主，未详。”[②]司马贞的看法颇有道理，但不通透：“卫子夫之子曰卫太子，女曰卫长公主。是卫后长女，故曰长公主，非如帝姊曰长公主之例。”[③]

鄂邑公主是以帝女而非皇后之女的身份获“长公主”称号，当属特例。由于鄂邑公主在“益汤沐邑”即增加封地之后，方“为长公主”，可知长公主的待遇与其他公主是有差异的，或者说是高于其他公主的，故所谓的“汉制”定长公主“仪比诸侯王”是有道理的。不过颜师古论及此事，认为鄂邑公主一是因为称长公主，二是因为供养昭帝，方才增加封邑，是值得商榷的。因为细绎《汉书·昭帝纪》相关文字的文意，是说通过增加帝姊鄂邑公主的汤沐邑，使其为长公主，获得特殊身份，然后让其赴宫中打理昭帝的饮食起居。考其时日，亦当是武帝临终前的安排，亦即鄂邑公主是以帝女的身份获得“长公主”称号的。

鄂邑公主又称“鄂邑盖长公主”“鄂邑盖主”“盖主”，颜师古曰：“鄂邑，所食邑，为盖侯所尚，故云盖主也。”[④]至于盖侯是谁，

---

① 《史记》卷一一一《卫将军骠骑列传》，第2940页。

② 《史记》卷一二《武帝本纪》，第463—464页。

③ 《史记》卷二八《封禅书》，第1391页。

④ 《汉书》卷六八《霍光传》，第2935页。

张晏认为是“王信”[①]，由于景帝时封王皇后兄王信为盖侯，此说似有道理。而据《汉书·外戚恩泽侯表》，盖侯王信景帝“中五年五月甲戌封，二十五年薨。元光三年，顷侯充嗣。侯受嗣，元鼎五年坐酎金免”[②]。颜师古因称:“为盖侯妻是也，非王信。信者，武帝之舅耳，不取鄂邑主为妻，当是信子顷侯充耳。”[③]对此，王先谦指出:“信，武帝舅。信子充，疑不得取武帝女为妻。据表，充子受嗣侯，以元鼎五年坐酎金，免。则主当是受妻。”[④]

据《汉书·外戚恩泽侯表》，王信封于景帝中五年（前145年），王充嗣爵于元光三年（前132年），则王信当薨于元光二年，是王信封盖侯后13年而薨，非25年。此外顷侯王充之薨，及侯王受之嗣，皆不著年份。征诸《史记·惠景间侯者年表》，叙及盖侯事，颇与《汉书》不同。该表共分六栏，自上而下，依次以“孝惠七”“高后八”“孝文二十三”“孝景十六”“建元至元封六年三十六”“太初已后”等标示各个时段，然后在其中填写其间封侯者及其传承情况。其中“孝景十六”栏中先于右下角书“五”，然后另起一行书“中五年五月甲戌，靖侯王信元年”。由于景帝后元三年（前141年）崩，自中五年王信立为盖侯至后元三年，前后正五年。在“建元至元封六年三十六”栏上半部右上角书“二十”两字，然后另起一行书“元狩三年，侯偃元年”。此显示王信薨于元狩二年(前121年)，而自武帝建元元年(前140年)推至元狩二年，前后正二十年。两个时间段相加，正25年，与《汉书》所叙王信为侯时间相同，由于事实确凿，当以《史记》

① 《汉书》卷六三《刘旦传》，第2755页。
② 《汉书》卷一八《外戚恩泽侯表》，第685页。
③ 《汉书》卷六三《刘旦传》，第2755页。
④ 《汉书补注》卷六三《刘旦传》，第4393页。

为准。而据《史记》，嗣侯者为“王偃”而非“王充”。在“建元至元封六年三十六”栏下半部右下角书“八”字，然后另起一行书“元鼎五年，侯偃坐酎金，国除”①。由于王偃是元狩三年嗣侯，元鼎五年（前 112 年）国除，若除去被国除之年，前后正是八年。故夏燮指出：“据此，则并无顷侯充世次。而偃嗣在元狩三年，正与信薨之元狩二年相接。是此表所谓侯受者，即偃之异名也。其顷侯充一世，疑错简。”② 故盖主似当为王信之子王受（或偃）之妻。

然而，元凤元年（前 80 年）九月霍光除掉反霍集团后，当年十月下诏赦免与此事有牵连者，其中就有盖主之子，诏书称其名“文信”③。由于当时已重避讳，王信若娶盖主为妻，则其子不当与自己重名，若王信子娶盖主，亦不当以父名为子名，故李慈铭以此证颜师古之误：“据《昭纪》言，公主子文信。则主不得为信妻及子妇益明。”④ 而秦进才则指出：“鄂邑盖长公主之盖，似是她外家姓氏，她是因此而被称为盖长公主的。”⑤ 此说颇有道理。

论及盖主与昭帝的关系及年龄，陈直称：“鄂邑盖长公主为昭帝之同母姊，昭帝初立时年八岁，立十四年，卒时为二十一岁，盖主最多二十余岁。”⑥ 考李夫人得幸武帝于元鼎六年（前 111 年）春之后，卒于李广利为贰师将军前的元封太初之际，李夫人卒后，钩弋夫人方得幸。而盖主为燕王刘旦的姐姐，刘旦在元狩六年(前

① 《史记》卷一九《惠景间侯者年表》，第 1023 页。

② （清）夏燮：《校汉书八表》卷六，第 303 页。

③ 《汉书》卷七《昭帝纪》，第 227 页。

④ 《汉书补注》卷六三《刘旦传》，第 4393 页。

⑤ 秦进才：《〈汉书〉鄂邑盖长公主颜注辨误》，《文史（第 39 辑）》，中华书局 1994 年版，第 270 页。

⑥ 陈直：《汉书新证》，第 437 页。

117 年）被封为燕王，其时还早在李夫人得幸之前，因此盖主并非昭帝的同母姐姐，且当后元二年（前 87 年），昭帝即位时，其年龄至少有三十余岁。

其三，以宗室子守卫昭帝。据《汉书·昭帝纪》，后元二年（前 87 年）秋，“赐长公主及宗室昆弟各有差”[①]。王尔春认为所谓“宗室昆弟”，“乃是在位皇帝在既定场合下对同辈男性宗室的泛称”。[②]然盖主是因供养昭帝获赐，宗室昆弟与其连称，则诸人之获赐或当也与侍奉昭帝有关，亦即此处的“宗室昆弟”或当是特指而非泛称。始元四年（前 83 年）六月，“皇后见高庙。赐长公主、丞相、将军、列侯、中二千石以下及郎吏宗室钱帛各有差”。此处将“郎吏宗室”特地列出予以赏赐，“郎吏”为皇帝侍从官，“宗室”与其并列，当也是特指出身宗室而侍奉昭帝的一个群体。元凤元年(前 80 年）十月，霍光铲除上官桀集团后，诏称：“其赦王太子建、公主子文信及宗室子与燕王、上官桀等谋反父母同产当坐者，皆免为庶人。”可知此“宗室子”当是处于朝廷的核心部位的一个群体，是以他们能在朝廷的政争中有深入的参与，以至须朝廷特地予以赦免。元凤二年四月，昭帝自建章宫徙往未央宫，“大置酒。赐郎从官帛，及宗室子钱，人二十万”[③]。细绎这条史料，可知宗室子与郎从官一样，都是因在建章宫侍奉昭帝有功而获赐。是以张庆路指出：“巫蛊之祸后，为了年幼的太子能顺利承继大统，武帝把理政地点从未央宫迁到长安城西的建章宫，而且让宗室子代替外戚侍帷幄，以摆脱外戚充斥的未央宫环境，

---

① 《汉书》卷七《昭帝纪》，第 218 页。

② 王尔春:《汉代宗室的“世代规模”考》,《北京教育学院学报》2018 年第 1 期。

③ 《汉书》卷七《昭帝纪》，第 221—228 页。

维护刘氏皇权。”[①] 此说颇有道理。但其认为武帝让“宗室子代替外戚侍帷幄”则是值得商榷的。考武帝时期郎吏的选任，一直是诸流并进，因此未央宫的关系非常复杂，能成为皇帝近侍者非仅外戚而已，一些居心叵测之徒也可能获得接近皇帝的机会，故而为新君安全考虑，武帝特将新君住所由未央宫移至建章宫，由他自己亲自部署宿卫人员侍奉新君，“宗室子”或“宗室昆弟”由此成为汉代政坛上一支不可忽视的力量。而观昭帝时，主政的霍光反复地向侍奉昭帝的宗室子弟施恩，或许是由于武帝将指挥这个群体的权力交由盖主掌管，使霍光不得不通过赏赐以笼络之。

总之，以霍光之谨慎，若他已掌控了局势，何以要委用桑弘羊、盖主及宗室子，让他们对自己形成内外掣肘之势？这只能说明武帝直到去世前都掌控着朝政，从立太子、安排辅政大臣到侍奉昭帝者，都是他从自己的立场出发独立作出的决断。

武帝立其少子刘弗陵为继嗣，是经过深思熟虑的。汉初皇帝只拥有有限皇权，这使君主为维护皇朝稳定，有必要与朝臣妥协，在处理彼此的利益关切时，一般不以诛戮作为解决手段，因此君主与朝臣的关系相对比较融洽。同时由于政府为汉初军功阶层所垄断，这也就意味着皇位的更迭对朝臣的仕进之路影响有限，因此纵使是在君主统治晚期，朝臣们也不会人心惶惶，以至于出现政局不稳。及至武帝时期，皇帝集帝国所有权力于一身，原来的有限皇权变成了绝对皇权，朝臣的命运因而也被操持于皇帝之手，为自己的前途考虑，使他们不得不密切关注皇权的走向，并有意识地介入到权力的争夺之中，由此不可避免地围绕诸皇子形成了

① 张庆路：《未央与建章：汉武帝、昭帝理政地点之变化与西汉政局》，《内蒙古大学学报（哲学社会科学版）》2019 年第 6 期。

一个个利益集团。

另外，武帝即位后，因大权在握，遂专断国是，用兵四夷，“因黩武的关系，便逐渐实施战时经济政策。因实施战时经济政策，不能不使用残酷的刑罚”[①]。这使许多权贵受到沉重打击，但这些权贵因与皇朝关系密切，其家族成员仍能通过各种运作进入统治体系，活跃于政坛之上，这让武帝也不能不对他们心存忌惮。

对武帝而言，当此之时，他必须牢牢地把权力掌控在自己手中，他的生命才能有保障。是故眼见卫太子羽翼已成，遂使他坐立不安，及至其少子一出生，高兴之余，不经意间便透露出欲更易储君的想法。除掉卫太子后，先是因燕王刘旦欲为太子而严惩之，继而又清除了觊觎太子之位的李氏外戚，所有这一切都是为了避免在自己的身边再度出现一个权力中心，影响到其自身的安危。而其少子刘弗陵因为年幼，不仅对他构不成任何威胁，而且还让他的存在变得更有意义。

有学者认为，经征和三年（前 90 年）武帝的清洗，昌邑王刘髆“母族已衰，若武帝果然如此重视女主专政问题，则其显然亦是值得考虑的人选”[②]。刘髆幼年丧母，他其实是武帝亲自养大的，并深得武帝宠爱。天汉四年（前 97 年）四月，刘髆被立为昌邑王后，武帝特选为其所看重的大儒夏侯始昌教育刘髆：“时昌邑王以少子爱，上为选师，始昌为太傅。”[③]后武帝虽清洗李氏外戚，却没有归罪于刘髆，故以刘髆为继承人似也可行，然而由于朝中参与清洗李氏外戚者甚众，若其即位后对这些人进行报复怎么办？

---

① 徐复观：《〈盐铁论〉中的政治社会文化问题》，《两汉思想史（第三卷）》，第 75 页。

② 安子毓：《西汉武昭之际政局辨疑》。

③ 《汉书》卷七五《夏侯始昌传》，第 3154 页。

是以若以刘髆为继嗣，势必会引这些人的恐慌，不待他即位，朝中就会大乱。两相权衡，还是立刘弗陵为优。

第三节　汉室寄三臣

武帝临终委政霍光等，应该与文帝时贾谊的建言有关。文帝时，汉家统治一度陷入尴尬境地。当时皇权所可依靠的力量不过三种：异姓大臣、外戚、宗室。然高帝时的经历显示，异姓大臣一旦大权在握，就会起而作乱；吕后时的政治显示，外戚权重，可能倾危社稷；而文帝时宗室诸侯王又反叛不时，竟是无人可用。对此贾谊认为只要君主能够善待大臣，对臣下“厉廉耻行礼谊”，臣下就会“顾行而忘利，守节而仗义”，尽力报答君主，公而忘私，死而后已。而这样的人是可以托付以不加约束的大权、将自己未成年的孩子放心地交给他来辅佐的：“故可以托不御之权，可以寄六尺之孤。”文帝于是“深纳其言，养臣下有节”[①]。尤重中尉周亚夫与中郎将卫绾，临终前，告诫景帝：“即有缓急，周亚夫真可任将兵。”[②]又嘱咐说：“绾长者，善遇之。”景帝继位后，在大力推行削藩政策的同时，效法乃父，厚待自己欣赏的臣下，如他以卫绾“敦厚，可相少主，尊宠之，赏赐甚多”[③]。并且也颇见成效，景帝时的七国之乱就是在周亚夫的领导下平定的，卫绾则成了景帝的顾命之臣。

武帝时，为了加强皇权，继续打击宗室诸侯，作左官律，设附益法，颁推恩令，使诸侯王成为只享用封地上的租税而不参与

---

① 《汉书》卷四八《贾谊传》，第2258—2260页。

② 《史记》卷五七《周勃世家》，第2075页。

③ 《史记》卷一〇三《卫绾列传》，第2768—2770页。

政事的贵族地主，这也就意味着宗室被皇权彻底抛弃。当时，但凡重大军事活动，往往都有外戚的身影。然而武帝不是将他们视为助手而是作为工具来使用的，因此这些外戚随着利用价值的丧失而相继为武帝所抛弃。检讨武帝一朝的历史可以发现，当他辞别人世之时，那些曾经显赫一时的外戚之家都已荡然无存。

由于武帝与文帝、景帝一样疑忌宗室、外戚，在其人生进入暮年，执政能力持续下降的情况下，要想维护皇朝的稳定，就只能依靠忠诚之士。所以“武帝便如其父祖一样，将希望寄托在一些忠诚的臣僚如霍光、金日磾、上官桀等人身上，对他们予以重点考察和培养”①。

霍光，字子孟，河东平阳县人，该县也是平阳侯所封之地。平阳侯始封者为曹参，传至曹寿时，据《汉书·卫青传》云：“平阳侯曹寿尚武帝姊阳信长公主。”颜师古曰：“寿姓曹，为平阳侯，当是曹参之后，然《参传》及《功臣侯表》并无之，未详其意也。”②《史记·卫青列传》称卫青“姊卫子夫自平阳公主家得幸天子”。徐广曰：“曹参曾孙平阳夷侯，时尚武帝姊平阳公主，生子襄。”司马贞曰：“如淳云‘本阳信长公主，为平阳侯所尚，故称平阳公主’。按徐广云‘夷侯，曹参曾孙，名襄’。又按系家及《功臣表》‘时’或作‘畤’，《汉书》作‘寿’，并文字残缺，故不同也。”③《高祖功臣侯者年表》称“（平阳）夷侯时”。司马贞曰：“《曹参系家》作‘时’，今表或作‘畤’。案《汉书·卫青传》平阳侯曹寿尚阳信公主，即此人，当是字讹。”④陈直认为：“《史记

① 李峰：《巫蛊之祸：西汉中期政坛秘辛》，第 75 页。

② 《汉书》卷五五《卫青传》，第 2471 页。

③ 《史记》卷一一一《卫青列传》，第 2921—2922 页。

④ 《史记》卷一八《高祖功臣侯者年表》，第 881—882 页。

索隐》注《功臣表》，谓曹参之曾孙曹时，即曹寿之误字。注《卫青传》，谓曹时或作曹畤，皆为曹寿之讹误，其说是也。汉人书时字可能隶变作𠶷，与壽字形极相近。曹时以景帝四年嗣侯，立二十三年薨，时代正相合，颜师古盖偶失钩稽耳。”[①] 是知曹寿为曹参曾孙，嗣侯，尚阳信公主，而阳信公主也因为平阳侯所尚，而称平阳公主。自然平阳侯封邑与平阳公主的侍从也就有了一定的关联。

霍光的父亲霍中孺曾以平阳县县吏的身份供职“平阳侯家”，在那里遇到了平阳公主的“侍者”卫少儿，霍中孺与之“私通”，而生霍去病。霍中孺在平阳侯家服役期满后归家，“娶妇生光，因绝不相闻”。后来卫少儿的妹妹卫子夫受到武帝宠幸，霍去病也因而贵显。后霍去病作为骠骑将军统军征匈奴，“道出河东”，因与霍中孺相见。还朝时又经过河东，将霍光带入长安：“还，复过焉，乃将光西至长安。[②]” 考霍去病元朔六年（前123年）初随卫青征战，时为嫖姚校尉。元狩二年（前121年）方为骠骑将军，当年春、夏，先后两次出征河西地区攻打匈奴，秋，赴河西接受匈奴浑邪王、休屠王的投降。亦即该年数次出军，皆为西北地区的河西走廊，自是无缘进入河东。及元狩四年，汉朝发动漠北之战，“骠骑始为出定襄，当单于。捕虏言单于东，乃更令骠骑出代郡，令大将军出定襄”[③]。后不复出军，元狩六年霍去病死。则霍去病以骠骑将军身份经过河东，当为元狩四年征漠北时。

霍光来到长安后，虽年少，但因霍去病之故，升迁甚速：“时

---

① 陈直：《汉书新证》，第306页。

② 《汉书》卷六八《霍光传》，第2931页。

③ 《史记》卷一一一《卫将军骠骑列传》，第2934—2935页。

年十余岁，任光为郎，稍迁诸曹侍中。”[①]“诸曹侍中”属“加官”，即在本职外加领的官衔，非皇帝赏识者不予。其中“诸曹受尚书事”，“侍中、中常侍得入禁中”。应劭曰：“入侍天子，故曰侍中。”[②]亦即霍光为郎未久即成了天子近臣。元狩六年(前117年)，“秋九月，大司马骠骑将军去病薨”[③]。霍去病死后，霍光为奉车都尉、光禄大夫。奉车都尉“掌御乘舆车”，秩级为“比二千石”。光禄勋属官有大夫，“掌论议”。其中光禄大夫原名“中大夫”，“太初元年更名中大夫为光禄大夫，秩比二千石”[④]。成年后的霍光，身高169厘米左右，举止沉稳，俊朗端正：“为人沉静详审，长财七尺三寸，白皙，疏眉目，美须髯。”霍光被封为奉车都尉、光禄大夫后，“出则奉车，入侍左右，出入禁闼二十余年，小心谨慎，未尝有过，甚见亲信”[⑤]。是以刘曙光指出武帝与霍光之间，“长期保持着超出一般君臣之间的密切关系和深厚感情”[⑥]。

金日磾，字翁叔。本是驻牧河西走廊的匈奴休屠王太子。武帝为控制河西走廊，元狩二年（前121年），派霍去病击驻牧该地的匈奴休屠王与浑邪王部，先是“击匈奴右地，多斩首，虏获休屠王祭天金人”。继而“复西过居延，攻祁连山，大克获”。单于不满昆邪、休屠多次为汉军所攻破，召其王欲诛之。昆邪王、休屠王恐惧，谋欲降汉。后休屠王反悔，昆邪王杀之，“并将其众降汉”。汉遂封昆邪王为列侯。而金日磾“以父不降见杀，与母阏氏、

① 《汉书》卷六八《霍光传》，第2931页。
② 《汉书》卷一九《百官公卿表》，第739页。
③ 《汉书》卷六《武帝纪》，第181页。
④ 《汉书》卷一九《百官公卿表》，第727—739页。
⑤ 《汉书》卷六八《霍光传》，第2931—2933页。
⑥ 刘曙光：《论汉武帝托孤》，《天津师大学报》1993年第3期。

弟伦俱没入官，输黄门养马”[①]。程大昌曰:“黄门之地，凡善格五者、能养马者、能绘画者皆得居之。”[②]当时金日磾十四岁。

很久之后，有次武帝游宴时，想欣赏御马，就让人把马牵来观看，当时后宫佳丽成群，侍武帝左右于殿上，此时金日磾已长大成人，身高 189 厘米左右，仪表威严，且马又养得肥好，牵马从殿下走过时，又目不斜视，是以武帝见之甚喜，遂获重用：“日磾等数十人牵马过殿下，莫不窃视，至日磾独不敢。日磾长八尺二寸，容貌甚严，马又肥好，上异而问之，具以本状对；上奇焉，即日赐汤沐、衣冠，拜为马监。”胡三省曰：“黄门有马监、狗监。”[③]陈直亦称:“马监者黄门令属官之马监也。”[④]而《汉书·霍光金日磾传》赞语云：“本以休屠作金人为祭天主，故因赐姓金氏云。”[⑤]金日磾为马监后，继续得到武帝赏识，“迁侍中驸马都尉光禄大夫。日磾既亲近，未尝有过失，上甚信爱之，赏赐累千金，出则骖乘，入侍左右。贵戚多窃怨，曰：‘陛下妄得一胡儿，反贵重之！’上闻，愈厚焉”[⑥]。

金日磾“子两人皆爱，为帝弄儿，常在旁侧”[⑦]。“‘弄儿’显非正式职称，顾名思义当为伴随武帝以博欢助乐的幼童。”[⑧]按说弄儿在宫，可为邀宠之工具，然而金日磾后来却把其长子杀了：

---

① 《汉书》卷六八《金日磾传》，第 2959 页。

② （南宋）程大昌撰，黄永年点校:《雍录》卷二《说》，中华书局 2002 年版，第 36 页。

③ 《资治通鉴》卷二二，“元狩三年”，第 634—635 页。

④ 陈直:《汉书新证》，第 349 页。

⑤ 《汉书》卷六八《霍光金日磾传》，第 2967 页。

⑥ 《汉书》卷六八《金日磾传》，第 2960 页。

⑦ 《汉书》卷六八《金日磾传》，第 2960 页。

⑧ 王美秀:《论〈汉书〉中匈奴人金日磾的身分转换》，《汉学研究集刊》2007 年第 4 期。

"其后弄儿壮大，不谨，自殿下与宫人戏，日磾适见之，恶其淫乱，遂杀弄儿。弄儿即日磾长子也。上闻之大怒，日磾顿首谢，具言所以杀弄儿状。上甚哀，为之泣，已而心敬日磾。"①对此，王美秀认为"金日磾以长子行为不检而杀之，如此严厉的家教在一般家族并不常见。但推想金日磾当时心情，或有不得已之处。生子而为帝王弄儿，恐非一般为人父者的期待，何况与帝王过度狎暱可能随时惹祸上身，再加上与宫人之间的应对超越礼戒，更可能肇祸。金日磾的处境本与一般汉人不同，他的生存远比一般汉人艰难，因此必须事事比别人谨慎；与其日后招来杀身灭门之祸，不如牺牲一子以全一族。在此段记载中，具体而微的表露了金日磾为人子之孝，为人父之严，以及其人格中谨礼守度而识见深远的特质。杀子事件也让汉武帝因而'心敬'日磾，成为日后武帝托孤之远因"。进而又指出："此行动本身又具有多层次的涵义：其一，金日磾以不惜杀子向汉人的道德观宣示认同，作为转换身分的一种跨进；其二，金日磾以激烈的手段向汉武帝宣示效忠，显然他也因此获得汉武帝的进一步接纳；其三，透露了金日磾对于家族成员，（尤其是长子），成为汉人统治者弄臣的屈辱的一种不露痕迹的抗拒。最后，金日磾杀子，不妨视为斩断其匈奴血统向下传衍的象征，其目的在于消解异族＼他者身分；此举类似西方神话中依底帕斯杀死亲生父亲，所传达的轻视血缘＼源的义意。"②

金日磾做了武帝的近臣后，行事非常谨慎："日磾自在左右，目不忤视者数十年。赐出宫女，不敢近。上欲内其女后宫，不

---

① 《汉书》卷六八《金日磾传》，第2960页。

② 王美秀：《论〈汉书〉中匈奴人金日磾的身分转换》。

肯。其笃慎如此，上尤奇异之。”[①] 王美秀对此指出："不敢忤视帝王、不敢接近受赐宫女与拒绝女儿成为皇帝的后宫，可以看成是在同一原则之下的系列行为。视线的接触、接近皇帝所接近过的女性、使自己成为皇帝的亲家，在抽象义意与实质义意上都指向'与皇帝平行'，但是在帝制体制下，这种待遇固然可以是一种恩宠，却也极容易转成忤逆或背叛。在求生存的原则下，金日磾的笃慎自然有其必要性。金日磾的笃实谨慎，对内为他与家族保全了生存空间，对外则为他与家族在身分转换上提供了正面积极的力量。”[②]

此后金日磾又因擒获刺杀武帝的侍中仆射马何罗而让武帝对他更为宠信。如前所述，后元二年（前 87 年）初，马何罗兄弟谋反。其意先为金日磾所察觉，"日磾视其志意有非常，心疑之，阴独察其动静，与俱上下。何罗亦觉日磾意，以故久不得发"。后武帝行幸林光宫，"日磾小疾卧庐"。颜师古曰："殿中所止曰庐。"马何罗兄弟认为机会来了，于是"何罗与通及小弟安成矫制夜出，共杀使者，发兵。明旦，上未起，何罗亡何从外入。日磾奏厕心动，立入坐内户下。须臾，何罗袖白刃从东箱上，见日磾，色变，走趋卧内欲入，行触宝瑟，僵。日磾得抱何罗，因传曰：'莽何罗反！'上惊起，左右拔刃欲格之，上恐并中日磾，止勿格。日磾捽胡投何罗殿下，得禽缚之，穷治皆伏辜。由是著忠孝节"[③]。

上官桀，陇西上邽人，字少叔。"少时为羽林期门郎，从武帝上甘泉，天大风，车不得行，解盖授桀。桀奉盖，虽风常属车；雨下，盖辄御。上奇其材力，迁未央厩令。上尝体不安，及愈，

---

① 《汉书》卷六八《金日磾传》，第 2962 页。

② 王美秀：《论〈汉书〉中匈奴人金日磾的身分转换》。

③ 《汉书》卷六八《金日磾传》，第 2961 页。

见马，马多瘦，上大怒：‘令以我不复见马邪！’欲下吏，桀顿首曰：‘臣闻圣体不安，日夜忧惧，意诚不在马。’言未卒，泣数行下。”[①]武帝见状，遂转怒为喜。实则官员任职，各有分工，当国家领导人出现大的变故时，若官员真正忠于国家，就应该比平时更加努力地做好本职工作，以保持政局的稳定。故王夫之论及上官桀此举指出：“桀非与国休戚之臣，厩令之职，在马而已，其泣也，何为而泣也？”[②]但武帝却深受感动，从此开始重用他：“由是亲近，为侍中，稍迁至太仆。”[③]

作为同受武帝赏识的近臣，霍光、金日磾、上官桀等之间的关系也很密切。

武帝后期，随着形势的变化，其身边的郎官内侍们，不断地发生着分化与组合。如侍中仆射马何罗与江充“相善”[④]。霍光、上官桀皆“素与”李广之孙李陵“善”[⑤]。李陵与苏武俱为侍中，二人关系“素厚”。苏武又与上官桀、桑弘羊关系密切：“武素与桀、弘羊有旧。”[⑥]同时，以霍光为核心，一批内侍官员也渐渐聚拢在了一起。

霍光与上官桀早在武帝去世之前就已结为姻亲关系。因《汉书·霍光传》云：“光与左将军桀结婚相亲，光长女为桀子安妻。”[⑦]辛德勇认为根据文意审度，“霍光既然是嫁女于‘左将军’之子上

---

① 《汉书》卷九七《上官皇后传》，第3957页。

② （明）王夫之：《读通鉴论》卷三《武帝惑于上官桀之佞而托以孤》，《船山全书》（第10册），岳麓书社1988年版，第152页。

③ 《汉书》卷九七《上官皇后传》，第3957页。

④ 《汉书》卷六八《金日磾传》，第2960页。

⑤ 《汉书》卷五四《李陵传》，第2458页。

⑥ 《汉书》卷五四《苏武传》，第2464—2467页。

⑦ 《汉书》卷六八《霍光传》，第2934页。

官安，也应当发生在昭帝即位之初”[①]。然而《上官皇后传》云上官安与霍光长女所生女儿立为昭帝皇后时，“年甫六岁”，并称“皇后立十岁而昭帝崩”[②]。据此逆推，上官皇后当生于后元元年（前88年）。若如此，辛德勇认为“以汉武帝之精明，恐怕不会安排霍光与上官桀一同接受顾命”[③]。而《上官皇后传》载昭帝死时，上官皇后“年十四五云”[④]。若按十四岁计算，该女当五岁立为皇后。据《金日磾传》云：“及上病，属霍光以辅少主，光让日磾。日磾曰：‘臣外国人，且使匈奴轻汉。’于是遂为光副。光以女妻日磾嗣子赏。”[⑤]辛德勇遂认为上官皇后“出生时间也应该定在昭帝登基的后元二年年底，那么，其母霍氏就应当是在昭帝甫一即位便嫁入上官家中，正与其女弟嫁入金家，情形相同”。亦即霍光要用联姻的方法，“试图与上官桀和金日磾结成利益同盟，使这个‘三人核心小组’完全听从自己的摆布”。进而得出一个结论：“综合分析上述情况，这桩政治婚姻，理应发生在霍光蒙受顾命之后，《汉书·外戚传》中上官氏六岁立为皇后的记载，似乎略有差误。”[⑥]应该说这仅是一个推测而已，然而接下来辛德勇就将他的推理做实证来利用了，如他在《海昏侯刘贺》一书中径称昭帝病故时，“皇后上官氏刚刚十四岁”[⑦]。实则《汉书·上官皇后传》于上官氏年岁交代甚确：“凡立四十七年，年五十二，建昭二年崩。”[⑧]是知上官

① 辛德勇：《海昏侯刘贺》，第103页。
② 《汉书》卷九七《上官皇后传》，第3958—3960页。
③ 辛德勇：《海昏侯刘贺》，第103页。
④ 《汉书》卷九七《上官皇后传》，第3960页。
⑤ 《汉书》卷六八《金日磾传》，第2962页。
⑥ 辛德勇：《海昏侯刘贺》，第102—104页。
⑦ 辛德勇：《海昏侯刘贺》，第121页。
⑧ 《汉书》卷九七《上官皇后传》，第3960页。

氏确实生于后元元年，霍光与上官桀结为姻亲关系是在武帝去世以前。而霍光推让主政之权，是在武帝将死之时："后元二年春，上游五柞宫，病笃，光涕泣问曰：'如有不讳，谁当嗣者？' 上曰：'君未谕前画意邪？立少子，君行周公之事。' 光顿首让曰：'臣不如金日磾。' 日磾亦曰：'臣外国人，不如光。'" [①] 霍光在关键时刻，举荐金日磾主持政务而非他人，于此可见其与金日磾相交之深："霍光受武帝之托时，却推让于金日磾，而不推让于上官桀——当然这种推让极可能也只是中国谦让传统中的一种形式上的必要而已——可见霍、金二人之情谊又较诸他人为亲信。"[②] 故张继昊论及霍光等人的关系，指出："在武帝末年，同样活动在武帝身边的霍光、金日磾、上官桀三人，应可视为一个政治小集团。" [③]

霍光、金日磾、上官桀等关系密切武帝应该是清楚的，即便如此，武帝还是毫无忌讳地将身家性命托付给他们，显现出对他们的绝对信任，或许在武帝看来，在严峻的情势下，忠于自己的亲信们之间关系融洽亲密，对他并不是坏事。

巫蛊之祸后，武帝更加借重此数人的力量。其中尤重霍光，如武帝"察群臣唯光任大重，可属社稷" [④]。可知在武帝看来，霍光不仅具有贾谊所说的念主忘身、忧国忘家的品性，而且在重大问题上有主见、敢担当。是知其以中朝臣身份参议国家政务，对武帝影响甚大，则武帝晚年在重大决策上征求并采纳其意见是可以想见的。故成祖明称："《轮台诏》的颁布和整个帝国政策的转

---

① 《汉书》卷六八《霍光传》，第 2932 页。

② 王美秀：《论〈汉书〉中匈奴人金日磾的身分转换》。

③ 张继昊：《汉武帝将立其子而杀其母说法的检讨——兼论汉武帝的皇位继承问题》。

④ 《汉书》卷六八《霍光传》，第 2932 页。

向与霍光集团在武帝晚年内侍集团中崛起有关。事实上，与其说武昭之际，霍光延续了武帝晚年与民休息政策，不如说这一政策就是霍光等武帝晚年内侍集团自己的主张。在经历巫蛊之祸后朝廷为之一空，政局极度不稳，内无太子宿卫，连武帝本人的人身安全都随时受到威胁。在这一情况下，霍光集团受到依重，在内侍集团中崛起，其政见由是对武帝产生重要影响。因此，《轮台诏》的颁布并非简单的武帝个人一时悔意和转向，而是其时内侍集团整体的转向。”[①] 这一看法颇有道理，亦即武帝晚年的政策很可能就是在霍光等内侍官员，尤其是在霍光的协助下制定并推行的，所谓的武帝临终之遗意亦为霍光之主张，霍光能不贯彻落实？当然成祖明称武帝晚年的政治转向“是其时内侍集团整体的转向”是不确切的，所谓的内侍集团其实只是一个统治群体而已，构成这一群体的每一个个体可谓各怀心思，并非铁板一块。

所以霍光、金日磾、上官桀等皆是以忠诚为武帝所赏识而被委以重任，而非如张继昊所言，当武帝病危之际，“三人正好在身边，虽然长期威震四方，但一个深处宫中的垂死老人，能依赖的也只有他们”[②]。

考三人尤其是霍光、金日磾长期侍奉武帝而未尝有过失，应该在于他们都能够深刻领会武帝的意图，并能充分予以贯彻落实。因此他们“对武帝晚年思想的变化及其对后世的安排与期待，必有深刻的了解”[③]。具体到霍光而言，“霍光在武帝左右几十年，对

① 成祖明：《内部秩序与外部战略：论〈轮台诏〉与汉帝国政策的转向》。
② 张继昊：《汉武帝将立其子而杀其母说法的检讨——兼论汉武帝的皇位继承问题》。
③ 陈苏镇：《汉代政治与〈春秋〉学》，第 292 页。

这种情势，及武帝死前的心境，会感受得很清楚”[①]。因此武帝临终特将霍光确定为五人辅政班子的领袖：“政事一决于光。”[②]并明确以金日磾、上官桀为霍光的副手：“大将军光秉政，领尚书事，车骑将军金日磾、左将军上官桀副焉。”[③]是知五人辅政班子的核心是居于中朝的霍光、金日磾、上官桀等三将军，首领则是霍光。

中朝或内朝，是武帝的创制。汉朝到武帝时，为了加强皇权，武帝从官僚机构及社会上选拔一批有才能的人任以侍中、左右曹、诸吏、散骑、中常侍、给事中等职入宫侍从左右，参与大政。还强化秘书机构的权力，该职由宦者担任的称中书，士人担任的称尚书，掌管内廷收发文件事务，将丞相权部分移于中书、尚书，即由中书、尚书掌机要，披章奏，分曹理事。又罢太尉，改置大司马，作为大将军的加官，由亲贵大臣担任。这样在朝廷便有了中朝和外朝之分。由大将军、侍中、中书、尚书、给事中等官组成中朝或称内朝，成为中央决策机构。以丞相、御史大夫为首的外朝，渐成为政务执行机关。大司马大将军是中朝最高官员，不过就武帝时而言，任大司马大将军、大司马骠骑将军的卫青、霍去病虽然贵幸，但并未参与政事。大司马大将军权兼中外，是从霍光开始的。对此，夏燮指出“按前此命将，皆备征讨，此以立太子辅政。车骑将军、左将军，皆副大将军。自此大司马之权重于丞相矣”[④]。

可以说，武帝在晚年选定霍光、金日磾、上官桀等三人作为

---

① 徐复观：《〈盐铁论〉中的政治社会文化问题》，《两汉思想史》（第三卷），第75页。

② 《汉书》卷六八《霍光传》，第2932页。

③ 《汉书》卷七《昭帝纪》，第217页。

④ （清）夏燮：《校汉书八表》卷七，第348页。

辅政大臣，与自文帝以来实行的政治试验有着直接的联系，但似乎又不仅至于此。

武帝即位之初，本来群士慕向，异人并出。但由于其大肆诛戮，导致与群臣关系持续紧张。进入统治后期，更是迭兴大狱，武帝此举主观上是为了强化自身的统治，客观上却深化了他与群臣的矛盾，以至于能得到他信任的人愈来愈少，这自然也限缩了他选择辅政人员的范围。而最终选择霍光等，自然是因为他们深得武帝信任，但更重要的原因是不管武帝是否愿意承认，此数人在事实上已经掌控了他的生死。巫蛊之祸中始终不见他们的身影，而在马何罗兄弟谋反时，三人却几乎同时出现，说明武帝晚年已把自己的身家性命托付给了他们。是以当此权力交接之际，武帝若不能对他们做出妥善安排，他自己可能死无葬身之地。

武帝晚年之严惩燕王刘旦、清算李氏外戚，既是为己，也是为霍光等；后来赐霍光周公负成王画、诛钩弋夫人、坐视霍光与上官桀结盟，都可视为武帝在向霍光等示好。由于武帝严威尚在，使霍光等对他心怀敬惧；而其一系列举措指向霍光等将被委以重任，又让霍光等对武帝心存感激。恩威并施之下，武帝在其末年实际上与霍光等达成了一个默契，即在未来的政局中，霍光等的地位会举足轻重，但他们不能干涉武帝的人事安排。是以田千秋、桑弘羊也被安排进了辅政班子。

田千秋、桑弘羊的人生都已进入暮年，如田千秋，昭帝即位后，“初，千秋年老，上优之，朝见，得乘小车入宫殿中，故因号曰‘车丞相’”[1]。而始元六年（前 81 年）盐铁会议上，桑弘羊自称：“余结发束修，年十三，幸得宿卫，给事辇毂之下，以至卿大夫

---

① 《汉书》卷六六《田千秋传》，第 2886—2887 页。

之位，获禄受赐，六十有余年矣。”[①] 是知后元二年（前 87 年）桑弘羊为御史大夫时年已七十左右。皆已难堪大任。然武帝仍选两人为辅政大臣，当是因为田千秋位居丞相之职，且“为人敦厚有智，居位自称，逾于前后数公”。桑弘羊为理财能臣，长期担任财政官员，“为国家兴榷筦之利”[②]，可协助霍光处理国家财政事务。鲁惟一论及桑弘羊辅政事就称：“尽管他的政策和性格可能使之难以受到同事或竞争对手的喜爱，他却是一个无法从政府最高决策团体中被排除的政治强人，因而他参与辅政也就不足为奇了。”[③] 且此二人在朝中地位皆举足轻重，当此敏感之时，将他们纳入辅政团队，有利于稳定朝局。

不过，由于桑弘羊是武帝时期的兴利之臣，若武帝确实要其继承者推行其晚年之政，就不应将其置于辅臣之列。田余庆推测其原因有二：一是因为他没有受到巫蛊之祸的牵连；一是桑弘羊是理财能臣，“霍光还需要他理财办事”[④]。蒲慕州则认为虽然武帝晚年“有意要走上原来卫太子所代表的路线。然而值得注意的是，由武帝所选定辅佐昭帝的霍光和桑弘羊二人来看，他虽然在轮台诏中表示了自己的态度，究竟没有下定决心。因为霍光代表的是保守，与民休息的方向，与卫太子相同；而桑弘羊代表进取，与民兴利的方向”[⑤]。劳干也认为：“汉武帝轮台之诏，也只是认清楚了当时的客观形势，为了国家一定要做一番休息，决不允许再做新的进取。但在武帝的志愿里面，并未完全放弃进取。这就是武

---

① 《盐铁论校注（定本）》卷四《贫富》，第 219 页。

② 《汉书》卷六六《田千秋传》，第 2884—2887 页。

③ ［英］鲁惟一著：《汉帝国的日常生活》，刘洁、余霄译，江苏人民出版社 2018 年版，第 27 页。

④ 田余庆：《论轮台诏》。

⑤ 蒲慕州：《巫蛊之祸的政治意义》。

帝指定顾命大臣中，桑弘羊还要占一席之地的原因。”[①] 而由于五人辅政班子中桑弘羊与霍光、金日磾等三人在《汉书·田千秋传》《霍光传》中皆被言及，杨勇遂认为这三人“应是这个团体的核心”。进而断言武帝去世前提升桑弘羊为御史大夫辅佐幼主，“除了希望其继续推行各项政治方略外很难找到更好的解释。而这恰恰也是武帝及至去世前仍对其大政方针无转折的一个明白表示”[②]。

由于《轮台诏》最后言及国策的转变，称“当今务在”云云。且又以热衷于兴利的桑弘羊为辅政大臣，自然会给人以一定的遐想，是以蒲慕州、劳干、杨勇等的看法似不无道理。但由于《轮台诏》颁布后不久武帝就死了，故武帝晚年的政治转向究竟是暂时的权宜之计还是长期的国策，还要通过考察后续的政治运作而定。至于桑弘羊，虽然他是兴利之臣，但由于他在辅政团队中不掌握决策权，并非如杨勇所言是核心成员，自然也影响不了政局的走向，是以以他为辅政大臣事来分析武帝晚年的政治取向，是值得商榷的。考武帝之所以选他为辅政大臣，当如田余庆所言，应该是看中了他的理财之能，想让他协助霍光处理好国家的财政问题。

---

① 劳干:《霍光当政时的政治问题》,《古代中国的历史与文化》(上)，第141页。

② 杨勇:《再论汉武帝晚年政治取向——一种政治史与思想史的联合考察》,《清华大学学报》2016年第2期。

第五章　和合同僚，安辑内外

霍光辅政之初，积极团结金日磾、上官桀，示好田千秋，孤立桑弘羊，从而基本实现了对政局的掌控。面对复杂的时局，以霍光为首的统治集团继续贯彻落实武帝晚年确立的富民、安民之策，在慎兴征伐的前提下，轻徭薄赋、宽缓刑狱，着力恢复残破的社会经济，维护社会的稳定。同时对宗室贵族恩威并施，严防其扰乱统治秩序。

第一节　求助良苦辛

昭帝即位之初，辅政大臣霍光面临的形势很不乐观。当时，内则社会残破："承孝武奢侈余敝师旅之后，海内虚耗，户口减半。"[①] 外则忧患未除。征和四年(前 89 年)，匈奴狐鹿姑单于遣使送交汉朝的国书中称："南有大汉，北有强胡。胡者，天之骄子也，不为小礼以自烦。今欲与汉闿大关，取汉女为妻，岁给遗我糵酒万石，稷米五千斛，杂缯万匹，它如故约，则边不相盗矣。"[②] 观其言辞之嚣张，可知虽然匈奴已实力大减，但其犯汉之心却未死。武帝晚年虽然年迈体弱，但在其长期形成的严威的震慑下，皇朝

① 《汉书》卷七《昭帝纪》，第 233 页。
② 《汉书》卷九四《匈奴传》，第 3780 页。

尚能维持粗安的局面。但新即位的昭帝，由于是武帝不循汉家传统依己意而立，得国不正，且年仅八岁，不具主政能力，难免会引起人心浮动。

而霍光此前官职仅做到奉车都尉、光禄大夫，资历甚浅，并且从未做过政务官，执政能力也不为时人所知，以至于宫中郎官需要通过观察其举致而揣摩其主政之由："每出入下殿门，止进有常处，郎仆射窃识视之，不失尺寸。"而"天下想闻其风采"。是以他辅政之初颇不为官员们所礼敬。如昭帝刚即位时，殿中夜间发生怪事，群臣皆惊慌失措，为防备有人乘机为乱，霍光就把掌管象征皇权的玉玺、虎符、竹符的符玺郎召到面前，让他将玉玺等物交给自己，不想符玺郎却不肯交出，霍光欲直接夺之时，符玺郎按剑抗拒说："臣头可得，玺不可得也！"[①]竟不听他的号令。

显见虽然霍光被武帝拜为大司马大将军，获得专断国是之权，但要想真正实现对皇朝的掌控，却需要他自己进行艰辛的开拓。就当时的情势而言，霍光无论是在中朝还是外朝，人脉皆不深厚，其要想顺利推行政令，就必须盯关键，抓核心，而辅政大臣皆为中外朝之领袖，自然就成了霍光重点争取的对象。其中尤重金日磾、上官桀。因为辅政团队实际上是由中、外朝两个官僚机构的成员组成的，并且各有分工。霍光、金日磾、上官桀属中朝，主决策；田千秋、桑弘羊出自外朝，主落实。因此若能得到金日磾、上官桀的鼎力支持，不仅能够保证决策的顺利通过，还可对外朝的田千秋、桑弘羊形成威压之势，为决策的执行提供强大的助力。

如前所述，霍光辅政前，已与上官桀结为姻亲关系，是以霍光对得到上官桀的支持是有信心的，因此起初重在增进与金日磾

① 《汉书》卷六八《霍光传》，第 2933 页。

的关系。如霍光一主政，便“以女妻日磾嗣子赏”。由于金日磾在平定马何罗反事中立下首功，霍光也赞同封其为侯：“初，武帝遗诏以讨莽何罗功封日磾为秺侯，日磾以帝少不受封。”[①] 惜乎天不假年，始元元年（前 86 年），“九月丙子，车骑将军日磾薨”[②]。享年不过 49 岁。此对霍光而言，可谓是一大损失。

金日磾死后，上官桀对霍光的重要性凸显出来：“光时休沐出，桀辄入代光决事”[③]。休沐即休假，当时官员工作期间，食宿皆在官署，每工作五日休假一天：“汉制，中朝官五日一下里舍休沐，三署诸郎亦然。”[④] 热衷于功名利禄的上官桀不免就会向霍光索取回报。如金日磾、霍光、上官桀等三人封侯事当与上官桀有关。此事使霍光的声誉颇受损伤。

据《汉书·金日磾传》，金日磾“辅政岁余，病困，大将军光白封日磾，卧授印绶。一日，薨”[⑤]。这从表面看似乎体现了霍光与金日磾之间深厚的同僚情谊，实则金日磾是平叛的首功之臣，若他没有得到封爵，霍光、上官桀也就无由封侯，所以在金日磾死前，强行先封他为侯。接下来，始元二年（前 85 年）正月，霍光、上官桀分别被封为博陆侯、安阳侯。

金日磾，据《汉书·金日磾传》，是“以讨莽何罗功”封侯。[⑥] 据《景武昭宣元成功臣侯表》，是“以驸马都尉发觉侍中莽何罗反侯”[⑦]。据《史记·建元以来侯者年表》，是因“觉捕侍中谋反者马

① 《汉书》卷六八《金日磾传》，第 2962 页。
② 《汉书》卷七《昭帝纪》，第 220 页。
③ 《汉书》卷六八《霍光传》，第 2934 页。
④ 《资治通鉴》卷二三，“始元三年”，第 754 页。
⑤ 《汉书》卷六八《金日磾传》，第 2962 页。
⑥ 《汉书》卷六八《金日磾传》，第 2962 页。
⑦ 《汉书》卷一七《景武昭宣元成功臣表》，第 666 页。

何罗等功侯”[1]。霍光，据《汉书·外戚恩泽侯表》，是“以奉车都尉捕反者莽何罗侯”[2]。据《史记·建元以来侯者年表》，是因“觉捕得侍中谋反者马何罗等功侯”[3]。上官桀，据《汉书·外戚恩泽侯表》，是“以骑都尉捕反者莽何罗侯”[4]。据《史记·建元以来侯者年表》，是因“觉捕斩侍中谋反者马何罗弟重合侯通功侯”[5]。《汉书·昭帝纪》又称霍光、上官桀“皆以前捕斩反虏重合侯马通功”封侯。[6]综合诸方信息，大致而言，金日磾功在发觉马何罗谋反并捕之。霍光功在发觉并捕得马何罗，还参与了抓捕马通事。上官桀功在捕斩马通，并参与抓捕马何罗事。

武帝在世时，对平定反叛者每行重赏，如征和二年（前91年），以马通等五人在平定卫太子之乱中立有大功，武帝先后封他们为列侯。征和三年，淮阳郡圉县官吏魏不害等四人因捕斩造反者公孙勇等有功，皆封侯。因此金日磾等三人擒捕反者，立有大功，其被武帝遗诏封侯似在情理之中。

然而三人封侯后，曾在宫中侍奉过武帝的卫尉王莽的儿子王忽却扬言说：“帝崩，忽常在左右，安得遗诏封三子事！群儿自相贵耳。”[7]事实上，霍光与王莽的关系颇为亲密，始元元年（前86年）王莽被提拔为卫尉，按说王忽作为王莽的儿子，应该主动支持霍光才是正理，可他却公然在大庭广众之下，嘲讽霍光，并轻蔑地将霍光等称为“群儿”。

---

① 《史记》卷二〇《建元以来侯者年表》，第1059页。
② 《汉书》卷一八《外戚恩泽侯表》，第691页。
③ 《史记》卷二〇《建元以来侯者年表》，第1059页。
④ 《汉书》卷一八《外戚恩泽侯表》，第691页。
⑤ 《史记》卷二〇《建元以来侯者年表》，第1060页。
⑥ 《汉书》卷七《昭帝纪》，第220页。
⑦ 《汉书》卷六八《霍光传》，第2933页。

考其原因，当是由于三人以内侍起家，很可能被时人归于佞幸宠臣之流，认为他们进不由道，靠着阿谀逢迎武帝而轻松度越群臣，直接跃升至权力的巅峰，因此本就对他们颇有厌恶与轻蔑之心，没想到就这他们还不满足，紧接着又以武帝遗诏为借口，自封为列侯。这在世人眼里，就有点小人弄权，贪婪无耻了。人们不否认他们有平定叛乱之功，但此前他们已被提拔为将军，难道说这还不够？所以霍光、上官桀被封侯的诏令一经公布，应当是引起舆论哗然，同时也会让人们对这个唯利是图的小集团更加失望，而这势必会让王忽感到尴尬，并对自己的前途产生深深的忧虑，或因此之故，使他有了与这个小集团撇清关系的冲动，于是公然嘲讽霍光等人。

金日磾在辅政之初，之所以拒绝被封侯，应该是考虑到当时少主新立，民心不稳，庶事繁多，作为国之柱石，应当如贾谊所言，要做到“主耳忘身，国耳忘家，公耳忘私，利不苟就，害不苟去，唯义所在”[①]。若斤斤于个人之私利，使操行有亏，为天下所唾弃，尽管大权在握，也难以服众。是以纵使有武帝遗诏，金日磾仍拒绝接受封爵。

应该说霍光与金日磾一样行事谨慎，深明为臣之义，何以金日磾能想到的道理，霍光却想不到？这显然是不正常的。事实上，金日磾讲了他反对封自己为侯的理由后，霍光就不再提封侯事了，想是他也知道这样不妥。然而金日磾死前，霍光却又强行封其为侯。细考之，其议或出自上官桀，其人轻佻好利，可能会要求霍光满足他封侯的愿望，由于霍光有求于他，以至于竟不能拒绝他的要求，遂有封侯之事。

---

① 《汉书》卷四八《贾谊传》，第 2257 页。

由于王忽否定武帝有遗诏封霍光等事，颇多学者怀疑霍光等所持的遗诏之说出于伪造，但王忽既非武帝亲信内侍集团的核心成员，又不可能始终守在武帝身边，而武帝又“只将遗诏口头传达给一小部分宠臣”[①]，因此武帝在安排一些重要事情时，若王忽不在场也是正常的。但要说武帝确实有封霍光等为侯的遗诏，也未免过于武断。不过无论武帝的遗诏是实有还是伪造，此时都不适合以此为借口自封为侯。是以霍光遭人诟病也就在所难免了。

而霍光得知王忽诽谤朝政后，“切让王莽”，即对王莽进行了严厉的批评，而王莽则“酖杀忽”。[②] 霍光在批评王莽时，可能会为遗诏的真实性进行辩护，也可能对此提都不会提。因为遗诏无论真假，都不是王忽该嘲讽的。霍光提拔王莽为卫尉，意在与他结为一体，同心辅政，然而他的儿子却公然非议朝政，制造混乱，因此霍光可能会质问王莽儿子是怎么教的，有没有大局观。而王莽自知儿子惹下大祸，甘愿承担责任，考虑到金日磾只因儿子行为不检点，就毫不犹豫地将其杀死，现在自己儿子酿成这么大的风波，不诛又有何颜面面对霍光？遂痛下杀手。对于这件事，霍光与王莽应该还有深谈，因为从后来霍光对王莽的倚重看，此事并没有影响到霍光与王莽亲密的关系，因为此事王莽确实是有过错，并且霍光也没有要求王莽杀掉王忽。

虽然封侯事把霍光搞得很狼狈，但毕竟拉拢着了上官桀，还是有收获的。

金日磾在世时，霍光因有他与上官桀两人的支持，人数上在

---

① ［日］中川祐志:《遺诏から见る前汉期の皇帝位形成过程》。

② 《汉书》卷六八《霍光传》，第 2933 页。

辅政团队居于优势地位，所以纵使田千秋、桑弘羊不配合，他也不甚畏惧。及金日磾病危，形势就变得微妙起来。

因为与桑弘羊有政见之异，且桑弘羊“自以为国兴大利，伐其功，欲为子弟得官，怨望大将军霍光”[①]。所谓“大利”，《汉书·霍光传》称是“建造酒榷盐铁”[②]。《田千秋传》称是“榷筦之利”。颜师古曰：“榷谓专其利使入官也。筦即管字也，义与干同，皆谓主也。”[③]所以霍光与桑弘羊关系始终不睦。而与田千秋的关系倒还凑合。

田千秋为外朝群臣之首，为得到他的支持，昭帝一即位，霍光即安排田千秋的兄弟、儿子于要害位置：“幼主新立，以为函谷京师之固，武库精兵所聚，故以丞相弟为关都尉，子为武库令。”[④]霍光对田千秋还非常尊重，“每公卿朝会，光谓千秋曰：‘始与君侯俱受先帝遗诏，今光治内，君侯治外，宜有以教督，使光毋负天下。’”田千秋则非常客气地回答说：“唯将军留意，即天下幸甚。”对于霍光所为之事“终不肯有所言”[⑤]。鲁惟一认为这意味着霍光的行为得到了“国家最高级别权贵”的“确认”或“同意”。[⑥]实则田千秋是严守内外朝的界限，坚持不插手内朝事务。但霍光做得好，他不肯表态也就算了，如果霍光做得不好，他也不吭声，岂不是看着霍光朝火炕里跳？所以田千秋对霍光的态度其实是不反对也不支持，属于靠边站。鹤间和幸称昭帝时期，“外朝的丞相

---

① 《汉书》卷二四《食货志》，第 1176 页。

② 《汉书》卷六八《霍光传》，第 2935 页。

③ 《汉书》卷六六《田千秋传》，第 2887 页。

④ 《汉书》卷七四《魏相传》，第 3133—3134 页。

⑤ 《汉书》卷六六《田千秋传》，第 2886 页。

⑥ Michael Loewe：*Crisis and Conflict in Han China*，London：George Allen & Unwin Ltd，1974，p.68.

车千秋、御史大夫桑弘羊等人与控制内朝的霍光形成对立”[①]。但从田千秋的反应看，其说显然与事实存在出入。

所以金日磾若病死，剩下的这四个人，其实是霍光、上官桀、桑弘羊三人在博弈，于是上官桀的地位陡然就变得重要起来，因为他支持谁，谁就在辅政团队中占了多数。不过，由于桑弘羊没有决策权，霍光似乎不用惧怕他。但反映在现实中，由于政治运作的复杂性，作为外朝执行机构领袖的桑弘羊照样能给霍光制造麻烦，如让官员们阳奉阴违，使其所做的决策作废或无法得到有效贯彻落实等。是以若其与上官桀实现结盟，霍光就会变得极其被动。当此情势下，若上官桀向霍光提出封侯的要求，并且也有合适的理由，霍光是很难拒绝的。亦即霍光有点被上官桀拿捏住了。是故王夫之论及封侯事称:“金日磾，降夷也，而可为大臣，德威胜也。武帝遗诏封日磾及霍光、上官桀为列侯，日磾不受封，光亦不敢受。日磾病垂死，而后强以印绶加其身。日磾不死，光且惮之，况桀乎？桀之逆，日磾亡而光受其欺也。”[②]

不管怎么说，尽管霍光可能为了满足上官桀的愿望，而使自己的声誉颇受损伤，但由于笼络住了上官桀，在金日磾死后，基本还是实现了对朝局的掌控。

第二节　施策务安民

没有从事过具体的行政管理工作，履历不完整，资历浅，是霍光的短板，但他身兼光禄大夫，得参与内廷会议，备武帝咨询，

① ［日］鹤间和幸:《始皇帝的遗产：秦汉帝国》，马彪译，广西师范大学出版社 2014 年版，第 301 页。

② （明）王夫之:《读通鉴论》卷四《金日磾不受封》，第 153 页。

要求他应该明悉天下大势，军国要务；以奉车都尉长期追随于雄才大略的武帝左右，亲见武帝治国之术，有耳濡目染之便利，若其有心学习，识见自会不浅。而霍光“出入禁闼二十余年，小心谨慎，未尝有过”，武帝认为其可任“大重”，说明霍光努力学习，勇于进取，很好地承担起了属于自己的职责，而武帝通过长期的观察与考核，也认可了霍光的能力，因欲委之以朝政，霍光于是从一众侍从之中脱颖而出。而武帝即存委霍光朝政之心，则接下来若对霍光进行重点培养，也是合乎逻辑的。所以此人虽出身内侍，但能力并不容小觑。

考武帝时期，经过长期的经营，基本已完成了对帝国的形塑。接下来的任务就是调整、补充与完善，争取将武帝时期取得的成果稳定下来，亦即新时代是“正需要紧缩调整的时代”[①]。沿此思路考虑，则慎兴征伐，着力发展民生，恢复残破的社会经济，实为治国之要务。若在此基础上，能对其他事务作出妥善的处置，则皇朝就会重新走上稳定发展的坦途。

是以霍光主政之初，即定昭帝的年号为“始元”。始、元，皆为开端之意。如《尔雅·释诂》云：“初、哉、首、基、肇、祖、元、胎、俶、落、权舆，始也。”[②]武帝以前，“天子、诸侯王、列侯各自纪年，天子君临天下之威仪不彰。武帝为突显天子天下一人之尊，与诸侯王、列侯大为不同，乃自为创制年号，诸侯王与列侯则仍用旧制，以见天子与王侯之差别”[③]。武帝时期，共行用

---

① ［日］内藤湖南著，夏应元选编并监译：《中国上古史》，《中国史通论》（上），夏应元等译，社会科学文献出版社 2004 年版，第 190 页。

② （晋）郭璞注，（北宋）邢昺疏：《尔雅注疏》卷一《释诂上》，《十三经注疏》，上海古籍出版社 1997 年版，第 2568 页。

③ 廖伯源：《说新——兼论年号之起源》，《秦汉史论丛》，（台北）五南图书出版股份有限公司 2003 年版，第 21 页。

年号 11 个，其中称元者共 7 次，即建元、元光、元朔、元狩、元鼎、元封、后元；称始者 1 次，即太始。又有称初者 1 次，即太初。充分彰显了武帝为满足时代的要求，不断求新求变的政治意图。而昭帝即位后的第一个年号称“始元”，则革新时政的指向更为强烈。这无疑会在一定程度上消解民众对新统治集团的疑虑。而随着一系列新政的推行，又使人们切实地感受到了国策的变化。

当时，对于匈奴，霍光致力于加强边境的防御工作，当匈奴挑衅时，霍光对其不仅不予以报复，还主动遣使修好，着力稳定边疆局势。同时让昭帝行籍田礼，以示重农之意；精准施策，扶助贫民；并两次大赦，以宽缓刑狱。是以市村瓒次郎指出：“霍光的政策继承了武帝末年的精神，改变了以前的膨胀政策，实行了紧缩的方针。”①

首先，慎兴征伐。征和四年（前 89 年），匈奴狐鹿姑单于挟覆灭李广利大军之威，先后三次羞辱汉朝，其中一次汉使不堪受辱，反唇相讥，骂冒顿单于“常妻后母，禽兽行也”，而被狐鹿姑单于扣压在匈奴，不得回汉。但事实上，由于“汉兵深入穷追二十余年，匈奴孕重堕殰，罢极苦之”。自狐鹿姑单于“以下常有欲和亲计”②。

当时了解匈奴情势的渠道甚广。如遣使赴匈奴的一个重要目的就是为了“窥观”其统治情势③。是以尽管征和三年（前 90 年）大败于匈奴，但于次年武帝仍两次派遣使者出使匈奴。

武帝以来，在汉朝的打击与利诱下，匈奴降汉者络绎不绝，

---

① ［日］市村瓒次郎：《东洋史统（卷一）》，（东京）富山房 1939 年版，第 446 页。

② 《汉书》卷九四《匈奴传》，第 3780—3781 页。

③ 《汉书》卷五四《苏武传》，第 2459 页。

又常捉拿匈奴人口或俘虏匈奴人，汉人得到这些人后，都会主动向他们了解匈奴的情况。如征和四年(前89年)，武帝在“轮台诏”中论及边地屡有私自进入匈奴或逃亡匈奴之事，官方往往并不知情，“后降者来，若捕生口虏，乃知之”[①]。

据《史记·货殖列传》，天水、陇西、北地、上郡诸郡“西有羌中之利，北有戎翟之畜，畜牧为天下饶”。上谷至辽东诸郡，其地辽远，人口稀少，“北邻乌桓、夫余，东绾秽貉、朝鲜、真番之利”[②]。考其意，是说诸边郡之民颇能以胡地之物产谋利，显见双方关系颇为密切。据《汉书·地理志》，定襄、云中、五原诸郡，“本戎狄地，颇有赵、齐、卫、楚之徙。其民鄙朴，少礼文，好射猎。雁门亦同俗”[③]。射猎是一种追逐动物的行为，活动范围往往很大，则其常常越界进入胡地实属常态。而武帝也称当时边塞官员对于百姓私自出关的态度是“今边塞未正，阑出不禁”[④]。是以边郡百姓中不乏明悉匈奴情势者。

当时政坛颇多明悉四夷事者，而范明友、赵充国更是其中的翘楚。范明友，陇西人，“以家世习外国事”[⑤]，时为护羌校尉，监护西羌。

赵充国，陇西上邽人，后徙金城令居。始为骑士，后以六郡良家子善骑射补羽林郎。“为人沉勇有大略，少好将帅之节，而学兵法，通知四夷事。”[⑥]武帝时，赵充国以假司马跟从贰师将军李广利击匈奴，结果被匈奴人重重包围。汉军乏食数日，死伤者多，

---

① 《汉书》卷九六《西域传》，第3914页。
② 《史记》卷一二九《货殖列传》，第3262—3265页。
③ 《汉书》卷二八《地理志》，第1656页。
④ 《汉书》卷九六《西域传》，第3914页。
⑤ 《史记》卷二一《建元以来王子侯者年表》，第1063页。
⑥ 《汉书》卷六九《赵充国传》，第2971页。

赵充国于是与壮士百余人溃围陷阵，李广利引兵随之，遂得突围而出。是役赵充国身被二十余创，李广利将其事迹上奏武帝，武帝下诏将赵充国征至其所居之所，让赵充国脱下衣服，查看其创伤，甚为感慨，因拜赵充国为中郎，迁官车骑将军长史。而这也意味着当汉朝权力由武帝向昭帝更易之际，赵充国就在朝廷。

由于以上原因，对于匈奴的情况，霍光当有较为深入的了解。就当时的汉朝而言，稳住北部边郡的局势，着力恢复社会经济，乃当务之急。是以昭帝即位之初，霍光便遣使出使匈奴，当然此举还有暗中招还李陵的意图。

前已言及，天汉二年（前 99 年）汉征匈奴，时为骑都尉的李陵将步卒五千人出居延北，在浚稽山与单于展开激战，后且战且退，在杀伤匈奴万余人后，因强弩都尉路博德不肯依诏接应，结果李陵退至距汉边塞百余里处，终至不支而降。据《史记·李陵列传》云："单于既得陵，素闻其家声，及战又壮，乃以其女妻陵而贵之。汉闻，族陵母妻子。"[①] 而据《汉书·李陵传》，李陵家人被族诛事发生在天汉四年（前 97 年）。是年汉朝再度兵出数路攻打匈奴，其中遣因杅将军公孙敖将兵深入匈奴迎李陵还汉朝，但公孙敖却无功而还，为了塞责，声称从所捕得的匈奴人口中得知，李陵教单于部署军队以防备汉军，故而自己无所得而还。武帝听说后，"于是族陵家，母弟妻子皆伏诛"[②]。显见李陵家被族灭，是公孙敖诬陷所致，当然也与武帝性情残暴有关。

李陵为汉名将李广之孙，名门之后，其本人又以壮勇名闻天下，故若能将李陵迎归，无疑对霍光、上官桀等是有利的。

---

① 《史记》卷一〇九《李陵列传》，第 2878 页。

② 《汉书》卷五四《李陵传》，第 2457 页。

李陵在匈奴，被单于立为右校王，另外，生长于汉朝的胡人卫律，本与武帝幸臣协律都尉李延年相善，后出使匈奴还朝途中，闻李延年家族被收捕，卫律惧怕被武帝一并诛除，遂亡还降匈奴，被单于立为丁灵王，与李陵皆尊贵用事。当时霍光派遣李陵的故人陇西任立政等三人作为使者一起到匈奴，意欲招李陵回朝。任立政等来到匈奴后，“单于置酒赐汉使者，李陵、卫律皆侍坐。立政等见陵，未得私语，即目视陵，而数数自循其刀环，握其足，阴谕之，言可还归汉也”。“目视”，颜师古曰：“以目相视而感动之，今俗所谓眼语者也。”“循”，颜师古曰：“谓摩顺也”。[1]“而数数自循其刀环”，周寿昌指出：“环者还也。循刀环者，隐示以还汉之意，握其足，示以速行也。”[2]“握其足”，杨树达认为是“立政握武足”[3]。然任立政当时只能“目视”李陵，并没有得到与李陵“私语”的机会，可知在招待酒宴上，任立政与“侍坐”在单于旁边的李陵相距颇远，且不便走动，由于是要暗中招李陵回汉朝，为免引起单于的猜疑，任立政实不敢贸然在大庭广众之下去和李陵套近乎。而考“数数自循其刀环，握其足”的文意，“循其刀环”“握其足”的主语都是“自”。是知这句话的意思是说任立政在宴席上，通过凝视李陵的方式引起其注意，然后自己多次抚摸所带之刀的刀环，又去握自己的足，以此暗示李陵回归汉朝的时机到了。

后李陵、卫律又“胡服椎结”，设宴招待任立政等使者。席间任立政高声说道：“汉已大赦，中国安乐，主上富于春秋，霍子

---

① 《汉书》卷五四《李陵传》，第2458页。

② （清）周寿昌：《汉书注校补》卷三八，（清）沈钦韩等：《汉书疏证（外二种）》（二），第701页。

③ 杨树达：《汉书窥管》卷六，湖南教育出版社2007年版，第347页。

孟、上官少叔用事。”试图以此打动李陵。李陵默然不予回应，注目细看任立政良久，抚摩着自己的头发，回答说：“吾已胡服矣！”过了一会儿，卫律起身去更衣，任立政趁机对李陵说：“咄，少卿良苦！霍子孟、上官少叔谢女。”李陵问道：“霍与上官无恙乎？”任立政于是说：“请少卿来归故乡，毋忧富贵。”而李陵以字称呼任立政说：“少公，归易耳，恐再辱，奈何！”话没说完，卫律就回来了，多少听到了些儿两人的对话，就不满地说：“李少卿贤者，不独居一国。范蠡遍游天下，由余去戎入秦，今何语之亲也！”于是便走了。任立政接着又问李陵：“亦有意乎？”李陵则说：“丈夫不能再辱。”①

而考李陵以胡人打扮见任立政等，其实就是在深思熟虑之后，对任立政的暗示作出的回应，即他已为胡人，无意归汉。李陵战败而降，直接原因是路博德不肯接应，而若深究之，乃在于武帝用人不当。然得知李陵降匈奴的消息后，“群臣皆罪陵”。武帝又询问太史令司马迁对此事的看法，司马迁认为李陵事亲孝、与士信、为国忠，有“国士之风”，对群臣对李陵的态度深致不满：“今举事一不幸，全躯保妻子之臣随而媒糵其短，诚可痛也！”认为李陵以不满五千步卒，与匈奴举国之兵转斗千里，虽败犹荣：“且陵提步卒不满五千，深輮戎马之地，抑数万之师，虏救死扶伤不暇，悉举引弓之民共攻围之。转斗千里，矢尽道穷，士张空拳，冒白刃，北首争死敌，得人之死力，虽古名将不过也。身虽陷败，然其所摧败亦足暴于天下。”进而指出，以他对李陵的了解：“彼之不死，宜欲得当以报汉也。”②然是役武帝本欲李广利立

① 《汉书》卷五四《李陵传》，第 2458 页。
② 《汉书》卷五四《李陵传》，第 2455—2456 页。

功大漠，是以予其主力三万骑兵，而让李陵作为侧翼助之，然而李广利“得首虏万余级而还。匈奴大围贰师，几不得脱。汉兵物故什六七”[①]。其功反不及李陵，司马迁又盛称李陵，于是“上以迁诬罔，欲沮贰师，为陵游说，下迁腐刑”[②]。后武帝又听信公孙敖的诬枉之言而族李陵之家，“使陵绝望于汉终不归”[③]。

因任立政云“汉已大赦，中国安乐”，而大赦发生在后元二年（前 87 年）六月，可知此事大约发生在当年秋，虽未能招回李陵，但与单于实现了接触，交换了意见。据《汉书 · 匈奴传》，征和四年(前 89 年）汉使被扣压后，“三岁乃得还”[④]。考其时间，汉使被放还时间当亦在后元二年。可知双方已开始了良性互动。

然而是年冬，却发生匈奴入侵朔方郡，杀戮掳掠吏民的事件。考其原因，当与匈奴左地贵族与单于不睦有关：“初，单于有异母弟为左大都尉，贤，国人乡之，母阏氏恐单于不立子而立左大都尉也，乃私使杀之。左大都尉同母兄怨，遂不肯复会单于庭。”考秦汉之际，冒顿单于建立强大的匈奴政权，置左右贤王、左右谷蠡、左右大将、左右大都尉、左右大当户、左右骨都侯等官，“诸左王将居东方，直上谷以东，接秽貉、朝鲜；右王将居西方，直上郡以西，接氐、羌；而单于庭直代、云中”。武帝时，在汉朝的持续打击下，匈奴不断西移，元封六年（前 105 年），儿单于即位后，“单于益西北，左方兵直云中，右方兵直酒泉、敦煌”[⑤]。是知当时匈奴左地与朔方郡相邻。虽狐鹿姑单于欲与汉和

---

① 《汉书》卷九四《匈奴传》，第 3777 页。

② 《汉书》卷五四《李陵传》，第 2456 页。

③ 李零：《汉奸发生学》，《读书》1995 年第 10 期。

④ 《汉书》卷九四《匈奴传》，第 3780 页。

⑤ 《汉书》卷九四《匈奴传》，第 3751—3781 页。

亲，但左大都尉部众却故意与其为难，遂入侵朔方。对此，霍光并未予以报复，而是为防范匈奴继续侵扰边郡，“发军屯西河”[①]，对朔方、五原、云中、定襄诸北部边郡形成策应之势。又派左将军上官桀巡行北部边疆，加强防御。始元二年（前85年），狐鹿姑单于“欲求和亲”[②]，应当是其感受到了汉的善意，惜乎其当年病死。

始元二年（前85年），狐鹿姑单于病且死，遗言要诸匈奴贵人立其弟右谷蠡王。“及单于死，卫律等与颛渠阏氏谋，匿单于死，诈挢单于令，与贵人饮盟，更立子左谷蠡王为壶衍鞮单于。”壶衍鞮单于即位后，汉不计前嫌，即遣使至匈奴，单于于是“风谓汉使者，言欲和亲”[③]。据《汉书·苏武传》，苏武在武帝时出使匈奴而不返，昭帝即位后，“数年，匈奴与汉和亲。汉求武等，匈奴诡言武死”[④]。考其时日，当在此时。而壶衍鞮单于之立导致匈奴的形势更加复杂：“左贤王、右谷蠡王以不得立怨望，率其众欲南归汉。恐不能自致，即胁卢屠王，欲与西降乌孙，谋击匈奴。卢屠王告之，单于使人验问，右谷蠡王不服，反以其罪罪卢屠王，国人皆冤之。于是二王去居其所，未尝肯会龙城。”[⑤]是以汉朝在始元二年（前85年）“冬，发习战射士诣朔方”[⑥]，以备非常。

当时，为巩固武帝时取得的军事成果而不得不用兵时，也是以少侵扰百姓为前提谋划策略。

始元元年（前86年）夏，益州的廉头、姑缯，牂柯的谈指、

---

① 《汉书》卷七《昭帝纪》，第218页。

② 《汉书》卷九四《匈奴传》，第3781页。

③ 《汉书》卷九四《匈奴传》，第3781—3782页。

④ 《汉书》卷五四《苏武传》，第2466页。

⑤ 《汉书》卷九四《匈奴传》，第3782页。

⑥ 《汉书》卷七《昭帝纪》，第221页。

同并等二十四邑皆反。元鼎六年（前 111 年），武帝“定西南夷，以为武都、牂柯、越巂、沈黎、文山郡”。元封二年（前 109 年），“又遣将军郭昌、中郎将卫广发巴蜀兵平西南夷未服者，以为益州郡”[①]。又:“滇王者，庄蹻之后也。元封二年，武帝平之，以其地为益州郡，割牂柯、越巂各数县配之。后数年，复并昆明地，皆以属之此郡。”[②]西南夷地区，物产丰饶，汉未定其地时，“巴蜀民或窃出商贾，取其筰马、僰僮、髦牛，以此巴蜀殷富”。又为通往身毒国，进而与大夏相通之地:“及元狩元年，博望侯张骞使大夏来，言居大夏时见蜀布、邛竹杖，使问所从来，曰‘从东南身毒国，可数千里，得蜀贾人市’。或闻邛西可二千里有身毒国。骞因盛言大夏在汉西南，慕中国，患匈奴隔其道，诚通蜀，身毒国道便近，有利无害。”[③]诸郡之中，益州郡最南，为汉朝与身毒国相通的门户，牂柯西与益州相连，北依犍为郡，东邻武陵郡、象郡，南接交趾郡。两郡地理位置极其重要，因此，昭帝时期发生叛乱后，朝廷对其予以坚决打击。遣水衡都尉吕破胡“募吏民及发犍为、蜀郡犇命击益州，大破之”[④]。募，《集韵·遇韵》云:“以财使也。”[⑤]“犇”，颜师古曰:“古奔字耳。”“犇命”，应劭曰:“旧时郡国皆有材官骑士以赴急难，今夷反，常兵不足以讨之，故权选取精勇。闻命奔走，故谓之奔命。”李斐则曰:“平居发者二十以上至五十为甲卒，今者五十以上六十以下为奔命。奔命，言急也。”颜师古赞同应劭的看法:“应说是也。”[⑥]实则两说皆有可取之

① 《汉书》卷六《武帝纪》，第 188—194 页。
② 《后汉书》卷八六《西南夷传》，第 2846 页。
③ 《史记》卷一一六《西南夷列传》，第 2993—2995 页。
④ 《汉书》卷七《昭帝纪》，第 219 页。
⑤ 赵振铎校:《集韵校本》卷七，上海辞书出版社 2012 年版，第 1021 页。
⑥ 《汉书》卷七《昭帝纪》，第 219 页。

处，此当是西南夷反后，犍为、蜀郡的常备兵材官、骑士即往征讨，及吕破胡至，又拣选两郡余下的男子从军征伐。显见吕破胡所统率的军队平叛，由两部分人员构成：一部分是国家出财物招募的吏民，亦即这部分士卒从军征伐是有报酬的；一部分是益州、牂柯邻郡的士卒。

当时又加强了对西羌的防御。始元二年（前 85 年）冬“调故吏将屯田张掖郡”。颜师古曰：“调谓发选也。故吏，前为官职者。令其部率习战射士于张掖为屯田也。”[①] 此属为国兴利，合于桑弘羊的治国理念，故西嶋定生指出：“这个屯田政策的开始是由御史大夫桑弘羊所计划实施的。”[②] 然此事当与西羌有关。

西羌是一个古老的部族，长期生活在黄河上游，以游牧为生。其北与匈奴相接，西北与西域相连，而以黄河与湟水交会处的河湟地区即“湟中”为中心。武帝以前，羌人臣属于匈奴。武帝时通过控制河西走廊，切断其与匈奴的联系，压缩其活动范围：“及武帝征伐四夷，开地广境，北却匈奴，西逐诸羌，乃度河、湟，筑令居塞；初开河西，列置四郡，通道玉门，隔绝羌胡，使南北不得交关。于是障塞亭燧出长城外数千里。”元鼎五年（前 112 年），羌人十余万反，汉遣将军李息、郎中令徐自为统军十万讨之，将其主体逐出河湟地区，汉遂置护羌校尉加强对留在河湟地区羌人的统领，并修筑防御设施，又迁民以实之：“始置护羌校尉，持节统领焉。羌乃去湟中，依西海、盐池左右。汉遂因山为塞，河西地空，稍徙人以实之。”[③]

---

① 《汉书》卷七《昭帝纪》，第 221 页。

② ［日］西嶋定生：《白话秦汉史（秦汉帝国的兴衰）》，黄耀能译，（台北）文史哲出版社 1983 年版，第 202 页。

③ 《后汉书》卷八七《西羌传》，第 2876—2877 页。

元康三年（前 63 年），赵充国称："往三十余岁，西羌反时，亦先解仇合约攻令居，与汉相距，五六年乃定。至征和五年，先零豪封煎等通使匈奴，匈奴使人至小月氏，传告诸羌曰：'汉贰师将军众十余万人降匈奴。羌人为汉事苦。张掖、酒泉本我地，地肥美，可共击居之。'"① 据此可知，大致在天汉年间，西羌便曾反叛过，汉朝用了多年才平定。及至后元年间，西羌又蠢蠢欲动。

由于河西走廊为连接西域的通道，阻隔羌地的要地，且羌地又出良马，故汉朝对此是不能掉以轻心的。而张掖地与西羌相接，是以朝廷屯田张掖是很有必要的。所以屯田张掖应该是霍光与桑弘羊等朝臣的共识。

其次，宣示重农之意，并扶助贫民度灾。

据《汉书·昭帝纪》，始元元年（前 86 年）二月"己亥"，昭帝"耕于钩盾弄田"。应劭曰："时帝年九岁，未能亲耕帝籍，钩盾，宦者近署，故往试耕为戏弄也。"臣瓒曰："《西京故事》弄田在未央宫中。"颜师古曰："弄田为宴游之田，天子所戏弄耳，非为昭帝年幼创有此名。"② 该年二月戊申朔，无己亥，有"乙亥"，或"乙"误为"己"；而南齐人顾暠之云昭帝"癸亥"即二月十六日耕于钩盾弄田。③ 钩盾在未央宫，如建始三年（前 30 年）七月，有小女陈持弓闻大水至，"走入横城门，阑入尚方掖门，至未央宫钩盾中"④。此意是说汉代天子本有专门的田地以行籍田礼，但因昭帝年幼该年二月某日改在未央宫钩盾署的弄田进行。

商周时天子都设有专用的田地"籍田"或"藉田"，其收获

---

① 《汉书》卷六九《赵充国传》，第 2972—2973 页。

② 《汉书》卷七《昭帝纪》，第 219 页。

③ （南朝·梁）萧子显:《南齐书》卷九《礼上》，中华书局 1972 年版，第 143 页。

④ 《汉书》卷一〇《成帝纪》，第 306 页。

物被用来祭祀上帝、祖先，为了表示对此事的重视，在耕种时天子往往举行耕作仪式，即“籍礼”。所不同的是“商王一般不亲耕‘籍田’，‘籍礼’的举行也未固定时间及地点。西周‘籍礼’有一套非常详尽的仪节，并有固定的举行时间和地点，天子要率公卿百吏亲耕‘籍田’”[①]。及至西周晚期，其礼废弛。文帝时，贾谊劝文帝重农，文帝“始开籍田”[②]。卫宏叙及籍田礼的程序云：“春始东耕于藉田，官祠先农。先农即神农炎帝也。祠以一太牢，百官皆从。皇帝亲执耒耜而耕。天子三推，三公五，孤卿十，大夫十二，士庶人终亩。大赐三辅二百里孝悌、力田、三老布帛。百谷万斛，为立藉田仓，置令、丞。谷皆给祭天地、宗庙、群神之祀，以为粢盛。”[③]

自文帝始，嗣后景帝、武帝皆曾行此礼，而目的皆是要以此表达国家的重农之意。如文帝二年（前178年）正月，诏称：“夫农，天下之本也，其开藉田，朕亲率耕，以给宗庙粢盛。”颜师古曰：“黍稷曰粢，在器曰盛。”十三年二月，诏曰：“朕亲率天下农耕以供粢盛。”[④]景帝后元二年（前142年）四月，诏称：“朕亲耕，后亲桑，以奉宗庙粢盛祭服，为天下先。”[⑤]武帝初即位，自言“今朕亲耕藉田以为农先”云云。[⑥]故昭帝亲耕于弄田，亦是要以此来表达朝廷的重农之意。

昭帝即位后，由于慎兴征伐，也为皇朝推行惠民政策奠定了

---

① 赖少伟、汤勤福：《“籍田”、“籍礼”三题》，《历史文献研究》（总第40辑），华东师范大学出版社2018年版，第99页。

② 《汉书》卷二四《食货志》，第1130页。

③ （东汉）卫宏撰，（清）孙星衍校集：《汉旧仪补遗》卷下，第102—103页。

④ 《汉书》卷四《文帝纪》，第117—125页。

⑤ 《汉书》卷五《景帝纪》，第151页。

⑥ 《汉书》卷五六《董仲舒传》，第2507页。

基础。武帝元狩年间起，实行盐铁专营政策，使国家的财政收入大增。如桑弘羊论及盐铁之利，一则曰："县官用饶足"；再则曰："兵革东西征伐，赋敛不增而用足。"复曰："当此之时，四方征暴乱，车甲之费，克获之赏，以亿万计，皆赡大司农。此者扁鹊之力，而盐、铁之福也。"[①]元封元年（前110年），实行均输平准政策，又给国家带来了巨大利益："于是天子北至朔方，东到太山，巡海上，并北边以归。所过赏赐，用帛百余万匹，钱金以巨万计，皆取足大农。"[②]天汉三年（前98年）二月，开始实行酒专卖政策："初榷酒酤。"应劭曰："县官自酤榷卖酒，小民不复得酤也。"韦昭曰："以木渡水曰榷。谓禁民酤酿，独官开置，如道路设木为榷，独取利也。"颜师古曰："榷者，步渡桥，《尔雅》谓之石杠，今之略彴是也。禁闭其事，总利入官，而下无由以得，有若渡水之榷，因立名焉。"[③]

昭帝即位后，这些政策继续执行，而主政的霍光又慎兴征伐，且无大事兴作，兼之昭帝既不巡行天下，也不去甘泉、汾阴及雍地祭祀天地，因而为皇朝节约下巨量的财富，为推行惠民措施打下了坚实的基础。

是以始元二年（前85年）霍光得以精准施策，扶助贫民。始元元年秋冬发生水灾："七月，大水雨，自七月至十月。"[④]当年冬，气温较高，出现暖冬天气："冬，无冰。"[⑤]暖冬易使作物生长旺盛，以至为春寒所伤，且使虫卵更易存活，并在春天大量繁殖，

① 《盐铁论校注（定本）》卷三《轻重》，第178—180页。
② 《史记》卷三〇《平准书》，第1441页。
③ 《汉书》卷六《武帝纪》，第204页。
④ 《汉书》卷二七《五行志》，第1364页。
⑤ 《汉书》卷七《昭帝纪》，第220页。

引发虫灾。并且每年三月，由于贫民冬季储存的粮食将用尽，而桑葚、冬小麦还未成熟，是一年中最艰难的荒春时节。此外，三月又是春耕的关键时期。如《氾胜之书》记载了关中地区的作物种植情况："杏始华荣，辄耕轻土弱土。望杏花落，复耕。三月榆荚时，雨，高地强土可种禾。""三月种粳稻。""三月榆荚时，有雨，高田可种大豆。"种麻，"二月下旬，三月上旬，傍雨种之。"种瓠"以三月"[①]。因此，始元二年，"三月，遣使者振贷贫民毋种、食者"[②]。这种振贷，"大致上是免息的"，但是"在法定时期如数归还"。就"贷种食"而言，"'种'就是耕种的种子；'食'就是耕者的口粮。要想赈救灾荒恢复生产，两者自为首要。而所贷的种粮，大体上是在秋收以后再行归还国家"[③]。当年八月，又根据灾害发生的情况，持续跟进，下诏免收所赈贷种、食，并免除百姓当年的田租："往年灾害多，今年蚕麦伤，所振贷种、食勿收责，毋令民出今年田租。"[④]此举有扶助贫民形成可持续发展能力的效用。

其三，宽缓刑狱。

始元六年（前81年）举行的盐铁会议上，文学指出武帝时刑法之所以严酷，其根源在于穷兵黩武："当公孙弘之时，人主方设谋垂意于四夷，故权谲之谋进，荆、楚之士用，将帅或至封侯食邑，而克获者咸蒙厚赏，是以奋击之士由此兴。其后，干戈不休，军旅相望，甲士糜弊，县官用不足，故设险兴利之臣起，磻溪熊罴之士隐。泾、渭造渠以通漕运，东郭咸阳、孔仅建盐、铁，

---

① 石声汉：《氾胜之书今释（初稿）》卷，科学出版社1956年版，第5—27页。
② 《汉书》卷七《昭帝纪》，第220页。
③ 钱剑夫：《秦汉货币史稿》，湖北人民出版社1986年版，第287—288页。
④ 《汉书》卷七《昭帝纪》，第220页。

策诸利，富者买爵贩官，免刑除罪，公用弥多而为者徇私，上下兼求，百姓不堪，抏弊而从法，故惨急之臣进，而见知、废格之法起。杜周、咸宣之属，以峻文决理贵，而王温舒之徒以鹰隼击杀显。”[①]昭帝即位后慎兴征伐，在源头上消弭了百姓违法乱纪的可能性，因而昭帝时刑罚的严酷性与武帝时期相比当有明显的变化。杨勇言及此期的司法就称：“就其程度来讲，由于霍光仍较重视社会经济的调整，恤农措施较多，百姓渐入安居，社会逐渐稳定，正如《汉书·田千秋传》言此段时间‘国家少事，百姓稍益充实’，这些状况导致犯罪的条件和可能性大为减少，自然犯罪也应较武帝时期为少，故司法应不及武帝时期严酷。”[②]

《汉书·黄霸传》云：“自武帝末，用法深。昭帝立，幼，大将军霍光秉政，大臣争权，上官桀等与燕王谋作乱，光既诛之，遂遵武帝法度，以刑罚痛绳群下，由是俗吏上严酷以为能。”[③]但这也表明霍光主政后一直在有意识地推行宽缓之政，法治转向严酷是在元凤元年（前 80 年）诛除上官桀等之后。其突出表现是昭帝一即位便连续两次大赦。如后元二年（前 87 年）六月，赦天下。始元元年（前 86 年）七月，赦天下，赐民百户牛酒。

《汉旧仪》言及汉代赦天下事称：“每赦，自殊死以下，及谋反大逆不道诸不当得赦者，皆赦除之。”[④]不过从出土简牍看，赦免并非适用于所有罪犯。据悬泉汉简Ⅱ T0216②：615 载，盗铸金钱、奴婢贼杀伤主人及主人嫡妻按律皆不得赦免，且赦令不适用于蛮夷：“铸伪金钱奴婢犯贼杀伤主主适妻以上律皆不得赦在蛮夷

---

① 《盐铁论校注（定本）》卷二《刺复》，第 132 页。

② 杨勇：《再论汉武帝晚年政治取向——一种政治史与思想史的联合考察》。

③ 《汉书》卷八九《黄霸传》，第 3628 页。

④ （东汉）卫宏撰，（清）孙星衍校集：《汉旧仪补遗》卷下，第 103 页。

中得毋用期。”又据悬泉汉简 IT0115 ③：90 载，自身杀人者、盗窃宗庙衣服车马等物者、官吏非法收受贿赂值金十斤者不在赦免之列：“赦天下自殊死以下非手杀人盗宗庙服御物及吏盗受赇直金十斤☐赦除之。”[①]

并且被赦者也并非直接免罪归家。据《汉书·宣帝纪》，皇曾孙幼时收系郡邸狱，丙吉“使女徒复作淮阳赵征卿、渭城胡组更乳养”。“复作”，孟康认为是律名，指罪犯根据赦令规定，可以解除钳、釱等刑具，并脱掉罪犯穿的赭衣，若再犯罪，按百姓的标准而不是按其刑徒的身份量刑，但并非是完全赦免其罪责，因此其仍要为官府劳作，直到刑期届满为止：“复音服，谓弛刑徒也，有赦令诏书去其钳釱赭衣。更犯事，不从徒加，与民为例，故当复为官作，满其本罪年月日，律名为复作也。”[②] 而据出土简牍显示，遇赦者的服役时间是有减免的。据悬泉汉简Ⅱ T0216 ②：615 云，犯死罪者、死罪以下至四年刑城旦舂以上者、三岁刑鬼薪、白粲者，遇赦，分别要为官府劳作三年、二年及一年：“诸以赦令免者其死罪令作县官三岁城旦舂以上二岁鬼新白粲一岁。”若属二岁刑司寇等轻罪，则据赦令免为庶人。如悬泉汉简 IT0309 ③：149：“神爵四年五月甲子朔壬申县泉置啬夫弘敢言之廷司寇大男冯奉世故魏郡内黄共里会二月丙辰赦令免为庶人当归故县□使。”[③]

又据悬泉汉简 II0214 ②：565 云，流徙者因各种原因未到，依赦令可免于流徙。赦令颁布前所犯之罪，在赦令颁布后被发觉，

① 张俊民：《悬泉汉简所见赦令文书初探》，《简帛研究（2011）》，广西师范大学出版社 2013 年版，第 108—112 页。

② 《汉书》卷八《宣帝纪》，第 235—236 页。

③ 张俊民：《悬泉汉简所见赦令文书初探》，载卜宪群、杨振红主编：《简帛研究二〇一一》，第 108—118 页。

则不予以追究："当徙边未行，行未到若亡勿徙，赦前有罪，后发觉勿治。"① 另外赦令颁布时尚未审理的案件，予以结案，并释放当事人。如丞父侯孙王，"始元元年，坐杀人，会赦，免"②。

总之，虽然大赦有颇多限制，但通过连续的赦免活动，不仅使大批罪犯得以减刑，更使相当数量的百姓当农忙时节回归家庭，对小农之家而言，无异于雪中送炭。

第三节　恩威定宗室

昭帝初年，朝廷与宗室贵族关系颇为紧张。而这也是双方矛盾长期积累的结果。

文景时期，随着实力的增强，诸侯王往往挟其威权，专断国事，挑衅皇朝，对皇权的威胁日甚。因此自文帝起，开始着手限制宗室诸侯，导致双方长期关系紧张，最终引发七国之乱，叛乱平定后，景帝加大削藩的力度，最终将诸侯边郡及支郡咸纳于汉："吴楚时，前后诸侯或以适削地，是以燕、代无北边郡，吴、淮南、长沙无南边郡，齐、赵、梁、楚支郡名山陂海咸纳于汉。"③

当武帝即位之初，诸侯王国共有24个，即楚、齐、城阳、菑川、淮南、衡山、济北、燕、梁、济川、济东、山阳、代国、河间、鲁、江都、赵、长沙、胶西、中山、广川、胶东、清河、常山等国。嗣后，济川、淮南、衡山、燕、江都、济东等六国以罪，齐、山阳、胶西、清河等四国以无后，封国被除，地入于汉。

---

① 胡平生、张德芳编撰:《敦煌悬泉汉简释粹》，上海古籍出版社2001年版，第15页。

② 《汉书》卷一七《景武昭宣元成功臣表》，第665—666页。

③ 《史记》卷一七《汉兴以来诸侯王年表》，第803页。

武帝初，主父偃建言对诸侯王实行“推恩令”，就是令诸侯王“自裂地分其子弟”，但是要上报朝廷，由朝廷为其“定制封号”予以确认，并使其“别属汉郡”，脱离诸侯王的控制，而纳入朝廷的地方管理体制。[①] 其议为武帝所采纳。元朔二年(前 127 年)正月，武帝下诏:“梁王、城阳王亲慈同生，愿以邑分弟，其许之。诸侯王请与子弟邑者，朕将亲览，使有列位焉。”结果“藩国始分，而子弟毕侯矣”[②]。有学者将贾谊之策与此相比，指出“‘剖分’策众建的是王国，王国分多，力量虽然有所削弱，但王国仍然独立于汉郡之外;‘推恩’策众建的是侯国，侯国分多，不仅使王国力量削弱，而且侯国被纳入到中央直属的汉郡统辖之下，郡县的范围扩大了”[③]。此制推行的实质，显然是意在继续消弱诸侯王的实力，然而它的推行却相当顺利。

究其原因，乃在于朝廷发言立论站在道义的制高点，使诸侯王无法拒绝。武帝即位，朝中大臣继续对诸侯王严加约束，而诸侯王“多自以侵冤”。建元三年（前 138 年），中山王刘胜与代王刘登、长沙王刘发、济川王刘明等来京师朝见武帝，武帝置酒招待诸王，席间，刘胜“闻乐声而泣”，称由于朝廷群臣的构陷，“使夫宗室摈却，骨肉冰释”。并“具以吏所侵闻”。武帝于是“乃厚诸侯之礼，省有司所奏诸侯事，加亲亲之恩焉”。继而又实行推恩令，也是对刘胜建议的响应。因为推行此令的理由是武帝鉴于诸侯王关爱其子弟，有施“私恩”让其子弟为列侯的愿望，而这在前朝是不允许的。现在为体现朝廷对诸侯王的重视与关怀，特打

---

① 《汉书》卷五三《刘胜传传》，第 2425 页。

② 《汉书》卷六《武帝纪》，第 170 页。

③ 柳春藩:《秦汉封国食邑赐爵制》，第 63 页。

破常规，对诸侯王施以“厚恩”[①]，允许他们将自己之爱推及自己的子弟：“令诸侯得推恩分子弟，以地侯之。”此举给诸侯王带来了无尽的烦恼，因为当时“诸侯子弟或十数”[②]。如中山王刘胜多内宠，一生“有子枝属百二十余人”[③]。若如武帝所令，皆分国邑给自己的子弟，则他们将何以自处？并且按照武帝之令，接下来分不了几代，诸侯王国便将无立锥之地。但是由于武帝陈义甚高，诸侯王竟无法拒绝。所以主父偃讲实行推恩令，能使“彼人人喜得所愿”[④]，落到实处，是获封者高兴，诸侯王则对朝廷充满怨恨。如城阳国被分出 33 个侯国，赵国被分出 24 个侯国，中山国被分出 20 个侯国，菑川国被分出 17 个侯国，长沙国被分 15 个侯国，河间国被分出 12 个侯国，因此，到了武昭之际，武帝即位之初存在的 24 个诸侯王国，虽然有 14 个传承了下来，但是颇多王国封地已经大减，如济北国在分出 11 个侯国后，封地更缩小到县的规模。

而从后续的发展看，大多数获封的王子侯因各种原因，很快又失去了封地。据《汉书·王子侯表》，武帝一朝共分封王子侯 178 人，其中 13 人分封于元朔二年（前 127 年）前，余下的 165 人皆分封于元朔二年实行推恩令后。前 13 人中，7 人因坐酎金、2 人因有罪、3 人因无后，其侯国被除；后 165 人中，57 人因坐酎金、30 人因有罪、15 人因无后及其他情况其侯国被除；此外征和元年（前 92 年），赵王刘彭祖薨，其子武始侯刘昌嗣爵为赵王，则其武始侯国当入于汉地，是以总计到武昭之际，侯国数量只剩下 63

---

① 《汉书》卷五三《刘胜传》，第 2422—2425 页。

② 《史记》卷一一二《主父偃列传》，第 2961 页。

③ 《史记》卷五九《刘胜世家》，第 2099 页。

④ 《史记》卷一一二《主父偃列传》，第 2961 页。

个。所以武帝颁推恩令，不仅为诸侯王所不满，就是王子侯也心怀怨恨忧惧。此外，武帝以前所封王子侯，到武帝即位时，尚存4个，然2个因坐酎金、1个因罪，1个因无后，皆绝于武帝之世。

总之，由于武帝的刻意打压，使宗室贵族与朝廷的矛盾甚深。于是当武帝违背传统，舍弃其在世长子燕王刘旦而立其少子刘弗陵为继嗣后，难保不会有一些对朝廷心怀怨恨的宗室贵族借机兴风作浪。

是以霍光在做好国家中心工作的同时，还有意识地借祥瑞来鼓吹昭帝得国之正。始元元年（前86年）二月“黄鹄下建章宫太液池中”。臣瓒曰：“时汉用土德，服色尚黄，鹄色皆白，而今更黄，以为土德之瑞，故纪之也。”[①] 据董仲舒称黄鹄的出现还与人君推行德政有关：“恩及羽虫，则飞鸟大为，黄鹄出见。”[②] 当时“公卿上寿”祝贺昭帝，昭帝则“赐诸侯王、列侯、宗室金钱各有差”。其意既是为了笼络宗室贵族，又欲借此提醒宗室贵族，昭帝之立已得到了上天的认可，大家都应该尊奉他，而不得有任何非分之想。始元三年，“冬十月，凤皇集东海，遣使者祠其处”[③]。凤凰的出现被认为是上帝对皇帝治国有方提出的赞扬，如元光元年（前134年）五月，武帝诏称唐虞、成康之时，因治国有方，天下太平，以至于“麟凤在郊薮，河洛出图书”[④]。

霍光在利用祥瑞文饰昭帝统治的同时，对贵族集团恩威并施，严防其扰乱国家统治秩序。

---

① 《汉书》卷七《昭帝纪》，第218页。

② （清）苏舆撰，钟哲点校：《春秋繁露义证》卷一三《五行顺逆》，中华书局1992年版，第373页。

③ 《汉书》卷七《昭帝纪》，第218—221页。

④ 《汉书》卷六《武帝纪》，第160页。

当时，对违法犯罪者，一经发现即予以严惩，以儆效尤。如济北王刘宽就因罪被逼自杀。据《汉书·刘勃传》，后元二年（前87年），刘宽“坐与父式王后光、姬孝儿奸，悖人伦，又祠祭祝诅上，有司请诛。上遣大鸿胪利召王，王以刃自刭死。国除为北安县，属泰山郡”[①]。《诸侯王表》叙及此事，称刘宽“后二年，谋反，自杀”[②]。《昭帝纪》则云后元二年秋，“济北王宽有罪，自杀”[③]。后史家叙及此事，如《汉纪》《资治通鉴》及《西汉年纪》皆不取刘宽“谋反”之说。

据《汉书·刘勃传》称刘宽自杀后，其国除为北安县，属泰山郡。而征诸《地理志》，泰山郡无北安县，有卢县，下注云:“都尉治。济北王都也。”[④]对此，钱大昕指出:“疑北安为卢之误。或初名北安，而后改卢也。”[⑤]据此可知，济北国之疆域甚狭小，且处于泰山、济南、平原、东郡等诸郡的包围之中，无任何可以谋反的资本。故诸家皆不取此说甚有道理。至于《资治通鉴》叙及此事亦不取刘宽祝诅昭帝事，径称后元二年（前87年）秋“济北王宽坐禽兽行自杀”[⑥]，则是值得商榷的。

考济北国与淮南国、衡山国皆出自高帝子刘长一系。刘长在高帝时被立为淮南王，文帝时，因骄蹇不奉法，在被废徙途中自杀。后文帝耻有杀弟之名，因采取补救措施，先是尽封刘长四子刘安、刘勃、刘赐、刘良等分别为阜陵侯、安阳侯、阳周侯、东城

---

① 《汉书》卷四四《刘勃传》，第2157页。
② 《汉书》卷一四《诸侯王表》，第404页。
③ 《汉书》卷七《昭帝纪》，第218页。
④ 《汉书》卷二八《地理志》，第1581页。
⑤ （清）钱大昕著，方诗铭、周殿杰校点:《廿二史考异》卷八《汉书三》，第149页。
⑥ 《资治通鉴》卷二二，“后元二年”，第748页。

侯。后刘良死，文帝又三分淮南故地，以九江郡立刘安为淮南王、以衡山郡立刘勃为衡山王，以庐江郡、豫章郡立刘赐为庐江王。

三人被封为王后，刘安、刘赐皆与朝廷离心离德，先是吴楚七国之乱时，刘安即欲发兵回应，但为淮南国相所阻而未成。刘赐虽不支持吴楚，但因与南越国边界相接的缘故，多次遣使与南越国相通。吴楚之乱后，景帝将刘勃徙为济北王，而以刘赐为衡山王。武帝时，刘安、刘赐又阴谋叛乱，武帝颁推恩令时，刘安只有两个儿子，其中其嫡子刘迁已为太子，按说应当响应武帝的号召立其庶长子刘不害为侯，但刘安却对此置若罔闻。刘赐除其太子外，至少还有四个儿子，但也只是有其一子刘置为侯。显见两人对推恩令皆甚抵触。及至元狩元年（前 122 年），刘安、刘赐又因谋反不成相继在朝廷逼迫下自杀，国除为郡，淮南国为九江郡，衡山国为衡山郡。

刘勃则是忠于朝廷，当景帝三年（前 154 年）吴楚之乱发生时，“吴使者至衡山，衡山王坚守无二心”。次年，刘勃来朝，“上以为贞信，乃劳苦之曰：‘南方卑湿。’徙衡山王王济北，所以褒之。及薨，遂赐谥为贞王”[①]。此看似朝廷对刘勃恩赐甚厚，但事实上，就徙封其为济北王一事而言，此举“表面原因是酬其不反，但并不予其济北全郡，而是乘机分济北置平原郡属汉，以缩小了的济北郡王之”。其地“仅及故秦济北郡之三、四分之一而已”[②]。刘勃薨后，其子刘胡嗣爵，武帝时，刘胡响应号召，元朔三年(前 126 年）十月分国邑封其兄弟 6 人、儿子 5 人共 11 人为侯。然而所分的 11 个侯国，到天汉四年（前 97 年）刘胡子刘宽嗣爵时，

---

① 《史记》卷一一八《淮南衡山王列传》，第 3081—3082 页。

② 周振鹤:《西汉政区地理》，人民出版社 1987 年版，第 105 页。

已有5个以坐酎金、2个以有罪、1个以无后，国除而地入于汉，此8侯失国后，只能重回济北国生活。如刘胥子南利侯刘宝，宣帝时“坐杀人夺爵，还归广陵”[①]。这无疑会加重疆域已经急剧萎缩的济北国的负担，并加剧其家族内部的矛盾。

据考证，山东省长清县双乳山一号汉墓的墓主为刘宽，该墓位于双乳山顶部，属凿岩成穴的崖室墓，考古发现其墓葬规模相当宏大：“封土占地面积达4225平方米，高12米以上，土石方达30000立方米。墓葬总面积达1447.5平方米。凿石总量为8800立方米以上。这一面积和凿石量要比以往所发掘的规模最大的面积为851平方米、凿石量为5100立方米的徐州狮子山楚王陵还要大得多，是满城陵山、曲阜九龙山等一般王陵凿石量的3倍左右。因此，双乳山汉墓在已发掘的汉王陵中规模是最大的，在我国已发掘的历代岩室墓中也是罕见的。墓葬封土、填土总量近4000立方米。其中除石块、石子、石渣外，其余纯净的黄土，都是从山下挖取运上山来夯筑而成的。营建如此规模宏大的陵墓，对于济北国来说，其工程不能不说浩大艰巨。”[②]这也显示，其墓葬当是其即位之后，长期修建而成的，因为“如果不是预作寿藏，是不可能有如此规模的墓葬的”[③]。显见，尽管刘宽即位时，济北国经济状况已甚艰难，但他却仍不肯降低生活标准，兼之7个废侯之家、1个无后侯之家皆生活在济北国，则由此给其财政收支带来的压力之大可想而知。

---

① 《汉书》卷六三《刘胥传》，第2761页。

② 山东大学考古系、山东省文物局、长清县文化局：《山东长清县双乳山一号汉墓发掘简报》，《考古》1997年第3期。

③ 杨爱国：《汉代的预作寿藏》，《汉代考古与汉文化国际学术研讨会论文集》，齐鲁书社2006年版，第276页。

就当时朝廷的情况而言，武帝崩逝指日可待，按照汉朝选立储君的传统，极有可能由燕王刘旦继位，而刘宽为了改变其困窘的状况，很可能会有意识地亲近刘旦。不想最终是武帝少子刘弗陵做了皇帝，于是刘宽在大失所望的情况下，暗中祝诅昭帝也是合乎情理的。

始元元年（前 86 年）秋，又严惩了阴谋造反的中山哀王之子刘长、齐孝王之孙刘泽及燕王刘旦。

昭帝即位后，即颁赐各诸侯王玺书，告知他们武帝去世的消息："帝崩，太子立，是为孝昭帝，赐诸侯王玺书。"[①] 玺书即以皇帝印玺封记的诏书。据《汉旧仪》，皇帝有六玺，皆以白玉为之，玺纽皆螭虎纽："皇帝六玺，皆白玉螭虎纽，文曰'皇帝行玺'、'皇帝之玺'、'皇帝信玺'、'天子行玺'、'天子之玺'、'天子信玺'，凡六玺。"六玺各有用途："以皇帝行玺为凡杂以皇帝之玺赐诸侯王书；以皇帝信玺发兵；其征大臣，以天子行玺；策拜外国事，以天子之玺；事天地鬼神，以天子信玺。"以皇帝印玺封记的诏书称玺书。诏书皆用木简，称为板、版或牍，长一尺一寸，称尺一板或尺一牍。若用简较多，则用绳编连成册，结绳处以武都紫泥封之，再在封泥上加盖天子玺印，称玺封。然后装入以白素为里的青布囊中，青布囊两端无缝，用以保护封泥。在青布囊封口处以一尺一寸长的签板予以封护，在其中央进行捆束，在捆束处施以武都紫泥，由尚书令加盖官印予以题署："皆以武都紫泥封，青布囊，白素里，两端无缝，尺一板中约署。"以驿骑急速行进传递："奉玺书使者乘驰传，其驿骑也，三骑行，昼夜行千里为程。"[②]

---

① 《汉书》卷六三《刘旦传》，第 2751 页。

② （东汉）卫宏撰，（清）孙星衍辑：《汉旧仪》卷上，第 62—63 页。

刘旦接到玺书，得知昭帝继位，甚为恼怒，说："玺书封小。京师疑有变。"此事为使者亲见，回朝复命定会向霍光汇报。嗣后刘旦又派遣亲信寿西长、孙纵之、王孺等前往长安，以询问礼仪为名打探消息。王孺见到了执金吾郭广意，"问帝崩所病，立者谁子，年几岁。广意言待诏五莋宫，宫中讙言帝崩，诸将军共立太子为帝，年八九岁，葬时不出临。"[①] 此外，还曾试图拜见盖主，但因盖主入宫却没能见到。

王孺等返回燕国后，将打探来的消息向刘旦作了报告。刘旦经过认真分析，从中看到数个疑点：首先，武帝驾崩，变起仓促，昭帝在混乱中被拥立为新君，是否真正得到大臣们的支持还有待观察；其次，新君在武帝丧葬期间不出宫临朝，是否意味着被身边的重臣控制？最后，盖主入宫而不得见，显见深入参与了朝政，盖主是刘旦的姐姐，朝臣请其入宫议事，是否与运作拥立刘旦有关？因此刘旦说："上弃群臣，无语言，盖主又不得见，甚可怪也。"然后便充满期待地等待好消息的到来。不想却久等而不得，于是又派中大夫作为自己的正式使者到长安上书，历数武帝的功德，请求在郡国为武帝建庙供奉："窃见孝武皇帝躬圣道，孝宗庙，慈爱骨肉，和集兆民，德配天地，明并日月，威武洋溢，远方执宝而朝，增郡数十，斥地且倍，封泰山，禅梁父，巡狩天下，远方珍物陈于太庙，德甚休盛，请立庙郡国。"意在借此与主持朝政的霍光等新贵建立联系，为自己入主长安做好准备。想当年吕后去世时，虽然立有少帝，但因为没能得到朝中重臣的承认，朝臣在除掉吕氏外戚后，转而拥立了高帝在世儿子中的长子代王刘恒为新君。如今情势与当年颇为相似，刘旦觉得自己被拥为新君的

① 《汉书》卷六三《刘旦传》，第 2751 页。

可能性非常大。但中大夫回到燕国后，回馈给刘旦的信息却让他大失所望。因为朝廷对他在奏书中表现出的对已故皇帝的忠孝之心并不在意，书奏上去后，朝廷的回复仅仅是“奏报闻”[①]，即皇帝表示知道了而已。而且这也显示中大夫没有得到霍光的接见。

据《汉书·昭帝纪》，接着在始元元年（前 86 年）春，朝廷又“益封燕王、广陵王及鄂邑长公主各万三千户”[②]。而据《刘旦传》，除此之外，朝廷还“褒赐燕王钱三千万”。到得此时，刘旦彻底断了入主未央宫的念想，因为此举意味着昭帝作为新君的地位是得到了权臣们的认可的。是以刘旦当时便怒曰：“我当为帝，何赐也！”[③]见称帝无望，兼之一些没落贵族如刘长、刘泽等的支持与挑唆，刘旦很快就动了谋反的念头。

于是刘旦与刘长、刘泽等结谋，诈称刘旦在武帝时曾受诏有主持军政事务以“备非常”之权，由刘长作为宗室的代表代刘旦向燕国群臣予以宣示，声称“寡人赖先帝休德，获奉北籓，亲受明诏，职吏事，领库兵，饬武备”云云，以示此事的可信性及宗室对刘旦的支持。在刘长代刘旦宣读的文告中还要求群臣就时政发表看法，郎中成轸则直接点出刘旦没能得到天子之位予以应和：“大王失职，独可起而索，不可坐而得也。大王一起，国中虽女子皆奋臂随大王。”刘旦于是表示自己怀疑当今天子非武帝之后，是大臣弄权所立：“前高后时，伪立子弘为皇帝，诸侯交手事之八年。吕太后崩，大臣诛诸吕，迎立文帝，天下乃知非孝惠子

---

① 《汉书》卷六三《刘旦传》，第 2751 页。

② 《汉书》卷七《昭帝纪》，第 219 页。周振鹤云：“昭帝始元中，益封燕剌王万三千户。据《燕剌王传》，昭帝时，燕王大猎文安县，可见文安又复属燕，安次在文安北，必同时归燕，故知所益万三千户乃是文安、安次两县地。”（周振鹤：《西汉政区地理》，第 65 页）

③ 《汉书》卷六三《刘旦传》，第 2751—2752 页。

也。我亲武帝长子，反不得立，上书请立庙，又不听。立者疑非刘氏。”[①] 至此完成内部动员。

接下来刘旦便与刘泽谋划撰写造谣的文书，声称当今的少帝不是武帝的儿子，是一些大臣共同拥立的，天下之人应该共同讨伐他们。然后派人向各郡国传布，意图混淆百姓视听。刘泽又计划回到齐国，从临淄发兵，和燕王一同起事。

刘旦遂开始招纳郡国的奸邪之人，征敛铜铁制作盔甲兵器，多次操练士卒，建置旌旗鼓车，以旄头骑士作为先头部队，郎中侍从戴着貂尾为羽附有金蝉的冠冕，都号称侍中。刘旦让燕国相、中尉以下官员，督领车骑兵马，征发百姓聚会设围场，在文安县进行大规模的狩猎活动，以操练兵马，等待起事之日的到来。郎中韩义等人多次劝谏刘旦，刘旦不仅不听，反而杀掉韩义等十五人。应该说刘旦的反叛工作做得还是相当扎实的，因为他在封国内虽然搞得声势浩大，但朝廷对他的行为竟似毫无觉察，但他的阴谋终究还是败露了。原来刘泽回到临淄后交结郡国豪杰图谋造反，在与其同伙谋划杀掉青州刺史隽不疑发动叛乱时，被宗室贵族缾侯刘成告发，隽不疑遂收捕刘泽等，并奏知朝廷。朝廷因遣大鸿胪丞以及宗正丞刘德等来审理此案，在审问的过程中，燕王被供了出来，但昭帝刚即位就处死自己兄长，传扬出去，容易对昭帝产生不良影响，于是诏令不治燕王的罪，而把刘泽等人处死。时为始元元年（前 86 年）八月。

当时虽然对刘旦的责任不予追究，但公卿们认为朝廷不能就此不了了之，姑息养奸，必须让刘旦知道朝廷对他所做的一切了如指掌，此次是昭帝顾念兄弟情谊，法外施恩，方饶了他，若他

① 《汉书》卷六三《刘旦传》，第 2752—2753 页。

胆敢继续胡作非为，公卿对他一定会严惩不贷。为此特派由主管宗室事务的宗正、太中大夫公户满意以及二个侍御史组成的使团，出使燕国，震慑刘旦。

为了彻底折服刘旦，使团到达燕国后，官员人们分别选日子去见刘旦。因为刘旦声称：“我安得弟在者！今立者乃大将军子也。”宗正就先去见刘旦，“为列陈道昭帝实武帝子状”，以确凿的证据否定了他图谋反叛的正当性。此举想来会让刘旦心神大乱，因为既然昭帝确实为武帝子，则他以臣子而诽谤君主，其罪就已可诛，更何况自己还有谋反之事！不知道此事朝廷是否知道？但宗正却在开列过证据后，起身走了，他是什么意思呢？接着是两个侍御史去见刘旦，两人一见到刘旦，便严厉地斥责道：“王欲发兵罪名明白，当坐之。汉家有正法，王犯纤介小罪过，即行法直断耳，安能宽王。”刘旦当时还不知朝廷对他的处理意见，因此在侍御史的不断质问与斥责下，情绪愈来愈低落，内心因惧怕被处死而惶恐不已：“王意益下，心恐。”最后，太中大夫公户满意来到了燕王宫，这也意味着当天使者可能就要宣布朝廷对刘旦的处理意见，这定会让刘旦更加紧张，不想公户满意见到刘旦后，却称引古今通行的道义、国家的大礼，云山雾罩、温文尔雅地先同刘旦讲了一通大道理，最后说：“古者天子必内有异姓大夫，所以正骨肉也；外有同姓大夫，所以正异族也。周公辅成王，诛其两弟，故治。武帝在时，尚能宽王。今昭帝始立，年幼，富于春秋，未临政，委任大臣。古者诛罚不阿亲戚，故天下治。方今大臣辅政，奉法直行，无敢所阿，恐不能宽王。王可自谨，无自令身死国灭，为天下笑。”刘旦此前已被侍御史的斥责吓破了胆，现在公户满意这样说，显然是在暗示刘旦，尽管他犯下大罪，但若能诚心悔过，辅政大臣或许可能会饶了他。“于是燕王旦乃恐惧服罪，叩头谢过。”[①]

当年闰九月，“遣故廷尉王平等五人持节行郡国，举贤良，问民所疾苦、冤、失职者”[②]。由于这项工作是在平息宗室反叛事之后开展的，可知当亦有宣讲时政，安抚天下之意。

同年，易侯刘德，“坐杀人免”[③]。

霍光在严惩宗室贵族违法犯罪行为的同时，又施恩宗室贵族。对宗室贵族的赏赐已见前述。而在昭帝即位之初，鉴于宗室在朝中无在位者，有人劝说霍光起用宗室：“将军不见诸吕之事乎？处伊尹、周公之位，摄政擅权，而背宗室，不与共职，是以天下不信，卒至于灭亡。今将军当盛位，帝春秋富，宜纳宗室，又多与大臣共事，反诸吕道，如是则可以免患。”霍光以为然，“乃择宗室可用者”。而高帝弟刘交之后刘德，“修黄老术，有智略。少时数言事，召见甘泉宫，武帝谓之‘千里驹’”[④]。刘德时年三十余岁，待诏丞相府，霍光因以为宗正丞。始元二年（前85年）春，“以宗室毋在位者，举茂才刘辟强、刘长乐皆为光禄大夫，辟强守长乐卫尉”[⑤]。刘辟强是刘德之父，起初当有人劝说霍光起用宗室时，霍光本欲用刘德，但有人提醒霍光说其父尚在，并且刘辟强也曾为武帝所宠，霍光“遂拜辟强为光禄大夫，守长乐卫尉，时年已八十矣。徙为宗正，数月卒”[⑥]。当刘辟强为宗正后，刘德被徙为大鸿胪丞，迁太中大夫。刘长乐当是征和年间曾任宗正者，今复任用之。

---

① 《史记》卷六〇《三王世家》，第2118—2119页。
② 《汉书》卷七《昭帝纪》，第220页。
③ 《汉书》卷一五《王子侯表》，第458页。
④ 《汉书》卷三六《刘交传》，第1926—1927页。
⑤ 《汉书》卷七《昭帝纪》，第220页。
⑥ 《汉书》卷三六《刘辟强传》，第1926页。

第六章　上官跳梁，子孟持正

始元四年（前83年）春，上官桀、上官安父子不顾霍光反对，经由盖主将上官安的女儿立为皇后，而后又要求霍光对盖主的私夫丁外人封官晋爵，为霍光所反对，双方因此生下嫌隙，随着时间的推移，双方关系愈益僵化，而上官桀父子与盖主、丁外人渐成同盟。始元五年春，发生伪卫太子事件，此事深化了霍光与上官桀等的矛盾，而霍光与昭帝的关系应有相当大程度的增进；由于此事反映了世人对卫太子的同情，和对以少子身份继位的昭帝的排斥，为了争取民心，霍光加大了推行德政的力度。

第一节　上官后之立

始元三、四年（前84—前83年）间，盖主将周阳氏女引入宫中，令她与昭帝相配："长主内周阳氏女，令配耦帝。"① 武帝时，有酷吏周阳由，本姓赵，文帝时，"其父赵兼以淮南王舅父侯周阳，故因姓周阳氏"②。盖主所纳或为此家之女。

上官桀之子上官安得知消息后，担心盖主立周阳氏女为皇后，就想通过霍光把自己与霍光长女所生之女上官氏送入宫中，

① 《汉书》卷九七《上官皇后传》，第3958页。

② 《史记》卷一二二《周阳由列传》，第3135页。

由于该女当时不过数岁，霍光以为其“尚幼，不听”。见霍光不答应，上官安转而去求盖主的私夫丁外人帮忙。却是盖主寡居，“私近子客河间丁外人”。颜师古曰：“子客，子之宾客也。外人，其名也。”[①]晋灼曰：“《汉语》字少君。”[②]《甘露二年御史书》称始元二年（前85年）后，丽戎、游“从居主机棻苐（第），养男孙丁子沱”[③]。可知盖主“私近”丁外人已甚久。据《汉书·上官皇后传》，昭帝与霍光知道盖主与丁外人的关系后，考虑到盖主有功于朝廷，特诏许其侍奉盖主：“上与大将军闻之，不绝主欢，有诏外人侍长主。”上官安平素与丁外人相善，就对丁外人说：“闻长主内女，安子容貌端正，诚因长主时得入为后，以臣父子在朝而有椒房之重，成之在于足下，汉家故事常以列侯尚主，足下何忧不封侯乎？”上官安的意思是只要丁外人把他的女儿招进宫中做皇后，他就保证让丁外人封侯。当然上官安把话说得是比较委婉的，但其中透着的意思丁外人是能领会到的。因为金日磾辅政年余就死了，上官桀现在是朝中第二号实权派人物，所以上官安的话是比较可信的，而如果真能如此，对丁外人而言，这个交易还是划算的。于是“外人喜，言于长主。长主以为然，诏召安女入为婕妤，安为骑都尉。月余，遂立为皇后，年甫六岁”[④]。时为始元四年（前83年）三月。考其意，似乎上官氏能为皇后，全是上官安的运作。实则兹事体大，若上官桀不支持，上官安如何能做得成！事实上此事因上官桀的介入方才促成，故《霍光传》叙及此事

---

① 《汉书》卷九七《上官皇后传》，第3958页。

② 《汉书》卷七《昭帝纪》，第227页。

③ 邬文玲：《〈甘露二年御史书〉校读》，《中国古代法律文献研究》（第5辑），社会科学文献出版社2012年版，第47页。

④ 《汉书》卷九七《上官皇后传》，第3958页。

称：“桀因帝姊鄂邑盖主内安女后宫为婕妤，数月立为皇后”[1]。

就此事而言，无论成与不成，都会进一步加深霍光对上官桀的反感，为了谋取皇后之位，上官桀真是连脸都不要了。及至上官桀父子强行把此事做成，又将霍光置于尴尬的境地，由于上官氏是霍光的外孙女，世人可能会以为这是他的主张。而接下来双方围绕为丁外人封官晋爵事展开的博弈，最终瓦解了他们的同盟关系。

据《汉书·霍光传》，上官氏被立为皇后后，“父安为票骑将军，封桑乐侯。”上官桀父子“既尊盛，而德长公主”，遂请求霍光“幸依国家故事以列侯尚公主者”，封丁外人为列侯，霍光没有答应。“又为外人求光禄大夫，欲令得召见，又不许。”观此，上官桀父子为丁外人求官爵，似乎是在上官安封侯后，然其封桑乐侯在始元五年（前 82 年）六月。由于上官桀父子与盖主、丁外人达成的协议是盖主若立上官氏为皇后，上官桀父子即让丁外人为列侯，是以上官桀父子在年余之后方为丁外人求官爵，与情理不合。而《霍光传》又称，由于霍光不肯答应上官桀父子的请求，封拜丁外人官爵，“长主大以是怨光。而桀、安数为外人求官爵弗能得，亦惭。自先帝时，桀已为九卿，位在光右。及父子并为将军，有椒房中宫之重，皇后亲安女，光乃其外祖，而顾专制朝事，由是与光争权。”[2]是知上官桀父子在上官氏被立为皇后起，即要求霍光封丁外人了。及上官安为将军后，其父子开始与霍光争权，

① 《汉书》卷六八《霍光传》，第 2934 页。

② 《汉书》卷六八《霍光传》，第 2934 页。

而“骑都尉上官安为车骑将军”在始元四年（前83年）。[①]亦即霍光与上官桀父子在始元四年就分道扬镳了。

据《汉书·上官皇后传》，当时应该先是由上官安“数守大将军光，为丁外人求侯”，颜师古曰：“守，求请之。”被拒绝后，上官桀又退而求其次，“欲妄官禄外人”。对此，“光执正，皆不听。”[②]

这其实也不难理解，如上官安要求封丁外人侯，但这显然与汉代无功者不得封侯的原则相悖，霍光如何能答应？

就上官桀要求霍光封丁外人为光禄大夫而言，汉代大夫职司论议，有太中大夫、中大夫、谏大夫之别，皆无员额设置，根据情势任命，多的时候有数十人。其中中大夫，太初元年（前104年）更名为光禄大夫，秩比二千石，在大夫中秩级最高。中大夫或光禄大夫为侍奉天子之臣。如惠帝时，曹参子曹窋为中大夫，休沐日归家向曹参进谏，被曹参怒笞二百曰：“趣入侍，天下事非若所当言也。”[③]武帝时，因严助之荐，朱买臣“为中大夫，与严助俱侍中”[④]。故若丁外人为光禄大夫，就可依制入侍昭帝，成为天子近臣。不过，由于此职属皇帝的高级参谋，非有才德者不居，

---

① 《汉书》卷一九《百官公卿表》，第794页。按：上官安的将军之职，诸史往往作骠（票）骑将军或车骑将军，然二者地位皆高于左将军，《汉书·昭帝纪》所载两次具名却皆在左将军之后，不符合官场逻辑。据褚少孙所补《建元以来侯者年表》，上官安的官职三处皆作“骑将军”，应更符合实际情况。一则褚少孙生活的时代比班氏父子早，更能得到原始史料；二则骑将军地位低于左将军，逻辑上没有问题；三则骑将军正对应上官安之前的官职骑都尉，顺理成章；四则骑将军误为骠（票）骑将军或车骑将军的情况屡有发生，凡此种种，均说明上官安终官应是“骑将军”。（参见罗凯《上官安终官考》，《西华师范大学学报（哲学社会科学版）》2019年第3期）

② 《汉书》卷九七《上官皇后传》，第3959页。

③ 《史记》卷五四《曹参世家》，第2030页。

④ 《汉书》卷六四《朱买臣传》，第2791页。

而丁外人是盖主的“私夫”，属为人所不齿的佞幸之流。武帝时，馆陶公主宠幸董偃，东方朔认为董偃有三条当斩之罪，其中第一条是董偃“以人臣私侍公主”；第二条是“败男女之化，而乱婚姻之礼，伤王制”[①]。是以班固称上官桀欲以丁外人为光禄大夫为“妄”，颜师古曰:“不由材德，故云妄。”[②]因此霍光也是有理由予以拒绝的。

霍光在拒绝上官桀父子请求时可能会讲得义正辞严，但上官桀父子或许会认为所有理由都是借口，因为如果他愿意封丁外人，什么办法想不出来？并且他们父子好歹也是中朝将军，两人轮番求霍光给丁外人官爵，次次被霍光不留情面地顶回，分明是一点权力都没有，传扬出去，脸面朝哪搁！所以两人都感到很惭愧，羞于见人。但站在霍光的角度看，他们未经霍光同意，强立上官氏为皇后，就是对霍光的大不敬；及至他们得了好处，又要霍光酬谢帮他们之人，未免也欺人太甚。是以霍光若不在这个茬口截住他们，立下规矩，就会让他们更加嚣张，终不可制。因此对于他们的要求，霍光坚决予以拒绝。

盖主有恩于上官桀父子，而他们却无以回报，这让他们感到非常惭愧，不想在关键时刻，盖主又帮了他们的大忙。

在上官桀父子为丁外人向霍光求官爵期间，上官桀的妻父所宠幸的一个叫充国的人为“太医监，阑入殿中，下狱当死”[③]。关于“监”，“通常是指下级官署或职事，即‘监管’的意思，还不是职官名，多种职事都可以称‘监’”[④]。如卫青、李陵曾任建章监，

---

① 《汉书》卷六五《东方朔传》，第 2856 页。
② 《汉书》卷九七《上官皇后传》，第 3960 页。
③ 《汉书》卷九七《上官皇后传》，第 3959 页。
④ 熊伟业:《司马相如研究》，电子科技大学出版社 2012 年版，第 67 页。

傅介子曾任骏马监。太医监即是太医署负责监管事务者。汉代有两个“太医”官署，一属太常，一属少府，皆有“令丞”[①]。胡三省曰：“充国，史失其姓。太医监属少府。”[②]徐卫民则认为“太医监为太常之属官，乃宫外人”[③]。

西汉未央宫中有宫、殿、省三个区域。其中“‘殿中’区域以前殿、宣室殿、承明殿等建筑为中心，有殿墙环绕，由‘殿门’出入”[④]。宣帝时，萧望之“征入守少府”。宣帝“欲详试其政事，复以为左冯翊。望之从少府出为左迁，恐有不合意，即移病”。[⑤]由于左冯翊治在长安城中，萧望之“从少府‘出’为左冯翊，可见少府在未央宫中”。由于少府是供养天子之官，“故少府寺应在殿中”[⑥]。考古工作者已发掘了少府的建筑遗址，该遗址“东南距未央宫前殿遗址 430 米，东距椒房殿遗址 350 米。遗址在未央宫西北部”[⑦]。关于太常官署，《三辅故事》云：“高庙在长安城门街东、太常街南。”[⑧]成帝鸿嘉二年（前 19 年）有飞雉“集太常、宗正、丞相、御史大夫、大司马车骑将军之府，又集未央宫承明殿屋上”。王音等上言称雉“径历三公之府，太常宗正典宗庙骨肉之官，然后入宫”[⑨]。是知太常官署在宫外。

当时宫禁森严，出入宫门者皆需先登记造册，然后悬之于宫

---

① 《汉书》卷一九《百官公卿表》，第 726—731 页。
② 《资治通鉴》卷二三，“元凤元年”，第 761 页。
③ 徐卫民：《西汉未央宫》，陕西人民出版社 2008 年版，第 111 页。
④ 陈苏镇：《汉未央宫“殿中”考》。
⑤ 《汉书》卷七八《萧望之传》，第 3274 页。
⑥ 陈苏镇：《汉未央宫“殿中”考》。
⑦ 刘庆柱、李毓芳：《汉长安城》，第 79—80 页。
⑧ （北宋）李昉编纂，王晓天、钟隆林校点：《太平御览（第 2 卷）》卷一九五《居处部》，河北教育出版社 1994 年版，第 827 页。
⑨ 《汉书》卷二七《五行志》，第 1417 页。

门，称作“通籍”，有欲入者，需要与“籍”上所记本人信息相核对，与籍相符者方得入宫，如应劭称：“籍者，为二尺竹牒，记其年纪名字物色，县之宫门，案省相应，乃得入也。”[①] 若“无符籍妄入宫曰阑”[②]。是要治罪的，其中阑入殿门则要处以死罪：“天子宫门曰司马，阑入者为城旦；诸侯宫门曰司马，阑入者为城旦。殿门俱为殿门，阑入之罪亦俱弃市。宫墙门卫同名，其严一等。”[③]

故若充国为少府的属官，意味着充国要经常出入殿中，则其必当“通籍”宫门、殿门方可。是以其当为太常的属官，属没有“通籍”资格的宫外人，“进宫之后，妄入非指定之殿中，故下狱，罪至死”[④]。

由于“西汉之制，杀人尽冬月。既立春，即不得杀人”[⑤]。而充国系狱后，由于“冬月且尽”，显见是死期将至。而此时由于与霍光关系甚僵，霍光不肯徇私，一定要依法处置，使得上官桀竟无由救之。当此之时，盖主却不计前嫌，“为充国入马二十匹赎罪，乃得减死论”。这让上官桀父子非常怨恨霍光而感激盖主的恩德：“于是桀、安父子深怨光而重德盖主。”[⑥] 考其时日，当为始元四年（前 83 年）冬。只是上官桀都无计可施的事，盖主何以能插手解决？想来盖主当是把工作做到了昭帝那里，并主动承担了责任的缘故。

---

① 《汉书》卷九《元帝纪》，第 286 页。

② 《汉书》卷一〇《成帝纪》，第 307 页。

③ （西汉）贾谊撰，阎振益、钟夏校注：《新书校注》卷一《等齐》，中华书局 2000 年版，第 47 页。

④ 徐卫民：《西汉未央宫》，第 111 页。

⑤ （清）沈家本撰，邓经元、骈宇骞点校：《行刑之制考》，《历代刑法考》，第 1237 页。

⑥ 《汉书》卷九七《上官皇后传》，第 3959 页。

第二节　北阙酿惊涛

据《汉书·昭帝纪》，始元五年（前 82 年）春，“夏阳男子张延年诣北阙，自称卫太子”[①]。汉初，丞相萧何“营作未央宫，立东阙、北阙、前殿、武库、太仓”[②]。北阙为建于未央宫北门外左右两侧的两个高台建筑，后成为未央宫北阙的专称，《史记》《汉书》若单言“北阙”，即是指未央宫北阙。

该男子诣北阙，当与北阙附近设有公车官署有关。公车或称公车司马，有令、丞，为卫尉属官。职责为巡视宫中、接受吏民奏事及接待朝廷所征召之人，如《汉官仪》云：“公车司马令，周官也。秩六百石，冠一梁，掌殿司马门，夜徼宫中，天下上事及阙下，凡所征召，皆总领之。”[③]考其所在，永光元年（前 43 年），刘向向元帝进谏云：“章交公车，人满北军。”如淳曰：“北阙，公车所在。”[④]故史书言及吏民诣公车奏事，或称“诣北阙”。

考该男子的行头皆用黄色：“乘黄犊车，建黄旐，衣黄襜褕，著黄冒。”[⑤]陈直论及其“衣黄襜褕”，认为这显示，“惟黄色者，帝王家人，始得衣之”[⑥]。征诸史实，“黄屋左纛”为“帝制”[⑦]；天子禁门为黄色，称“黄闼”[⑧]；武帝时，祭祀上帝、后土、泰一等，

① 《汉书》卷七《昭帝纪》，第 222 页。

② 《史记》卷八《高祖本纪》，第 385 页。

③ （东汉）应劭撰，（清）孙星衍校集：《汉官仪》卷上第 133 页。

④ 《汉书》卷三六《刘向传》，第 1941—1942 页。

⑤ 《汉书》卷七一《隽不疑传》，第 3037 页。

⑥ 陈直：《居延汉简解要》，《居延汉简研究》，天津古籍出版社 1986 年版，第 244 页。

⑦ 《史记》卷一一三《南越列传》，第 2970 页。

⑧ 《后汉书志》卷二六《百官三》，第 3594 页。

皆“上黄”。元鼎五年（前112年）十一月辛巳，武帝始郊拜泰一：“见泰一如雍礼……而衣上黄”。[①]元封元年（前110年）四月，先是封泰山，“如郊祠太一之礼”。继而又禅泰山，“如祭后土礼。天子皆亲拜见，衣上黄而尽用乐焉”[②]。不过，天子祭祀时，不仅天子衣上黄，侍祠者也穿黄衣。如元鼎四年十一月，武帝亲祠立于汾阴脽丘的后土祠，“从祠衣上黄”。颜师古曰：“侍祠之人皆著黄衣也。”[③]当时郎官中有着黄帽的黄头郎。如西汉前期人邓通，“以濯船为黄头郎”。颜师古曰：“濯船，能持濯行船也。土胜水，其色黄，故刺船之郎皆著黄帽，因号曰黄头郎也。”[④]属于西汉早期的徐州北洞山楚王墓，其墓道壁龛内发现彩绘仪卫陶俑共224个，“服饰方面，衣服颜色以黄色为主体，内衣皆为黄色朱缘。外衣黄色又有浅黄、深黄、土黄等各种深浅、浓淡色差”[⑤]。另外，丞相府“听事阁曰黄阁”[⑥]。显见黄色并非只有皇家才能使用，但宣帝时东郡太守韩延寿因在检阅骑士时，“衣黄纨方领”，即如晋灼言是“以黄色素作直领”，便被视为是其“上僭不道”的证据之一[⑦]，是知汉朝对于黄色的使用是有一定禁忌的。而该人不顾禁忌，所用行头皆黄色，自然有以此来彰显其特殊身份的考量。

汉世旗类颇众，然该人却“建黄旄”而不用其他旗帜，应该颇有深意。

---

① 《史记》卷一二《武帝本纪》，第470页。

② 《史记》卷二八《封禅书》，第1398页。

③ 《汉书》卷二五《郊祀志》，第1222页。

④ 《汉书》卷九三《邓通传》，第3722页。

⑤ 徐州博物馆、南京大学历史学系考古专业：《徐州北洞山西汉楚王墓》，文物出版社2003年版，第99页。

⑥ （东汉）卫宏撰，（清）孙星衍校：《汉旧仪》卷上，第67页。

⑦ 《汉书》卷七六《韩延寿传》，第3214—3215页。

关于“旐”，颜师古曰:“旐旗之属，画龟蛇曰旐。”[①]《诗经·小雅·出车》有云:“我出我车，于彼郊矣。设此旐矣，建彼旄矣。”《传》曰:“龟蛇曰旐。”[②]《周礼·春官宗伯·司常》有云:“县鄙建旐。”郑玄注:“龟蛇象其扞难辟害也。”贾公彦疏:“龟有甲，能扞难;蛇无甲，见人退之，是避害也。”[③]故该人在车上立画有龟蛇图案的旗帜，其意似是说由于其有“扞难辟害”之能，是以能在巫蛊之祸中生存下来。此其一。

据《史记·天官书》，整个星空按其方位，由中、东、南、西、北五宫组成，其中中宫为天枢，二十八宿则分属于其余四宫，其中“北宫玄武”由斗、牛、女、虚、危、室、壁等七宿构成，而“营室为清庙，曰离宫、阁道”[④]。《周礼·考工·辀人》云:“龟蛇四斿，以象营室也。”郑玄注:“营室，玄武宿，与东壁连体而四星。”[⑤]是以汉人常以龟蛇图案指代玄武。据《淮南子·天文训》，玄武又为北方神兽:“北方，水也，其帝颛顼，其佐玄冥，执权而治冬。其神为辰星，其兽玄武，其音羽，其日壬癸。”[⑥]因北方尚黑，故颛顼又被称为黑帝，而刘邦则把自己视为黑帝的代言人立北畤。却是汉王二年（前205年），刘邦东击项羽而还入关，因雍四畤祠四色帝，“问:‘故秦时上帝祠何帝也?’对曰:‘四帝，有

---

① 《汉书》卷七一《隽不疑传》，第3037页。

② （东汉）郑玄笺，（唐）孔颖达等正义:《毛诗正义》卷九之四《小雅·出车》，《十三经注疏》，上海古籍出版社1997年版，第416页。

③ （东汉）郑玄注，（唐）贾公彦疏:《周礼注疏》卷二七《春官宗伯·司常》，《十三经注疏》，第826页。

④ 《史记》卷二七《天官书》，第1308—1309页。

⑤ （东汉）郑玄注，（唐）贾公彦疏:《周礼注疏》卷四〇《冬官·考工·辀人》，《十三经注疏》，第914页。

⑥ 刘文典撰，冯逸、乔华点校:《淮南鸿烈集解》卷三《天文训》，中华书局1989年版，第89页。

白、青、黄、赤帝之祠。’高祖曰：‘吾闻天有五帝，而有四，何也？’莫知其说。于是高祖曰：‘吾知之矣，乃待我而具五也。’乃立黑帝祠，命曰北畤”①。未央宫北阙又称玄武阙，如《三辅黄图》云：“苍龙、白虎、朱雀、玄武，天子四灵，以正四方，王者制宫阙殿阁取法焉。”②《关中记》言及未央宫曰：“东有苍龙阙，北有玄武阙。玄武所谓北阙。”③汉长安城遗址出土有四灵瓦当，如龟蛇相缠的玄武瓦当，学者认为“应为未央宫北阙用瓦”④。由于昭帝当时居住于城西建章宫，而建章宫当亦设有接受章奏的公车机构，如巫蛊之祸中，壶关三老茂赴长安上书，自称“待罪建章阙下”⑤，显见是诣建章宫之阙上书。故该人似当赴建章宫诣阙上书，然而他却去了未央宫北阙，究其原因，当是因为未央宫是天子常居之宫，是汉皇朝的象征，故该人打着画有龟蛇的玄武旗帜，来到未央宫北阙亦即玄武阙，自称是卫太子，就颇有以刘邦的嫡系传人自居，在神兽的引导下归于正统的意蕴。此其二。

又《易经·说卦》认为龟为离之象，而《焦氏易林》多处指蛇为巽之象，如《否》之《鼎》云：“鸣鹤抱子，见蛇何咎。”尚秉和就指出其意为：“巽为蛇，兑见，故曰见蛇。”⑥则自称卫太子者车上所立的画有龟蛇图案的“黄旐”，从卦象看当为“鼎卦”，由于鼎为国之重器，是权力的象征，故该人建“黄旐”而来，颇

---

① 《史记》卷二八《封禅书》，第1378页。
② 何清谷：《三辅黄图校释》卷三《未央宫》，第160页。
③ 《史记》卷八《高祖本纪》，第386页。
④ 陕西省考古研究所秦汉研究室编：《新编秦汉瓦当图录》，三秦出版社1986年版，第337页。
⑤ 《汉书》卷六三《戾太子传》，第2745页。
⑥ 焦延寿著，尚秉和注，常秉义批点：《焦氏易林注（上）》卷三，中央编译出版社2012年版，第140页。

有欲入主未央宫之意。此其三。

但是，“衣黄襜褕”就有点不伦不类了。《方言》云：“襜褕，江淮南楚谓之穜褣，自关而西谓之襜褕，其短者谓之裋褕。以布而无缘、敝而紩之谓之褴褛。自关而西谓之梳裾，其敝者谓之致。”[①]关于襜褕的形制，《说文·衣部》：“一曰直裾谓之襜褕。”[②]据《汉书·外戚恩泽侯表》，武安侯田恬，“元朔三年，坐衣襜褕入宫，不敬，免”。颜师古曰：“襜褕，直裾禅衣也。”[③]然据《何并传》，哀帝时，何并追外戚王林卿，“林卿迫窘，乃令奴冠其冠被其襜褕自代”。颜师古曰：“襜褕，曲裾禅衣也。”[④]对此，劳干认为：“‘直裾’和‘曲裾’是不相同的，不应忽而直裾，忽而曲裾。同出一人之手而所指不同，必有一误，不过《说文》为汉代人的著作，应当以《说文》为准，认为襜褕为直裾的禅衣，或者比较好些。”[⑤]

“直裾”“曲裾”指的是汉代上下一体的交领上衣的两种形式，交领衣式有内、外两襟，外襟绕身在身后固定，其形态有两种，一种是“斜直向后上方拥掩，形成细长尖角形的‘续衽钩边’”，此即“曲裾”；另一种是“边缘平齐、垂直于下摆”，此即“直裾”。结合文献与考古资料，“襜褕”是“依据上衣形制而命名的一种汉代服装，其基本特点就是宽大，直裾，长度适中、或及膝下”。与

---

① 华学诚汇证，王智群、谢荣娥、王彩琴协编：《扬雄方言校释汇证》卷四，中华书局2006年版，第268页。

② （东汉）许慎撰，（清）段玉裁注：《说文解字注》卷一五《衣部》，浙江古籍出版社1998年版，第389页。

③ 《汉书》卷一八《外戚恩泽侯表》，第685页。

④ 《汉书》卷七七《何并传》，第3266—3267页。

⑤ 劳干：《汉代常服述略》，《“国立中央研究院”历史语言研究所集刊》第24本，1953年，第181页。

当时的正装深衣相比有四点不同：其一，深衣是“上下连属、被体深邃”，襜褕“或为上下通裁，其长度仅至膝下、可见双足甚至裤脚”；其二，深衣“紧窄贴身”，襜褕“宽大宏裕，只障体而不贴身”；其三，深衣是“续任钩边”的曲裾裾式，襜褕“只有直裾”；其四，深衣“多四起施缘且衣缘宽厚、纹饰繁缛”，襜褕“当为窄缘，有些简陋者甚至无缘”。[①]

襜褕在西汉与妇人之服相似，属休闲之服，男子不宜在正规场合穿。如论及武安侯田恬因穿着襜褕入宫被免事，司马贞指出：“谓非正朝衣，若妇人服也。”[②]王莽被诛后，更始帝北都洛阳，继而三辅吏士赴洛阳迎更始帝赴长安，《续汉志·五行志》言及此事称：“更始诸将军过雒阳者数十辈，皆帻而衣妇人衣绣拥䯼。”[③]《后汉书·光武帝纪》亦称三辅吏士“见诸将过，皆冠帻，而服妇人衣，诸于绣𧞬”[④]。皆称更始诸将服妇人服，然其语甚笼通。及至这批人到了长安，被授官爵后，《刘玄传》对他们的衣着又进行具体描述，称他们“皆群小贾竖，或有膳夫庖人，多著绣面衣、锦袴、襜褕、诸于”[⑤]。对于这样的衣着，《续汉志·五行志》称：“时智者见之，以为服之不中，身之灾也，乃奔入边郡避之。”[⑥]《后汉书·光武帝纪》称，三辅吏士“莫不笑之，或有畏而走者”[⑦]。《刘玄传》称此着装被长安人所轻视，为之语曰：“灶下养，中郎将。

---

① 王方：《“襜褕”考》，《中国国家博物馆馆刊》2019年第8期。

② 《史记》卷一〇七《田蚡列传》，第2855页。

③ 《后汉书志》卷一三《五行一》，第3270页。

④ 《后汉书》卷一《光武帝纪》，第10页。

⑤ 《后汉书》卷一一《刘玄传》，第471页。

⑥ 《后汉书志》卷一三《五行一》，第3270页。

⑦ 《后汉书》卷一《光武帝纪》，第10页。

烂羊胃，骑都尉。烂羊头，关内侯。”[①] 是知襜褕在两汉之际的民间的“群小贾竖”间虽已甚流行，但仍不被官方上层社会所认可。

“著黄冒”也颇滑稽。关于“冒”，颜师古曰：“冒所以覆冒其首，即今之下裙冒也。”[②]《说文》云“冒”为干犯之意：“冒，冢而前也。从冃从目。”徐灏指出，“冃”是“帽”的古字，“冃”先演变为“冒”，后因“冒”字为其引伸义所专，又从巾作“帽”。而“冃”，《说文》云：“小儿、蛮夷头衣也。从冂，二其饰也。”[③] 显见到东汉时成年人一般也不戴帽，当然汉室宫廷有黄头郎，徐州北洞山楚王墓道壁龛内发现的 224 个仪卫俑中，戴帽者共 105 个[④]，但这应该是特殊规定。

却说该男子来到未央宫北阙下，自称是卫太子。公车署得到消息，忙报告给了朝廷，所谓“公车以闻”。按说此事不宜张扬，合理的处理方式当是先将其引入公车署，然后再严加盘问，然而朝廷却“诏使公卿将军中二千石杂识视”。颜师古曰：“杂，共也。有素识之者，令视知其是非也。”由于丞相府、太常府、宗正府、廷尉府、京兆尹府等皆在宫外，结果随着使者四出，很快便引起全城骚动，“长安中吏民聚观者数万人”。由于朝廷的应对极轻率，让人有理由怀疑此当为少年天子昭帝的决断。因为公车上报信息当是直达昭帝，时昭帝虽仅十三岁，但成亲已一年，难免会有当家理事的冲动，再加上盖主、上官桀父子等的怂恿，及对霍光专断国是的不满，使昭帝有可能会尝试独自处理朝政。观所下之诏

① 《后汉书》卷一一《刘玄传》，第 471 页。

② 《汉书》卷七一《隽不疑传》，第 3037 页。

③ 徐灏：《说文解字注笺》卷七下，《续修四库全书》第 226 册，第 92—93 页。

④ 参见徐州博物馆、南京大学历史学系考古专业编著《徐州北洞山西汉楚王墓》，第 80 页。

囊括了包括将军在内的所有重臣，而当时朝廷有四将军，即霍光、上官桀、上官安及王莽，除右将军王莽“勒兵阙下，以备非常”外[①]，其他三将军皆未到场。

霍光未到场，应是担心一旦处置不当，会让自己体面有失，但王莽之勒兵阙下，应当就是霍光在得知乱局已成之后，担心发生不测之事所做出的决定。王莽虽然因霍光的怒斥而鸩杀了其子王忽，但其与霍光的关系显然没有受到影响。《汉书·百官公卿表》，始元四年（前83年）栏，第五格即列将军格书“卫尉王莽为右将军卫尉，三年卒”。第八格即卫尉格书：“大鸿胪田广明为卫尉，五年迁。”王先谦认为若王莽兼任卫尉之职，依例当于《百官公卿表》第八格即卫尉格“书卫尉并右将军。今既迁官，则‘将军’下‘卫尉’二字衍也”[②]。因《昭帝纪》云该年“冬，遣大鸿胪田广明击益州”[③]。王先谦认为“据此知《纪》误”而《表》是[④]。然《昭帝纪》称始元五年，“秋，大鸿胪广明、军正王平击益州”；六年秋诏称：“大鸿胪广明将率有功，赐爵关内侯，食邑。”元凤元年（前80年）春，“武都氐人反，遣执金吾马适建、龙额侯韩增、大鸿胪广明将三辅、太常徒，皆免刑击之”[⑤]。《西南夷传》称“始元元年”，益州民反，汉发兵大破之。“后三岁”，又反，征伐不利。“明年，复遣军正王平与大鸿胪田广明等并进，大破益州”，田广明因功绩甚著，昭帝曰：“大鸿胪广明赐爵关内侯，食邑三百户。”“后间岁，武都氐人反，遣执金吾马适建、龙额侯

① 《汉书》卷七一《隽不疑传》，第3037页。
② 《汉书补注》卷一九《百官公卿表》，第957页。
③ 《汉书》卷七《昭帝纪》，第222页。
④ 《汉书补注》卷一九《百官公卿表》，第957页。
⑤ 《汉书》卷七《昭帝纪》，第223—225页。

韩增与大鸿胪广明将兵击之。"[①]"推其年，与《昭帝纪》所载尽合，广明元凤元年犹为大鸿胪无疑。"[②] 故《百官公卿表》称田广明始元四年为卫尉是不正确的。而王莽则是为右将军兼任卫尉，由此也可看出霍光对王莽的倚重之深。虽然霍光把王莽派到阙下，但接下来该怎样收场，他应该也没有想明白。

上官桀父子不到场，当是不愿替霍光揽责。据史载，当时到场的有"丞相御史中二千石至者"，考其意当时丞相田千秋、御史大夫桑弘羊应该都到场了，另外还有先行赶到的中二千石官员，然而这些人来后，"并莫敢发言"[③]。对此，宋超认为到场诸人中，"虽有与卫太子'素识之者'，但在仓促之间仅凭状貌，确实很难断定真假"，所以诸人都不敢发言，"应在情理之中"。[④] 事实上，从自称卫太子者那不伦不类的衣着打扮上还是可以看出一点端倪的。柏杨也认为该人是否为卫太子，并不难分辨，因为刘据自杀时，"已三十九岁，并且有了孙儿，他的亲属关系以及朋友臣僚关系，再加上对宫廷环境的熟悉，都不是一个外人可以蒙混过去的，只几下子就可盘问出马脚"[⑤]。然而纵然是确实难辨真假，先把该人带离现场总可以吧。但田千秋、桑弘羊等都一言不发，作壁上观，显然是要看霍光的笑话。因为既然朝政霍光说了算，则责任也就应由霍光来承担，与己何干呢？惜乎京兆尹隽不疑一到便把人给抓了，弄得让人挺败兴。

隽不疑非中二千石官员，他之所以来到北阙，是因为未央宫

---

① 《汉书》卷九五《西南夷传》，第 3843 页。

② 赵生群：《〈汉书·百官公卿表〉校读记》，《历史文献研究（总第 22 辑）》，华中师范大学出版社 2003 年版，第 295 页。

③ 《汉书》卷七一《隽不疑传》，第 3037 页。

④ 宋超：《昭宣时代》，第 44 页。

⑤ 柏杨译：《现代语文版资治通鉴（7）宫廷斗争》，第 38 页。

北阙是京兆尹的辖区，他有维护该地治安之责。却说隽不疑一到，马上便“叱从吏收缚”自称卫太子者，当时有人劝他说：“是非未可知，且安之。”隽不疑说：“诸君何患于卫太子！昔蒯聩违命出奔，辄距而不纳，《春秋》是之。卫太子得罪先帝，亡不即死，今来自诣，此罪人也。”[①]此典出自《公羊传》。鲁定公十四年（前496年），卫灵公世子蒯聩因得罪卫灵公，被驱逐出卫国。鲁哀公二年（前493年），卫灵公卒，蒯聩之子辄被立为国君，而蒯聩则在晋国支持下回到卫国的戚邑。据《春秋》，鲁哀公三年，“春，齐国夏、卫石曼姑，帅师围戚。”《公羊传》论及此条经文涉及的辄被立为君并拒蒯聩事，认为这是正当的：“齐国夏曷为与卫石曼姑帅师围戚？伯讨也。此其为伯讨奈何？曼姑受命乎灵公而立辄，以曼姑之义为固可以距之也。辄者曷为者也？蒯聩之子也。然则曷为不立蒯聩而立辄？蒯聩为无道，灵公逐蒯聩而立辄。然则辄之义可以立乎？曰可。其可奈何？不以父命辞王父命，以王父命辞父命，是父之行乎子也。不以家事辞王事，以王事辞家事，是上之行乎下也。”[②]隽不疑用的就是这个典故抓捕的该人。抓捕之后，“遂送诏狱”[③]。

隽不疑抓捕自称卫太子者的理由传到霍光、昭帝那里，两人“闻而嘉之”，并达成了共识：“公卿大臣当用经术明于大谊。”[④]

然据《左传》，卫灵公夫人南子与世子蒯聩为母子，鲁定公十四年（前496年），因南子淫乱，蒯聩欲令家臣诛之，但没有成

① 《汉书》卷七一《隽不疑传》，第3037页。
② （东汉）何休注，（唐）徐彦疏：《春秋公羊传注疏》卷二七，“哀公三年”，第2346页。
③ 《汉书》卷七一《隽不疑传》，第3037页。
④ 《汉书》卷七一《隽不疑传》，第3038页。

功。卫灵公知道后，将蒯聩驱逐出卫国。卫灵公有庶子郢，字子南，卫灵公先后两次对郢表示欲立其为嗣，皆为其所拒绝，及卫灵公卒，南子又以卫灵公意欲立郢，郢否认卫灵公有此意而拒之，并建议立聩之子辄："初，卫侯游于郊，子南仆。公曰：'余无子，将立女。'不对。他日又谓之，对曰：'郢不足以辱社稷，君其改图。君夫人在堂，三揖在下，君命祇辱。'夏，卫灵公卒。夫人曰：'命公子郢为大子，君命也。'对曰：'郢异于他子，且君没于吾手，若有之，郢必闻之。且亡人之子辄在。'乃立辄。"[①]

《穀梁传》解《春秋》书鲁哀公三年（前492年）齐、卫围戚语，认为石曼姑之围戚属以子而围父，以父为子之臣，有违伦理纲常，故先书"国夏"，以示此事是齐所为，卫只是参与者，亦即有为尊者讳之意："此卫事也。其先国夏何也？子不围父也。不系戚于卫者，子不有父也。"江熙曰："国夏首兵，则应言卫戚，今不言者，辟子有父也。子有父者，戚系卫则为大夫属于卫。子围父者，为人伦之道绝，故以齐首之。"[②] 而这也显示《穀梁传》并不认为辄之举是正当的。

总之，从《左传》对辄为君事的叙述，及《穀梁传》对齐、卫围戚事的评论看，隽不疑以《公羊传》之论说为理由，其实是值得商榷的。并且孔子本人对蒯聩与辄的父子之争的看法也与《公羊传》不同。

据《论语·述而》，孔子居卫之时，卫君辄与其父蒯聩争国，"冉有曰：'夫子为卫君乎？'子贡曰：'诺，吾将问之。'入曰：'伯

---

① （西晋）杜预注，（唐）孔颖达等正义：《春秋左传正义》卷五七，"哀公二年"，第2155页。

② （东晋）范宁注，（唐）杨士勋疏：《春秋穀梁传注疏》卷二〇，"哀公三年"，《十三经注疏》，上海古籍出版社1997年版，第2449页。

夷、叔齐何人也？’曰：‘古之贤人也。’曰：‘怨乎？’曰：‘求仁而得仁，又何怨？’出曰：‘夫子不为也。’”[①] 伯夷、叔齐是孤竹国君之二子，孤竹国君将死，遗命立叔齐为君，孤竹国君死后，叔齐让位于伯夷，伯夷以不得违父命为由逃去，叔齐亦不肯继位而出逃，二人相伴至于周，后周武王灭商，二人耻食周粟，去隐于首阳山而饿死。对此，程颐指出：“二人者，让国而逃，谏伐而饿，终无怨悔，夫子以为贤，故知其不与辄也。”[②] 朱熹阐释尤详：“君子居是邦，不非其大夫，况其君乎？故子贡不斥卫君，而以夷、齐为问。夫子告之如此，则其不为卫君可知矣。盖伯夷以父命为尊，叔齐以天伦为重。其逊国也，皆求所以合乎天理之正，而即乎人心之安。既而各得其志焉，则视弃其国犹敝蹝尔，何怨之有？若卫辄据国拒父而惟恐失之，其不可同年而语明矣。”[③]

是以隽不疑所谓的“《春秋》是之”，是《公羊传》是之而非孔子所撰的《春秋》是之。因此，刘知几指出隽不疑所引，“乃《公羊》正文”，但《公羊传》肯定辄的做为，“是违夫子之教，失圣人之旨，奖进恶徒，疑误后学。”[④] 程颐也认为隽不疑“说《春秋》则非”[⑤]。胡寅称“隽不疑言蒯聩出奔，辄拒而不纳,《春秋》是之者，非经旨也。”之所以如此，是因为隽不疑“考实未详而处义未精”的缘故，是以隽不疑此举属“误引圣经为证，使世人加惑也”，

---

① （魏）何晏等注，（北宋）邢昺疏：《论语注疏》卷七《述而》，第 2482 页。

② （北宋）程颢、程颐著，王孝鱼点校：《河南程氏经说》卷六《述而》,《二程集》，中华书局 1981 年版，第 1145 页。

③ （南宋）朱熹：《论语集注》卷四《述而》,《四书章句集注》，中华书局 1983 年版，第 97 页。

④ （唐）刘知几撰，赵吕甫校注：《申左》,《史通新校注》，重庆出版社 1990 年版，第 846 页。

⑤ （北宋）程颢、程颐著，王孝鱼点校：《河南程氏外书》卷一一《时氏本拾遗》,《二程集》，第 411 页。

而霍光则由于不学无术，“故莫之能辨”。[①]然而隽不疑经此一事，“由是名声重于朝廷，在位者皆自以不及也。”似乎不仅霍光不学无术，其他与霍光同朝为官者亦皆如此。然而有意思的是，宣帝时，赵广汉为京兆尹，声称在处理国家大事方面，自己“不及不疑远甚”[②]。数十年之后的西汉晚期，扬雄又因“隽京兆之见”，而称其为“近世名卿”。[③]关于扬雄，桓谭称：“扬子云才智开通，能入圣道，卓绝子众，汉兴以来，未有此也。”[④]《汉书·楚元王传》赞语称：“自孔子后，缀文之士众矣，唯孟轲、孙况，董仲舒、司马迁、刘向、扬雄。此数公者，皆博物洽闻，通达古今，其言有补于世。”[⑤]王充称：“近世刘子政父子、扬子云、桓君山，其犹文、武、周公，并出一时也”[⑥]。由于扬雄是公认的学识渊博、见解不凡之士，故对他的看法实不宜轻易予以否定。

易佩绅尝试对此进行解释，如其先是说隽不疑“引卫辄事则未当也”。继而又指出：“按《公羊传》盛于汉武之时，不疑治《春秋》，盖亦治《公羊传》耳。汉之治经者，大抵守一先生之说，得此而遗彼者也。”[⑦]然孔子对蒯聩父子争国事的看法在《论语》有记载，而《论语》在汉代属“学校诵习之书”，其传授“实广于五

① （南宋）胡寅撰，刘依平校点：《读史管见》卷二《孝昭》，岳麓书社 2011 年版，第 56 页。

② 《汉书》卷七一《隽不疑传》，第 3038 页。

③ 汪荣宝撰，陈仲夫点校：《法言义疏》卷一七《渊骞》，中华书局 1987 年版，第 476 页。

④ （东汉）桓谭著：《新论》卷下《闵友》，第 61 页。

⑤ 《汉书》卷三六《楚元王传》，第 1972 页。

⑥ 黄晖：《论衡校释》卷一三《超奇篇》，中华书局 1990 年版，第 606 页。

⑦ （清）易佩绅：《通鉴触绪》卷八。

经”。[①] 当时治《论语》者颇众，朝中官员如宋畸“传《齐论》”，韦贤、夏侯胜“传《鲁论语》”，皆“名家”。[②] 所以若说当时孔子不赞成卫君辄与其父争国属常识性知识，也是不为过的。隽不疑作为儒生“不可能不知辄距其父蒯聩，仅《公羊春秋》是之，而《论语》非之”[③]。然而当孔子的看法与《公羊传》有异时，他却以《公羊传》之是非为是非，似属不该。并且卫太子与昭帝是兄弟关系，与蒯聩、辄父子争国事并不类，“自不得以辄于蒯聩为例”来处理卫太子与昭帝的纠葛[④]。

富金壁对此也有解说。他指出隽不疑引《春秋》之义定卫太子为武帝罪人的观点不具“正确性与合法性”，但隽不疑仍这样说，正体现了他的“英明”。因为隽不疑“明知”自称为卫太子者的身份“必伪”，是以将此作为“权宜之计”以应对在北阙发生的大规模的“群体事件”。主打的是一个“冥冥万众，碌碌百官”在昭帝地位受到严重威胁之时，“谁又能、谁又敢质疑这‘《春秋》是之’的理论的合法性呢？”因班固在《汉书·叙传》言及此事，称“不疑肤敏，应变当理”。富金壁特地指出：“请注意班固用语的准确与得体：肤敏、应变、当理。”[⑤] 然而隽不疑抓捕自称卫太子者的理由是，若其人是诈称卫太子，自当抓捕；若其确实是卫太子，由于卫太子是汉朝的罪人，亦当将其抓捕。富金壁让人注意班固评

---

① 黄爱梅点校：《王国维手定观堂集林》卷四《汉魏博士考》，浙江教育出版社 2014 年版，第 89—91 页。

② 《汉书》卷三〇《艺文志》，第 1717 页。

③ 富金壁：《如此“补叙”岂当然——答王继如先生文〈莫将补叙当错简〉》，《传统中国研究集刊》（九、十合辑），上海人民出版社 2012 年版，第 247 页。

④ （清）易佩绅：《通鉴触绪》卷八。

⑤ 富金壁：《如此“补叙”岂当然——答王继如先生文〈莫将补叙当错简〉》，《传统中国研究集刊》（九、十合辑），第 247 页。

价隽不疑用语，然其将“应变当理”四字拆开理解，属屈解文意，“当理”指的是隽不疑“应变”合于道理，而非各为一义。如刘德曰：“肤，美也。敏，疾也。言于阙下卒变，定方遂诈，非卫太子也。”①《汉书》赞语称隽不疑“学以从政，临事不惑”②，也是赞扬他在紧急关头，处事能明辨不疑。故其说并不能成立。

事实上，虽然《左传》《穀梁传》关于蒯聩、辄父子争国事的看法与《公羊传》有异，并且《论语》中明确表示孔子也不赞成辄的做为。但《公羊传》却是作为皇朝的经典著作而存在的，当时所谓的五经中的《春秋》，其实指的就是《公羊传》，如武帝时，“卓然罢黜百家，表章《六经》”③，所立《五经》博士，在宣帝以前，“《书》唯有欧阳，《礼》后，《易》杨，《春秋》公羊而已”④。其他诸书都是仅备参考而已，不具权威性和指导意义。并且通观《公羊传》对蒯聩、辄父子争国事的解析，其实是表达了一个观点，即当王者家族成员出现纷争之时，是非判断的原则是以王者之是非为依归。即“不以家事辞王事，以王事辞家事，是上之行乎下也。”⑤是以《公羊传》的这段论述也就具备了指导处置自称卫太子者的效用。

当然，尽管巫蛊之祸中武帝曾将卫太子的行为定性为造反，但后来武帝的种种举措说明他已经原谅了卫太子，且不以造反视之。然而隽不疑却称他得罪武帝，是罪人，岂非颠倒黑白！是以魏禧论及此事称：“使此时武帝尚在，卫太子未死，帝即不更立，

---

① 《汉书》卷一〇〇《叙传》，第4260页。

② 《汉书》卷七一《隽疏于薛平彭传》，第3053页。

③ 《汉书》卷六《武帝纪》，第212页。

④ 《汉书》卷八八《儒林传》，第3620—3621页。

⑤ （东汉）何休注，（唐）徐彦疏：《春秋公羊传注疏》卷二十七，“哀公三年”，第2346页。

必且王以大国，父子之情益笃他时。而顾谓得罪先帝为罪人，至令诏狱。呜呼，不疑苟病风丧心之人则可，否则天下悲其冤于当时，而不疑文致其罪于事久论定之日。武帝身亲悔恨，不疑乃诬先帝于既死，而囚缚当日之储君，是苏文、江充之所为也。而不疑亦为之乎？”认为隽不疑之所以这样做，是因为他“能权”。[①]实则尽管武帝怜惜卫太子被冤而死，但其违犯国法也是不争的事实。如胡寅一则称：“既不忍忿忿，斩充炙胡，犹可身之甘泉，庶几见察，方且发中厩车载战士，出武库兵，发长乐卫卒，是将何为？少傅不之谏，皇后不之止，拒丞相军，合战五日，于不得已中得已而不已，是真反矣。至此罪不可贷，则亡而经死，非不幸也。”[②]又称：“彼据也称兵阙下，与父军交战，正使不死而武帝宥之，其位亦不得有矣。”[③]所以隽不疑指斥他为罪人，并不过分。

而经由处理伪卫太子一事，霍光与昭帝的感情应有相当大程度的增进。因为此事是昭帝即位以来，所遭遇的最大的一次合法性危机。武帝与卫太子虽然父子反目，兵戎相见，但嗣后武帝并没有下诏正式废黜卫太子，并且在巫蛊之祸后，“民间因出于同情他受冤而死，还有人传言卫太子还活着，流落在外”[④]。这从一个侧面也反映了世人对卫太子的同情，和对以少子身份继位的昭帝的排斥。因为同情，所以不愿意接受卫太子死亡这一事实，于是就有了卫太子还活着的谣言；因为排斥，人们热衷于传播这一谣言，借以表达对昭帝政权的不满，及对卫太子重回朝廷的期盼。

---

① （清）魏禧著，胡守仁、姚品文、王能宪校点：《魏叔子文集外篇》卷一《隽不疑论》，《魏叔子文集》，中华书局 2003 年版，第 52 页。

② （南宋）胡寅撰，刘依平校点：《读史管见》卷二《孝武》，第 54 页。

③ （南宋）胡寅撰，刘依平校点：《读史管见》卷二《孝昭》，第 56 页。

④ 陈其泰：《再建丰碑：班固和〈汉书〉》，生活·读书·新知三联书店 1994 年版，第 162 页。

而数万人闻讯自发奔赴未央宫北阙去围观卫太子，从某种意义上还可视为民间对昭帝以少子身份继位的一次无声的集体抗议。

然而自称卫太子者被抓捕之后，尚未确认真假，霍光便“闻而嘉之”，这实际上是以一种委婉的方式，在第一时间表达了对昭帝的支持，即尽管现在霍光并非昭帝的正宗皇亲国戚，但无论该人是否是卫太子，霍光始终都尊奉昭帝为天子，这应该会让昭帝甚感欣慰。而此时再反观上官桀父子的作为，昭帝可能就五味杂陈了。由于上官桀是以投机起家，因此我们丝毫不必怀疑他讨好昭帝以固宠的技能，更何况还有与霍光争权的现实需要，所以立上官氏为皇后后，昭帝若受其父子蛊惑而疏远霍光，也是很正常的。但就此事而言，其父子作为昭帝正宗的皇亲国戚，却眼看着昭帝陷入困境，不肯出手相助，是意欲何为呢？当然，其父子无意要弄昭帝，只是想借此打击霍光，但为了个人的私利而置天子安危于不顾，实非为臣子者所当为，并且若昭帝的地位真受到威胁，对上官桀父子其实并没有什么好处。

据《汉书·隽不疑传》，当时廷尉通过对自称卫太子者的审讯，得知此人“本夏阳人，姓成名方遂”，居于京兆湖县，“以卜筮为事”。又云：“一云姓张名延年。”而《昭帝纪》则称“夏阳男子张延年”，是以颜师古曰：“故《昭纪》谓之张延年。”[①] 由于该男子一人而有两姓名，马永卿认为这显示“是非未可定也。故史家于此微见其意。”[②] 宋超也指出：“同为一人，《汉书·戾太子传》记为成方遂，而《昭帝纪》中则记作张延年，在其真实姓名尚未清楚的情况下就匆匆将其腰斩，无非是表明朝廷急于平息‘卫太子’一

① 《汉书》卷七一《隽不疑传》，第 3038 页。

② （宋）马永卿撰，崔文印校释：《嬾真子录校释》卷四《张延年之疑》，中华书局 2017 年版，第 155 页。

案在朝野臣民中引起种种疑惑与猜忌，而对追查是何人冒充卫太子并不重视。”[①] 考成、遂皆有解决疑难问题之意。如《礼记·王制》云:“疑狱，泛与众共之，众疑赦之。必察小大之比以成之。”孙希旦云:“成犹定也。”[②]《国语·吴语》云:“昔吾先王世有辅弼之臣，以能遂疑计恶，以不陷于大难。”韦昭曰:“遂，决也。”[③] 而方有辨别之意。如《国语·楚语》云:“民神杂糅，不可方物。”韦昭曰:“方，犹别也。”[④] 由于其从事的职业是卜筮，而此三字皆有决疑之意，因此“成方遂”当该男子行走江湖所用的别名，其本名当如《昭帝纪》所言为“张延年”。关于卫太子的相貌，仅见《三辅故事》有云“卫太子大鼻”[⑤]。而张延年与卫太子长相颇似，于是“有故太子舍人尝从方遂卜，谓曰:‘子状貌甚似卫太子。’方遂心利其言，几得以富贵，即诈自称诣阙”[⑥]。当时弄清了其中的原委后，廷尉又传唤乡里张宗禄等认识他的人前来做证，最终将张延年定为诬罔不道，腰斩于长安东市。

而隽不疑经此一事，名声大振，霍光甚至“欲以女妻之”。考霍光欲将女儿嫁与隽不疑，在于隽不疑在危急关头，置个人安危于度外，挺身而出，直接下令抓捕自称卫太子者，并一举化解了昭帝继位的正当性危机，可谓力挽狂澜，居功至伟。尤其是当

---

① 宋超:《昭宣时代》，第 45 页。

② （清）孙希旦撰，沈啸寰、王星贤点校:《礼记集解》卷一四《王制》，中华书局 1989 年版，第 371—372 页。

③ 徐元诰撰，王树民、沈长云点校:《国语集解（修订本）》卷一九《吴语》，中华书局 2002 年版，第 544 页。

④ 徐元诰撰，王树民、沈长云点校:《国语集解（修订本）》卷一八《楚语下》，第 515 页。

⑤ （晋）佚名撰，（清）张澍辑，陈晓捷注:《三辅故事》，三秦出版社 2006 年版，第 56 页。

⑥ 《汉书》卷七一《隽不疑传》，第 3036—3038 页。

此政坛波谲云诡之际，隽不疑此举等同于向同僚公开了其政治取向，霍光自是深为感动。并且隽不疑为吏“严而不残”，始元元年（前 86 年）任京兆尹以来，“京师吏民敬其威信”。但对于隽不疑这样的大贤，若欲其真正为己所用，就不能以寻常的礼遇待之，因此霍光打算把女儿嫁与隽不疑，意在表达自己欲与隽不疑结为一体休戚与共的意愿。这对于隽不疑而言，无疑是泼天大的富贵，若换了别人，可能立马就会答应，然而隽不疑却是“固辞，不肯当”①。这应该出乎霍光的意料，因为隽不疑既然主动向自己示好，则其应该没理由拒绝自己的好意。而若认真分析，应该是霍光会错了意。

对于久历宦海、阅人无数的霍光而言，官场中人，无论持什么说辞，搞什么做派，其实无不是奔着仕途通达、高官厚禄来的，他不相信官场里有只想做好本职工作而不在意升官发财的人，是以霍光每每以此来笼络人才为己所用，并屡试不爽。但是随着时代的发展，这种人在官场中确实出现了。武帝以来，随着儒学的兴盛，一批熟读圣贤书的儒生纷纷进入官场，其中一些儒生可能在处理政务方面能力有限，却胸怀强烈的治国平天下的使命感，不以个人荣辱而介怀。就隽不疑而言，其人“治《春秋》，为郡文学，进退必以礼”，武帝时便“名闻州郡”。此次他主动出来处置伪卫太子事件，纯粹是为了解决朝廷遇到的难题，别人觉得他居功甚伟，但他可能认为这就是自己的本职工作，属分内之事，并不值得骄傲。当时朝廷的权斗他也应该有所了解，但这与他何干呢，他于双方皆无所求。是以对霍光的好意，他坚拒不受。但他做事这么决绝，让主动表示想与他结亲的霍光颜面何存？尤其是

---

① 《汉书》卷七一《隽不疑传》，第 3038 页。

当时霍光与上官桀等的权斗正烈，隽不疑此举又正好给上官桀等提供了一个嘲弄霍光的笑料。不过，据《汉书·隽不疑传》称，隽不疑拒绝霍光后，“久之，以病免，终于家”[①]。似乎霍光并没有因为此事而为难他。然据《百官公卿表》，始元元年（前86年），隽不疑为京兆尹，“五年病免”[②]。考其时日，其免官在始元六年，这就是说始元五年他处理过伪卫太子事件后，很快就“病免”了。显见隽不疑因为为朝廷解决了一个大麻烦，结果把自己的官给弄没了。不过，以隽不疑的秉性，他对此应该不会太在意。尤其是在当时严峻的形势下，能够远离权力斗争的旋涡，终得善终，也是很难得的。

第三节　倾力行善政

尽管上官氏被立为皇后以后，霍光与上官桀父子的关系日渐紧张，但霍光并没有因此而放松对国家的治理。如始元四年（前83年），七月，诏曰："比岁不登，民匮于食，流庸未尽还，往时令民共出马，其止勿出。诸给中都官者，且减之。"[③]所谓“令民共出马”，是指国家向民间征调私人马匹，“不管被征调者是否养马，每家或个人都要分摊钱款，集体购买后上交。”[④]由于太初二年（前103年）“五月，籍吏民马，补车骑马。”颜师古曰：“籍者，总入籍录而取之。”[⑤]龚留柱指出，诏书所称的“往时”云云，“即

① 《汉书》卷七一《隽不疑传》，第3035—3038页。
② 《汉书》卷一九《百官公卿表》，第792页。
③ 《汉书》卷七《昭帝纪》，第221页。
④ 宋杰：《从〈九章算术〉的有关记载看汉代贸易中的“共买”》，《北京师范学院学报（社会科学版）》1991年第2期。
⑤ 《汉书》卷六《武帝纪》，第201页。

指武帝籍吏民马事”[①]。所谓“中都官”，颜师古曰：“京师诸官府”[②]。故诏书意为此前汉朝有令民共出马，现在因连年饥荒，百姓粮食匮乏，特免除此令。暂时减少供给京师诸官府马匹的数量。

始元四年（前83年）秋，“匈奴入代，杀都尉”[③]。对此，汉朝不仅未予报复，次年秋冬时节，“汉使复至匈奴”[④]。展现出了稳定的战略定力。

及至始元五年（前82年）春伪卫太子事件发生后，为争取民心，霍光更是加大了推行德政的力度。

始元五年，“夏，罢天下亭母马及马弩关。”[⑤] 所谓“罢天下亭母马”，即是罢亭养母马制度。

汉代交通线路上除每县都建有传舍外，还设有亭这类供官员公务出行使用的功能相对简单的机构。据《汉旧仪》称汉代“设十里一亭，亭长、亭候”[⑥]。不过征诸出土简牍，可知亭间距并非如此。如悬泉汉简Ⅴ T 1512③：17显示，效谷县安民亭至广至县的石靡亭之间距离为140里：“甘露元年四月，东书五封，大守章。安民亭长谊光受敦煌乐望亭长真如，到临泉亭长贺付广至石靡亭长武，道延袤百卌里，行十五时。”张俊民推考这段交通线路机构设置，指出自安民亭至石靡亭，相邻亭置之间的平均距离为15.6里。[⑦] 亭有负责维护地方治安之功能。如《汉官仪》云：“亭长课徼巡。尉、游徼、亭长皆习设备五兵。五兵：弓弩，戟，楯，

① 龚留柱：《秦汉时期军马的牧养和征集》，《史学月刊》1987年第6期。

② 《汉书》卷七《昭帝纪》，第222页。

③ 《汉书》卷九四《匈奴传》，第3782页。

④ 《汉书》卷五四《苏武传》，第2466页。

⑤ 《汉书》卷七《昭帝纪》，第222页。

⑥ （东汉）卫宏撰，（清）孙星衍校：《汉旧仪》卷下，第81页。

⑦ 张俊民：《敦煌悬泉汉简所见的“亭”》，《南都学坛》2010年第1期。

刀剑，甲铠。鼓吏赤帻行縢，带剑佩刀，持楯披甲，设矛戟，习射。……亭长持二尺版以劾贼，索绳以收执贼。”[①]是以紧邻地方聚落。如《论衡·诘术篇》云：“民间之宅，与乡、亭比屋相属，接界相连。”[②]亭还有为执行公务的吏员提供方便的功能。如《风俗通》曰：“亭，留也，盖行旅宿会之所馆。”[③]故广泛分布于国家和地方的交通线路上。据尹湾汉简显示，成帝时，东海郡下辖的38个县邑侯国，根据辖地的大小，皆设有数量不等的亭，最多者有54个亭，最少者有2个亭，此外，下邳铁官还设有1个亭。因此亭在汉帝国可谓星罗棋布，数量巨大。《汉书·百官公卿表》言及西汉末年亭的数量称：“亭二万九千六百三十五。”[④]

元鼎五年（前112年），武帝行猎新秦中，“新秦中或千里无亭徼，于是诛北地太守以下，而令民得畜牧边县，官假马母，三岁而归，及息什一”[⑤]。即允许边地百姓借官方母马，三年后归还母马，并按十分之一取息的标准，还给官方一定数量的马驹。另外，此处将无亭徼与令边民蓄马事前后相连书写，马元材认为二者之间应当“有极密切之因果关系”[⑥]。细绎之，既然武帝因无亭徼而震怒，则新秦中当很快便会将亭徼体系建立起来。时边地荒凉，而边民牧马又需要进行管理，或当时应当就把这项工作交由边亭来管理了。继而又因诸事并兴，“车骑马乏绝，县官钱少，买马难得，乃著令，令封君以下至三百石以上吏，以差出牝马天下

---

① （东汉）应劭撰，（清）孙星衍校集：《汉官仪》卷上，第153页。
② 黄晖：《论衡校释》卷二五《诘术篇》，中华书局1990年版，第1029页。
③ 《后汉书志》卷二八《百官五》，第3625页。
④ 《汉书》卷一九《百官公卿表》，第743页。
⑤ 《史记》卷三〇《平准书》，第1438页。
⑥ 马元材：《桑弘羊年谱订补》，中州书画社1982年版，第79页。

亭，亭有畜牸马，岁课息”[1]。关于“封君”，颜师古曰:“封君，受封邑者，谓公主及列侯之属也。”[2]关于“三百石”官员，西汉官员自丞相至于佐史都有秩禄，其中三百石在西汉前期应该是地方县道令、长、丞、尉等长吏与有秩、斗食、佐史等属吏之间的分界线。如《二年律令·赐律》云:“赐不为吏及宦皇帝者，关内侯以上比二千石，卿比千石，五大夫比八百石，公乘比六百石，公大夫、官大夫比五百石，大夫比三百石，不更比有秩，簪褭比斗食，上造、公士比佐史。”[3]《秩律》也显示当时的县道，除黄乡长、万年邑长秩各三百石，丞、尉秩二百石外，其余的令长秩皆在千石至六百石之间，丞、尉皆在四百石至三百石之间。[4]黄乡、万年邑长吏职级之所以低，是因为“两县皆为原是乡的特小县”，其设县属“特制”。[5]应该是受此传统影响，武帝时以三百石为界，令封君及此秩禄以上的官员根据级别的差异，向地方的官亭提供不同数量的母马。其畜养方式，有学者认为是“由亭繁息”，亭既履行其他职责，还“平时养马”。[6]然这些母马若由官亭来养，便不当有“岁课息”之说。合理的解释应当是借鉴边地之法，交由亭来管理，即由亭负责向民户“发放母马”，并每年“回收马驹”作为利息。[7]推行亭养母马制度后，汉朝接下来又对外进行了多

---

① 《史记》卷三〇《平准书》，第 1439 页。
② 《汉书》卷二四《食货志》，第 1163 页。
③ 张家山二四七号汉墓竹简整理小组:《张家山汉墓竹简［二四七号墓］》（释文修订本），第 49 页。
④ 张家山二四七号汉墓竹简整理小组:《张家山汉墓竹简［二四七号墓］》（释文修订本），第 71—79 页。
⑤ 孙鸿燕:《秦汉时期郡县属吏辟除问题研究》，《秦汉研究》（第一辑），三秦出版社 2007 年版，第 211 页。
⑥ 龚留柱:《秦汉时期军马的牧养和征集》。
⑦ 秦国强:《中国交通史话》，复旦大学出版社 2012 年版，第 321 页。

次征讨，致使马匹持续严重损耗。据应劭称："武帝数伐匈奴，再击大宛，马死略尽，乃令天下诸亭养母马，欲令其繁孳。"① 或其见到了此期汉朝推行此令的文书。而在征和四年（前 89 年）武帝所下轮台诏中，武帝尚将"修马复令，以补缺"作为国家的当务之急，显见对于补充马匹，武帝一直很重视，这也意味着武帝时这项政策当在全国范围内得到了贯彻落实。

然而这项政策不仅给当权者造成了困扰，也给百姓带来了极大的麻烦。

其一，耗费甚多。

汉代有大家、中家、小家之别，他们"都属于政府的编户齐民，其划分依据是家资。大家家资在百万以上；中家为十万以上，百万以下；而小家为十万以下，小家中二万以下的即为贫民"②。昭帝时盐铁会议上，贤良称："夫一马伏枥，当中家六口之食，亡丁男一人之事。"③ 显见养马耗费甚众。

其次，马匹颇难畜养。

成都天回镇老官山汉墓 M3 墓葬年代"推测在景、武时期"，该墓出土有《疗马书》，共 172 支简，可能"抄录于吕后至文帝期间"④，记载了有关马病的理、法、方、药等内容。其中简 1 至简 93 载 11 种病症。"马强上"，即马颈项肌肉拘急而呈头上仰状，有马筋痛以强上、马血以强上、马劲以强上等之别。"马约瘦不嗜食"，即马瘦缩厌食，有马驹绝、马伤中、马齫等之别。"马瘤"，

---

① 《汉书》卷七《昭帝纪》，第 222 页。

② 钟良灿：《再论汉代的大家、中家和小家》，《史学月刊》2018 年第 8 期。

③ 《盐铁论校注（定本）》卷六《散不足》，第 350 页。

④ 天回医简整理组：《整理说明》，《天回医简》，文物出版社 2022 年版，第 16—17 页。

有瘤、心、和、绕肠等之别。“马蹇”，即马行走艰难，有马水蹇、马管蹇、马剌、马伤蹇等之别。“马痛”，即马痛，有心痛、肺痛、肾痛、肠痛、马瘘痛、肝痛等之别。“马鷩”，即马沉滞不行，有马心鷩、马目鷩、马足鷩、马耳鷩等之别。“马骚”，治马所受到创伤。“马□目”，为眼部疾病，有马目水、马目昏、马目肶等之别。“马膶”，当为膝病。“马癘”，此为痞病，即胸腹内郁结成块的病。“马遬”，即马咳嗽。此外简 109 至 147 又载有医方等若干[①]。《敦煌汉简》简 177 为马伤水病：“将军令召当应时驰诣莫府获马病伤水不饮食借尹史侯昌马杨鸿装未辨惶恐。”[②]简 2000 为“治马伤水方”[③]。《敦煌悬泉汉简》简 II0314（2）：301 称一匹齿九岁公马，肺部生病，咳嗽、流涕，身上长出肿块，饮食不畅：“病中肺，欬涕出睾，饮食不尽度。”[④]《居延汉简》简 155.8 云：“治马欬涕出方取戎盐三指掫三☐。”[⑤]据此可知，养马颇不易。

并且若所养马受伤、死亡，不能再作为官方的资产，《二年律令·金布律》规定饲养者要赔偿：“亡、杀、伤县官畜产，不可复以为畜产，及牧之而疾死，其肉、革腐败毋用，皆令以平贾（价）偿。入死、伤县官，贾（价）以减偿。”[⑥]

事实上，当时由于弱者见难而逃，强者官不敢欺，致使“中家”往往成为当时社会责任的承担者。据《盐铁论·未通》，文学

---

① 天回医简整理组：《疗马书》，《天回医简》，第 131—146 页。

② 甘肃省文物考古研究所：《敦煌汉简》，中华书局 1991 年版，第 226 页。

③ 甘肃省文物考古研究所：《敦煌汉简》，第 297 页。

④ 胡平生、张德芳：《敦煌悬泉汉简释粹》，第 24 页。

⑤ 谢桂华、李均明、朱国炤：《居延汉简释文合校》，文物出版社 1987 年版，第 254 页。

⑥ 张家山二四七号汉墓竹简整理小组：《张家山汉墓竹简［二四七号墓］》（释文修订本），第 68 页。

云："往者，军阵数起，用度不足，以訾征赋，常取给见民，田家又被其劳，故不齐出于南亩也。大抵逋流，皆在大家，吏正畏惮，不敢笃责，刻急细民，细民不堪，流亡远去；中家为之绝出，后亡者为先亡者服事；录民数创于恶吏，故相仿效，去尤甚而就少愈者多"[①]。是以始元四年（前 83 年），诏令停止此前百姓"共出马"令，且减供给中都官马匹，兼之此次罢亭母马令，都是意在减轻百姓的负担。

罢"马弩关"，即解除马弩不得出关中的禁令，意义也甚大。秦汉时期的"关中"有广、狭之别。狭义的说法，一指渭河平原。如《史记·张良世家》称："夫关中左殽函，右陇蜀，沃野千里，南有巴蜀之饶，北有胡苑之利，阻三面而守，独以一面东制诸侯。"[②]或称秦岭以北的秦故地为"关中"，据《项羽本纪》，项羽灭秦，"三分关中"，立章邯为雍王，"王咸阳以西，都废丘"；立司马欣为塞王，"王咸阳以东至河，都栎阳"；立董翳为翟王，"王上郡，都高奴"。[③]《三辅黄图》云："秦并天下，置内史以领关中。项籍灭秦，分其地为三。"[④]广义的关中则指函谷关以西战国末期包括秦岭以南的汉中、巴蜀在内的秦故地。如项羽称："巴、蜀亦关中地也。"[⑤]《秦楚之际月表》称："羽倍约，分关中为四国。"司马贞曰："汉、雍、塞、翟。"[⑥]

汉初颁布有《津关令》，津关就是在地形要害之处设置的关口，《津关令》就是针对吏民出入关卡所制作的条令。其中屡屡将

---

① 《盐铁论校注（定本）》卷三《未通》，第 191—192 页。

② 《史记》卷五五《张良世家》，第 2044 页。

③ 《史记》卷七《项羽本纪》，第 316 页。

④ 何清谷：《三辅黄图校释》卷一《三辅沿革》，第 1 页。

⑤ 《史记》卷七《项羽本纪》，第 316 页。

⑥ 《史记》卷一六《秦楚之际月表》，第 775 页。

“关中”“关外”对称，又云:“制诏御史，其令打〈扜〉关、陨关、武关、函谷【关】、临晋关，及诸其塞之河津，禁毋出黄金，诸奠黄金器及铜，有犯令。”[①]整理小组指出，打关即江关，在巴郡鱼复县，陨关在汉中郡长利县，武关在弘农郡商县，函谷关在弘农郡弘农县，临晋关在左冯翊临晋县。此诸关作为核心关卡，自南向北连成线，基本上就把汉的直辖区域秦故地与东方的诸侯王国区隔开来，故所谓“关中”“关外”即以此线为界，以西称“关中”，以东称“关外”，亦即汉代的《津关令》是针对广义的关中或称大关中而设。

大关中地区的天水、陇西、北地、上郡等地，“西有羌中之利，北有戎翟之畜，畜牧为天下饶”[②]，盛产良马。据《二年律令·津关令》，国家禁止关中平民私自买马出关:“☑议，禁民毋得私买马以出打〈扜〉关、陨关、函谷【关】、武关及诸河塞津关。”朝廷所辖关外郡县买马关中，要先申请，办理相关手续:“相国议，关外郡买计献马者，守各以匹数告买所内史、郡守，内史、郡守谨籍马职（识）物、齿、高，移其守，及为致告津关，津关案阅，津关谨以传案出入之。”任职朝廷但家在关外者要买马需有合理的理由并办理相关手续:“□、相国上中大夫书，请中大夫谒者、郎中、执盾、执戟家在关外者，买私买马关中。有县官致上中大夫、郎中，中大夫、郎中为书告津关，来，复传，津关谨阅出入。马当复入不入，以令论。相国、御史以闻，·制曰:可。”又云:“相国、御史请郎骑家在关外，骑马節（即）死，得买马关中人一匹以补。”诸侯王买马关中也要申请:“廿二、丞相上鲁御

① 张家山二四七号汉墓竹简整理小组:《张家山汉墓竹简［二四七号墓］》（释文修订本），第 83 页。

② 《史记》卷一二九《货殖列传》，第 3262 页。

史书言，鲁侯居长安，请得买马关中。·丞相、御史以闻，制曰：可。”津关要严格审查出入的马匹，若管理不严要治罪：“御史请出入津关者，诣入传□□吏（？）里年长物色疵瑕见外者及马职（识）物关舍人占者，津关谨阅，出入之。县官马勿职（识）物，与出同罪。·制曰：可。”[①]

由于关外基本上都是诸侯王的领地，因此禁止马匹“流往关外也就是禁止流往诸侯王国”。之所以这样做，是因为西汉前期，“汉与诸侯王国在观念上和事实上都是国与国的关系，在经济、军事各个方面都存在着激烈的冲突”。因此，“西汉前期发展养马业、严格马政，发展骑兵，固然是为了防范匈奴，但也是为了防范关东的诸侯王，后者的意义可能更重要一些”[②]。

文帝十二年（前168年），“三月，除关无用传”。张晏曰：“传，信也，若今过所也。”如淳曰：“两行书缯帛，分持其一，出入关，合之乃得过，谓之传也。”李奇曰：“传，棨也。”颜师古曰：“张说是也。古者或用棨，或用缯帛。棨者，刻木为合符也。”[③]文帝除关不用传，意味着吏民可以自由出入津关，禁马令也因而废止。

景帝四年（前153年），鉴于刚平定七国之乱，为备非常，“复置津关，用传出入”[④]。及至景帝中四年（前146年）三月，御史大夫卫绾“奏禁马高五尺九寸以上，齿未平，不得出关”。服虔曰：“马十岁，齿下平。”[⑤]孟康曰：“旧马高五尺六寸齿未平”而“不

---

① 张家山二四七号汉墓竹简整理小组：《张家山汉墓竹简［二四七号墓］》（释文修订本），第84—87页。

② 臧知非：《张家山汉简所见汉初马政及相关问题》，《史林》2004年第6期。

③ 《汉书》卷四《文帝纪》，第123—124页。

④ 《史记》卷一一《景帝本纪》，第442页。

⑤ 《汉书》卷五《景帝纪》，第147页。

得出关”。[①] 关于马匹的尺寸，森鹿三在居延汉简中检索到 14 匹能判明身高的马匹，发现其平均身高为 5 尺 9 寸强，而这一结果与卫绾所言一致，认为“这种一致不是偶然的，它表明汉代马的平均身高为五尺九寸（木工用的直角曲尺为四尺五寸）左右”[②]。张俊民检索悬泉汉简中有马身高尺寸的简，得 143 例，除 1 支简不完整外，余简 5 尺 1 寸至 5 尺 8 寸者共 59 匹；5 尺 9 寸至 7 尺者共 83 匹。因此倾向于认为孟康所讲的标准“应该比较符合实际”[③]。关于年龄，《敦煌汉简》有相马术：“▢·伯乐相马自有刑齿十四五当下平（843）。”[④]《齐民要术》称马“十二岁，下中央两齿平。十三岁，下中央四齿平。十四岁，下中央六齿平”[⑤]。显见马齿下平当在十四五岁，“这也就到了马不宜再服役的年龄”[⑥]。是以过此方得出关。森鹿三对居延汉简 19 匹能判别年龄的马进行分析，发现其平均年龄为 8.2 岁强，由此认为“马在八岁前后最强壮，最能干活”[⑦]。张俊民指出，“这一说法同悬泉汉简中马匹年龄的统计是吻合的”[⑧]。总体而言，森鹿三认为卫绾提出的所禁马的尺寸

---

① 《汉书》卷七《昭帝纪》，第 222 页。

② ［日］森鹿三：《论居延简所见的马》，《简牍研究译丛》（第一辑），姜镇庆译，中国社会科学出版社 1983 年版，第 89 页。

③ 张俊民：《敦煌悬泉置出土文书研究》，甘肃教育出版社 2015 年版，第 337 页。

④ 甘肃省文物考古研究所：《敦煌汉简》，第 251 页。

⑤ （北魏）贾思勰著，缪启愉、缪桂龙：《齐民要术译注》卷六《养、牛、马、驴骡》，上海古籍出版社 2009 年版，第 342 页。

⑥ 邢义田：《“当乘”与“丈齿”——读岳麓书院秦简札记之二（与高震寰合著）》，《今尘集——秦汉时代的简牍、画像与文化流播》（下册），中西书局 2019 年版，第 348 页。

⑦ ［日］森鹿三：《论居延简所见的马》，《简牍研究译丛》（第一辑），姜镇庆译，第 87 页。

⑧ 张俊民：《敦煌悬泉置出土文书研究》，第 336 页。

与年龄“是表明壮年能干活的马的标准”[①]，是有道理的。

考景帝此举虽是发生在七国之乱之后，诸侯王国力量受到严重削弱之时，但由于双方的矛盾还远没结束，是以景帝此举，“仍是关注关东各诸侯国的发展，禁止马匹等战略物资出往诸侯各国”[②]。

据应劭称因数伐匈奴，再击大宛而对政策进行调整，除令亭养母马外，“又作马上弩机关”。孟康则似认为此与景帝时禁马令同时：“旧马高五尺六寸齿未平，弩十石以上，皆不得出关，今不禁也。”颜师古对两说进行比较，认为：“马弩关，孟说是也。”[③]而刘向《新序》则称“弩不得出”为武帝时“主父偃之谋也”。其目的是为了削弱诸侯王的实力，并且在此令及其他措施的联合打击下，“诸侯王遂以弱”[④]。

关于弩，《说文解字》云：“弓有臂者。”[⑤]《释名·释兵》对弩机结构有详尽解释：“弩，怒也，有势怒也。其柄曰臂，似人臂也；钩弦者曰牙，似齿牙也；牙外曰郭，为牙之规郭也；下曰悬刀，其形然也；合名之曰机，言如机之巧也，亦言如门户枢机开阖有节也。”[⑥]与弓相比，弩的射程远，射姿多种，且可延时发射，命中率高。以手张弦者称臂张，以足张弦者称蹶张。如《汉书·申屠嘉传》云“材官蹶张”，如淳曰：“材官之多力，能脚踏强弩张

---

① ［日］森鹿三：《论居延简所见的马》，《简牍研究译丛》（第一辑），姜镇庆译，第89页。

② 陈宁：《秦汉马政研究》，中国社会科学出版社2015年版，第49页。

③ 《汉书》卷七《昭帝纪》，第222页。

④ （西汉）刘向编著，石光瑛校释，陈新整理：《新序校释》卷一〇《善谋下》，中华书局2001年版，第1405页。

⑤ （东汉）许慎撰，（清）段玉裁注：《说文解字注》卷二四《弓部》，第641页。

⑥ （东汉）刘熙：《释名》卷七《释兵》，第99页。

之，故曰蹶张。律有蹶张士。”颜师古曰：“今之弩，以手张者曰擘张，以足踏者曰蹶张。”[①] 此外，腰引弩在当时亦常见，使用此弩时，“射手自腰部以绳钩弦张弓”。擘张弩射程在 80 米左右，蹶张弩则要更远，而腰引弩的“射程可达 400 米左右”[②]。战国秦汉时期，弩的张力是以“石”来计算的，“引满一石之弩与提举一石重物之力相等”[③]。由于汉代一石为 30.2 千克，则引满十石弩就需 302 千克的提举重物之力，是以此弩“不用‘腰引’法是不行的”[④]。属于杀伤力极强的弩。所以惠帝时便禁民使用，如惠帝三年（前 192 年）相国奏御史以“九条”监三辅郡，其中一条为“敢为逾侈及弩力十石以上者”[⑤]。东方诸侯王国若得之自是能够大大增强军队的战斗力，所以景武时期禁止此弩出关是合乎逻辑的。

至于应劭认为在武帝晚期，也有其道理。早在元朔、元狩之际，鉴于弓弩的杀伤力过强，丞相公孙弘曾建言“禁民毋得挟弓弩”[⑥]，但没有被武帝采纳。前已述及，天汉二年（前 99 年）关东发生大暴动，参与暴动的百姓相聚在一起，大群至数千人，小群以百数，他们攻打城邑，掠夺乡里，声势甚盛。武帝派绣衣使者，发兵分布逐捕，历时数年，方才免强将暴动镇压下去。但盗贼问题始终没能得到彻底解决。此次镇压过后，盗贼很快又在社会上大量出现。当此之时，为了维护地方的稳定，进一步加强对关中地区弩的管控，禁止其进入东方地区流入百姓之手也是可能的。

---

① 《汉书》卷四二《申屠嘉传》，第 2100 页。

② 孙机：《汉代物质文化资料图说》，文物出版社 1991 年版，第 142 页。

③ 郭淑珍：《秦射远兵器有关问题综论》，《秦文化论丛》（第十三辑），三秦出版社 2006 年版，第 302 页。

④ 林沄：《弩的历史》，《中国典籍与文化》1993 年第 4 期。

⑤ 王益之撰，王根林点校：《西汉年纪》卷三《惠帝》，第 59 页。

⑥ 《汉书》卷六四《吾丘寿王传》，第 2795 页。

并且应劭说是设“马上弩机关”。马上用弩大致是一石弩，“大凡二石、三石的弩要反复发射就要用‘蹶张’法开弩。故汉代军中有‘材官蹶张’之称”[①]。亦即应劭说是禁弩大致是从一石弩禁起，与孟康所说的并不是同一件事。

虽然禁马弩出关，对于削弱诸侯王的力量有一定作用，但其对社会经济造成的消极影响也相当大。因为汉代尽管不允许吏民持有十石以上的弩，但大体上一直是允许吏民拥有兵器的。如《汉书·高帝纪》云高帝八年（前 199 年）令“贾人毋得衣锦绣绮縠絺纻罽，操兵，乘骑马”。颜师古曰：“操，持也。兵，凡兵器也。”[②]这意味着除商人外，其他人都可以持有兵器。及至惠帝、高后时期，“复弛商贾之律，然市井之子孙亦不得仕宦为吏”[③]。这时商人也可持兵器了。并且就弩而言，九石以下的是可以持有的。由于弩具有相当强的杀伤力，故当时社会对其有着广泛的需求是可以想见的。而汉朝禁止关中的弩向关东流通，无疑会对当时的工商业造成消极影响。

汉人对马的需求也很旺盛。如在《盐铁论·散不足》中，贤良称：“今富者连车列骑，骖贰辎軿。中者微舆短毂，繁髦掌蹄。”[④]此事虽是始元六年（前 81 年）的言论，但其语反映了当时吏民热衷于拥有良马的社会风尚也是不争的事实。其时关中盛产良马，但国家政令阻断了东西方的交流，这也不利于社会经济的恢复与发展。

更何况武帝元鼎三年（前 114 年）至六年（前 111 年）间，

---

① 林沄：《弩的历史》。

② 《汉书》卷一《高帝纪》，第 65—66 页。

③ 《史记》卷三〇《平准书》，第 1417 页。

④ 《盐铁论校注（定本）》卷六《散不足》，第 350 页。

又进行了“广关”活动[1]：“大关中区域北部的东界，由以临晋关为标志的黄河一线，向东推进至太行山一线；中部区域的东界，由旧函谷关，向东推进至新函谷关；南部区域的东界，由四川盆地东南缘，向东南推进至柱蒲关、进桑关一线的滇桂、黔桂间山地；与此同时，大关中的西部区域，从北到南，也都有了大幅度扩展。”[2]这导致在更大范围内限制了东西方的物资交流。

是以始元五年（前82年）罢马弩关，由于拆除了东西方的贸易壁垒，使马与弩得以在帝国范围内自由流动，无疑会进一步促进汉朝经济的恢复与发展，所以意义相当重大。而这也是顺应时势之举，因为此时诸侯王国对汉朝已不再构成威胁，这使马弩关存在的意义大减，考虑到禁弩出关还有维护社会稳定的功能，而朝廷却仍然罢之，也说明经过数年治理，当时的社会形势已有相当大程度的好转，已不必担心解禁会影响皇朝对地方的管理。

当年六月，诏曰：“朕以眇身获保宗庙，战战栗栗，夙兴夜寐，修古帝王之事，通《保傅传》、《孝经》、《论语》、《尚书》，未云有明。其令三辅太常举贤良各二人，郡国文学高第各一人。”[3]细绎之，昭帝此诏表达了三重意思。其一，自己对儒生所主张的王道政治充满向往；其二，自己一直在坚持不懈地修习儒家经典；其三，诚邀天下贤能之士赴京为自己答疑解惑，参与国家治理，“满足民间精英参政议政的愿望”[4]。

而诏书又称：“赐中二千石以下至吏民爵各有差。”[5]

---

① 《史记》卷三〇《平准书》，第1435页。

② 辛德勇：《汉武帝“广关”与西汉前期地域控制的变迁》，《中国历史地理论丛》2008年第2辑。

③ 《汉书》卷七《昭帝纪》，第223页。

④ 李峰：《巫蛊之祸：西汉中期政坛秘辛》，第86页。

⑤ 《汉书》卷七《昭帝纪》，第223页。

汉循秦制，实行二十等爵制，以赏功劳。《汉书·百官公卿表》云："爵：一级曰公士，二上造，三簪袅，四不更，五大夫，六官大夫，七公大夫，八公乘，九五大夫，十左庶长，十一右庶长，十二左更，十三中更，十四右更，十五少上造，十六大上造，十七驷车庶长，十八大庶长，十九关内侯，二十彻侯。皆秦制，以赏功劳。彻侯金印紫绶，避武帝讳，曰通侯，或曰列侯。"[①]后还以此赐吏民，以维护统治秩序。西嶋定生指出："以汉代制度为中心来看，此二十等爵中，自第一级的公士至第八级的公乘的爵位是给予一般庶民以及下级官吏的；第九级的五大夫以上，秩六百石的官吏始得授予，一般庶民不授予五大夫以上的爵。"[②]

在汉代，爵位不仅与占田数额相联系，而且与司法、徭役等诸多事项相关。如据《汉书·惠帝纪》，高帝十二年（前195年）五月，惠帝即位，诏令："爵五大夫、吏六百石以上及宦皇帝而知名者有罪当盗械者，皆颂系。上造以上及内外公孙耳孙有罪当刑及当为城旦舂者，皆耐为鬼薪白粲。"[③]张家山汉简《二年律令》所记载尤其全面。

如田宅方面，《户律》规定自公士至关内侯，根据爵级之高下，占有田地95顷至1.5顷不等，余者如"公卒、士五（伍）、庶人各一顷，司寇、隐官各五十亩"。宅地以宅为单位，"宅之大方卅步"，自公士至列侯，可拥有1.5宅至105宅不等。余者如"公卒、士五（伍）、庶人一宅，司寇、隐官半宅"[④]。

---

① 《汉书》卷一九《百官公卿表》，第739—740页。

② ［日］西嶋定生：《中国古代帝国的形成与结构——二十等爵研究》，武尚清译，中华书局2004年版，第84—85页。

③ 《汉书》卷二《惠帝纪》，第85页。

④ 张家山二四七号汉墓竹简整理小组：《张家山汉墓竹简［二四七号墓］》（释文修订本），第52页。

徭役方面，《傅律》规定："不更以下子年廿岁，大夫以上至五大夫子及小爵不更以下至上造年廿二岁，卿以上子及小爵大夫以上年廿四岁，皆傅之。"[①] 所谓"傅"，荀悦称指正式服兵役的士卒："傅，正卒也。"[②] 颜师古认为即是为公家服徭役："傅，著也。言著名籍，给公家徭役也。"[③]《傅律》意为拥有不更及以下爵位者之子年二十始傅；拥有大夫以上至五大夫爵位者之子，以及自身拥有不更以下至上造爵位者，年二十二始傅；拥有左庶长以上至大庶长等卿级爵位者之子，及自身拥有大夫以上爵位者，年二十四始傅。又据《傅律》，爵位不同，免服徭役的年龄也有异："大夫以上年五十八，不更六十二，簪袅六十三，上造六十四，公士六十五，公卒以下六十六，皆为免老。"减半服役的规定则为："不更年五十八，簪袅五十九，上造六十，公士六十一，公卒、士五（伍）六十二，皆为睆老。"[④]"睆老"即减半服役。如《徭律》云："睆老各半其爵繇（徭）。"[⑤]

司法方面，《贼律》规定："其毋伤也，下爵殴上爵，罚金四两。"[⑥]《具律》规定上造、上造妻以上，"其当刑及当为城旦舂者，耐以为鬼薪白粲"。公士、公士妻，"有罪当刑者，皆完之"[⑦]。《亡

---

① 张家山二四七号汉墓竹简整理小组：《张家山汉墓竹简［二四七号墓］》（释文修订本），第58页。

② 《史记》卷一一《景帝本纪》，第440页。

③ 《汉书》卷一《高帝纪》，第38页。

④ 张家山二四七号汉墓竹简整理小组：《张家山汉墓竹简［二四七号墓］》（释文修订本），第57页。

⑤ 张家山二四七号汉墓竹简整理小组：《张家山汉墓竹简［二四七号墓］》（释文修订本），第64页。

⑥ 张家山二四七号汉墓竹简整理小组：《张家山汉墓竹简［二四七号墓］》（释文修订本），第12页。

⑦ 张家山二四七号汉墓竹简整理小组：《张家山汉墓竹简［二四七号墓］》（释文修订本），第20页。

律》规定："吏民亡，盈卒岁，耐；不盈卒岁，毄（系）城旦舂；公士、公士妻以上作官府，皆偿亡日。"[①]《收律》规定："罪人完城旦舂、鬼薪以上，及坐奸府（腐）者，皆收其妻、子、财、田宅。"若"其子有妻、夫，若为户、有爵"则"勿收"。[②]《捕律》规定官员在率吏徒抓捕盗贼时，若"与盗贼遇而去北，及力足以追捕之𠁆𠁆□□□□□𠁆留畏耎弗敢就，夺其将爵一络〈级〉，免之，毋爵者戍边二岁"[③]。

此外，百姓的爵位还可买卖，如武帝时淮南王刘安称："间者，数年岁比不登，民待卖爵赘子以接衣食。"[④]

以上为汉代前期与爵制相关的律令。有的如田宅制，只是基于爵位等身份而确定的吏民的法定占有田宅数额，并非国家实授数额，但富裕者却可依此通过购买等方式合法地占满自己法定可拥有的田宅数额。是以武帝时，董仲舒建言："限民名田，以澹不足，塞并兼之路。"颜师古曰："名田，占田也。各为立限，不使富者过制，则贫弱之家可足也。"[⑤]考其意是要求国家重新修订此前的田宅制度，以遏制土地兼并现象，但未被采纳。而武帝置刺史监察诸州，以六条问事，其所问的第一件事为"强宗豪右田宅逾制，以强凌弱，以众暴寡"[⑥]。也可知百姓占有田宅的多寡是有制度规定的。

---

① 张家山二四七号汉墓竹简整理小组：《张家山汉墓竹简［二四七号墓］》（释文修订本），第30页。

② 张家山二四七号汉墓竹简整理小组：《张家山汉墓竹简［二四七号墓］》（释文修订本），第32页。

③ 张家山二四七号汉墓竹简整理小组：《张家山汉墓竹简［二四七号墓］》（释文修订本），第28页。

④ 《汉书》卷六四《严助传》，第2779页。

⑤ 《汉书》卷二四《食货志》，第1137—1138页。

⑥ 《汉书》卷一九《百官公卿表》，第742页。

有的律令随着时代的发展也在不断地调整。如景帝二年，将男子傅籍的年龄定在二十岁："男子二十而得傅。"[①] 始元六年（前81年）二月，盐铁会议上，御史大夫桑弘羊称："今陛下哀怜百姓，宽力役之政，二十三始傅，五十六而免，所以辅耆壮而息老艾也。"而文学则称："今五十已上至六十，与子孙服挽输，并给徭役，非养老之意也。"[②] 文学之所以如此说，或如《二年律令》一样，五十六免老所对应的只是爵制中的某一个群体，其他群体则另有规定。或是因为减半服役的"睆老"制度仍在，老年人仍要服役。是以文学仍表示不满。但这也显见是对服役及免役的年龄又有调整。

虽然汉代与爵制相关的律令或存在一定的问题，或在不断地发生着变化，但有爵者根据爵位高低可享受不同待遇的政策却一直得到执行。

如哀帝时，高阳侯薛宣子薛况认为博士申咸诋毁薛宣，因使人刺伤申咸，事发后，哀帝让官员们议其罪，廷尉直建言："况与谋者皆爵减完为城旦"。颜师古曰："以其身有爵级，故得减罪而为完也。况身及同谋之人，皆从此科。"[③] 平帝元始二年（公元2年）十二月，长沙国益阳县守长丰等审理爵为"不更"的官员张勋"盗所主守加钱"案云："数罪以重，爵减，髡钳勋为城旦，衣服如法，驾责如所主守盗，没入臧县官，令及同居会计，备偿少内，收入司空作。"[④]

---

① 《史记》卷一一《景帝本纪》，第439页。

② 《盐铁论校注（定本）》卷三《未通》，第192页。

③ 《汉书》卷八三《薛宣传》，第3396—3397页。

④ 徐世虹：《西汉末期法制新识——以张勋主守盗案牍为对象》，《历史研究》2018年第5期。

由于爵位所附丽的利益甚重，故国家轻易不赐民爵位，自然百姓对爵位也会非常看重。如汉自高帝立国至始元五年(前82年)五月,125年间，赐民爵不过20次。最后一次赐爵是元封元年(前110年)，该年四月,“赐天下民爵一级”[①]。至始元五年，时间已过去了28年，是以当年六月赐民爵位，定会让百姓欢欣鼓舞。

当年六月，又“罢儋耳、真番郡”。颜师古曰:“儋耳本南越地，真番本朝鲜地，皆武帝所置也。”[②]

武帝元鼎、元封之际，“汉连兵三岁，诛羌，灭南越，番禺以西至蜀南者置初郡十七，且以其故俗治，毋赋税。南阳、汉中以往郡，各以地比给初郡吏卒奉食币物，传车马被具。而初郡时时小反，杀吏，汉发南方吏卒往诛之，间岁万余人，费皆仰给大农。大农以均输调盐铁助赋，故能赡之。然兵所过县，为以訾给毋乏而已，不敢言擅赋法矣”[③]。儋耳郡就是这些“初郡”中的一个，并且可称得上是难以治理的典型:“初，武帝征南越，元封元年立儋耳、珠厓郡，皆在南方海中洲居，广袤可千里，合十六县，户二万三千余。其民暴恶，自以阻绝，数犯吏禁，吏亦酷之，率数年一反，杀吏，汉辄发兵击定之。自初为郡至昭帝始元元年，二十余年间，凡六反叛。”[④]

地处东北的朝鲜在汉时臣服其邻近小国真蕃、临屯等，有方数千里之地，为东夷大国，西与匈奴左地相接，元封二年(前109年)，为断匈奴之左臂，武帝发兵征讨朝鲜，次年夏平定朝鲜，以其地置乐浪、临屯、玄菟、真番等四郡。考四郡之方位，

---

① 《汉书》卷六《武帝纪》，第191页。

② 《汉书》卷七《昭帝纪》，第223页。

③ 《史记》卷三〇《平准书》，第1440页。

④ 《汉书》卷六四《贾捐之传》，第2830页。

大体上，“玄菟郡最北，乐浪郡在其南，真番则更在乐浪以南，临屯则在乐浪以东与玄菟东南的海边”[①]。其地辽远苦寒，汉初即因难以守御而主动放弃，及武帝时征服朝鲜后，诸郡官吏往往来自辽东：“郡初取吏于辽东。”[②]然长此以往，势必会引起人们的不满，并且辽东郡当时还承担着防御乌桓的重任。乌桓本为东胡人，居于匈奴左地，秦汉之际为冒顿攻破后，“众遂孤弱，常臣伏匈奴，岁输牛马羊皮，过时不具，辄没其妻子。及武帝遣骠骑将军霍去病击破匈奴左地，因徙乌桓于上谷、渔阳、右北平、辽西、辽东五郡塞外，为汉侦察匈奴动静。其大人岁一朝见，于是始置护乌桓校尉，秩二千石，拥节监领之，使不得与匈奴交通。昭帝时，乌桓渐强”[③]。另外如玄菟郡设置后，常“为夷貊所侵”[④]。汉若发大军则难以长期坚守，少则不能御敌。

始元五年（前82年），汉朝“罢儋耳郡并属珠厓”[⑤]。又罢朝鲜四郡中的真番、临屯两郡，将其并入乐浪郡、玄菟郡：“罢临屯、真番，以并乐浪、玄菟。”后又将玄菟郡向西徙至高句骊，其故地悉归乐浪郡：“玄菟复徙居句骊。自单单大领已东，沃沮、濊貊悉属乐浪。”[⑥]

然观儋耳、真蕃、临屯皆为罢除郡级建置，并入邻郡，似乎只是在地方管理建置上进行调整，基本管理模式并未发生改变。实则所并入的郡亦属汉之初郡，其本身治理压力就极大。如珠崖郡就如同儋耳郡一样，治下百姓也是经常反叛：“其珠崖、儋耳二

① 周振鹤：《西汉政区地理》，第226页。
② 《汉书》卷二八《地理志》，第1658页。
③ 《后汉书》卷九〇《乌桓传》，第2981页。
④ 《后汉书》卷八五《东夷传》，第2816页。
⑤ 《汉书》卷六四《贾捐之传》，第2830页。
⑥ 《后汉书》卷八五《东夷传》，第2817页。

郡在海洲上，东西千里，南北五百里。其渠帅贵长耳，皆穿而缒之，垂肩三寸。武帝末，珠崖太守会稽孙幸调广幅布献之，蛮不堪役，遂攻郡杀幸。幸子豹合率善人还复破之，自领郡事，讨击余党，连年乃平。豹遣使封还印绶，上书言状，制诏即以豹为珠崖太守。威政大行，献命岁至。中国贪其珍赂，渐相侵侮，故率数岁一反。"[①] 乐浪郡虽然内部比较稳定，但由于其所治理的是卫氏朝鲜本部，故任务也相当繁重。当此情势下，汉朝将与其相邻的初郡归入其辖区，若仍依正常的治理模式对并入的诸县进行管理，势必增加其负担，显然是不合理的。而据《后汉书·东夷传》，玄菟郡故地并入乐浪郡后，汉专设乐浪郡东部都尉对其进行管理："后以境土广远，复分领东七县，置乐浪东部都尉。"[②] 显见汉对其已放弃了原来的民事行政管理，只是进行军事管制，以防其侵扰而已。其他诸郡并入邻郡后，亦当采取了这一模式。这无疑会极大减轻百姓的负担。

始元六年（前 81 年）正月，"上耕于上林"[③]，以示重农。

---

① 《后汉书》卷八六《南蛮传》，第 2835—2836 页。
② 《后汉书》卷八五《东夷传》，第 2817 页。
③ 《汉书》卷七《昭帝纪》，第 223 页。

第七章　盐铁之议，王霸争衡

始元六年（前 81 年）举行的盐铁会议，是内朝与外朝矛盾斗争持续发展的结果。会议上，来自地方的贤良、文学在霍光阵营的支持下，与以田千秋、桑弘羊为首的朝廷一方，议罢盐铁官营事，进而发展成为全面的政治得失大讨论。经此会议，桑弘羊光环尽失，声望大损，自此陷于自保的境地；霍光因实现了打压桑弘羊以及外朝官员的意图，可称得上是大赢家。贤良、文学被动卷入朝廷的权力斗争，成为霍光制衡桑弘羊等人的工具，似乎有点可悲，但事实却并非如此。因为贤良、文学充分利用此次机会，代表新兴的豪族阶层的利益，以儒家经典为依据，以儒家所持的王道观为尺度，对武帝所形塑的皇朝与实现路径进行全面检讨，从而将武帝之政定义为霸政而予以全面否定；理直气壮地坚决反对朝廷继续如武帝时那样肆意分割他们的财富，强烈要求朝廷返还此前属于他们的利益；并提出自己理想的皇朝样态及实现路径，要求皇朝予以贯彻落实。从而对汉朝的统治产生了极其深远的影响。

第一节　贤良与文学

如前所述，始元五年（前 82 年）六月，诏举贤良、文学赴京。及至六年（前 81 年）二月，“诏有司问郡国所举贤良文学民所疾苦。

议罢盐铁榷酤”[1]。此事针对桑弘羊的意味甚重。

据《盐铁论·本议》，官方参与此次会议的主官为丞相田千秋、御史大夫桑弘羊："有诏书使丞相、御史与所举贤良、文学语。"[2]然建言者是杜延年，幕后操控者则是霍光。杜延年的父亲杜周任执金吾期间，曾捕治桑弘羊家人，故杜家与桑弘羊不睦。杜延年是杜周的少子，“明法律”。昭帝初立，霍光以杜延年“三公子，吏材有余，补军司空”。军司空为军队的狱官。苏林曰："主狱官也。"如淳曰："律，营军司空、军中司空各二人。"始元四年（前83年），以校尉率军击益州地方反叛势力之功，迁官为谏大夫。杜延年“见国家承武帝奢侈师旅之后，数为大将军光言：‘年岁比不登，流民未尽还，宜修孝文时政，示以俭约宽和，顺天心，说民意，年岁宜应。’光纳其言，举贤良，议罢酒榷盐铁，皆自延年发之”[3]。细绎这段叙述，不仅举贤良、文学是出于杜延年的建议，就是后来“罢酒榷盐铁”的议题也是杜延年的主意。这显然是针对桑弘羊而来的。

如前所述，桑弘羊由于自认为为国兴酒榷盐铁之大利，因而居功自傲，想为其子弟求取官职，但霍光始终不肯答应，因此怨恨霍光。

汉初，由于国家残破，经济萧条，为恢复社会经济，推行休养生息政策，采取一系列经济激励措施，以期促进农业、工商业的恢复与发展。就工商业而言，“孝惠、高后时，为天下初定，复

---

① 《汉书》卷七《昭帝纪》，第223页。

② 《盐铁论校注（定本）》卷一《本议》，第1页。

③ 《汉书》卷六〇《杜延年传》，第2662—2664页。

弛商贾之律”[①]。文帝时“纵民得铸钱、冶铁、煮盐”[②]。文帝十二年（前168年）三月，除入关用通行证的禁令：“除关无用传”。后六年（前158年）四月，“弛山禁”。颜师古曰：“弛，解也，解而不禁，与众庶同其利。”[③]结果到了武帝时期，豪富之家遍布天下。如蜀卓氏用铁发家，富至僮千人；程郑，亦冶铸，富埒卓氏。宛孔氏之先，用铁冶为业，大鼓铸，家致富数千金。鲁曹邴氏以铁冶起，富至巨万。齐刀间逐渔盐商贾之利，起富数千万。周师史致财七千万。宣曲任氏以战时出售仓粟起富，富者数世。边塞桥姚致马千匹，牛倍之，羊万头，粟以万钟计。无盐氏以放贷富埒关中。关中富商大贾，又有诸田，田啬、田兰，韦家栗氏，安陵县、杜县杜氏，亦巨万。这些富豪皆倾动天下。其他的更是数不胜数：“若至力农畜，工虞商贾，为权利以成富，大者倾郡，中者倾县，下者倾乡里者，不可胜数。”[④]贵族之家富甲一方，如汉初所封列侯到景武时期户数大增，“萧、曹、绛、灌之属或至四万，小侯自倍，富厚如之”[⑤]。

当时，武帝因长期外事四夷，内兴功利，导致财政状况不断恶化，而豪富之家却不肯出资佐助国家，于是武帝为增加国家的财政收入，任用一批兴利之臣，采取了一系列敛财措施，来分割掠夺社会财富。洛阳商人之子、精于理财的桑弘羊就是在这样的背景下，参与到了汉代的政治之中，并成为武帝后期最为倚重的理财之臣。而桑弘羊最得意的举措就是推行盐铁酒专营及均输、

① 《史记》卷三〇《平准书》，第1418页。
② 《盐铁论校注（定本）》卷一《错币》，第57页。
③ 《汉书》卷四《文帝纪》，第123—131页。
④ 《史记》卷一二九《货殖列传》，第3281—3282页。
⑤ 《史记》卷一八《高祖功臣侯者年表》，第878页。

平准政策。盐铁专营的首倡者，并不是桑弘羊，而是工商业者出身的孔仅、东郭咸阳，但盐铁专营的大发展却是由桑弘羊推动的。元狩三年（前 120 年），武帝“以东郭咸阳、孔仅为大农丞，领盐铁事”。次年，大农丞孔仅、东郭咸阳建言禁止民间私营盐铁业，实行由国家专营的盐铁专卖政策，为武帝所采纳，派他们在全国范围内产盐铁之地设置盐官、铁官，建立相应的官僚系统，以推行这一政策：“使孔仅、东郭咸阳乘传举行天下盐铁，作官府。”元封元年（前 110 年），桑弘羊以治粟都尉的身份兼领管理国家财政事务的大农事，代替孔仅尽掌天下盐铁专卖事务：“桑弘羊为治粟都尉，领大农，尽代仅筦天下盐铁。”[①] 使汉朝的盐铁专卖活动进入大发展时期，所置盐铁官，几遍天下。

元封元年（前 110 年），又实行均输平准政策。据桑弘羊称均输政策推行的原因是鉴于地方郡国经常向朝廷运送地方物产，往来麻烦杂乱，且所送物品质量多苦恶，或者运输花费超过所运之物的价值：“往者郡国诸侯各以其方物贡输，往来烦杂，物多苦恶，或不偿其费。”给朝廷和地方政府都带了很多不便，“故郡国置输官以相给运，而便远方之贡，故曰均输”[②]。元鼎二年（前 115 年），桑弘羊为大农丞，“筦诸会计事，稍稍置均输以通货物矣。”元封元年正式全面推行，在桑弘羊的主持下，由大司农派遣数十名官员分赴全国各地，主持地方的物资调配工作，在许多县都设置均输盐铁官，执行均输任务：“乃请置大农部丞数十人，分部主郡国，各往往县置均输盐铁官，令远方各以其物贵时商贾所转贩者为赋，而相灌输”。具体方式是各地的均输官将当地向朝廷交纳的贡物，

---

① 《史记》卷三〇《平准书》，第 1428—1441 页。

② 《盐铁论校注（定本）》卷一《本议》，第 4 页。

折合成当地丰饶廉价的产品，然后将其运往价格高的地区售卖，赚取差价，在价格低的地区购买朝廷所需之物，输往长安。此即孟康所称："谓诸当所输于官者，皆令输其土地所饶，平其所在时价，官更于他处卖之，输者既便而官有利。"元封元年，鉴于京师各官府自行经营商业活动，导致物价暴涨："诸官各自市，相与争，物故腾跃。"[①]桑弘羊建议在京师设平准官，接受全国输送来的各种物资，然后贵卖贱买，平抑物价，其议为武帝所采纳。均输平准政策给国家带来了巨大利益。及至天汉三年（前98年），又实行了酒专卖政策。

盐铁酒专营与均输平准政策，可谓桑弘羊平生的得意之作，其能身兼数职，长期主持国家财政事务，并被武帝提拔至御史大夫的高位，跻身托孤重臣之列，都是因为这些政策措施。不免居功自傲，滋生非分之想。然而由于这些政策措施严重损害了工商豪富的利益，又使普通百姓深受其害，故民愤极大。以社会舆论代言人自居、主张实行仁政的儒生群体，更是将此视为霸政而痛贬斥之。昭帝即位后，人们翘首盼望朝廷能有所更张以便民，然而朝廷却数年无所作为。

有鉴于此，杜延年建议霍光征召地方贤人赴京议政，意欲借民意打击桑弘羊的嚣张气焰，其议遂为霍光所采纳。故郭沫若指出霍光与桑弘羊是"对立"的，"他为了扩大自己的势力，所以要利用民间的力量来反对，贤良和文学那一批人就是霍光所利用的人。盐铁会议假使没有霍光的主动支持，毫无疑问，是不可能召开的"[②]。晋文称："从政治方面看，霍光为专权而打击桑弘羊是召

---

① 《史记》卷三〇《平准书》，第1432—1441页。

② 郭沫若校订:《序》,《盐铁论读本》，科学出版社1957年版，第3页。

开此次会议的直接动因。具体来说，就是要利用贤良、文学对盐铁等等政策的攻击，从政治上搞臭长期主管财政的桑弘羊。”[①] 鹤间和幸也认为：“‘贤良’、‘文学’背后有霍光的支持。”[②]

从深层次看，这又是内朝与外朝矛盾斗争持续发展的结果。如前所述，武帝时，内朝虽参与朝政，但只是议政，具体到执行，要由皇帝去运作。及至昭帝时，内朝不仅主决策，还直接领导外朝，政治运行机制的重大变化，必然会给官僚体系的运转带来极大的不适。兼之外朝丞相、御史大夫为名义上的最高行政领袖，居其位的田千秋、桑弘羊又久历宦海，年高体尊，其中田千秋居官与人为善，深得群下推戴；桑弘羊长期主持国家的财政事务，能力出众，政绩昭著，地位举足轻重；而霍光以皇帝近侍上位，年纪轻，秩禄低，且无从政经验，是以让他们接受霍光的领导，他们能没有抵触情绪？更何况霍光与桑弘羊在执政理念上又有异。故而霍光在与上官桀交恶前，虽然在金日磾、上官桀的支持下，实现了对朝政的掌控，但有些时候仍不得不与桑弘羊周旋、妥协。

据《汉书·五行志》云：“昭帝始元二年冬，亡冰。是时上年九岁，大将军霍光秉政，始行宽缓，欲以说下。”[③] 考其云昭帝当时年方“九岁”，且《昭帝纪》又云始元元年（前 86 年）冬无冰，可知此处关于无冰的时间叙述有误，当为始元元年冬。而这也显见虽然霍光有志于与民更始，但由于桑弘羊等的掣肘，使其不得不借儒家的灾异之说以推行其政。因为，无冰属灾异现象，而灾异的出现，在董仲舒看来都是由于朝廷施政有过失的缘故，如其称：“天地之物有不常之变者，谓之异，小者谓之灾。灾常先至而

① 晋文：《桑弘羊评传》，南京大学出版社 2005 年版，第 181 页。
② ［日］鹤间和幸：《始皇帝的遗产：秦汉帝国》，马彪译，第 295 页。
③ 《汉书》卷二七《五行志》，第 1409 页。

异乃随之。灾者，天之谴也；异者，天之威也。谴之而不知，乃畏之以威。《诗》云：‘畏天之威’。殆此谓也。凡灾异之本，尽生于国家之失。国家之失乃始萌芽，而天出灾害以谴告之；谴告之而不知变，乃见怪异以惊骇之，惊骇之尚不知畏恐，其殃咎乃至。以此见天意之仁而不欲陷人也。”[①] 这一理论也为霍光改新时政提供了理论依据，于是自始元二年起开始推行惠民措施。

昭帝时屯田轮台事，即为桑弘羊的主意。据《汉书·西域传》称：“昭帝乃用桑弘羊前议，以杆弥太子赖丹为校尉，将军田轮台，轮台与渠犁地皆相连也。”[②] 此事有学者认为发生在“元凤年间”[③]。施之勉则指出：“据《昭帝纪》，桑弘羊谋反伏诛，在元凤元年。则校尉赖丹，屯田轮台，当在始元年间。”[④] 劳干也认为轮台及渠犁屯田的时间，“当在昭帝始元元年至始元七年间”，认为此举“显然是桑弘羊当政时的主张”。并指出因为当时政治还是保守的，“桑弘羊的主张显然还未十分贯彻”。其理由是：“第一，原来计划用三个校尉，此时只用一个校尉，并且还利用胡人为校尉。第二并未曾照过去的拟议，大量的移民，大量的增筑亭隧，并且还定一个逐渐进行的计划。这种缩小了的轮台屯垦，也就深深的影响到汉朝对于西域的地位。”[⑤] 劳干的看法是有道理的，但他将当时的政治保守作为未能完全贯彻桑弘羊的主张的理由，显然是没有注意到这其实是霍光与桑弘羊政治博弈的结果。因为以霍光之谨慎，若他支持屯田轮台，势必会全面落实桑弘羊的建议，将

---

① （清）苏舆撰，钟哲点校：《春秋繁露义证》卷八《必仁且智》，第 259 页。

② 《汉书》卷九六《西域传》，第 3916 页。

③ 李炳泉：《西汉西域渠犁屯田考论》，《西域研究》2002 年第 1 期。

④ 施之勉：《屯田轮台在昭帝时》，《大陆杂志》1974 年第 49 卷第 1 期。

⑤ 劳干：《汉代西域都护与戊己校尉》，《“中央研究院”历史语言研究所集刊》第 28 本上（1956）。

轮台屯田置于与张掖、酒泉相接，东西贯通的军事网络之上，因为只有这样才能保证屯田工作顺利进行，故如此草率行事，当非出自他的本意，而是桑弘羊施加压力的结果。细绎之，当是桑弘羊坚持其主张，霍光虽不赞同，可又无力予以阻止，因为武帝当年只是说暂时搁置此议，于是便消极应对，其结果就是仅以赖丹为校尉，将军田轮台，而赖丹因没有后援为龟兹所杀。

此事发生的时间，虽不能确定是在始元年间的哪一年，但霍光与上官桀交恶后，外朝官员群起孤立霍光的态势却甚明显，如始元五年（前82年）伪卫太子事件发生后，丞相、御史大夫及中二千石官员皆作壁上观就是明证。并且霍光除在始元元年将亲信张安世、王莽提拔为光禄勋和卫尉后，接下来数年中，再未能将亲信安插到外朝中二千石之位，也显示在外朝的抗拒下，霍光所统领的内朝在相当长的时间里与外朝一直处于对峙状态。盐铁会议就是在此背景下召开的。而直接促使盐铁会议召开的，如前所述，则是始元五年春的伪卫太子事件。

西嶋定生就指出，伪卫太子事件显示了昭帝时期政局的不稳定，究其原因，“是因昭帝幼小，及其出生有特别的传闻所致。但是助长其发展，是因社会生活的不安所引起。而这种社会生活的不安，是在于武帝以来新财政政策，由外朝的实力派御史大夫桑弘羊所继续实施的结果。切实感觉到这个，一定是辅佐幼主，主宰内朝的霍光。如此他对外朝政策的攻击，也急速地在发展”。盐铁会议上贤良、文学与朝廷官员的辩论，就是从“内朝方面”对外朝方面展开的“最早的攻击”。①

---

① ［日］西嶋定生:《白话秦汉史（秦汉帝国的兴衰）》，黄耀能译，第205—209页。

贤良、文学属汉代察举制的两个科目，贤良又称“贤良方正”，此科举荐对象是“能直言极谏”之士，始于文帝之时。文帝二年（前 178 年）诏“举贤良方正能直言极谏者”；十五年，“诏诸侯王公卿郡守举贤良能直言极谏者”[①]。当时对被举荐者所学之术未作具体要求。武帝建元元年（前 140 年）十月，“诏丞相、御史、列侯、中二千石、二千石、诸侯相举贤良方正直言极谏之士”，及至贤良被举荐上来后，丞相卫绾发现被举荐者，“或治申、商、韩非、苏秦、张仪之言”，认为用这些人会“乱国政”[②]，请求武帝将他们全部罢退，其议为武帝所采纳，自此举贤良独用儒士成为惯例。文学既指儒家经典，也指长于研治儒家经典者。武帝《轮台诏》云：“乃者以缚马书遍视丞相御史二千石诸大夫郎为文学者。”颜师古曰：“为文学，谓学经书之人。”[③]《盐铁论·论儒》称御史曰：“文学祖述仲尼，称诵其德，以为自古及今，未之有也。”[④]

当时征召来的贤良、文学有六十余人。待这些人来到京师后，始元六年（前 81 年）二月，朝廷下诏让丞相田千秋、御史大夫桑弘羊向这些人“问以治乱”，贤良、文学“皆对愿罢郡国盐铁酒榷均输，务本抑末，毋与天下争利，然后教化可兴”。桑弘羊则“以为此乃所以安边竟，制四夷，国家大业，不可废也”。此即盐铁会议。此次会议留有记录：“当时相诘难，颇有其议文。”这些资料至宣帝时尚在，桓宽据此编纂了《盐铁论》一书。据班固称，当时，既“治《公羊春秋》”，又“博通善属文”的桓宽，遂“推衍盐铁之议，增广条目，极其论难，著数万言，亦欲以究治

---

① 《汉书》卷四《文帝纪》，第 116—127 页。
② 《汉书》卷六《武帝纪》，第 155—156 页。
③ 《汉书》卷九六《西域传》，第 3913—3915 页。
④ 《盐铁论校注（定本）》卷二《论儒》，第 149 页。

乱，成一家之法焉”[①]。亦即在班固看来，该书属托事立言。是以西嶋定生称：“如那样，不一定就是会议的实录，其内容，相信有许多是有桓宽自己所加上去的部分。”[②] 鲁惟一则指出该书对双方辩论的叙述是有倾向的，作为“道德批评者”的贤良、文学，“总是被描绘成在观点上胜过对手”，而作为政府的“现代派成员”的官员们“则屡屡陷入尴尬的沉默”。[③] 聂济冬对该书的结构安排与语言运用进行分析，认为该书“文本结构具有有意编排的特征，语言具有强烈的倾向性，反映出桓宽尊崇儒家、批评法家的情感指向”[④]。然如徐复观所言，“就《盐铁论》所记的辩论经过的情况，及各人立言的分寸来看，决不是未参与其事的人所能悬拟的”[⑤]。而研习该书的叙述，可知会议讨论甚热烈。

当时儒生所修习的经学已居于国家指导思想的地位。武帝时，为强化对皇朝的统治，宣扬无为的黄老思想被时代所抛弃，崇尚德治、仁政，具有“意气风发、积极进取的思想属性”的儒家学说则受到了武帝的重视[⑥]，其初即位，便“卓然罢黜百家，表章六经”。观其长达半个多世纪的统治，以儒术文饰霸政，亦即阳儒阴法、儒表法里可谓是其治国理政的突出特色。如其诏书，动辄即称“古之道”，反复陈说“五帝、三王”之盛德，引《尚书》《易经》《诗经》《春秋公羊传》《论语》以发言立论，“号令文章，

---

① 《汉书》卷六六《公孙刘田王杨蔡陈郑传》，第 2903 页。

② ［日］西嶋定生：《白话秦汉史（秦汉帝国的兴衰）》，黄耀能译，第 207 页。

③ Michael Loewe，*Crisis and Conflict in Han China*，London：George Allen & Unwin Ltd，1974，p.72.

④ 聂济冬：《〈盐铁论〉文本结构与意旨》，《汉籍与汉学》（总第 3 期），山东人民出版社 2018 年版，第 103 页。

⑤ 徐复观：《〈盐铁论〉中的政治社会文化问题》，《两汉思想史》（第三卷），第 77 页。

⑥ 李振宏：《汉代儒学的经学化进程》，《中国史研究》2013 年第 1 期。

焕焉可述”。又“兴太学，修郊祀，改正朔，定历数，协音律，作诗乐，建封禅，礼百神，绍周后”，大行“稽古礼文之事”。[①]日常行政，亦注重以经术为指导。当时儒生董仲舒、公孙弘、儿宽等，皆因“通于世务，明习文法，以经术润饰吏事，天子器之”[②]。凡此种种作为，使经学自武帝时起，便成为皇朝治国理政的指导思想。

因此，盐铁会议上，贤良、文学以儒家理论为依据，对武帝以来实行的盐铁酒官营和均输平准政策，进行了严厉的批判。

论辩一开始，文学便直奔主题，称治民之道，在于防止恣纵逸乐的根源，发扬道德的功能，抑制工商业之利而推广仁义，不要引导他们去追逐利益，然后教化才能振兴，风俗才能发生改变。现在在全国各地推行盐铁酒官营及均输平准政策，“与民争利”，使敦厚朴实之风遭到破坏，贪婪卑鄙之风流行，因此百姓多喜欢从事工商业而不愿意经营农业。表面过于繁荣就会导致本质衰落，工商业兴盛就会导致农业受损；工商业发展了，百姓就会追求奢侈；农业发展了，百姓就会变得诚实俭朴。百姓诚朴财力就会充足，奢侈就会产生饥寒。因此，“愿罢盐、铁、酒榷、均输，所以进本退末，广利农业，便也”[③]。由此拉开了论辩的序幕。接下来，为厘清是非曲直，以田千秋、桑弘羊为首的朝廷一方与地方民意代表贤良、文学，围绕盐铁酒官营和均输平准政策的利弊问题展开了激烈的论辩。

---

① 《汉书》卷六《武帝纪》，第 212 页。

② 《汉书》卷八九《循吏传》，第 3623—3624 页。

③ 《盐铁论校注（定本）》卷一《本议》，第 1 页。

第二节　盐铁是或非

盐铁会议上，双方面的论争主要围绕着盐铁酒官营和均输平准政策等的推行，是否有利于备边、是否有利于百姓、是否打击了豪民等问题展开。

其一，兴利之策是否有利于备边。该论争主要围绕两个问题展开。

（一）盐铁酒官营、推行均输平准之策有佐助边费之功的理由是否成立。桑弘羊称汉朝建立后，长期奉行和亲政策，但匈奴对汉朝的祸害更甚："汉兴以来，修好结和亲，所聘遗单于者甚厚；然不纪重质厚赂之故改节，而暴害滋甚。"匈奴虽然答应与汉和好，实际上并不执行，多次欺骗汉朝："匈奴以虚名市于汉，而实不从；数为蛮、貊所绐。"是故武帝方发兵征讨："先帝睹其可以武折，而不可以德怀，故广将帅，招奋击，以诛厥罪。"[①] 指出此举也是为了解除边地百姓之苦："先帝哀边人之久患，苦为虏所系获也。"[②] 并且天子的职责是主持公道，调节均衡百姓的劳苦："王者包含并覆，普爱无私，不为近重施，不为远遗恩。"就当前的情况而言，边民为内地的安定做出了巨大牺牲："缘边之民，处寒苦之地，距强胡之难，烽燧一动，有没身之累。故边民百战，而中国恬卧者，以边郡为蔽扞也。"[③] 桑弘羊引《诗经》之语来强调有必要对边民给予支持："《诗》云：'莫非王事，而我独劳。'刺不均也。是以圣王怀四方独苦，兴师推却胡、越，远寇安灾，散中国肥饶

---

① 《盐铁论校注（定本）》卷八《结和》，第 479—480 页。

② 《盐铁论校注（定本）》卷一《本议》，第 2 页。

③ 《盐铁论校注（定本）》卷四《地广》，第 207 页。

之余，以调边境。”[①] 同时认为从道义的角度出发，也需要对匈奴进行限制。俗话说“贤者容不辱”，偏僻的村野出了横暴之徒，都要受到惩处。现在有圣明的天子在位，而匈奴公然为寇，侵扰边境，这是对仁义的冒犯。“不仁者，仁之贼也”，必须予以讨伐与防备，“是以县官厉武以讨不义，设机械以备不仁”[②]。这就是汉朝“修障塞，饬烽燧，屯戍以备”匈奴的原因。而这就导致“边用度不足”，故而“兴盐、铁，设酒榷，置均输，蕃货长财，以佐助边费”[③]。

文学认为实行和亲政策时，汉与匈奴关系和睦，边境无患：“往者，匈奴结和亲，诸夷纳贡，即君臣外内相信，无胡、越之患。”是汉朝后来改变策略，“退文任武，苦师劳众，以略无用之地，立郡沙石之间”，导致边患严重，边民无法自保，国家不得不“发屯乘城，挽辇而赡之”[④]。亦即汉之加强边境防御，实乃咎由自取。并且贤良认为把违背礼义作为征伐匈奴的理由也是不合适的，因为：“匈奴处沙漠之中，生不食之地，天所贱而弃之，无坛宇之居，男女之别，以广野为闾里，以穹庐为家室，衣皮蒙毛，食肉饮血，会市行，牧竖居，如中国之麋鹿耳。”并没有征服的价值，然而汉朝的好事之臣却“求其义，责之礼，使中国干戈至今未息，万里设备。”[⑤]

（二）当前的局势是否需要加强边备。桑弘羊认为国家从“远折难而备万方”的角度考虑，必须加强防御，并且只要是圣

① 《盐铁论校注（定本）》卷四《地广》，第 207 页。
② 《盐铁论校注（定本）》卷七《备胡》，第 444 页。
③ 《盐铁论校注（定本）》卷一《本议》，第 2 页。
④ 《盐铁论校注（定本）》卷八《结和》，第 479—480 页。
⑤ 《盐铁论校注（定本）》卷七《备胡》，第 444—445 页。

明的君主，都会“讨暴卫弱，定倾扶危”。就匈奴而言，“今不征伐，则暴害不息；不备，则是以黎民委敌也”[①]。《春秋》载鲁僖公二十八年（前632年），鲁国以公子买戍守卫国不满期为由将其杀之：“公子买戍卫，不卒戍，刺之。”[②]鲁襄公五年（前568年）秋，鲁、晋、宋、陈、卫、郑等国在戚地举行会议，决定共同发兵至陈国以防御楚国之进攻，但当年冬，除鲁国外，其他国家都没有准时派遣军队到陈国。《春秋》书其事云：“冬，戍陈。”《公羊传》云：“孰戍之？诸侯戍之。曷为不言诸侯戍之？离至不可得而序，故言我也。”[③]桑弘羊因以《春秋》论证加强边备的必要性：“《春秋》贬诸侯之后，刺不卒戍。行役戍备，自古有之，非独今也。”[④]如若采纳贤良、文学的建议，就会导致国库空虚，无法为戍边之士提供给养，从而“使备塞乘城之士饥寒于边”[⑤]。

从道义上说贤良、文学也不应该要求废除诸政策。桑弘羊指出因为以匈奴之悖逆，早就应该对其进行讨伐，之所以没有这样做，是因为“陛下垂大惠，哀元元之未赡，不忍暴士大夫于原野”。就贤良、文学们而言，纵使大家难以披坚执锐，有北向征服匈奴之心，也不会因此受到责难，但是大家“又欲罢盐、铁、均输，扰边用，损武略，无忧边之心，于其义未便也”[⑥]。

桑弘羊还批评贤良、文学要求废除诸政策是缺乏仁爱之心。

---

① 《盐铁论校注（定本）》卷七《备胡》，第445—446页。

② （东汉）何休注（唐），徐彦疏：《春秋公羊传注疏》卷一二，“僖公二八年”，第2261页。

③ （东汉）何休注，（唐）徐彦疏：《春秋公羊传注疏》卷一九，“襄公五年”，第2302页。

④ 《盐铁论校注（定本）》卷七《备胡》，第446页。

⑤ 《盐铁论校注（定本）》卷一《本议》，第2页。

⑥ 《盐铁论校注（定本）》卷一《本议》，第2页。

桑弘羊指出："今子弟远劳于外，人主为之夙夜不宁，群臣尽力毕议，册滋国用。故少府丞令请建酒榷，以赡边，给战士，拯民于难也。为人父兄者，岂可以已乎！内省衣食以恤在外者，犹未足，今又欲罢诸用，减奉边之费，未可为慈父贤兄也。"[①]

与桑弘羊认为现今匈奴仍然在"暴害"汉朝不同，在文学看来，当今的形势是"九州同域，天下一统"，一派升平。至于生活在北方未有耕垦的土地上的蛮貊之人，实不足以为之烦恼忧虑："夫蛮、貊之人，不食之地，何足以烦虑，而有战国之忧哉？"[②]《论语·季氏》载孔子语云："有国有家者，不患寡而患不均，不患贫而患不安。"[③]《荀子·大略篇》曰："故义胜利者为治世，利克义者为乱世。上重义则义克利，上重利则利克义。故天子不言多少，诸侯不言利害，大夫不言得丧，士不通货财。"[④]《谷梁传》称："善为国者不师，善师者不阵，善阵者不战，善战者不死，善死者不亡。"[⑤]文学引之以反对武力开边，认为王者只要以仁德治国，就会近者亲附而远者悦服，哪有什么边患，自然也就不需要耗费资财："孔子曰：'有国有家者，不患贫而患不均，不患寡而患不安。'故天子不言多少，诸侯不言利害，大夫不言得丧。畜仁义以风之，广德行以怀之。是以近者亲附而远者悦服。故善克者不战，善战者不师，善师者不阵。修之于庙堂，而折冲还师。王者行仁政，无敌于天下，恶用费哉？"当然，如匈奴之悖逆不轨也

① 《盐铁论校注（定本）》卷二《忧边》，第 161 页。

② 《盐铁论校注（定本）》卷二《忧边》，第 161 页。

③ （魏）何晏等注，（北宋）邢昺疏：《论语注疏》卷一六《季氏》，第 2520 页。

④ （清）王先谦撰，沈啸寰、王星贤点校：《荀子集解》卷一九《大略篇》，中华书局 1988 年版，第 502 页。

⑤ （东晋）范宁注，（唐）杨士勋疏：《春秋谷梁传注疏》卷五"庄公八年"，第 2382 页。

是实情，但这不能成为动用武力的理由，而是应该按照《论语·季氏》中孔子所言，施之以德，当今的作为非长远之策："古者，贵以德而贱用兵。孔子曰：'远人不服，则修文德以来之。既来之，则安之。'今废道德而任兵革，兴师而伐之，屯戍而备之，暴兵露师，以支久长，转输粮食无已，使边境之士饥寒于外，百姓劳苦于内。立盐、铁，始张利官以给之，非长策也。"[①] 甚至认为如果君主不想抛弃他们，只要对他们施加以德惠，北边的夷人一定会心向朝廷，自己主动来归顺汉朝，然后让他们保持自己的体制而为汉之藩臣，这样匈奴人终身都不会对他们归顺汉朝的行为予以反悔了："若陛下不弃，加之以德，施之以惠，北夷必内向，款塞自至，然后以为胡制于外臣，即匈奴没齿不食其所用矣。"[②]

贤良不赞成攻打匈奴，因为匈奴"风合而云解，就之则亡，击之则散，未可一世而举也。"也主张"释备"，因为"匈奴之地广大，而戎马之足轻利，其势易骚动也。利则虎曳，病则鸟折，辟锋锐而取罢极；少发则不足以更适，多发则民不堪其役。役烦则力罢，用多则财乏。二者不息，则民遗怨。此秦之所以失民心、陨社稷也"[③]。

其二，盐铁酒官营、推行均输平准之策是否有利于百姓。该论争主要围绕七个问题展开。

（一）盐铁酒官营、推行均输平准之策是否起到了通委财而调缓急的作用。桑弘羊认为古代建立国家者，开辟发展农业、工商业的途径，沟通物资的有余与不足，通过集市统一解决各种需求，招徕百姓，聚集各种货物，农民、商人、工匠都能在这里得

---

① 《盐铁论校注（定本）》卷一《本议》，第2—3页。
② 《盐铁论校注（定本）》卷二《忧边》，第161—162页。
③ 《盐铁论校注（定本）》卷七《备胡》，第446页。

到其需要的东西，“交易而退”。《易经》云：“通其变，使民不倦。”因此，没有手工业生产，农用物资就会缺乏，粮食就不能增产；没有商业流通，宝物就会断绝，财富就会枯竭。而盐铁官营及均输平准政策的施行，就是要流通积压的财物，调剂急切的需求。“罢之，不便也。”①

文学认为以德教导百姓，百姓就会变得敦厚；以利引诱百姓，风俗就会轻薄。风俗轻薄，百姓就会背弃道义而热衷于追逐利益，就会交际往来于道路与集市之上。《老子》说：“贫国若有余。”不是财富多，而是因为嗜好和欲望众多，百姓急于求利，显得好像挺富余似的。因此王者治国，推崇农业，限制工商业，以礼义防备百姓的贪欲，充实粮食货财。集市、商人不交易无用之物，工匠不制作无用之器。“故商所以通郁滞，工所以备器械，非治国之本务也。”②

（二）建铁官、开均输是否供给了农用，使百姓富足。桑弘羊说《管子》云：“国有沃野之饶而民不足于食者，器械不备也。有山海之货而民不足于财者，商工不备也。”陇蜀、荆扬、江南、燕齐、兖豫等地的丹砂、漆、鸟羽、皮革、楠木、梓木、竹子、鱼、盐、毛毯、漆器、丝绸、麻布等，都是人们生产、生活的必需品。但都要“待商而通，待工而成。”所以古代的圣人制作了舟船以开通川谷，使用牛马以达到丘陵地区。不辞辛劳，到达并深入极远和极偏僻的地方，为的就是流通万物以便利百姓。“是以先帝建铁官以赡农用，开均输以足民财；盐、铁、均输，万民所戴仰而取给者，罢之，不便也。”③

---

① 《盐铁论校注（定本）》卷一《本议》，第 3 页。

② 《盐铁论校注（定本）》卷一《本议》，第 3 页。

③ 《盐铁论校注（定本）》卷一《本议》，第 3—4 页。

文学说国家有肥沃的土地而百姓的食物却不足，是由于工商业兴盛农业荒废所致；有丰富的山海财物而百姓财富有限，是由于不致力于农用器具的制作，而所制作的过于奇巧而无益之物甚众。就像绵延不断的流水无法装满有漏洞的酒器，大海无法充满深沟一样，由于农业荒废和人们追逐于淫巧之物，再怎么做也无法实现百姓的富足。是以商王盘庚迁移国都，舜藏黄金于深山，高帝禁止商贾做官，“所以遏贪鄙之俗，而醇至诚之风也”[①]。

文学指出：“排困市井，防塞利门，而民犹为非也，况上之为利乎？《传》曰：‘诸侯好利则大夫鄙，大夫鄙则士贪，士贪则庶人盗。’是开利孔为民罪梯也。”[②]

（三）均输平准之法的推行是否起到了平抑物价的作用。桑弘羊认为推行平准政策，抑制了物价上涨，使百姓避免了失去常业；推行均输政策，使百姓的劳逸得到调节。“故平准、均输，所以平万物而便百姓，非开利孔而为民罪梯者也。”[③]

文学认为古代向百姓征收赋税，是征收他们擅长生产的东西，现在则是“释其所有，责其所无”，百姓为此不得不将其所有的东西贱卖，然后购买官府所要征收之物，“以便上求”。并举例说，近来，郡国或令百姓制作布絮，待到收取时，官吏对百姓任意刁难，强行与百姓进行交易。要知道官吏所征收之物，不只是齐、阿两地所产的缣，蜀、汉两地所产的布，也有民间所生产的一般的东西啊。而官吏通过奸诈的手段，逼迫百姓按照压低的价格出卖其物品，使“农民重苦，女工再税，未见输之均也。”官府胡乱发布命令，关起市场的大门，垄断交易，则各种商品被一并

① 《盐铁论校注（定本）》卷一《本议》，第 4 页。
② 《盐铁论校注（定本）》卷一《本议》，第 4 页。
③ 《盐铁论校注（定本）》卷一《本议》，第 4 页。

收取，这就导致物价飞涨。物价飞涨，则商贾就会从中牟利；官吏垄断市场，就会与奸商相勾结，囤积居奇，贱卖贵买，没有看到平准的“平”体现在哪里。认为汉朝所实行“均输”之法，是“以为利而贾万物也。”[①]

（四）均输之法的推行是否有助于赈济困乏，防备灾害。桑弘羊说王者封禁自然财富，管制关卡集市，掌握平衡物价之权，把握时机，根据轻重之策来统治人民。年谷丰收的丰年，就积储财物；农作物歉收或没有收成的荒年，就拿出来使用，“流有余而调不足也”。以前，大禹时发生水灾，商汤时发生旱灾，百姓物资匮乏，有人靠借贷度日，禹用历山之金，汤用庄山之铜，铸造钱币来救济其民，天下称颂他们的仁德。过去，由于国家财富不充足，战士或得不到俸禄，崤山以东地区遭受灾害，齐赵地区更遭遇严重的饥荒，靠着均输政策积蓄的财富，和仓库中积聚的粮食，战士得到给养，饥民得到赈济，“故均输之物，府库之财，非所以贾万民而专奉兵师之用，亦所以赈困乏而备水旱之灾也”[②]。

文学说古时征收十分之一的赋税，按时节到山林水泽中渔猎而没有禁令，百姓遍布在田地里而没有荒废农事。因此耕作三年就能积蓄下够一年使用的余粮，耕作九年就能积蓄下够三年使用的存粮。这就是禹、汤用来防备水旱灾害而安定百姓的方法。如果“草莱不辟，田畴不治，虽擅山海之财，通百末之利，犹不能赡也。”因此，古时候崇尚气力，致力于农业的发展，勤恳劳作，不误农时，因而衣食丰足，虽灾荒连年，人们也不感到忧虑。所以，衣食是百姓的根本需求，农业劳动是百姓的要务。做好这两

---

① 《盐铁论校注（定本）》卷一《本议》，第4—5页。

② 《盐铁论校注（定本）》卷一《力耕》，第27页。

个方面，就会国家富足，百姓安宁。正如《诗经》所云："百室盈止，妇子宁止。"①

（五）诸种理财措施是否让汉朝从外国获得了丰富的资源。桑弘羊称贤能的人治家、治国都不靠一种方法或途径，以前管仲以权谋称霸天下，而纪国却因为加强农业而亡国。如果持家维持生计一定要通过农业才能实现，则舜就不应烧制陶器，伊尹就不应为厨师。因此对于善于治理国家者而言，为天下所卑贱的，他则认为高贵；为天下所轻视的，他则予以重视。以末财交换对方的本富，以虚货获得对方的实财。现今从山泽获得的财富，通过均输之法积蓄的物资，就是用来运用轻重之策以役使外国为汉朝服务的。汉朝往往用些微的手工产品就能得到外国许多贵重的财富，于是外国所有的骡、驴、骆驼、良马等，各种珍贵的皮料、毡子等，璧玉、珊瑚、琉璃等，都汇聚于汉朝。这样，外国的财物源源不断地进入汉朝，而汉朝的财富却不外泄出去。从而使国家富裕，百姓的需要得到充分供应。这才是《诗经》所说的"百室盈止，妇子宁止"②。

文学认为当前商人擅长欺诈，手工业者喜欢弄巧，内心觊觎厚利而不觉得惭愧，导致轻薄的人搞欺诈，敦实的人变得轻薄。桑弘羊所说的珍宝其实都是无用之物，然而为了得到它们往往都要耗费惊人的财富："计耕桑之功，资财之费，是一物而售百倍其价也，一揖而中万钟之粟也。"进而指出朝廷喜好珍贵奇异之物，下面就会流行淫逸之风，以远方之物为贵，货财就会外流。是以王者不珍贵无用之物以使其民节俭，不爱珍奇之物以使国家富裕。

① 《盐铁论校注（定本）》卷一《力耕》，第 28 页。
② 《盐铁论校注（定本）》卷一《力耕》，第 28 页。

“故理民之道，在于节用尚本，分土井田而已。”[①]

（六）盐铁官营是否给百姓的生产与生活带来了便利。桑弘羊认为贤良、文学要求罢盐铁官营政策，“今县官铸农器，使民务本，不营于末，则无饥寒之累。盐、铁何害而罢？”[②]

贤良说这是由于官府鼓铸的铁器，多为大件，以完成工作指标为务，不适合百姓使用。百姓使用质量低劣的铁器，草都割不动，“是以农夫作剧，得获者少，百姓苦之矣。”[③]

桑弘羊对此表示不解，他说士卒、刑徒和工匠们，在官府里每天按规定做公家安排的事情，财用丰饶，器具完备。私营作坊则是由一些家人拼凑在一起，时间紧张又急于制成应用，对熔炼的火候掌握得也不准，导致制成的铁器刚柔不均，不适于用。有鉴于此，有关部门才要求对盐铁进行官营，制造统一的规格，制定合理的价格，以便利各方面的公私需要。官员管教严明，工匠努力工作，这样造出来的铁器就会刚柔均匀，使用便利。“此则百姓何苦？而农夫何疾？”[④]

贤良说现在官府铸造的铁器，多质量差，成本高，更卒、刑徒消极怠工不尽力工作。铁器多次品，农民购买无所选择。卖铁器的官吏经常找不到，且出售铁器的地方路途遥远，从而影响农耕：“吏数不在，器难得。家人不能多储，多储则镇生。弃膏腴之日，远市田器，则后良时。”盐铁售价贵，影响百姓生产与生活：“盐、铁贾贵，百姓不便。贫民或木耕手耨，土耰淡食。”铁器卖不出去，就摊派强卖给百姓。若铁官不能完成任务，往往随时征

① 《盐铁论校注（定本）》卷一《力耕》，第 29 页。
② 《盐铁论校注（定本）》卷六《水旱》，第 429 页。
③ 《盐铁论校注（定本）》卷六《水旱》，第 429 页。
④ 《盐铁论校注（定本）》卷六《水旱》，第 430 页。

派百姓助之，“发征无限，更徭以均剧，故百姓疾苦之。”[①]

文学还称秦、楚、燕、齐等地，土地的地力或刚或柔，各不相同，因此因地域风俗的不同，对农具大小、曲直的要求，各有各的习惯。但是铁器官营后，国家把农具“笼而一之”，即统一按照一个标准锻制，导致铁器不能适应各地的情况，对农民造成极大困扰：“器用不便，则农夫罢于野而草莱不辟。草莱不辟，则民困乏。”盐铁官常征发更卒煮盐冶铸，其地遥远且工作繁重，使许多更卒不堪忍受，以至于不得不出钱雇人代役：“故盐铁之处，大傲皆依山川，近铁炭，其势咸远而作剧。郡中卒践更者，多不勘，责取庸代。”有的县还按人头征收铁，并且压低收购价格。盐铁的运输工作也要由百姓来完成，给百姓带来了许多痛苦：“良家以道次发僦运盐、铁，烦费，百姓病苦之。”文学认为这是“一官之伤千里”[②]，为害极重。

（七）盐铁官营经营边郡是否使汉朝国富民强。御史认为盐铁官营促进了边郡的开发，给国家和百姓带来了丰饶的财富：“内郡人众，水泉荐草，不能相赡，地势温湿，不宜牛马；民跖耒而耕，负檐而行，劳罢而寡功。是以百姓贫苦，而衣食不足，老弱负辂于路，而列卿大夫，或乘牛车。”在盐铁官营政策的支持下，武帝开发边地，“平百越以为园圃，却羌、胡以为苑囿，是以珍怪异物，充于后宫，騊駼駃騠，实于外厩，匹夫莫不乘坚良，而民间厌橘柚。由此观之：边郡之利亦饶矣！”[③]

文学指出，回顾历史，可知只要国家治理得好，没有外来之物照样会物资充盈，百姓足富：“禹平水土，定九州，四方各以土

① 《盐铁论校注（定本）》卷六《水旱》，第 430 页。
② 《盐铁论校注（定本）》卷一《禁耕》，第 68—69 页。
③ 《盐铁论校注（定本）》卷三《未通》，第 190 页。

地所生贡献，足以充宫室，供人主之欲，膏壤万里，山川之利，足以富百姓，不待蛮、貊之地，远方之物而用足。”就汉朝而言，未征伐胡越之时就是如此：“闻往者未伐胡、越之时，繇赋省而民富足，温衣饱食，藏新食陈，布帛充用，牛马成群。农夫以马耕载，而民莫不骑乘；当此之时，却走马以粪。”及至武帝用事四夷，“师旅数发，戎马不足，牸牝入阵，故驹犊生于战地。六畜不育于家，五谷不殖于野，民不足于糟糠，何橘柚之所厌？《传》曰：‘大军之后，累世不复。’方今郡国，田野有陇而不垦，城郭有宇而不实，边郡何饶之有乎？”[①]

其三，盐铁酒官营、推行均输平准之策是否打击了豪民。该论争主要围绕三个问题展开。

（一）盐铁酒官营、推行均输平准之策，是否有助于消弭工商业者对国家统治构成的威胁。桑弘羊认为山海是君主之“宝器”，必须予以掌控。因为有权势与财富的地方，必在深远的山泽之中，“非豪民不能通其利”，而豪民也因此而成其“私威”，从而给国家造成极大的祸患。未实行盐铁专营前的布衣朐邴、人君吴王刘濞就是例证。姜太公曾说：“一家害百家，百家害诸侯，诸侯害天下，王法禁之。”因此“今放民于权利，罢盐铁以资暴强，遂其贪心，众邪群聚，私门成党，则强御日以不制，而并兼之徒奸形成也”[②]。

又指出现在越之具区、楚之云梦、宋之巨野、齐之孟诸，都是使国家富强而称霸天下的资源，并且汉朝像这样的资源还有很多。“人君统而守之则强，不禁则亡。”春秋时期齐国的田氏就是因为专擅了齐国的海泽之利，而控制了齐国。就汉朝而言，“鼓铸

① 《盐铁论校注（定本）》卷三《未通》，第 190 页。
② 《盐铁论校注（定本）》卷一《禁耕》，第 67 页。

煮盐，其势必深居幽谷，而人民所罕至”。因此若不能把山海管理起来，任由豪民来开发，可能会让奸滑之徒在此勾结、串通，从而发生不测之事。并得意地说：“由此观之：令意所禁微，有司之虑亦远矣。”①

春秋时公子晏曾称“王者藏于天下，诸侯藏于百姓，农夫藏于囷庾，商贾藏于箧匮”。韩婴以其语释《诗》“稼穑维实，代食维好”②，以表达儒家藏富于民的思想。文学亦引此以驳桑弘羊，指出“民人藏于家，诸侯藏于国，天子藏于海内。故民人以垣墙为藏闭，天子以四海为匣匮”。因此王者不蓄聚财富，而是将其藏于百姓手中，不追求工商浮末之利，而是致力于构建统驭百姓的礼义道德规范，“义礼立，则民化上。”若能如此，天子就不会有值得忧虑之事。从事工商业，做春秋时期欧冶子所做的熔铸事务，“何奸之能成？”春秋时期三桓专擅鲁国的权力，晋国的六卿当政，都不是因经营盐铁所致。“故权利深者，不在山海，在朝廷；一家害百家，在萧墙，而不在朐邴也。”③

文学称：“有司之虑远，而权家之利近。”盐铁酒官营是对豪民起到了一定的制约，但与此同时，大批达官贵人挟其威势又深度介入到了盐铁事务之中，以牟取利益，由此对国家的威胁更甚：“自利害之设，三业之起，贵人之家，云行于涂，毂击于道，攘公法，申私利，跨山泽，擅官市，非特巨海鱼盐也；执国家之柄，以行海内，非特田常之势、陪臣之权也；威重于六卿，富累于陶、卫。”④

---

① 《盐铁论校注（定本）》卷二《刺权》，第120—121页。

② （西汉）韩婴撰，许维遹校释：《韩诗外传集释》卷一〇，中华书局1980年版，第361—362页。

③ 《盐铁论校注（定本）》卷一《禁耕》，第67—68页。

④ 《盐铁论校注（定本）》卷二《刺权》，第121页。

（二）盐铁酒官营、推行均输平准之策，是否有助于扶弱抑强。桑弘羊认为国家若废除盐铁官营及平准政策，则豪民就会霸占山泽的财富，专享商业的利益。他们在闾巷之中决定行市的走向，物价高低全凭其随口而定，贵贱没有标准，安坐着便成了豪强，这是扶持强者抑制弱者，将财富藏于盗贼之手，从而给普通的小民百姓造成极其消极的影响："强养弱抑，则齐民消；若众秽之盛而害五谷。一家害百家，不在朐邴，如何也？"[①]

文学认为山海是百姓获得财富的"宝路"，铁器是农民的"死士"。铁器得到使用，就能使田野得到开发而五谷成熟。山海开放，就能使百姓的供给得到满足，国家就能富裕，于是教民以礼，百姓知道了礼义，走在路上就会互相谦让，从事工商业者不会相互欺骗，人们都怀着敦朴的情感相交往，而不相互争利。而实行盐铁专营，则是带来一系列弊病。因此"愚窃见一官之伤千里，未睹其在朐邴也"[②]。

针对文学对盐铁官营弊病的指责，桑弘羊称根据故扇水都尉彭祖在家乡的调查，国家所制定的盐铁法令条文严格而明确，不存在问题，服役的兵卒、罪犯的吃穿用度都由官府提供，冶铸铁器时，供给的东西非常丰富，并没有对百姓造成妨害。可能是因为有官员素质差，导致禁令得不到贯彻落实，"故民烦苦之。"并再次强调："令意总一盐、铁，非独为利入也，将以建本抑末，离朋党，禁淫侈，绝并兼之路也。"古时为了避免诸侯垄断山泽之利，从而给国家带来祸患，天子便不分封名山大泽给诸侯。山海之财富本应归由少府掌管，由天子来享用。但天子却不肯据为私

---

① 《盐铁论校注（定本）》卷一《禁耕》，第 68 页。

② 《盐铁论校注（定本）》卷一《禁耕》，第 68—69 页。

有，而是交由大司农来管理，作为国家的财产，用来帮助百姓。商贾之民意欲专擅山海之货物，用来发财致富，役使和收买小民百姓为他们服务，因此阻挠盐铁官营的议论甚众。事实上，铁器、兵刃，属于天下有重要用途之工具，“非众庶所宜事也。”以前，豪富之民，因主导山海之利，给国家造成了极其严重的消极影响，这一教训应该记取：“往者，豪强大家，得管山海之利，采铁石鼓铸，煮海为盐。一家聚众，或至千余人，大抵尽收放流人民也。远去乡里，弃坟墓，依倚大家，聚深山穷泽之中，成奸伪之业，遂朋党之权，其轻为非亦大矣！”当前，针对盐铁官营过程中出现的问题，可以通过广开招纳贤士的途径，选拔优秀的官员来解决，“不待去盐、铁而安民也。”①

文学认为扇水都尉所讲的不过是权宜之计，非圣明的王者治国之道：“扇水都尉所言，当时之权，一切之术也，不可以久行而传世，此非明王所以君国子民之道也。”当前面对武帝建立功业给百姓所带来的愁苦、劳倦，“公卿宜思所以安集百姓，致利除害，辅明主以仁义，修润洪业之道。”②

（三）盐铁酒官营、推行均输平准之策，是否有助于避免豪民败坏社会风气。桑弘羊认为豪民经营工商业致富后，会“乘利骄溢，散朴滋伪，则人之贵本者寡。”是以武帝时，大农盐铁丞咸阳、孔仅等请求实行盐铁官营时，提出的理由就是：“愿募民自给费，因县官器，煮盐予用，以杜浮伪之路。”并总结说：“由此观之：令意所禁微，有司之虑亦远矣。”③

文学认为虽然如桑弘羊所言，盐铁法令欲将不好的事情杜绝

---

① 《盐铁论校注（定本）》卷一《复古》，第78—79页。

② 《盐铁论校注（定本）》卷一《复古》，第79页。

③ 《盐铁论校注（定本）》卷二《刺权》，第120—121页。

在萌芽状态，但过分奢侈的现象却很严重。因为通过深度介入盐铁官营事务牟取了巨额财富的权贵之家，竞相僭侈，对世风的败坏更甚：“舆服僭于王公，宫室溢于制度，并兼列宅，隔绝闾巷，阁道错连，足以游观，凿池曲道，足以骋骛，临渊钓鱼，放犬走兔，隆豺鼎力，蹋鞠斗鸡，中山素女抚流征于堂上，鸣鼓巴俞作于堂下，妇女被罗纨，婢妾曳絺纻，子孙连车列骑，田猎出入，毕弋捷健。是以耕者释耒而不勤，百姓冰释而懈怠。何者？已为之而彼取之，僭侈相效，上升而不息，此百姓所以滋伪而罕归本也。”[①]

观桑弘羊等朝廷官员与贤良、文学的辩论，可知前者所提出的所有理由，都遭到了后者的驳斥。至于其中的是非，桓宽支持儒生的观点：“公卿知任武可以辟地，而不知广德可以附远；知权利可以广用，而不知稼穑可以富国也。近者亲附，远者说德，则何为而不成，何求而不得？不出于斯路，而务畜利长威，岂不谬哉！”[②]然若如贤良、文学所言，废除盐铁官营、均输平准之策，使国家边疆防御能力大减，边地立马就会重新沦落到被匈奴蹂躏的境地；内地富商大贾则会再度崛起，从而给国家带来严重的消极影响。是故桑弘羊称：“文学言治尚于唐、虞，言义高于秋天，有华言矣，未见其实也。”[③]又称：“文学结发学语，服膺不舍，辞若循环，转若陶钧。文繁如春华，无效如抱风。饰虚言以乱实，道古以害今。从之，则县官用废，虚言不可实而行之；不从，文学以为非也，众口嚣嚣，不可胜听。”[④]但诸策推行过程中，产生了一系列弊病，给百姓带来诸多困扰，也是不争的事实。贤良、

---

① 《盐铁论校注（定本）》卷二《刺权》，第121页。

② 《盐铁论校注（定本）》卷一〇《杂论》，第613页。

③ 《盐铁论校注（定本）》卷五《相刺》，第254页。

④ 《盐铁论校注（定本）》卷五《遵道》，第291—292页。

文学对此予以辛辣的批判，不为无因，也自有其现实意义和价值。

《盐铁论》虽以“盐铁”为名，然观其内容，所论极其驳杂，不仅是盐铁而已:“上自礼乐刑法，下逮农耕商贾，内则少府颁赉，外及蛮、夷战守，金筹石画，驳辨稽参，糜不恺至而精核。”[①]究其原因，乃在于虽然辩论的主题是“议罢盐铁榷酤”。但主题展开之后，牵扯到许多相关的问题需要辨析，于是往往论域愈辩愈广，论题愈辩愈多，最终发展成为全面的政治得失大讨论。是故颜师古称此次会议是“议罢盐铁之官，令百姓皆得煮盐铸铁，因总论政治得失也”[②]。从而使桑弘羊等所持的霸道主张，以及贤良、文学所持的王道观得以悉数呈现。

据桓宽称，在辩论过程中，贤良茂陵唐生、文学鲁国万生等六十余人，针对桑弘羊等的主张一一予以辩驳，聪明者表达自己的思虑，仁厚者阐明自己的措施，勇敢者显示自己的决断，善辩者陈述自己的言辞，个个直抒己见，态度和悦，从容不迫，其中文学中山刘子雍以王道纠偏当世，“务在乎反本”，其言公正而不抄袭成说，切中要害而不空洞，文质兼备，可称“弘博君子”。而“据当世，合时变，推道术，尚权利”的御史大夫桑弘羊也是辩才出众，他提出的观点往往让贤良、文学们“恧然，不能自解”[③]，亦即让他们感到惭愧，难以做出辩解。但桑弘羊无论怎样说，却始终不能得到贤良、文学们的理解，不免为之气沮。

据《盐铁论·取下》，在贤良对桑弘羊的观点进行批驳之后，“公卿愀然，寂若无人。于是遂罢议止词”。与会官员因上奏朝廷曰:“贤良、文学不明县官事，猥以盐、铁为不便。请且罢郡国榷

---

① 金蟠:《序》,《盐铁论校注（定本）》附录四《述书》，第798页。

② 《汉书》卷六六《田千秋传》，第2886页。

③ 《盐铁论校注（定本）》卷一〇《杂论》，第613—614页。

酤、关内铁官。”而朝廷的回复是“可”[①]，亦即接受了他们的奏请，作出了一定的让步。

据《汉书·昭帝纪》，始元六年（前81年）“秋七月，罢榷酤官，令民得以律占租，卖酒升四钱”。即撤销了主管酒类专卖工作的榷酤官，命令从事酒类经营的百姓可以根据律令规定自报应交纳的租税数额，规定酒的售价为每升四钱。颜师古指出，之所以发此令，“盖武帝时赋敛繁多，律外而取，今始复旧”。[②]

按《盐铁论》所言，还当罢关内铁官，然《汉书·昭帝纪》却无只字言及此事。对此，沈家本认为：“是当时铁官亦有罢者，但止关内，故《纪》文不具耳。”[③]征诸《汉书·地理志》，京兆郑县、冯翊夏阳县、扶风雍县、漆县有铁官，王应麟认为：“汉关内有铁官，盖始元罢之而复置。”[④]然据考证，该志“所录版籍为截止于汉成帝元延三年九月的行政区划信息”[⑤]。而元帝初元五年（前44年）四月，诏罢“盐铁官”。永光三年（前41年），“冬，复盐铁官”[⑥]。考其意永光三年复的是初元五年（前44年）所罢的盐铁官，而非始元六年所罢的盐铁官，亦即若关内的盐铁官在始元六年（前81年）已被罢，是不会出现在《汉书·地理志》上的。是知罢关内铁官的建议并没被采纳。

据《汉书·食货志》，桑弘羊“乃与丞相千秋共奏罢酒酤”[⑦]。

---

① 《盐铁论校注（定本）》卷七《取下》，第463—464页。

② 《汉书》卷七《昭帝纪》，第224页。

③ （清）沈家本撰，邓经元、骈宇骞点校：《汉律摭遗》卷四，《历代刑法考》，第1444页。

④ （南宋）王应麟撰，张保见校注：《通鉴地理通释校注》卷二《历代州域总叙（中）》，四川大学出版社2009年版，第55—56页。

⑤ 马孟龙：《西汉侯国地理》，第82页。

⑥ 《汉书》卷九《元帝纪》，第285—291页。

⑦ 《汉书》卷二四《食货志》，第1176页。

是知此令出自他们两人的决断。由于盐铁会议发生在始元六年（前 81 年）二月，则罢郡国榷酤事亦当发生在此时，可是直到七月才有结果。究其原因，可能还是与双方政治博弈激烈有关。而事实上，盐铁官营等政策根本就无法废除："盐铁政策从根本上来讲乃是最有利于王权支配的政治统治的。在此之前，它可以服务于武帝时期的文治武功乃至天子个人的奢侈无度的消费欲望而为其提供充足的财力支持，而在此之后，它同样可以服务于统治者减免赋税徭役、安抚流民、崇尚德化、施行惠民之政的政治调整措施而继续为汉家政权维持其统治提供主要的财力支持。"① 因此，国家怎么可能将到手的巨额财富再度拱手让出！也就是说，在当时的情况下，把盐铁问题设置为议题，并没有什么实质性意义。杜延年却建议将此设为议题，让贤良、文学得以大放厥词，分明就是在戏耍桑弘羊；而贤良、文学发现虽然奋力抗争，最终却所得无几，不生气是不可能的，由于桑弘羊是主其事者，他们自然会归怨于桑弘羊。

第三节　各方之得失

始元六年（前 81 年），位高体尊的桑弘羊已七十余岁，却被霍光纠集的六十余位民间人士当面肆意指斥，形同围殴，体面尽失，不免让他羞愤不已，以至于情绪失控，出言嘲讽。贤良、文学则反唇相讥，毫不相让。其中文学九江祝生表现尤其突出，桓宽称赞他发扬春秋时期孔子弟子子路率直、勇敢的风格，推崇卫

① 刘泽华总主编，林存光主编：《中国政治思想通史・秦汉卷》，中国人民大学出版社 2014 年版，第 249 页。

国大夫史鱼耿直的气节，“发愤懑，刺讥公卿，介然直而不挠，可谓不畏强御矣”[①]。双方往往唇枪舌剑，相互攻讦不已，“或有却击如骂，侮弄如潮”[②]，风度尽失。

其间由于对霍光不满，桑弘羊还借评论胡建一事暗中讥讽霍光。

却说当与文学论及孔子弟子宰我、子路被杀事，桑弘羊说现在的做学问的人，既没有姜太公那样的能力，也没有良马那样的本领，有的只是如蜂虿放毒一样害自己，东海人成颙、河东人胡建就是这样的人。这两个人施展权术，以蒙骗的手段受到举荐，发迹于卒伍，做了县令。“独非自是，无与合同。引之不来，推之不往，狂狷不逊，忮害不恭，刻轹公主，侵陵大臣。”明知不该那样做却还要强行去做，想以此求取名位。行事不遵循国家法令，果然死于非命。没看到他们成就什么功业，而见到他们遭受杀身之祸，身犯重罪，不能以寿终老。“狡而以为知，讦而以为直，不逊以为勇，其遭难，故亦宜也。”[③]

桑弘羊的这番话颇值得玩味。成颙的事迹于史无考，然与胡建并称，其遭迹应该与胡建相似。而胡建之事甚明白。

胡建是河东郡人。天汉年间，“守军正丞”，即暂时署理北军军正丞一职。贫穷无车马，常步行，与士卒共起居，能善待士卒，深得他们的信任。当时监军御史为奸，打通北军营垒的垣墙，在营垒内设经商之处以求利，胡建欲诛之，于是与其部下约定说：“我欲与公有所诛，吾言取之则取，斩之则斩。”于是到拣选士马

---

① 《盐铁论校注（定本）》卷一〇《杂论》，第 614 页。

② 章太炎撰，陈平原导读:《国故论衡》中卷《论式》，上海古籍出版社 2003 年版，第 84 页。

③ 《盐铁论校注（定本）》卷五《讼贤》，第 284—285 页。

的日子，监军御史与护军诸校尉依序列坐于北军官署的大堂之上，胡建率其部下快步来到大堂下行拜见之礼，然后率众走上大堂，指着监军御史对其部下说："取彼。"其部下上前便把监御史拖下大堂，胡建说："斩之。"遂斩监军御史。护军诸校尉皆惊愕，不知所措。而胡建早已写好奏疏，遂上奏说臣听说军法立武威以慑服众人，诛杀为恶者以禁止奸邪的行为。"今监御史公穿军垣以求贾利，私买卖以与士市，不立刚毅之心，勇猛之节，亡以帅先士大夫，尤失理不公。"若交给朝廷让文法吏来论罪，则不至于受到重刑。然而《黄帝李法》说："壁垒已定，穿窬不由路，是谓奸人，奸人者杀。"臣谨按军法说军正不隶属将军管辖，将军若有罪要表奏朝廷，二千石以下官员犯罪可依法治之。军正丞为军正之属官，要行法斩御史，但对相关法令有些疑问。考虑到作为主持其事之人，遇事不当推诿给上司，因此"臣谨以斩，昧死以闻"。武帝下制书回应说，《司马法》称："国容不入军，军容不入国。"所以军中发生的事，哪用得着文法吏来议罪？最后说："建又何疑焉？"胡建"由是显名"。①

后胡建为右扶风渭城县县令，其治甚有声誉，惜乎被逼自杀。当时丁外人因"怨故京兆尹樊福"，使刺客在渭城县射杀樊福，胡建闻讯派官吏去追捕刺客，刺客则逃入盖主在当地的房舍中避难，渭城县官吏慑于盖主的权势，不敢去抓捕。胡建知道后，亲自率官兵前去围捕。消息传到盖主那里，盖主马上就和丁外人、上官安等带领许多家奴兵丁赶来，边跑边射，追打官差，官兵只得四散逃跑。接下来盖主又指使仆射弹劾胡建派游徼伤害自己的家奴，胡建上书称自己没有什么罪过。盖主很生气，定要严惩胡

① 《汉书》卷六七《胡建传》，第 2910 页。

建，便又指使人上书告胡建侵犯侮辱自己，用箭射自己府第的大门；胡建知道属下伤害公主的家奴，却避罪不报，故意不彻底追查审问。但霍光收到奏书后却压下不予处理，这不免让盖主颜面尽失。而上官桀为了报答盖主的恩情，后来趁霍光生病，自己代理霍光处理朝政的机会，命令官吏将胡建逮捕，胡建被迫自杀。“吏民称冤”[①]。

胡建因秉公执法而死，然桑弘羊重提此事，对成颙、胡建予以严厉批判，声称其咎由自取，则暗含有肯定上官桀处事公道，指斥霍光识人不明，处事不公，不配做辅政大臣的意思。因为如此不堪的人，霍光却不同意惩处，则其居心何在！

桑弘羊在始元六年（前 81 年）二月举行的盐铁会议上论及胡建之事，可知此时胡建已死。由于胡建因追捕刺杀“故京兆尹樊福”的刺客，得罪盖主自杀，而据《汉书·百官公卿表》，始元六年，樊福“守京兆尹”[②]，离职后被杀，可知胡建死于该年年初。而此时贤良、文学基本上都已经到达长安，由于此事发生在京畿三辅地区，且事发后，在社会上引起相当大的轰动，所以贤良、文学对此事的是非曲直甚清楚。或者说，盐铁会议就是在胡建刚刚被逼而死的背景下召开的，贤良、文学本就因此事而对权贵们非常不满，不想桑弘羊又颠倒黑白，厚诬成颙、胡建，而其党同伐异，含沙射影地攻击霍光，也为贤良、文学所不容。

因此文学对桑弘羊的谬论予以严正驳斥和嘲讽，并毫不客气地诅咒桑弘羊不得善终。文学说：“二公怀精白之心，行忠正之道，直己以事上，竭力以徇公，奉法推理，不避强御，不阿所亲，不

---

① 《汉书》卷六七《胡建传》，第 2911—2912 页。

② 《汉书》卷一九《百官公卿表》，第 795 页。

贵妻子之养，不顾私家之业。然卒不能免于嫉妒之人，为众枉所排也。”宗室贵族行事不正则法令就难以推行，辅政大臣行事不正则奸邪之事就会兴起。战国时期，赵奢纠正平原君的错误，范雎纠正穰侯的错误，使赵国和秦国都得到治理，平原君家和穰侯家也都得到保全。因此君主有过错，臣子就应该纠正，上面做得不对，下边就应该批评，大臣处事端正，县令还有什么可做的？不反省自身的过错却去指责别人，这是执政者的大过失。屈原沉渊自杀，是因为遭到子椒的陷害；管仲能够实施他的治国理念，是因为有鲍叔牙的支持。现在有的人看不到鲍叔牙那样的人的作用，而只见到屈原投汨罗江自杀这类灾祸，“虽欲以寿终，无其能得乎？”①

贤良、文学来自三辅及关东郡国，通过选拔被从民间推荐至朝廷，他们饱读圣贤之书，以治国平天下为志业，师法古圣先王，以礼义道德为治术，致力于谋划万世太平之长策；认为以霍光为首的当政者，斤斤于当下的琐事俗务，崇尚法术，只知治标而不能治本，所以其不属霍光阵营甚明。然而当时朝中上官桀父子、盖主、桑弘羊等权贵相互勾结，祸国殃民，霍光则高扬至公大义的旗帜，与之相抗衡，此正与熟读圣人之书的儒生的治国理念相合，所谓同声相应，同气相求，儒生们自然也就站到了霍光的一边。正是有霍光阵营为依托，故儒生们在盐铁会议上慷慨陈词，底气十足。对此，小林惣八指出在他们发言的背后，“隐藏着实力雄厚的大将军霍光”②。也正因如此，让桑弘羊对霍光极为反感。鲁惟一认为桑弘羊后来之所以与上官桀等的反霍事件有牵连，

---

① 《盐铁论校注（定本）》卷五《讼贤》，第 285 页。

② ［日］小林惣八：《“盐铁论”に见る匈奴问题》，《駒澤史学》1995 年第 4 期。

或许就是由于他对盐铁会议上贤良、文学，“对他比其他任何政治家都更支持的政策进行的公共质询，以及他被迫接受的妥协感到不满”[①]。西嶋定生则明确指出贤良、文学们之所以敢如此，“就是因为在他们的背后，有与桑弘羊匹敌的政治上权力支持者的依靠。在当时，所谓那种权力者，除了霍光之外，没有别人”[②]。而也正因为双方是义之合，而非利之交，是以当儒生们认为当政者的作为与他们所秉持的王道理念不合时，有时候连带着把霍光也一并批评。如文学说当今天子是在武帝长期用兵之后继位，正是当用心呵护养育疲劳困倦之民之时，公卿应该考虑将之落到实处，然而，“明主即位以来，六年于兹，公卿无请减除不急之官，省罢机利之人”[③]。至于文学又说“周公抱成王听天下，恩塞海内，泽被四表”，当今天子“富于春秋，委任大臣，公卿辅政，政教未均”。[④]则是直接讥刺到霍光头上了。因为当年霍光就是被武帝明确委以“周公”之任，辅佐幼主，霍光就是当代的“周公”。始元五年（前 82 年）春，因隽不疑解霍光之困，让霍光遂生亲近儒生之意，当然霍光与隽不疑交往加深之后，霍光发现这人并不好相处，当时或许认为这只是个个例。是以杜延年建议召儒生进京议事，霍光欣然接受，没想到这群人来到朝堂后，居然都和隽不疑一个德行，信口开河，不识抬举。宣帝时，霍山曾说：“诸儒生多窭人子，远客饥寒，喜妄说狂言，不避忌讳，大将军常仇之。”[⑤]而考霍光讨厌儒生时间，可能就是从盐铁会议开始的。

---

① Michael Loewe，*Crisis and Conflict in Han China*，London：George Allen & Unwin Ltd.，1974，p.74.

② ［日］西嶋定生：《白话秦汉史（秦汉帝国的兴衰）》，黄耀能译，第 208 页。

③ 《盐铁论校注（定本）》卷一《复古》，第 79 页。

④ 《盐铁论校注（定本）》卷三《未通》，第 193 页。

⑤ 《汉书》卷六八《霍光传》，第 2954 页。

总之，盐铁会议能够举行，与朝廷的权力斗争关系甚大。经此会议，桑弘羊光环尽失，声望大损。霍光由于借此实现了打压桑弘羊以及外朝官员的意图，自此气势大盛。如小林惣八指出："无论是盐铁问题还是匈奴问题，都无非是霍光对桑弘羊的权利之争。"[①] 霍光通过纵容儒生全面否定武帝之政，彰显了自己的治国理念，即他对武帝内兴功利、外事四夷的国策并不认同，在他的治下，汉朝决不会再走武帝的老路，而是要继续推行文治，富民安民。这无疑会进一步强化他主政的正当性。儒生则似乎有点可悲，因为他们是被动卷入其中，成为霍光制衡桑弘羊等人的工具，但事实却并非如此。

众所周知，从某种意义上说，武帝的功业是以牺牲社会豪富的利益为前提取得的。与此同时，为维护社会稳定，国家又以利益为诱饵，拉拢他们进入统治体制之中，从而使官、商、地主三位一体的新官僚阶层，很快便成为新的财富拥有者。同时一批商贾地主通过与官僚相互利用，也在新的形势下发展起来。总之，在社会豪富受到打击的同时，武帝中后期，在汉代的社会肌体中又出现了一个以官僚集团为核心，以与权力有着密切联系的富豪为主体的新的阶层：豪族阶层。"及至昭宣时期，豪族阶层已基本掌控了自下而上的官僚体系。"[②] 而这一阶层的代言人就是儒生。霍光征召他们，就是想通过与"地方豪族层"进行合作，"来打倒外朝的势力"。[③] 所以盐铁会议上，以百姓代言人自居的贤良、文学，实际上"扮演了国内富商的代言角色"[④]，或者说其发言反

① ［日］小林惣八：《"盐铁论" に见る匈奴问题》。

② 李峰、闫喜琴：《汉宣帝传》，人民出版社 2021 年版，第 166 页。

③ ［日］西嶋定生：《白话秦汉史（秦汉帝国的兴衰）》，黄耀能译，第 210 页。

④ ［日］小林惣八：《"盐铁论" に见る匈奴问题》。

映的主要就是“豪族意旨”[①]。在会议上，他们以儒家经典为依据，以儒家所持的王道观为尺度，对武帝所形塑的皇朝与实现路径进行全面检讨，从而将武帝之政定义为霸政而予以全面否定。理直气壮地坚决反对朝廷继续如武帝时那样肆意分割他们的财富，强烈要求朝廷返还此前属于他们的利益。并提出自己理想的皇朝样态及实现路径，要求皇朝予以贯彻落实。由于武帝所颁布的《轮台诏》表示皇朝国策的调整是“当今”之务，这就意味汉朝国策有重回武帝穷兵黩武之政的可能，贤良、文学否定武帝之政，并提出自己的治国理念，就是要把这种可能性彻底消除，决不允许汉朝重行武帝之政而使自身利益再受损伤。由于贤良、文学是作为百姓的代言人而发声，背后有着强大的民意为依托，这就势必会对皇朝决策者产生强大的压力，迫使他们在治国理政时不得不考虑贤良、文学提出的诉求，这或许就是贤良、文学在此次会议上的最大收获。

此外，据《盐铁论·击之》，参与盐铁会议的贤良、文学“咸取列大夫”[②]，有学者指出，此看似得到了任用，“但实际上，他们在霍光执政乃至宣帝时期都始终默默无闻”。这说明“霍光对他们始终是耿耿于怀”[③]。然此言并不确，虽然由于儒生肆意指斥时政，颇为霍光所不喜，但由于儒生与豪族阶层已成为一体，且儒生所修习之五经为皇朝所推尊，兴学校以教授之，还有专门为儒生而设的选官制度所加持，儒术又长于守成，则儒生群体在西汉中后期的整体跃升，不是霍光一个人所能阻止的。事实上，霍光主政时期，颇多儒生就已参与到朝政之中，而魏相则是从此次察举中

① 施丁:《秦汉豪族的呼声——读桓宽〈盐铁论〉》,《学术月刊》1999 年第 11 期。
② 《盐铁论校注（定本）》卷七《击之》，第 471 页。
③ 晋文:《桑弘羊评传》，第 247 页。

脱颖而出。

据《汉书·魏相传》，魏相“济阴定陶人也，徙平陵。少学《易》，为郡卒史，举贤良，以对策高第，为茂陵令”[①]。《韩延寿传》称，韩延寿的父亲韩义为燕王郎中，昭帝初年，因劝谏刘旦不要谋反被杀，“燕人闵之。是时昭帝富于春秋，大将军霍光持政，征郡国贤良文学，问以得失。时魏相以文学对策，以为‘赏罚所以劝善禁恶，政之本也。日者燕王为无道，韩义出身强谏，为王所杀。义无比干之亲而蹈比干之节，宜显赏其子，以示天下，明为人臣之义。’光纳其言”[②]。王利器认为魏相对策就发生在始元六年（前81年）举行盐铁会议时，并进而指出：“相徙平陵，平陵正是太常属县，与《昭帝纪》言‘其令三辅、太常举贤良各二人’合，《韩延寿传》以为‘时魏相以文学对策’，那是不对的。据史所载，昭帝时‘征郡国贤良、文学问以得失’，仅有这一次；因之，可以断言，魏相就是参加这次会议的平陵所举的贤良，而魏相又是学《易》的，则贤良不仅在经济上是属于‘天下豪富民’，而在思想上也是属于儒家者流，也是文献足征的。”[③]

王利器认为魏相参加了始元六年（前81年）盐铁会议的观点无疑是正确的，但其论述中可商榷之处甚多。如其认为魏相是以贤良与会，而据《昭帝纪》，在韩义被杀后没过多久的始元元年（前86年）闰九月，朝廷“遣故廷尉王平等五人持节行郡国，举贤良，问民所疾苦、冤、失职者”[④]。魏相对策中又有“日者”云云，显见魏相对策的时间与韩义之死的时间甚近。故晋文认为魏

① 《汉书》卷七四《魏相传》，第3133页。

② 《汉书》卷七六《韩延寿传》，第3210页。

③ 《前言》，《盐铁论校注（定本）》，第5—6页。

④ 《汉书》卷七《昭帝纪》，第220页。

相被举贤良，“当显然在此次举贤良之时”[①]。实则魏相徙平陵即昭帝陵事发生在宣帝初年，据《宣帝纪》，“本始元年春正月，募郡国吏民訾百万以上徙平陵”[②]。此前魏相为济阴人，故他当如《韩延寿传》所言是以“文学”对策。另外，始元元年的宗室谋逆案，刘旦本是主谋，按法当诛，然而由于当时昭帝刚以武帝少子身份继位，根基未牢，为维护国家的稳定，对刘旦特“缘恩宽忍，抑案不扬”[③]。亦即对刘旦的案子压下来不予显扬。因此，当年闰九月诏举贤良时，百姓知道刘旦事者当甚有限，此其一；此事当时刚被妥善处理过，而朝廷庶事繁多，既然不能处死刘旦，霍光何苦要再主动挑衅刘旦，横生事端？此其二。所以魏相被察举至朝廷，当是始元五年（前 82 年）的事。因为此时刘旦受朝中权贵的蛊惑，再度蠢蠢欲动，而其谋逆事经过数年的传播，百姓多已有所耳闻，其中韩义死不得其所，燕人对他的遭遇深感哀伤、怜念，其事迹慢慢也就流传开来，是以魏相对策建言通过“显赏”韩延年，向天下昭示刘旦的罪恶，借此警告刘旦不得轻举妄动，否则朝廷随时可以将其绳之以法。由于其言正中霍光下怀，是以其对策被评为“高第”，被提拔为茂陵令。

不过，据《盐铁论·击之》，贤良、文学因参与盐铁会议而“咸取列大夫”。《汉书·魏相传》则称魏相“以对策高第，为茂陵令”。黑琨遂将此视为魏相与盐铁会议“并无关联”的一个例证。[④]实则此次会议是有“议”有“策”的。如桑弘羊称昭帝要求举贤良、文学，“将欲观殊议异策”。昭帝当时还发布了“诏策”，其中有云：

---

① 晋文：《桑弘羊评传》，第 191 页。

② 《汉书》卷八《宣帝纪》，第 239 页。

③ 《史记》卷六〇《三王世家》，第 2118 页。

④ 黑琨：《魏相非参加盐铁会议之贤良考》，《广西社会科学》2004 年第 4 期。

“朕嘉宇内之士，故详延四方豪俊文学博习之士，超迁官禄。”[①] 文学也称昭帝令贤良、文学入京，是让他们“议五帝、三王之道，《六艺》之风，册陈安危利害之分”[②]。文学还说诸生上呈有“对册”，但由于公卿的不作为，“以故至今未决”[③]。因此，黑琨的看法是值得商榷的。

① 《盐铁论校注（定本）》卷五《利议》，第 323—324 页。
② 《盐铁论校注（定本）》卷一《复古》，第 79 页。
③ 《盐铁论校注（定本）》卷五《利议》，第 323 页。

第八章　党亲连体，根据朝廷

始元六年（前 81 年），霍光与上官桀等权贵的斗争趋于白热化，但霍光始终没有放松对国家的管理，继续根据形势的变化，采取相应的措施，以维护社会的稳定与发展。元凤元年(前 80 年）九月，上官桀等谋反事被发觉，霍光对他们进行了惩治，自此大权独揽，威震海内。接下来霍光继续推行文治，使国力呈现出蒸蒸日上的势头，但由于他在朝中大肆安插亲党，以严刑峻法治下，专权自恣，让世人对他渐失所望。而这也意味着自文帝以来所推行的政治试验彻底破产。

第一节　明察耀千古

始元四年（前 83 年）后，先是上官桀父子与盖主在与霍光的斗争中走在了一起，继而桑弘羊因不满霍光也加入了进来，结成反霍同盟。为了壮大己方的力量，都暗中笼络刘旦。刘旦此前受朝廷重谴，本已灰心，现在朝中贵人主动与自己联系，让他再次看到了入主长安的希望，于是派遣亲信孙纵之等前后十余拨人，携带很多金宝骏马，赴长安贿赂盖主、上官桀及桑弘羊等。

力量的壮大自然会让上官桀等感到欣慰，但盐铁会议后，桑弘羊迭遭打击，又使他们深为不安。

先是魏相为茂陵令后，“顷之”，桑弘羊的宾客“诈称御史止传”，“传”即“传舍”的简称，是秦汉时期国家在交通网系络上，设置的为过往的官方执行公务人员提供方便的机构，一般设在郡县治所所在的城邑内或城邑附近。官方人员因公出差使用传舍时，若其身份尊贵，当地官员要及时拜谒，而桑弘羊的宾客来到茂陵的传舍后摆出御史的架子，却没能得到县丞及时的接待，便要起官威，愤怒地把前来探问的县丞给捆绑起来，魏相得知消息后，“疑其有奸，收捕，案致其罪，论弃客市，茂陵大治。”[①]而桑弘羊则是颜面大损。

而尤为让桑弘羊所不能容忍的是，霍光当年又夺走了他主管国家财政的权力。桑弘羊为御史大夫后，实际上还一直兼领着大司农的职务，然而到了始元六年（前 81 年）此职却被霍光从桑弘羊手中夺走，交给了杨敞。霍光主政后，华阴人杨敞即“给事大将军莫府，为军司马”，并为霍光所“爱厚”。[②]考其为深为霍光所看重的原因，当与其处事谨慎干练有关，此外此人还是司马迁的女婿。司马迁在太史令任上，于天汉三年（前 98 年）受腐刑。出狱后任中书令，中书令亦为天子近臣，司马迁任此官后，“尊宠任职”[③]，兼之司马迁是为霍光、上官桀的朋友李陵降匈奴事辩护而获罪，则其与霍光等的关系应颇亲近。是以杨敞深得霍光的信任，当与此关系甚大。及至始元六年，为摆脱桑弘羊的掣肘，霍光便以杨敞为“大司农”[④]，从而将原为桑弘羊所掌管的财权收归己有。对此西嶋定生指出，“就桑弘羊看来，其财务官吏之势力基

① 《汉书》卷七四《魏相传》，第 3133 页。
② 《汉书》卷六六《杨敞传》，第 2888 页。
③ 《汉书》卷六二《司马迁传》，第 2725 页。
④ 《汉书》卷一九《百官公卿表》，第 795 页。

盘为政敌霍光所夺取，一定是无法置之不理的。”[1] 而这也会让上官桀忧心不已，因为若不采取措施，霍光接下来要夺的可能就是他的太仆之职了。据《汉书·百官公卿表》，后元二年（前 87 年）“太仆上官桀为左将军”。同页太仆格又书“太仆并左将军。”[2] 亦即上官桀是以左将军兼太仆。

当时上官桀等把与霍光争权的重心放在争取昭帝的支持上，手法是上官桀等朝中权贵负责提供相关信息及策略，刘旦负责上奏朝廷。具体而言，其一，搜集霍光的过失，让刘旦告发。据《汉书·苏武传》，搜集霍光过失的是上官桀父子：“初桀、安与大将军霍光争权，数疏光过失予燕王，令上书告之。”[3]《上官皇后传》亦称：“桀、安即记光过失予燕王，令上书告之”[4]。而据《刘旦传》，为其事者还有桑弘羊：“上官桀及御史大夫桑弘羊等皆与交通，数记疏光过失与旦，令上书告之。”[5] 其二，让刘旦为丁外人求侯。受上官桀父子唆使，刘旦上书称：“子路丧姊，期而不除，孔子非之。子路曰：‘由不幸寡兄弟，不忍除之。’故曰‘观过知仁’。今臣与陛下独有长公主为姊，陛下幸使丁外人侍之，外人宜蒙爵号。”[6] 其三，让刘旦为苏武鸣不平。据《苏武传》，苏武“数为燕王所讼”。苏武，字子卿，官至移中厩监。天汉元年（前 100 年）以中郎将身份出使匈奴不归。随着汉匈关系的缓和，始元六年（前 81 年）春，盐铁会议刚开罢，苏武从匈奴回到长安，当时朝廷“诏武奉一太守谒武帝园庙，拜为典属国，秩中二千石，赐

---

① ［日］西嶋定生著，《白话秦汉史（秦汉帝国的兴衰）》，黄耀能译，第 213 页。
② 《汉书》卷一九《百官公卿表》，第 791 页。
③ 《汉书》卷五四《苏武传》，第 2467 页。
④ 《汉书》卷九七《上官皇后传》，第 3959 页。
⑤ 《汉书》卷六三《刘旦传》，第 2754 页。
⑥ 《汉书》卷九七《上官皇后传》，第 3959 页。

钱二百万，公田二顷，宅一区。”[①] 据《百官公卿表》，典属国官属“秦官，掌蛮夷降者”。由于当时已设置属国都尉，管理地方民族事务，故其职颇为清闲。考其秩本为二千石，而朝廷让其享受“秩中二千石”的待遇，也称得上是厚待了。然而，由于苏武“素与”上官桀、桑弘羊“有旧”[②]，因此上官桀等意欲将苏武推至要害位置，以壮大自己的势力。

虽然上官桀等为了争取昭帝支持做了大量的工作，但始终得不到积极的回应。如刘旦为丁外人求侯，书奏上后，“上以问光，光执不许”[③]，昭帝就不再说什么了。眼见形势对己方愈益不利，上官桀等最终决定扳倒霍光。

如前所述，金日磾去世后，霍光当休沐日，常让上官桀代他处理朝政，上官桀等就欲以此为契机，除掉霍光。

据《汉书·昭帝纪》，元凤元年（前 80 年）“九月，……初，桀、安父子与大将军光争权，欲害之，诈使人为燕王旦上书言光罪。时上年十四，觉其诈。”张晏曰：“武帝崩时八岁，即位于今七岁，今年十五。”颜师古曰：“此云‘初，桀、安父子与大将军争权，诈为燕王上书’，盖追道前年事耳，非今岁也。张说失之。”[④]

具体而言，始元六年（前 81 年），据《汉书 · 霍光传》，上官桀在霍光休沐日，让人以燕王刘旦的名义上书，揭发霍光三条罪过：其一，僭越礼制。霍光出城检阅郎官、羽林时，享受皇帝待遇，“道上称跸，太官先置”[⑤]。“跸”即皇帝出行维持秩序的礼仪。

---

① 《汉书》卷五四《苏武传》，第 2467 页。

② 《汉书》卷五四《苏武传》，第 2467 页。

③ 《汉书》卷九七《上官皇后传》，第 3959 页。

④ 《汉书》卷七《昭帝纪》，第 226 页。

⑤ 《汉书》卷六八《霍光传》，第 2935 页。

《汉旧仪》云："辇动则左右侍帷幄者称警，车驾则卫官填街，骑士塞路。出殿则传跸，止人清道"[1]。"太官先置"意为让服务皇帝的太官提前为霍光准备饮食。王先谦指出："太官掌御饮食，有令丞，属少府。二事皆言其僭。"[2]其二，重用党羽，苛待功臣。苏武此前出使匈奴，被"拘留二十年不降"，还朝后只被任命为典属国，而大将军长史杨敞"亡功为搜粟都尉"。其三，霍光"擅调益莫府校尉"，专权放肆，"疑有非常"。为了保卫昭帝，刘旦在奏书中表示自己愿意交还燕王的符节玺印，来到朝中值宿守卫，"察奸臣变"。[3]而《汉书·刘旦传》所摘录的奏书文字显示，刘旦还控告宗室贵族备受以霍光为首的朝臣的打压："今陛下承明继成，委任公卿，群臣连与成朋，非毁宗室，肤受之愬，日骋于廷，恶吏废法立威，主恩不及下究。"[4]

由于上官桀当天代霍光处理朝政，就向昭帝做了汇报，计划着在昭帝同意交由相关方面进行处理后，上官桀"欲从中下其事"。亦即"伺光出沐不在禁中，桀欲自从禁中下其事也。"按照他们的设计，接下来，桑弘羊"当与诸大臣共执退光"。而"当者，以之自任也。"[5]

此举对霍光而言非常凶险，当时昭帝才年仅十四岁，如果说

---

① （东汉）卫宏撰，（清）孙星衍校：《汉旧仪》卷上，第61—62页。

② 《汉书补注》卷六八《霍光传》，第4614页。

③ 《汉书》卷六八《霍光传》，第2935页。按：苏武滞留匈奴实十九年，此处说是二十年是约取其整数。搜粟都尉，即大司农。自太始元年时任大司农的桑弘羊被贬为搜粟都尉后，直到杨敞重被任命为大司农，十五年间，汉朝一直以搜粟都尉主持大司农事，故当时往往称大司农为搜粟都尉。或当时杨敞被任命的就是搜粟都尉，但因后又改称大司农，致使《汉书》书其职时受到干扰。

④ 《汉书》卷六三《刘旦传》，第2755页。

⑤ 《资治通鉴》卷二三，"元凤元年"，第762页。

他中了这几个人的计谋，且不说把霍光抓起来，单是派人去问问霍光事情原委，霍光的政治生命估计也就结束了。然而告发霍光的奏书被上官桀奏报给昭帝后，昭帝却不肯将奏书下发给官员们处理。上官桀一下子傻了眼。

昭帝对霍光、上官桀及盖主的认识应该有一个过程。霍光为人沉静详审，举止端正，不易亲近。如金日磾有两个儿子，长子金赏为奉车都尉，次子金建为驸马都尉，各佩一条绶带，在禁中侍奉昭帝。他们兄弟同昭帝年岁大致相当，作为昭帝的玩伴，与昭帝可谓形影不离，关系甚为亲密。始元元年（前 86 年）九月金日磾薨后，金赏因嗣爵为秺侯，佩两条绶带，比金建多一条。昭帝看着觉得金建有点可怜，就想让霍光封金建为侯："上谓霍将军曰：'金氏兄弟两人不可使俱两绶邪？'霍光对曰：'赏自嗣父为侯耳。'上笑曰：'侯不在我与将军乎？'光曰：'先帝之约，有功乃得封侯。'"[①] 观两人的对话，昭帝是笑着对霍光说话，霍光却板着面孔，一本正经地回答。考虑到当时昭帝不过九岁左右，霍光与昭帝交流的方式未免有点过于正式、呆板。而盖主以长姐的身份在宫中侍奉昭帝的起居，日常接触自是频密而细碎，由于盖主欲从昭帝身上获得大利，则照顾起昭帝来自会尽心尽力，自然也就很容易获得昭帝的好感。上官桀以投机起家，对谄谀君主深有心得，在讨好昭帝方面其手段较之盖主自应不遑多让，尤其是在其孙女被立为皇后以后，其父子在增进与昭帝关系上会更加用心。

昭帝由于年龄尚幼，心智还不成熟，与他们交往时，在相当长的一段时间内，未免会觉得与盖主、上官桀更为亲近。及至始元四年（前 83 年）以后，随着年龄渐长，心智日渐成熟，昭帝独

---

① 《汉书》卷六八《金日磾传》，第 2962 页。

立判断是非的能力也在提高，通过观察与反思，渐渐地应该就对朝中这些权贵形成了新的认识，于是对霍光越来越信任，而对上官桀、盖主等则愈来愈反感。

就始元四年（前 83 年）立皇后一事而言，当时霍光是有适龄的女儿可送进宫的。如始元五年，隽不疑因抓捕伪卫太子有功，霍光就想把女儿嫁给他。那么霍光此前为什么没有把自己女儿送进宫呢？并且若他要这样做，没人能阻拦得住。合理的解释只能是霍光确实大公无私，只做有利于国家的事，而不计较个人的私利。反观上官桀则真可称得上是唯利是图、寡廉鲜耻。并且上官安自其女儿被立为皇后，其被迁官骑将军，封桑乐侯后，“日以骄淫”，其在殿中接受昭帝的赏赐，出来就对宾客说：“与我婿饮，大乐！见其服饰，使人归欲自烧物。”上官安与昭帝是君臣关系，但他却将昭帝称为“婿”，此属不敬；他喝醉酒后在家中内宅“裸行”，此属举致不谨；他又“与后母及父诸良人、侍御皆乱”，此属乱伦、淫乱；他的儿子病死，他“仰而骂天”[①]，君主称“天子”，他却骂天，他心中还有没有当今的皇帝？极荒唐。当然这些事情昭帝不一定都知道，但肯定会有所了解，因为时常入宫陪伴昭帝的金氏兄弟与霍光关系亲密，他们没理由替上官家隐瞒。始元五年春发生的伪太子事件，上官桀父子的反应更是让昭帝点滴在心。始元六年初，丁外人、上官安等在丁外人派刺客刺杀故官员后，又公然与官方对抗，最终逼死县令胡建；桑弘羊的宾客又在茂陵招摇撞骗，凡此都在社会上造成极其恶劣的影响。而这也让昭帝看清了上官桀父子的面目。所以，如果说他以前对霍光还有所抵

① 《汉书》卷九七《上官皇后传》，第 3959 页。参见富金璧《训诂学说略》，湖北人民出版社 2003 年版，第 28 页。

触的话，自始元四年以后，则是与霍光越来越亲近了。是以当有人告发霍光时，昭帝的反应很谨慎。

次日早晨，霍光听说有人告发自己，进宫后便待罪近臣议事的“画室”内，没敢直接去朝见昭帝。昭帝不见霍光进来，就问：“大将军安在？”上官桀说：“以燕王告其罪，故不敢入。”昭帝就下诏召霍光进殿。霍光一进殿就免冠向昭帝叩头谢罪，可是昭帝却说：“将军冠。朕知是书诈也，将军亡罪。”霍光惊讶地问：“陛下何以知之？”昭帝说霍光去广明检阅宿卫力量、调选校尉至大将军幕府的事，自己都知道。并且“调校尉以来未能十日，燕王何以得知之？且将军为非，不须校尉。”说这番话时，昭帝才十四岁，“尚书左右皆惊”。[①] 而从这件事也可以看出，“作为大司马大将军领尚书事的霍光的权力，说到底也是以皇帝的存在为直接基础的，由于受到皇帝的信任而保持了自己的地位。”[②]

据《汉书·霍光传》，昭帝当时便令逮捕上书者案问，而上书者已逃亡，昭帝又下令严加搜捕，这让上官桀等深感恐惧，就劝昭帝“小事不足遂”。昭帝却不听。虽然最终没抓到上书者，但把上官桀等着实吓得不轻。后来上官桀一党的人但凡有说霍光坏话的，昭帝就发怒说：“大将军忠臣，先帝所属以辅朕身，敢有毁者坐之。”这等于是明确表态了，“自是桀等不敢复言”[③]。

昭帝小小年纪便能识破上官桀等的阴谋，让人们感慨不已。班固对此予以盛赞：“昔周成以孺子继统，而有管、蔡四国流言之变。孝昭幼年即位，亦有燕、盖、上官逆乱之谋。成王不疑周公，

---

① 《汉书》卷六八《霍光传》，第 2936 页。

② [日]冨田健之：《前汉武帝期以降における政治构造の一考察：いわゆ る内朝の理解をめぐって》，《九州大学东洋史论集》1981 年第 9 号。

③ 《汉书》卷六八《霍光传》，第 2936 页。

孝昭委任霍光，各因其时以成名，大矣哉！”[①] 李德裕称：“人君之德，莫大于至明，明以照奸，则百邪不能蔽矣，汉昭帝是也。”将周成王、汉高祖、汉文帝、汉景帝等与昭帝相比，李德裕觉得他们都不如昭帝英明：“周成王有惭德矣。高祖、文、景，俱不如也。”因为周成王曾疑心周公，汉高祖曾怀疑陈平，汉文帝不信任季布、疏远贾谊，汉景帝听信谄言诛杀晁错。认为如果昭帝能得到像商朝名臣伊尹、周朝名臣吕尚那样的贤臣辅佐，其治必将超过周朝的成康之治：“使昭帝得伊、吕之佐，则成、康不足侔矣。”[②]

但从事态的后续发展看，昭帝自此完全倒向霍光其实并不明智。虽然昭帝因年幼，不主政，但从上官桀诈让人上书事看，霍光、上官桀等中朝臣每日都要朝见昭帝，且重要事情需要当面向昭帝汇报，并当着昭帝的面商议处理意见，这意味着虽然霍光有决断之权，但昭帝作为君主，若对其所做出的决断提出质疑，并得到上官桀的支持，霍光的主张也只能作罢。亦即尽管霍光对昭帝的忠诚有目共睹，但由于上官桀的存在使霍光不能为所欲为也是客观事实。当时上官桀集团意识到昭帝在制衡霍光方面的重要作用，因此千方百计地拉拢昭帝，希望昭帝能够给己方以支持。但是昭帝却没有意识到他与上官桀等其实是一种共生关系，所以对上官桀等表现得极为排斥，从而进一步加剧了霍光与上官桀等的矛盾冲突，结果随着后来上官桀等被诛除，昭帝在朝政中的话语权尽失，成为一个真正的傀儡。当然，由于昭帝时年不过十四岁，要他有如此缜密的考虑是不现实的。

---

① 《汉书》卷七《昭帝纪》，第 233 页。

② （唐）李德裕撰，傅璇琮、周建国校笺：《李德裕文集校笺·外集》卷一《汉昭论》，中华书局 2018 年版，第 761 页。

尽管双方经由此事已撕破了脸，元凤元年（前80年）春，以盖主有养育昭帝之功，霍光把蓝田县送给盖主，作为她的汤沐邑，竭力缓和双方的关系。与此同时，霍光继续致力于对国家的治理。

始元六年（前81年），“夏，旱，大雩，不得举火”[①]。

“大雩”指因天旱而举行的祭祀，为古制。如《春秋》云鲁桓公五年（前707年）秋，“大雩”。《公羊传》曰：“大雩者何？旱祭也。”[②]其目的是为了向天地“请雨”。之所以如此做，董仲舒认为：“大旱者，阳灭阴也。阳灭阴者，尊厌卑也，固其义也，虽大甚，拜请之而已，敢有加也。”[③]《礼记·月令》言及大雩称：“命有司为民祈祀山川百源，大雩帝，用盛乐，乃命百县雩祀百辟卿士有益于民者，以祈谷实。”[④]董仲舒《春秋繁露》之《求雨》篇对求雨之法也有细致的叙述。据说董仲舒为江都相期间求雨，“未尝不得所欲”，其原则是“以《春秋》灾异之变推阴阳所以错行”，若求雨，则“闭诸阳，纵诸阴”。[⑤]该年“大雩”之祭的礼仪不可考，但征诸文献，此次行“大雩”为汉立国以来第一次，而“不得举火”，臣瓒曰：“抑阳助阴也”。[⑥]其意颇与董仲舒的主张相合。

始元六年（前81年）秋，“以边塞阔远，取天水、陇西、张掖郡各二县置金城郡。”[⑦]

金城郡之设，与西羌有关。学者论及武帝置边地郡县之法

---

① 《汉书》卷七《昭帝纪》，第224页。

② （东汉）何休注，（唐）徐彦疏：《春秋公羊传注疏》卷四，“桓公五年”，第2216页。

③ （清）苏舆撰，钟哲点校：《春秋繁露义证》卷三《精华》，第85—86页。

④ （东汉）郑玄注，（唐）孔颖达等正义：《礼记正义》卷一六《明堂位》，《十三经注疏》，上海古籍出版社1997年版，第1369页。

⑤ 《史记》卷一二一《董仲舒列传》，第3128页。

⑥ 《汉书》卷七《昭帝纪》，第224页。

⑦ 《汉书》卷七《昭帝纪》，第224页。

云:“在驱逐外敌而获得的土地上，先建筑一、两个城，划出一定的区域置郡，然后在郡内陆续修筑新城，进行屯田，设置新县。设郡以后，遇有合适的土地，就实行屯田，并在此设县，纳入郡中。”在此过程中，“‘屯田’乃至‘屯田行为’是以造成具体的‘地方组织’的形式发挥作用的。随着郡的进一步充实发展，如果县数过于饱和，地域太大，在行政上造成不便，就可能设置新郡”①。如河西走廊设郡就是先筑令居塞等大小的障塞亭燧，然后大约在元狩二年（前121年）设酒泉郡②，迁民屯田实之，及至元鼎六年（前111年）平西羌后，又从酒泉郡分出张掖、敦煌郡，然后继续迁民实之。

由于河西走廊地理位置极其重要，故霍光当政后，继续强化这方面的布局，其中屯田张掖就是一项重要举措。总之，经过长期努力，汉在与羌相连的边地的民众数量应当有大的增长，而羌人所生活的区域即河湟地区在天水、陇西、张掖三郡的交界之处，远离三郡的统治中心，又不便统一管理，且昭帝时张掖郡已向西北拓展，抵御匈奴的任务甚重。因此，设金城郡“加强边塞的防务，以防备羌人北上为主。”同时金城郡也成为皇朝疆域向河湟地区拓展的基地，至神爵元年（前61年）羌人反前，金城郡已将“湟水以北地悉纳入郡境”③。

元凤二年（前79年）六月，诏曰:“朕闵百姓未赡，前年减漕三百万石。颇省乘舆马及苑马，以补边郡三辅传马。”④可

---

① [日]尾形勇著，吕宗力译:《汉代屯田制的几个问题——以武帝、昭帝时期为中心》,《简牍研究译丛》(第1辑)，中国社会科学出版社1983年版，第289—290页。

② 周振鹤:《西汉政区地理》，第168页。

③ 周振鹤:《西汉政区地理》，第171—174页。

④ 《汉书》卷七《昭帝纪》，第228页。

知减漕诸事发生在始元六年（前 81 年）。关于减漕事，据宣帝时大司农中丞耿寿昌奏称："故事，岁漕关东谷四百万斛以给京师，用卒六万人。"[①] 是知从关东漕运粮食至京师，每百万石当用卒一万五千人。则减漕三百万石，可免四万五千卒之役。关于省乘舆马及苑马事，"乘舆马"，颜师古云："谓天子所自乘以驾车舆者"[②]。据《汉旧仪》，天子乘舆马甚众："天子六厩，未央厩、承华厩、騊駼厩、路軨厩、骑马厩、大厩，马皆万匹。"[③]"苑马"为汉朝在西北地区所养的官马，由太仆掌管，共 36 苑，马数十万匹："太仆牧师诸苑三十六所，分布北边、西边。以郎为苑监，官奴婢三万人，分养马三十万头，择取教习给六厩，牛羊无数，以给牺牲。"[④] 这是减省皇帝之马及国家的马，用来补充缘边地区诸郡的不足，也属德政。

元凤元年（前 80 年），武都氐人反，以刑徒击之。

《公羊传》论及《春秋》书鲁桓公五年（前 707 年）秋"大雩"事，曰："何以书？记灾也。"[⑤] 由于董仲舒指出灾异的出现都是因为国家施政有过失所致，故该年发生旱灾，还有上天警示汉朝之意。

此前的始元四年（前 83 年）益州夷姑缯、叶榆复反。如前所述，当年冬，汉遣大鸿胪田广明击益州。而据《汉书·西南夷传》称，平定反叛者还有水衡都尉吕辟胡。"辟胡不进，蛮夷遂杀益州太守，乘胜与辟胡战，士战及溺死者四千余人。"次年，"复

---

① 《汉书》卷二四《食货志》，第 1141 页。

② 《汉书》卷七《昭帝纪》，第 228 页。

③ （东汉）卫宏撰，（清）孙星衍校：《汉旧仪》卷下，第 79 页。

④ （东汉）卫宏撰，（清）孙星衍校集：《汉旧仪补遗》卷上，第 90 页。

⑤ （东汉）何休注，（唐）徐彦疏：《春秋公羊传注疏》卷四，"桓公五年"，第 2216 页。

遣军正王平与大鸿胪田广明等并进，大破益州，斩首捕虏五万余级，获畜产十余万。”[①]《昭帝纪》则云：“斩首捕虏三万余人，获畜产五万余头”[②]。是役“钩町侯亡波率其邑君长人民”[③]、羌骑校尉范明友“将羌王侯君长”[④]也参与了平叛。由于此次平叛活动历时两年，规模颇大，故可称得上是“暴师连年”[⑤]。征诸此前的历史，旱灾往往与军事活动相关。

考此次平叛主力为国家的正规军，如吕辟胡所将的“郡兵”。是役杜延年所率的士兵就是来自南阳郡：“始元四年，益州蛮夷反，延年以校尉将南阳士击益州。”[⑥]这显然给百姓的生产、生活带来了相当大的困扰。用儒家的灾异理论来推绎，或许这就是旱灾发生的原因。或因接受所谓的上天警示的缘故，接下来平定氐人反判时，霍光便不再动用由普通百姓组成的正规军，而是以刑徒为主力，同时征发邻近地区的夷族士兵参与其中。

武帝定西南夷，以“广汉西白马为武都郡”[⑦]。其地在秦岭之南，北与扶风相邻，可谓地处天子肘腋之下。元凤元年(前80年)三月，“武都氐人反，遣执金吾马适建、龙额侯韩增、大鸿胪广明将三辅、太常徒，皆免刑击之”。参加是役的还有羌骑校尉范明友，他在始元五年（前82年）参与平定益州夷反事后，复率“羌王侯君长以下”，“击武都反氐”。[⑧]此外，赵充国也参与了此次

---

① 《汉书》卷九五《西南夷传》，第3843页。
② 《汉书》卷七《昭帝纪》，第223页。
③ 《汉书》卷九五《西南夷传》，第3843页。
④ 《汉书》卷七《昭帝纪》，第230页。
⑤ 《汉书》卷二七《五行志》，第1393页。
⑥ 《汉书》卷六〇《杜延年传》，第2662页。
⑦ 《史记》卷一一六《西南夷列传》，第2997页。
⑧ 《汉书》卷七《昭帝纪》，第225—230页。

平叛活动："昭帝时，武都氐人反，充国以大将军护军都尉将兵击定之"[①]。

元凤元年（前80年），"秋七月乙亥晦，日有蚀之，既。八月，改始元为元凤。"该年的年号本为"始元"，八月改元为"元凤"，当与七月日食及始元六年的大旱有关，因为这都是上天在示警，属咎征。故改元以应之，称"元"表示针对现状要求新求变，称"凤"，则是意在通过昭示祥瑞以表示上天对昭帝的认可。如应劭曰："三年中，凤皇比下东海海西乐乡，于是以冠元焉。"[②]

汉自昭帝即位后，汉朝对匈奴一直处于守势，虽然匈奴侵扰不断，但汉朝不仅不予报复，还不断地遣使出使匈奴。汉朝的隐忍无疑为其争取到了宝贵的完善边郡侦察敌情及烽火警戒系统的时间，于是到了始元、元凤之际，边郡便达到了"烽火候望精明"的地步[③]。于是当匈奴再次发兵侵扰汉的边郡时，便遭到了迎头痛击。

元凤元年（前80年），"匈奴发左右部二万骑，为四队，并入边为寇。汉兵追之，斩首获虏九千人，生得瓯脱王，汉无所失亡。匈奴见瓯脱王在汉，恐以为道击之，即西北远去，不敢南逐水草，发人民屯瓯脱"[④]。所谓"瓯脱"，指匈奴百姓的组织形式，又指边地。如据《史记·匈奴列传》，初东胡与匈奴间有弃地千余里，"各居其边为瓯脱。"东胡王使使谓冒顿单于曰："匈奴与我界瓯脱外弃地，匈奴非能至也，吾欲有之。"[⑤]居其地者有守卫边疆之责。如据《汉书·匈奴传》，宣帝时，"匈奴前所得西嗕居左地者，

① 《汉书》卷六九《赵充国传》，第2972页。
② 《汉书》卷七《昭帝纪》，第225—226页。
③ 《汉书》卷九四《匈奴传》，第3784页。
④ 《汉书》卷九四《匈奴传》，第3783页。
⑤ 《史记》卷一一〇《匈奴列传》，第2889页。

其君长以下数千人皆驱畜产行，与瓯脱战，所战杀伤甚众，遂南降汉”[①]。“瓯脱王”即管理瓯脱地区事务的高级贵族。就此次战役而言，匈奴可谓损失惨重，以至虚瓯脱之地，远遁西北而去。

第二节　毒瘤一时除

始元六年（前81年），上官桀等诈使人上书告发霍光，意欲借此扳倒霍光，惜乎昭帝不予配合，以至于功败垂成。经此一事，双方的关系已势同水火，几无转圜之机；且昭帝又完全倒向霍光，使得上官桀等的处境更加被动。于是上官桀父子“浸恚”[②]，最终动了发动政变以扭转不利形势的念头。

据《汉书·昭帝纪》，上官桀、上官安、桑弘羊、盖主等“共谋令长公主置酒，伏兵杀大将军光，征立燕王为天子”[③]。《刘旦传》称：“桀等因谋共杀光，废帝，迎立燕王为天子。旦置驿书，往来相报，许立桀为王，外连郡国豪桀以千数。”刘旦把谋划告诉燕国相平，平并不看好此事，说：“大王前与刘泽结谋，事未成而发觉者，以刘泽素夸，好侵陵也。平闻左将军素轻易，车骑将军少而骄，臣恐其如刘泽时不能成，又恐既成，反大王也。”但刘旦却充满自信地说：“前日一男子诣阙，自谓故太子，长安中民趣向之，正讙不可止，大将军恐，出兵陈之，以自备耳。我帝长子，天下所信，何忧见反？”后来又对群臣说：“盖主报言，独患大将军与右将军王莽。今右将军物故，丞相病，幸事必成，征不

① 《汉书》卷九四《匈奴传》，第3788页。
② 《汉书》卷九七《上官皇后传》，第3959页。
③ 《汉书》卷七《昭帝纪》，第226—227页。

久。"[1]据《百官公卿表》，始元四年（前 83 年），"卫尉王莽为右将军卫尉，三年卒"[2]。是知王莽卒于元凤元年（前 80 年）。当时刘旦还命令群臣都整治装备，等待出发。

据《汉书·上官皇后传》，正如平所担心的那样，上官桀父子后来又图谋在杀掉霍光后，"诱征燕王至而诛之，因废帝而立桀。"有人问皇后怎么办，上官安说："逐麋之狗，当顾菟邪！……且用皇后为尊，一旦人主意有所移，虽欲为家人亦不可得，此百世之一时也。"[3]王益之认为史书关于上官安的这段叙述属文致之辞，并不足信："《外戚传》载'桀又谋诱燕王至而诛之，因废帝而立桀'，此必无之事，殆当时文致之辞也。《本纪》诏亦不过曰：'共谋令长公主置酒伏兵杀大将军光，征立燕王为天子'，亦无诛燕王立桀之语，今从《本纪》，削去此两语。推原其始，不过争权，遂致于此。"又称"至宣帝时，魏相欲摧霍氏，或告霍禹等欲令太后置酒引丞相斩之，因废帝而立禹，谓霍氏怨望欲杀相则有之，至于废天子而立禹，是亦诛燕王立桀之类也。出乎尔者反乎尔，其斯之谓与？唯褚先生补《史记·侯表》书上官桀曰与大将军霍光争权，因以谋反族灭，此得之矣"[4]。吕思勉论及史载霍氏谋反时欲废天子立禹之事，也说："然谓禹谋自立，则与上官桀欲杀燕王而自立，同一无稽"[5]。

笔者认为上官安等谋诱燕王至而诛之，因废帝而立上官桀一事是可信的。《汉书·昭帝纪》诏书若载此事，则会让世人认识到

---

① 《汉书》卷六三《刘旦传》，第 2756 页。

② 《汉书》卷一九《百官公卿表》，第 793—794 页。

③ 《汉书》卷九七《上官皇后传》，第 3959 页。

④ （南宋）王益之撰，王根林点校：《西汉年纪》卷一八《昭帝》，第 369—370 页。

⑤ 吕思勉：《秦汉史》，第 157 页。

燕王一定程度上也是此次谋反事件的受害者，这无疑会冲淡诏书所要表达的主题，故不书之。史书诸表由于空间有限，书写史事时讲求言简意赅，不书细事。故褚少孙《史记·侯表》不书此事，不等于没有。当然从旁观者的角度看，上官安此语，让人觉得实在是丧心病狂，匪夷所思。但站在上官安等的立场看，却是可以理解的。他们以阴谋除掉霍光，废除昭帝，必然也担心他人以同样的手腕对付他们。要想解决此问题，首先要做的就是在夺权后，将权力牢牢地掌握在自己手中。而若拥立燕王为皇帝，由于燕王正当壮年，颇有政治手腕，同时又拥有雄厚的王府势力，且其为武帝在世长子，自身本就具备做天子的条件，则其做皇帝后，可能不会甘心听从上官氏父子等的摆布，因此双方矛盾的产生竟似难以避免。而真到那时，他们怎么办？再发动一次宫廷政变？因此，对他们而言，最好的办法就是一不做，二不休，干脆直接让上官桀做皇帝。然而在臣民普遍拥戴汉家皇朝的情况下，此举无疑是公然与天下为敌，最终有可能仍难逃死于非命。对此，以桑弘羊、上官桀等之老谋深算，不会不知道，知道仍然出此下策，是因为除此之外，他们已别无良策了。可以说，但凡有一线希望，他们就不会走上谋反这条不归路。所以与其说这反映了上官安等的丧心病狂，倒不如说反映了他们内心的绝望与悲凉：霍光已经把他们逼得走投无路了。后来宣帝时，霍氏所面临的处境与上官桀等此时的处境惊人地相似，也是不造反就只能坐以待毙，无奈之下，只得起而抗争，可若废了宣帝，立谁他们都不放心，就打算立霍禹为天子，事实上，霍禹连中人之资都说不上，他能做皇帝？估计他自己都不相信。但不如此，又有什么好的办法吗？所以说，这一切都是被逼的，虽明知是饮鸩止渴，可仍不得不为之。很可怜的。

却说上官桀等的计划还没有实施，就被人告发了。《汉书·昭帝纪》叙其事称:“故稻田使者燕仓先发觉，以告大司农敞，敞告谏大夫延年，延年以闻。”“稻田使者”，如淳曰:“特为诸稻田置使者，假与民收其税入也。”[①]为大司农属官。或称“假稻田使者”，如《百官公卿表》称燕仓“以假稻田使者先发觉左将军桀等反谋”[②]。燕仓之所以能知其谋，当与其子为盖主舍人有关。如《刘旦传》云:“会盖主舍人父燕仓知其谋，告之，由是发觉。”[③]“敞”即杨敞，“延年”即杜延年。当时燕仓把上官桀等谋反的消息告诉杨敞后，为人胆小怕事的杨敞闻言惶惧，马上称病不起。但此事关乎霍光的生死，他知情不报，日后霍光能饶了他？是以犹豫再三，最后他找到杜延年，把上官桀等要谋反的消息透露给了他。而早就与桑弘羊势不两立的杜延年闻讯马上就向霍光做了汇报。

《汉书·刘旦传》言及上官桀等被捕斩事称:“丞相赐玺书，部中二千石逐捕孙纵之及左将军桀等。”[④]《资治通鉴》指出此为:“诏丞相部中二千石逐捕孙纵之及桀、安、弘羊、外人等。”[⑤]显见此事是交由丞相来处理的。但在具体执行这项任务的过程中透露出的信息却甚微妙。

据《汉书·昭帝纪》，在抓捕上官桀时立下大功的任宫，其身份是“丞相征事”。文颖曰:“征事，丞相官属，位差尊，掾属也。”如淳曰:“时宫以时事召，待诏丞相府，故曰丞相征事。”张晏曰:“《汉仪注》征事比六百石。皆故吏二千石不以臧罪免者为征事，

① 《汉书》卷七《昭帝纪》，第 227 页。

② 《汉书》卷一七《景武昭宣元成功臣表》，第 667 页。

③ 《汉书》卷六三《刘旦传》，第 2757 页。

④ 《汉书》卷六三《刘旦传》，第 2757 页。

⑤ 《资治通鉴》卷二三，“元凤元年”，第 764—765 页。

绛衣奉朝贺正月。”颜师古曰:“张说是也。”[1]而《景武昭宣元成功臣表》则云任宫当时是以“故丞相征事”的身份参与了抓捕上官桀的活动[2]，显见任宫本是已离职的丞相府官员，此次是特地征召过来的。而《史记·建元以来侯者年表》又称任宫是以“故上林尉”的身份参与了此次活动[3]。若如此，由于霍光为大将军，则任宫或就是为霍光所亲信的军吏，由于上官桀材力过人，故特地让任宫来对付他。之所以在诏书中称其为“丞相征事”而不云其他，当是意在表示此属为国除奸，而非重臣权斗。据《汉书·景武昭宣元成功臣表》云任宫是“手捕”的上官桀[4]，抓捕过程应该还算轻松。据《昭帝纪》，任宫是“手捕斩”上官桀[5]，是既捕且斩，场面就相当血腥了。《史记·建元以来侯者年表》称任宫是“捕格”上官桀，“杀之便门”。[6]结合上面的史料，可知任宫本人抓捕上官桀，遭到上官桀的反抗，于是双方发生激烈搏斗，上官桀且战且退，最终不敌任宫，被任宫杀之于“便门”，场面相当惨烈。而这也显示上官桀是落单了，且被困在了一个相对封闭的空间里，“便门”就是某个建筑中的偏门。这意味着抓捕地点既非上官桀家也非其办公之处，而应是一个对任宫有利的地方。细绎之，很可能就是在丞相府抓捕的上官桀，具体设计是以田千秋的名义邀请上官桀来丞相府议事，由于田千秋与反霍势力颇亲近，故上官桀不疑有他，径入丞相府，任宫遂于府中捕斩上官桀。

据《汉书·昭帝纪》，诱捕上官安者为“丞相少史”王寿。

---

① 《汉书》卷七《昭帝纪》，第227页。
② 《汉书》卷一七《景武昭宣元成功臣表》，第667页。
③ 《史记》卷二〇《建元以来侯者年表》，第1061页。
④ 《汉书》卷一七《景武昭宣元成功臣表》，第667页。
⑤ 《汉书》卷七《昭帝纪》，第227页。
⑥ 《史记》卷二〇《建元以来侯者年表》，第1061页。

如淳曰："《汉仪注》丞相、太尉、大将军史秩四百石。武帝又置丞相少史，秩四百石。"[①]《史记·建元以来侯者年表》则称其人为齐人"王山"，诱捕上官安时，他的身份是"故为丞相史"[②]。则该人也是临时安排的。《汉书·景武昭宣元成功臣表》称其人名"王山寿"[③]。而《昭帝纪》诏书叙及封有功者为侯时云："封延年、仓、宫、寿皆为列侯。"[④]由于其他几人所称皆为其名，故言及诱捕上官安者，钱大昭称："则其人名寿。"[⑤]论及诱捕上官安的经过，《史记·建元以来侯者年表》云："会骑将军上官安谋反，山说安与俱入丞相，斩安"。[⑥]《汉书·景武昭宣元成功臣表》称王山寿"以丞相少史诱反者车骑将军安入丞相府"[⑦]。《昭帝纪》诏书叙及封有功者为侯时云："丞相少史王寿诱将安入府门。"[⑧]合而观之，是王寿将上官安诱骗进了丞相府，然后上官安为伏兵所杀。而王寿以一个丞相府的故吏，却能得到贵为将军的上官安的信任，并将其带进丞相府，说明两人关系甚亲密。而这样一个人却受霍光驱使，真是细思极恐。而后来诏书中称其为"丞相少史"，应该还是为了掩盖权斗的事实。

上官桀等谋反事发生在元凤元年（前80年）九月，左将军上官桀、骑将军上官安、御史大夫桑弘羊、盖主私夫丁外人、谒者杜延年、大将军长史公孙遗、燕王亲信孙纵之等皆伏诛。盖主自

---

① 《汉书》卷七《昭帝纪》，第227页。

② 《史记》卷二〇《建元以来侯者年表》，第1061页。

③ 《汉书》卷一七《景武昭宣元成功臣表》，第667页。

④ 《汉书》卷七《昭帝纪》，第227页。

⑤ （清）钱大昭：《汉书辨疑》卷二《昭帝纪》，（清）沈钦韩等：《汉书疏证（外二种）》（二），第251页。

⑥ 《史记》卷二〇《建元以来侯者年表》，第1061页。

⑦ 《汉书》卷一七《景武昭宣元成功臣表》，第667—668页。

⑧ 《汉书》卷七《昭帝纪》，第227页。

杀。上官桀宗族被族灭，所余唯上官皇后："桀、安宗族既灭，皇后以年少不与谋，亦光外孙，故得不废。皇后母前死，葬茂陵郭东，追尊曰敬夫人，置园邑二百家，长丞奉守如法。皇后自使私奴婢守桀、安冢。"颜师古曰："《庙记》云上官桀、安冢并在霍光冢东，东去夏侯胜冢二十步。"[①] 据《新唐书·宰相世系表》，上官氏父子以反伏诛后，有"遗腹子期，裔孙胜，蜀太尉"[②]。

就霍光铲除反霍集团一事看，此次事件看似颇为偶然，不免会让人感慨若非燕仓告密鹿死谁手恐怕还很难说。其实这种感慨是多余的。因为经过长期经营，到元凤元年（前 80 年）时，霍光已是大权在握。

霍光自主政起，就甚重对宿卫力量的掌控。据《汉书·百官公卿表》，始元元年（前 86 年），"尚书令张安世为光禄勋"[③]。张安世字子孺，为御史大夫张汤之子，武帝去世时，已官至尚书令、光禄大夫。据《张安世传》，昭帝即位，霍光秉政，"以安世笃行，光亲重之"[④]。似乎是说两人的关系在霍光秉政后方亲密。实则张安世少时即以其父张汤的缘故做了郎官，而张汤因遭人陷害而被武帝处死，时为元鼎二年（前 115 年），当年武帝得知受骗，处死了陷害张汤的官员，"上惜汤，复稍进其子安世"[⑤]。是知至迟在当年张安世就做了郎官。由于武帝为了补偿张汤而"稍进"张安世，而史称张安世为郎后，"用善书给事尚书"。[⑥] 可知张安世在张汤

---

① 《汉书》卷九七《上官皇后传》，第 3959—3960 页。

② （北宋）欧阳修、宋祁：《新唐书》卷七三《宰相世系表》，中华书局 1975 年版，第 2943 页。

③ 《汉书》卷一九《百官公卿表》，第 792 页。

④ 《汉书》卷五九《张安世传》，第 2647 页。

⑤ 《汉书》卷五九《张汤传》，第 2646 页。

⑥ 《汉书》卷五九《张安世传》，第 2647 页。

死后，很快就成了天子近臣。赵充国也曾称张安世“本持橐簪笔事孝武帝数十年”[①]。而霍光入长安为郎的时间是元狩四年（前119年）。显见张安世为郎时间与霍光不相上下，并且两人很快都成为天子近臣，一道侍奉武帝数十年，则其同僚之谊当早已深结。否则以霍光行事之谨慎，怎么可能与张安世相知年余，便将掌宿卫的光禄勋之职委任于他。同年又任命王莽为卫尉，掌管南军。后以王莽为右将军并兼任卫尉，元凤元年虽然王莽卒，霍光当时并未新任命卫尉，但经过王莽数年经营，其副职卫尉丞当足以掌控南军局势。至于北军八校，则当一直由霍光亲自统领。从上官桀集团在商议造反时，虽然考虑得颇为细致，但除掉霍光的计谋也就一招，即让盖主摆下酒席，邀请霍光赴宴，然后在席间格杀霍光。无一语言及动用国家宿卫部队，可知当时长安的军事力量已尽在霍光掌握。当时，上官桀等把更多的精力放在谋杀霍光成功之后的善后事宜上。

在政务处理方面，从最初的符玺郎之抗命不从、王忽之肆意嘲讽，再到上官氏之封后、胡建之死，凡此等等，都显示霍光虽拥有最终的决断之权，但受到多种因素制约，他其实并不能完全掌控时局的走向。但到了始元六年（前81年），从苏武被任命为典属国，杨敞被任命为大司农看，霍光已确立了其在人事任免方面的主导地位。

在对财权的掌控方面，据《汉书·百官公卿表》，始元元年（前86年），吕辟胡任“水衡都尉”。当年夏，益州夷人反，遣吕辟胡击之，虽大胜，然不见封赏。始元四年（前83年）益州夷人再反，吕辟胡再将兵击之，然大败。是役杜延年以校尉出征，还朝后被

---

① 《汉书》卷六九《赵充国传》，第2993页。

提拔为谏大夫，而吕辟胡则被问责，于始元六年（前81年）被贬为云中太守。若此人属于霍光亲信，由于其曾立有军功，则稍示薄惩之后，霍光应该会想办法把他调回来，然自此以后史书再未言及此人，则很可能此人并非霍光的亲信，若如此，霍光连续派其统军出征，就有伺机清除异己的意思了。还是在该年，霍光任命杨敞为大司农，将管理国家财政的权力从桑弘羊手中剥离出来。次年，霍光亲信中郎将赵充国“为水衡都尉”[①]。若赵充国任此职于元凤元年（前80年）九月前，则意味着霍光在上官桀等反谋被发觉前，已将汉朝的财权全面置于自己的掌控之下。

总之，到了元凤元年（前80年），霍光基本上已经实现了对国家的掌控。之所以能如此，固然与霍光拥有专断朝政之权关系甚大，同时也与他长期以来营造出的出众的人格魅力有关。处理朝政，知时务之要，敢于担当，勇于决断；对待群僚，有涵养，有气度，有识人之明；面对利诱，有原则，有底线，有坚持。霍光以此行事，亦以此作为用人的标准选拔人才，是以在他的身边聚拢了一批贤能之士，如王莽、张安世、杜延年、杨敞、赵充国、丙吉等，在当时都是出类拔萃的人物。而随着上官桀等愈益走向公理与正义的对立面，霍光团队的成员则会更加团结地集结在霍光的身边，成为他与邪恶势力对抗的坚定力量。当此之时，上官桀等还要图谋发动政变，无异于以卵击石。当然，所谓困兽犹斗，上官桀等意欲险中求胜也是可以理解的。而且从当时的情况看，双方为了打探对方的消息，都在对方阵营中安插有眼线，如上官桀阵营中有属于霍光阵营的燕仓之子在做盖主的舍人，霍光阵营

---

① 《汉书》卷一九《百官公卿表》，第792—795页。

中有属于上官桀阵营的公孙遗任职“大将军长史”①。然而燕仓之子身份不过是一个舍人，上官桀等谋反的消息可能就是他打探到的，公孙遗为大将军长史，属于大将军府中的核心官员，可是直到霍光下令抓人了，公孙遗显然还不知情，可知霍光对上官桀等的防范更为细致缜密。

当此情势下，上官桀等要想胜出，实比登天还难，他们想发动政变，纯粹就是在作死。即以他们设计让盖主邀请霍光赴宴一事而言，他们是信心满满，但问题是霍光肯不肯赴宴呢？自上官桀等阴谋陷害霍光不成，以霍光处事之谨慎，他还会轻易上上官桀等的当吗？尤其是当年“七月己亥晦，日有食之，几尽，在张十二度。刘向以为己亥而既，其占重”。孟康曰：“己，土；亥，水也。纯阴，故食为最重也。日食尽为既。”② 刘向等虽是以后释前，参考价值有限，但日食被时人视为凶兆也是不争的事实，如汉初诸吕作乱时，就出现了日食现象；巫蛊之祸发生前的太始四年（前93年）也发生了日食现象。现在又出现日食，就不能不引起霍光等的警惕。故若霍光为慎重起见，不肯赴宴，则他们后续的计划便俱成空谈；而若霍光肯赴宴，也定会有备而来，宴席上动起手来，被除掉的恐怕还是他们自己。而霍光经此一事，方才彻底摆脱各种势力的牵制，真正大权在握而威震海内！

却说刘旦面对群臣虽然信誓旦旦，但其内心却甚为忐忑。因为京师的事情他不仅插不上手，而且由于路途悬远，相关信息也不能及时得到，不免终日患得患失，忧心不已，他的家人及亲信因与他休戚相关，同样终日焦躁不安。由于时人普遍相

① 《汉书》卷七《昭帝纪》，第226页。

② 《汉书》卷二七《五行志》，第1503页。

信天人感应之说，认为天象异兆预示着人世的吉凶祸福，故而燕王府的人就希望能通过观察并剖析出现在身边的异兆，来窥测时局的走向，排遣心中的不安。结果一经留意，竟发现了很多怪异现象。

其一，虹吸宫中井水。《汉书·刘旦传》云：“是时天雨，虹下属宫中饮井水，井水竭。”其二，猪撞坏灶台，并衔走炊具。《刘旦传》云：“厕中豕群出，坏大官灶。”颜师古曰：“厕，养豕圂也。”[①]《五行志》云：“燕王宫永巷中豕出圂，坏都灶，衔其鬴六七枚置殿前。”颜师古曰：“圂者，养豕之牢也。都灶，烝炊之大灶也。”晋灼曰：“鬴，古文釜字。”[②]其三，乌鹊相斗，乌鸦坠池而死。《刘旦传》云：“乌鹊斗死。”[③]《五行志》云：“有乌与鹊斗燕王宫中池上，乌堕池死。”又曰：“燕一乌鹊斗于宫中而黑者死。”[④]其四，黄鼠舞于王宫正门。《刘旦传》云：“鼠舞殿端门中。”颜师古曰：“端门，正门也。”[⑤]《五行志》云：“昭帝元凤元年九月，燕有黄鼠衔其尾舞王宫端门中，王往视之，鼠舞如故。王使吏以酒脯祠，鼠舞不休，一日一夜死。”[⑥]又：“王使夫人以酒脯祠，鼠舞不休，夜死。”[⑦]其五，王宫大殿上的门自动关闭，无法打开。《刘旦传》云：“殿上户自闭，不可开。”其六，天火烧毁城门。《刘旦传》云：“天火烧城门。”[⑧]《五行志》云：“燕城南门灾。”[⑨]其七，国都蓟

① 《汉书》卷六三《刘旦传》，第 2757 页。
② 《汉书》卷二七《五行志》，第 1436—1437 页。
③ 《汉书》卷六三《刘旦传》，第 2757 页。
④ 《汉书》卷二七《五行志》，第 1415 页。
⑤ 《汉书》卷六三《刘旦传》，第 2757 页。
⑥ 《汉书》卷二七《五行志》，第 1374 页。
⑦ 《汉书》卷二七《五行志》，第 1449 页。
⑧ 《汉书》卷六三《刘旦传》，第 2757 页。
⑨ 《汉书》卷二七《五行志》，第 1335 页。

发生风灾。《刘旦传》云:“大风坏宫城楼，折拔树木。”[①]《五行志》云:“燕王都蓟大风雨，拔宫中树七围以上十六枚，坏城楼。”[②]其八，流星下坠于地。《刘旦传》云:“流星下堕。”[③]

一系列怪异现象，引起宫中严重不安，“后姬以下皆恐。王惊病，使人祠葭水、台水”。晋灼曰:“《地理志》葭水在广平南和，台水在雁门。”[④]刘旦的宾客吕广等懂得星象，对刘旦说:“当有兵围城，期在九月十月，汉当有大臣戮死者。”刘旦听了更加忧虑恐惧，对吕广等说:“谋事不成，妖祥数见，兵气且至，奈何?”正在这时盖主等伏诛的消息传到燕国，刘旦知道后，召相平问:“事败，遂发兵乎?”平答道:“左将军已死，百姓皆知之，不可发也。”刘旦忧虑愤懑，在万载宫设酒宴，招宾客、群臣、妃妾等饮酒。席间刘旦自己唱道:“归空城兮，狗不吠，鸡不鸣，横术何广广兮，固知国中之无人!”歌的大意是说日后自己的魂魄回到这座空城，听不到狗叫鸡鸣，街道非常空旷，因此知道国中已经没有人了。意指自己将身死国灭。其宠姬华容夫人也起舞唱道:“发纷纷兮寘渠，骨籍籍兮亡居。母求死子兮，妻求死夫。裴回两渠间兮，君子独安居!”[⑤]歌的大意是说头发纷纷填塞沟渠，尸骨散乱无处安葬。母亲寻找死去的儿子，妻子寻找死去的丈夫。自己徘徊在王宫中的两渠之间，不知道会在何处安居!在座的人都为之哭泣。

朝廷有赦令传到燕国，刘旦读罢，叹道:“嗟乎!独赦吏民，

---

① 《汉书》卷六三《刘旦传》，第2757页。

② 《汉书》卷二七《五行志》，第1444页。

③ 《汉书》卷六三《刘旦传》，第2757页。

④ 《汉书》卷六三《刘旦传》，第2757页。

⑤ 《汉书》卷六三《刘旦传》，第2757页。

不赦我。”于是将王后、宠姬等诸夫人迎至燕王宫明光殿，说:“老虏曹为事当族！”当时就欲自杀。身边的人宽慰他说:“党得削国，幸不死。”后姬夫人们都哭啼着阻止刘旦。这时昭帝派使者来赐燕王玺书，玺书中说道，昔日高帝君临天下，分封子弟为诸侯王，用以“藩屏社稷”。后吕氏外戚“阴谋大逆”，刘家天下不绝如发，靠绛侯周勃等“诛讨贼乱”，尊立文帝，使宗庙得以安全，“非以中外有人，表里相应故邪？”樊哙、郦商、曹参、灌婴等人，仗剑冲锋，跟从高帝根除灾害，耕耘海内，当此之时，头发乱如丛生的蓬草，勤劳辛苦之极，“然其赏不过封侯”。现今宗室子孙未曾有日晒衣服、露湿冠冕的辛劳，朝廷顾念骨肉之情，仍然“裂地而王之，分财而赐之，父死子继，兄终弟及”。今燕王与天子本为骨肉至亲，如同彼此身体的一部分，却与他姓异族谋害国家社稷，亲近与自己关系疏远的人，疏远与自己关系亲近的人，有叛逆悖乱之心，无忠诚仁爱之义。“如使古人有知，当何面目复奉斋酎见高祖之庙乎！”刘旦得到玺书后，将象征燕王权力的符节、王玺交给王宫中主持医疗事务的医工长，然后向燕相平及二千石官员们告罪说:“奉事不谨，死矣。”随即以绶带自绞而死。王后、夫人跟随刘旦自杀者有二十余人。昭帝格外施恩，赦免燕王太子刘建为庶人。赐刘旦谥曰“刺王”[①],“刺”意为乖戾无亲，属恶谥。其封国被废除。

当时历尽艰辛，刚刚从匈奴还朝的苏武因卷入霍光与上官桀等的纷争，差点断送性命。霍光诛除反霍集团的主要成员后，又“穷治党与”，苏武的儿子苏元因与上官安“有谋，坐死”。而苏武“素与桀、弘羊有旧，数为燕王所讼，子又在谋中，廷尉奏请

① 《汉书》卷六三《刘旦传》，第2758页。

逮捕武”。此时苏武的生死就在霍光的一念之间，而霍光对此事的处理颇值得称道：“霍光寝其奏，免武官。”①

霍光之所以这样做，原因应该有三：其一，苏武以忠于汉朝而名动天下，为道德楷模，对于这样的人，朝廷的应对必须谨慎。其二，昭帝对苏武很欣赏。如宣帝时，张安世“荐武明习故事，奉使不辱命，先帝以为遗言”②。其三，上官桀等虽然自以为苏武是他们的人，一直在为其鸣不平，但以苏武之人品，在了解了他们的所作所为后，很难会与他们同流合污。虽然由于朝政纷纭，初回朝廷的苏武不敢或不便轻易对一些事情发表意见，但由于霍光一派一直在紧盯上官桀等的动向，当会通过对苏武举止的分析做出自己的判断。最后，苏武与霍光同出卫氏外戚，霍光虽然不如上官桀等那样与苏武有旧交，但他们若有一些心照不宣的默契也是正常的。

元凤元年（前 80 年）十月，诏告天下，对诛杀上官桀等事进行解释。诏书指出诸人被诛是因为他们“谋危宗庙”。而他们之所以要如此，上官桀、上官安、桑弘羊等是因为“皆数以邪枉干辅政，大将军不听，而怀怨望”。刘旦是因为“迷惑失道，前与齐王子刘泽等为逆，抑而不扬，望王反道自新”，但其为“逆”之心始终不死。为了取得成功，上官桀等“与燕王通谋，置驿往来相约结。燕王遣寿西长、孙纵之等赂遗长公主、丁外人、谒者杜延年、大将军长史公孙遗等，交通私书”。最后他们共同商定了政变的计划：“共谋令长公主置酒，伏兵杀大将军光，征立燕王为天子”。但他们的阴谋被发觉。为百姓安危考虑，朝廷在得知消息

① 《汉书》卷五四《苏武传》，第 2467 页。
② 《汉书》卷五四《苏武传》，第 2468 页。

后，对他们“大逆毋道”的行为进行了严惩：“丞相征事任宫手捕斩桀，丞相少史王寿诱将安入府门，皆已伏诛，吏民得以安。”并且燕王及盖主亦“皆自伏辜”。朝廷对在平定反者的过程中立有大功者进行封赏，“封延年、仓、宫、寿皆为列侯”。同时赦免主谋当连坐的亲属为庶人：“其赦王太子建、公主子文信及宗室子与燕王、上官桀等谋反父母同产当坐者，皆免为庶人。”对受到牵连的官吏也予以赦免：“其吏为桀等所诖误，未发觉在吏者，除其罪。”关于这句话的意思，颜师古曰：“其罪未发，未为吏所执持者。”刘敞曰：“在吏，谓发觉已在吏者。”① 王荣商认为：“颜说是也。此言未发觉在吏者，不复穷治耳。其已在吏者，吏已科其罪，不尽赦也。”② 细绎之，其意当为对于受到上官桀等误导而参与谋反的官吏，若其罪行尚未被发现，自发布赦令之日起不再追究。

第三节　国力日益壮

对于昭帝即位至上官桀等被诛这个时段，霍光的执政情况，班固曾作过概括性总结：“承孝武奢侈余敝师旅之后，海内虚耗，户口减半，光知时务之要，轻徭薄赋，与民休息。至始元、元凤之间，匈奴和亲，百姓充实。”③ 而霍光大权独揽，威震海内之后，在治国方面仍没有松懈。

元凤二年（前 79 年）六月“赦天下”。鉴于百姓尚不富足，下诏继续减轻其负担：“其令郡国毋敛今年马口钱，三辅、太常郡得以叔、粟当赋。”文颖曰：“往时有马口出敛钱，今省。”如淳曰：

① 《前汉书》卷七《昭帝纪》，第 81 页。
② （清）王荣商：《汉书补注》卷三，清光绪十七年刻本。
③ 《汉书》卷七《昭帝纪》，第 233 页。

“所谓租及六畜也。”又曰:“《百官表》太常主诸陵，别治其县，爵秩如三辅郡矣。元帝永光五年，令各属在所郡也。”颜师古曰:“诸应出赋算租税者，皆听以叔粟当钱物也。叔，豆也。”马口钱是口赋的组成部分。口赋是汉代针对未成年人所征收的人头税。如淳曰:“《汉仪注》民年七岁至十四出口赋钱，人二十三。二十钱以食天子，其三钱者武帝加口钱以补车骑马也。”[①]所加三钱即是“马口钱”。元帝时，贡禹论及口赋，“以为古民亡赋算口钱，起武帝征伐四夷，重赋于民，民产子三岁则出口钱，故民重困，至于生子辄杀，甚可悲痛。”因此建言元帝:“宜令儿七岁去齿乃出口钱，年二十乃算。”元帝将其议交给朝臣讨论，“令民产子七岁乃出口钱，自此始”[②]。显见昭帝时尚未对未成年人自七岁起征口赋，马口钱自然也是三岁起征，而元凤二年（前 79 年）则免征此钱，应该有一定的积极意义。太常郡指在三辅京畿地区太常所管辖的陵县。口赋、算赋等本当用钱缴纳的，此时让三辅、太常治下的百姓以菽、粟代替钱来缴纳，应该是当时菽、粟市场价格低，若以钱征赋，农民要比往年卖更多的粮食，才能完成赋钱缴纳任务，而国家所确定的菽、粟价格要高于市场价，故以实物代替钱来缴纳，有利于减轻百姓的负担。

元凤三年（前 78 年）春，继续对贫民及灾民进行扶助:“罢中牟苑赋贫民。诏曰:‘乃者民被水灾，颇匮于食，朕虚仓廪，使使者振困乏。其止四年毋漕。三年以前所振贷，非丞相御史所请，边郡受牛者勿收责。’”颜师古称中牟苑“在荥阳”。又曰:“仓，新谷所藏也。廪，谷所振入也。”应劭曰:“武帝始开三边，徙民

① 《汉书》卷七《昭帝纪》，第 228—230 页。

② 《汉书》卷七二《贡禹传》，第 3075—3079 页。

屯田，皆与犁牛。后丞相御史复间有所请。令敕自上所赐与勿收责，丞相所请乃令其顾税耳。”[①]铁剑夫认为，“‘责’即‘债’字”，应劭所云“皆与犁牛”，“乃汉王朝主动假贷者，故不收；丞相御史所请，则仍收之”。此事“与税无关”。[②]此诏意谓把荥阳中牟苑废罢分给贫民，又由于近期百姓因水灾而导致粮食匮乏，昭帝已派使者予以赈济。并下令元凤四年（前 77 年）不再漕运粮食。为了进一步扶助百姓，决定元凤三年（前 78 年）以前年所赈贷的钱粮等物，以及朝廷假借给百姓的犁、牛若非丞相、御史大夫提出请求收回，皆不予收回。

元凤四年（前 77 年）正月，以昭帝行冠礼，普施恩惠：“赐诸侯王、丞相、大将军、列侯、宗室下至吏民金帛牛酒各有差。赐中二千石以下及天下民爵。毋收四年、五年口赋。三年以前逋更赋未入者，皆勿收。令天下酺五日。”[③]

全国性的赐百姓金帛牛酒，昭帝即位后，这还是第一次，这也显见随着社会经济的恢复与发展，国库已颇充裕。而再次赐民爵，也是一件让百姓高兴的事。

至于口赋，如前所述，此为汉代针对未成年人所征收的人头税。此制对百姓的影响甚恶劣，此时虽未能提高征收口赋的年龄，但能够连续两年免收口赋，无疑是有其积极意义的。

更赋是汉代成年男子在官府登记名籍成为“正卒”之后，交纳的一项代役税。据如淳称，汉代正卒的“更”即轮流更替的徭役、兵役有“三品”，其一称“卒更”，即正卒迭为服役，“一月一更”。一为“践更”，当服“卒更”之役者不愿服役，而出钱雇人

---

① 《汉书》卷七《昭帝纪》，第 229 页。

② 钱剑夫：《秦汉货币史稿》，湖北人民出版社 1986 年版，第 306 页。

③ 《汉书》卷七《昭帝纪》，第 229 页。

代役，“月二千”。一为“过更”，国家规定“天下人皆直戍边三日”，但因路途遥远，不可能人人皆自行之，是故行者“一年一更”，不行者，“出钱三百入官，官以给戍者”[①]。不过这其中颇有值得商榷之处。因为“践更”其实是当服役者亲自服役。如《史记·郭解列传》云有一人对郭解不敬，郭解为修德，“乃阴属尉史曰：‘是人，吾所急也，至践更时脱之。’每至践更，数过，吏弗求”[②]。如淳亦引律文指出“践更”就是自行服役，且是一年服一月役：“律说，卒践更者，居也，居更县中五月乃更也。后从尉律，卒践更一月，休十一月也。”[③]《堂邑元寿二年要具簿》则称此为“一月更卒”：“定更卒万七千三百八十三一月更卒千四百卅六。”[④]若以上分析不误，则所谓的“卒更”在执行过程中，有两种状况，一是自行为卒的“践更”，一是雇人代役。虽然如淳所说“更有三品”颇有值得商榷之处，但其所表达的“过更”即“更赋”之意却甚明。

然而，据《汉书·刘濞传》，刘濞治国，“卒践更，辄予平贾”。服虔曰：“以当为更卒，出钱三百，谓之过更。自行为卒，谓之践更。吴王欲得民心，为卒者顾其庸，随时月与平贾也。”[⑤]其意似是说，男子应当为更卒，若不欲服役，可出钱三百代之，称“过更”，若自身为更卒服役，称“践更”，若如此则“过更”是指服一月役时的代役钱。然如如淳所言，一月役的代役钱是直接交付给了代役者，官府并无所得，何来“更赋”之说？若是交由官府，由官府代为雇人，由于雇直是按高于当服役者所交的300钱的“平

① 《汉书》卷七《昭帝纪》，第230页。

② 《史记》卷一二四《郭解列传》，第3186页。

③ 《汉书》卷七《昭帝纪》，第230页。

④ 青岛市文物保护考古研究所、黄岛区博物馆：《山东青岛土山屯墓群四号封土与墓葬的发掘》，《考古学报》2019年第3期。

⑤ 《汉书》卷三五《刘濞传》，第1905页。

贾”价给付的，则官府势必在当服役者所交300钱的基础上现添补上一定数量的钱方才能雇到人。亦即对于官府而言，这项收入不仅无补于国家财政，而且增加了国家的负担，并且若更卒皆“践更”，这项赋税也就没有了。

然而征诸文献，不仅更赋在汉代确实存在，而且还甚重。如哀帝时鲍宣称民有七亡，其中之一为：“县官重责更赋租税。”[①] 新朝时，王莽称“常有更赋，罢癃咸出”为汉之弊政。[②] 并且有时统治者径以“过更”称之。如东汉时，安帝永初四年（公元110年）正月，“诏以三辅比遭寇乱，人庶流亢，除三年逋租、过更、口算、刍稿”[③]。顺帝永建五年（公元130年）四月，“诏郡国贫人被灾者，勿收责今年过更”[④]。

所以，“过更”作为赋税的一种，是确实存在的。而细绎服虔之意，当是讲男子当为更卒，要承担两项责任，其一是每年输钱300，称“过更”；其一是身自为卒服役，称“践更”。所谓的雇人代役之钱与“过更”钱无关。而如淳的“戍边三日”说其实就是对“过更”所做的一种解释。其中虽有颇多值得商榷之处，但若说汉朝百姓皆有戍守疆土之义务，为此都要有所付出，也是合乎逻辑的。征诸史实，出土简牍《元寿二年十一月见钱及逋簿》就载有堂邑县更卒拖欠官府“过更卒钱五十九万六百”的文字。而据出土简牍《堂邑元寿二年要具簿》显示，元寿二年（前2年），堂邑县有25700户，口132104人，共有卒21629人，其中罢癃睆老卒2095人、见甲卒19534人，卒复除繇使1431人，定更卒

---

① 《汉书》卷七二《鲍宣传》，第3088页。
② 《汉书》卷九九《王莽传》，第4111页。
③ 《后汉书》卷五《安帝纪》，第214页。
④ 《后汉书》卷六《顺帝纪》，第257页。

17383 人，“过更”钱就由这 17383 人来出。[1] 因此元凤四年（前 77 年）正月，下令对元凤三年以前百姓所欠更赋免予征收，也是有利于贫民之举。

而“令天下酺五日”，也是一件令百姓高兴的事。因担心百姓为乱，汉朝对百姓聚会活动很警惕。汉代初行此令是在文帝时，文帝即位之初，为庆祝平定诸吕，因下诏“酺五日”。文颖曰:“汉律三人已上无故群饮，罚金四两。今诏横赐得令会聚饮食五日。”司马贞云:“《说文》云‘酺，王者布德，大饮酒也’。出钱为醵，出食为酺。”[2] 颜师古曰:“酺之为言布也，王德布于天下而合聚饮食为酺。”[3] 此令自文帝后，景帝颁布过 1 次，武帝颁布过 5 次。距元凤四年（前 77 年）最近的一次是太始二年（前 95 年）。而今在近二十年后再次颁布，允许百姓群聚在一起狂欢，自然会让其欣悦。而这也透露了几点信息：一是霍光此时已有统驭天下的自信；二是社会局势已经平稳，不用担心有人会借此生事；三是说明当时百姓已颇有积蓄，具备了会聚饮食的条件；四是显示统治者在注重发展经济的同时，也开始关注百姓的情感需求。

六月，赦天下。

元凤五年（前 76 年），“秋，罢象郡，分属郁林、牂柯”[4]。

元凤六年（前 75 年）“夏，赦天下。”当时三辅地区粮食丰收，为免谷贱伤农，继元凤二年之后，再次让农民用实物交纳赋。召曰:“夫谷贱伤农，今三辅、太常谷减贱，其令以叔粟当

---

① 青岛市文物保护考古研究所、黄岛区博物馆:《山东青岛土山屯墓群四号封土与墓葬的发掘》。

② 《史记》卷一〇《文帝本纪》，第 417 页。

③ 《汉书》卷四《文帝纪》，第 110 页。

④ 《汉书》卷七《昭帝纪》，第 231 页。

今年赋。”[①]

元平元年（前 74 年）二月，针对社会经济蒸蒸日上的发展势头：“诏曰：‘天下以农桑为本。日者省用，罢不急官，减外徭，耕桑者益众，而百姓未能家给，朕甚愍焉。其减口赋钱。’有司奏请减什三，上许之。”[②]

伴随社会经济的恢复与发展，霍光在处理与周边少数民族政权的关系时日趋主动。

元凤二年（前 79 年），匈奴“复遣九千骑屯受降城以备汉，北桥余吾，令可度，以备奔走”。单于即遣骑士近塞，又预先为退路，显见是虚张声势而已。而汉却不贪功冒进，仍然保持着战略定力，过后又遣使出使匈奴。时匈奴“兵数困，国益贫”。用事者单于弟左谷蠡王，遂又生和亲之念，然其“欲和亲而恐汉不听，故不肯先言，常使左右风汉使者。然其侵盗益希，遇汉使愈厚，欲以渐致和亲，汉亦羁縻之”[③]。后左谷蠡王死，用事贵族复主张对汉用兵。

元凤三年（前 78 年）春，“单于使犁汙王窥边，言酒泉、张掖兵益弱，出兵试击，冀可复得其地。时汉先得降者，闻其计，天子诏边警备”。过后没多久，右贤王、犁汙王四千骑分三队，攻入张掖郡的日勒、屋兰、番和三县。张掖太守、属国都尉发兵击，“大破之，得脱者数百人。属国千长义渠王骑士射杀犁汙王，赐黄金二百斤，马二百匹，因封为犁汙王。属国都尉郭忠封成安侯。自是后，匈奴不敢入张掖”。后为报复汉朝，“匈奴三千余骑入五原，略杀数千人，后数万骑南旁塞猎，行攻塞外亭障，略取吏民

---

① 《汉书》卷七《昭帝纪》，第 232 页。

② 《汉书》卷七《昭帝纪》，第 232 页。

③ 《汉书》卷九四《匈奴传》，第 3783 页。

去。是时汉边郡烽火候望精明，匈奴为边寇者少利，希复犯塞”①。

当年冬，汉朝从匈奴降者那里得到匈奴将要出动二万骑兵，报复乌桓曾发掘单于冢的消息，霍光遂欲发兵邀击之。为此特地征求护军都尉赵充国的意见，赵充国以为“乌桓间数犯塞，今匈奴击之，于汉便。又匈奴希寇盗，北边幸无事。蛮夷自相攻击，而发兵要之，招寇生事，非计也”。霍光又问中郎将范明友，范明友认为可击。霍光于是拜范明友为度辽将军，发兵击之。考是役谋划颇为周全。所遣主将范明友为霍光女婿，以其为将，可保三军用命；调沿边七郡士卒近塞作战，可收以逸待劳之效；击敌于猝不及防，可成突袭之功。故虽未出兵已先立于不败之地。当然由于匈奴是长途奔袭，其可能不愿与汉军交战，若出现这种情况，由于其时附塞为汉所监护的乌桓已反，如赵充国所言“数犯塞”。故霍光告诫范明友说：“兵不空出，即后匈奴，遂击乌桓。”而匈奴听闻汉兵将至，引兵退去。“乌桓时新中匈奴兵，明友既后匈奴，因乘乌桓敝，击之，斩首六千余级，获三王首，还，封为平陵侯。匈奴由是恐，不能出兵。即使使之乌孙，求欲得汉公主。击乌孙，取车延、恶师地。”②

元凤三、四年（前 78、77 年）间，汉又挟连续对匈奴、乌桓取得胜利之威，遣使对西域的楼兰、龟兹两国进行惩戒。

据《汉书 · 傅介子传》，处在汉通往西域交通要道上的楼兰，及北道大国龟兹“皆尝杀汉使者。”如“楼兰王安归尝为匈奴间，候遮汉使者，发兵杀略卫司马安乐、光禄大夫忠、期门郎遂成等三辈，及安息、大宛使，盗取节印献物。”“间”，颜师古曰：“言

① 《汉书》卷九四《匈奴传》，第 3783—3784 页。
② 《汉书》卷九四《匈奴传》，第 3784—3785 页。

为匈奴之间而候伺。”“节印献物”，晋灼曰：“此安息、大宛远遣使献汉，而楼兰王使人盗取所献之物也。”颜师古曰：“节及印，汉使者所赍也。献物，大宛等使所献也。楼兰既杀汉使，又杀诸国使者。”[①]《西域传》亦称征和元年（前92年），楼兰王安归即位，“后复为匈奴反间，数遮杀汉使。其弟尉屠耆降汉，具言状。”[②]

据《汉书·西域传》，始元年间，汉将桑弘羊屯田轮台的建议付诸实施，以为质于汉朝的西域南道杅弥国太子赖丹为校尉，“将军田轮台”，龟兹贵人姑翼认为赖丹迫龟兹而田，“必为害”，龟兹王“即杀赖丹，而上书谢汉，汉未能征”[③]。不过若细加分析，楼兰因为国小又地近汉朝，不敢明目张胆地劫杀汉使，因暗中向匈奴透露汉使的信息，借匈奴之手除掉汉使，如傅介子到楼兰后，“责其王教匈奴遮杀汉使”[④]。而龟兹则是恃其为大国且距汉甚远，遂公然杀死汉使。

及至元凤年间，骏马监傅介子请求出使大宛，“因诏令责楼兰、龟兹国”。傅介子至楼兰，斥责其王安归，“王谢服”。至龟兹，“复责其王，王亦服罪”。及至傅介子从大宛还至龟兹，“龟兹言‘匈奴使从乌孙还，在此。’介子因率其吏士共诛斩匈奴使者”。还朝奏事，因功诏拜为中郎，迁平乐监。傅介子于是又向霍光建言刺杀两国之王，“以威示诸国”。霍光认为：“龟兹道远，且验之于楼兰。”[⑤]于是傅介子率士卒携财物至楼兰，将其王安归诱杀于该国西界，斩其首，“驰传诣阙”[⑥]。此事在出土简牍中亦有载。如

---

① 《汉书》卷七〇《傅介子传》，第3001—3003页。
② 《汉书》卷九六《西域传》，第3878页。
③ 《汉书》卷九六《西域传》，第3916页。
④ 《汉书》卷七〇《傅介子传》，第3001页。
⑤ 《汉书》卷七〇《傅介子传》，第3001—3002页。
⑥ 《汉书》卷九六《西域传》，第3878页。

居延汉简 303·8 号简云："诏伊循候章□卒曰持楼兰王头诣敦煌留卒十人女译二人留守□。"[①]据《史记·大宛列传》，汉在太初四年（前 101 年）征服大宛后，即将汉朝的力量向西延伸，自敦煌起，"西至盐水，往往有亭。而仑头有田卒数百人，因置使者护田积粟，以给使外国者"[②]。而伊循在楼兰东部，地近盐水，或汉朝作为预警之用的亭隧到昭帝时已发展到伊循，因有"伊循候"之称。考傅介子当携诏书而来，及至一斩安归首，即向伊循候章传宣诏书，由其发卒持安归首直接速递至敦煌郡，而其自己则留在楼兰处理过善后事宜后，返回敦煌郡，遂持安归首乘官方的邮传，以最快速度回到长安诣阙奏陈其事，而人们得知这一消息后，举朝为之振奋："公卿将军议者咸嘉其功。"诏称："平乐监傅介子持节使诛斩楼兰王安归首，县之北阙，以直报怨，不烦师众。其封介子为义阳侯，食邑七百户。士刺王者皆补侍郎。"[③]时安归弟尉屠耆叛降在汉，汉遂借立尉屠耆为王的机会实现了对楼兰的全面掌控："乃立尉屠耆为王，更名其国为鄯善，为刻印章，赐以宫女为夫人，备车骑辎重，丞相将军率百官送至横门外，祖而遣之。王自请天子曰：'身在汉久，今归，单弱，而前王有子在，恐为所杀。国中有伊循城，其地肥美，愿汉遣将屯田积谷，令臣得依其威重。'于是汉遣司马一人、吏士四十人，田伊循以镇抚之。其后更置都尉。"[④]时为元凤四年（前 77 年）。

元凤五年（前 76 年），"六月，发三辅及郡国恶少年吏有告劾亡者，屯辽东"。元凤六年正月，"募郡国徒筑辽东玄菟城"。是年

---

① 谢桂华、李均明、朱国炤：《居延汉简释文合校》，第 496 页。

② 《史记》卷一二三《大宛列传》，第 3179 页。

③ 《汉书》卷七〇《傅介子传》，第 3002 页。

④ 《汉书》卷九六《西域传》，第 3878 页。

“乌桓复犯塞，遣度辽将军范明友击之”[1]。

前已言及元凤四年（前 77 年），汉败乌桓后，匈奴不能出兵攻汉，转而去侵扰乌孙。乌孙是汉朝在西域长期经营的一个重要的战略支撑点。武帝时，将细君公主嫁乌孙昆莫即君主，以笼络乌孙。细君公主在乌孙“自治宫室居，岁时一再与昆莫会，置酒饮食，以币帛赐王左右贵人。”细君悲愁自伤，武帝“闻而怜之，间岁遣使者持帷帐锦绣给遗焉”。后细君又改嫁昆莫孙军须靡，昆莫死，军须靡继位。细君死，汉又遣解忧公主嫁军须靡，军须靡死，解忧又改嫁给新君翁归靡，生三男两女。在朝廷的大力支持下，解忧在乌孙不仅广交乌孙权贵，而且还遍交西域诸国，如其侍者冯嫽，“能史书，习事，尝持汉节为公主使，行赏赐于城郭诸国，敬信之，号曰冯夫人。为乌孙右大将妻”。经过长期经营，汉朝在乌孙影响与日俱增。时因匈奴逼乌孙急，解忧遂上书求救：“匈奴发骑田车师，车师与匈奴为一，共侵乌孙，唯天子幸救之！”于是“汉养士马，议欲击匈奴”[2]。然未及决断而昭帝崩。

检讨霍光大权独揽后对周边少数民族政权的作为，可见其表现得日趋主动，其中可圈点之处甚多。严密的防守与数次高质量的反击，使匈奴为之胆寒；而其趁势立威于西域，又进一步强化了汉朝对西域的控制。然其不听赵充国劝说，轻易进击乌桓，导致双方彻底反目，东北边疆自此为之不宁，实是得不偿失。而其养士马，为击匈奴做准备，则预示着接下来汉朝可能会有大的军事动作。但不能因此就认为他要重行武帝穷兵黩武之政。因为匈奴无法用战争征服已是汉朝人的共识，同时其对汉朝已不再构成

① 《汉书》卷七《昭帝纪》，第 231—232 页。

② 《汉书》卷九六《西域传》，第 3903—3907 页。

重大威胁，当此情势下，汉朝有什么理由或者说必要重行长期征讨之事？所以霍光就是发兵击匈奴，也是意在惩戒，使武帝时取得的成果得到进一步巩固而已。

第四节　擅权叹博陆

元凤元年（前 80 年），当反霍集团祸乱朝廷之际，霍光能痛下决心，以雷霆之手段，一举铲除为害国家之毒瘤，使汉朝复归于安定，其功可谓至伟，并且这也是他一生中最高光的时刻。因为接下来他虽然能够继续致力于发展社会经济，维护皇朝的安定，但在此过程中他的一系列作为却让世人对他渐失所望。

首先，强化对昭帝的控制。如前所述，元凤二年（前 79 年）四月，昭帝自建章宫徙入未央宫，原侍奉昭帝的郎从官、宗室子都受到赏赐。同时霍光当借机更换了侍奉昭帝的人员。据《汉书·霍光传》，元平元年（前 74 年）昭帝崩后，霍光立刘贺为天子，后欲废之，当刘贺回温室殿后，霍光"令故昭帝侍中中臣侍守王"。朱一新认为"中臣"的"臣"，"当作'常'。"王先谦指出："云守王，不须言侍守。'中臣'二字，史亦罕见。据《百官表》'侍中、中常侍，皆加官得入禁中'，则朱说是也"[1]。君主去世，居朝为官者皆不云"故"，此处言"故昭帝侍中中臣"，当指昭帝在世时，霍光专门组建了一个侍奉昭帝的班子，昭帝去世后，这个班子解散，及至要废黜刘贺，霍光又将这个班子组织起来，由他们看守刘贺。之所以让这个班子看守刘贺，是因为其成员是霍光的亲信，昭帝在世时，是用来专门监视昭帝的。

---

① 《汉书补注》卷六八《霍光传》，第 4618—4619 页。

其次，大肆安插亲党，全面掌控朝政。霍光为了把权力牢牢地攥在自己手中，将其亲党纷纷委以公卿要职。如元凤元年（前80年），以光禄勋张安世为右将军光禄勋，以谏大夫杜延年为太仆；元凤三年，以其女婿中郎将范明友为度辽将军卫尉，以光禄大夫蔡义为少府；元凤四年二月以大司农杨敞为御史大夫；元凤五年，以詹事韦贤为大鸿胪；元凤六年十一月，以御史大夫杨敞为丞相，少府蔡义为御史大夫。以河东太守田延年为大司农，以史乐成为少府。家族成员或掌兵，或为中朝官："自昭帝时，光子禹及兄孙云皆中郎将，云弟山奉车都尉侍中，领胡越兵。光两女壻为东西宫卫尉，昆弟诸壻外孙皆奉朝请，为诸曹大夫，骑都尉，给事中。"最终形成了"党亲连体，根据于朝廷"的局面[①]。其中，对于霍光让其家人领胡越兵事，何焯指出："光惩燕王、上官之难，故使其子孙党亲典兵居中以自卫。"[②]西嶋定生指出霍氏一族"几乎都是军官是值得注目，其所以如此，霍氏一族，因掌握兵权威压内朝，所以其权力成为绝对的东西"[③]。

最后，以严刑峻法治下。在除掉上官桀等后，霍光为防范属下作乱，"遂遵武帝法度，以刑罚痛绳群下，由是俗吏上严酷以为能"[④]。

其间连续发生的数件事情，又加重人们对霍光的负面印象。

元凤元年（前80年），刘德为宗正，参与审理了上官桀、盖主谋反案，其表现颇让霍光满意，刘德是楚元王之后，曾为武帝

① 《汉书》卷六八《霍光传》，第2948页。

② （清）何焯著，崔高维点校：《义门读书记》卷一八《前汉书列传》，第309页。

③ ［日］西嶋定生：《白话秦汉史（秦汉帝国的兴衰）》，黄耀能译，第218页。

④ 《汉书》卷八九《黄霸传》，第3628页。

所欣赏，而霍光的姻亲拼图中尚缺宗室贵族这一板块，是以当年刘德“妻死，大将军光欲以女妻之”。却被刘德拒绝：“德不敢取，畏盛满也”。但这让霍光情何以堪！结果当年刘德就被免为庶人：“盖长公主孙谭遮德自言，德数责以公主起居无状。侍御史以为光望不受女，承指劾德诽谤诏狱，免为庶人，屏居山田。”颜师古曰：“承指，谓取霍光之意指，德实责数公主，而御史乃以为受谭冤诉，故云诽谤诏狱。”[①] 何焯称：“起居无状，即丁外人私侍盖主事。中篝之丑，故御史劾以诽谤。”[②] 周寿昌称：“数责，数其罪而责之也。起居无状，即指公主幸丁外人、为外人求封等事。德系宗室亲属，故得指此为言。至与燕王谋逆事，已正刑诛，不复置论。侍御史劾德毁谤诏狱，正为此也。”[③]《广雅・释诂》云：“数、诼、谪、怒、诘、让、爽、谴、诛、过、讼，责也。”[④] 故萧旭认为周寿昌的说法是错误的，“数责”属“同义连文”[⑤]。结合诸家释文，刘德被免官事当因为刘德参与审理了盖主案，盖主的孙子名谭者遂拦着刘德申诉盖主所坐之罪，由于盖主已因谋逆罪自杀，刘德不再与谭论析此罪，而是对盖主幸丁外人、为丁外人求封等事进行了批评。侍御史以为霍光因刘德拒绝以其女为妻一事而怨恨刘德，于是顺承霍光之意指，认为刘德接受谭的自以为冤枉的上诉，且对盖主之罪的解释与官方的说明相左，因弹劾刘德诽谤官员奉诏审理并已结案的案件，将其免为庶人。

---

① 《汉书》卷三六《刘德传》，第 1927 页。

② （清）何焯著，崔高维点校：《义门读书记》卷一七《前汉书列传》，第 276 页。

③ （清）周寿昌：《汉书注校补》卷三一，（清）沈钦韩等撰：《汉书疏证（外二种）》（二），第 653 页。

④ （清）王念孙著，张其昀点校：《广雅疏证（点校本）》卷一下《释诂》，中华书局 2019 年版，第 74 页。

⑤ 萧旭：《〈汉书〉校补》，《群书校补（一）》，广陵书社 2011 年版，第 398 页。

而霍光得知此消息的反应是："光闻而恨之，复白召德守青州刺史。岁余，复为宗正。"①亦即霍光也深知此举会给自己带来相当消极的负面影响，是以对御史的行为颇为生气。而据《汉书·魏相传》，霍光当政期间，曾实行副封制度，即规定吏民上书时，都要写成两份封好，在其中一份的封面上要署上一个"副"字，一并呈至尚书，领尚书事者先阅读副封，觉得不合适，有权不上奏皇帝："又故事诸上书者皆为二封，署其一曰副，领尚书者先发副封，所言不善，屏去不奏。"②内藤湖南认为此制昭帝时期就已实行，如其称昭帝时"上奏章者，先将副本呈送霍光，霍光看过之后，再将正本上呈天子"③。然而若此时已实行副封制度，则侍御史弹劾刘德事，领尚书事的霍光当先知道。然而直到刘德被罢免后，霍光才"闻"之。说明副封制度此时尚未实行。但罢免九卿属朝廷大事，未得霍光允许谁敢擅作主张？但官员们还是背着霍光做了，这说明霍光确实因刘德拒绝娶其女为妻一事而愤怒，是以霍光的亲信们未向霍光汇报就借故免了刘德的职，这样做也是为霍光好，因为这显示此事自始至终霍光都不知情，刘德落得这样的下场纯粹是咎由自取，与霍光没有任何关系。从前述霍光休沐日，往往由上官桀代理看，刘德被罢免事一定是某位将军在代理霍光主持朝政时所为，由于当时朝廷只有霍光、张安世两位将军，则主其事者当非张安世莫属。是以霍光得到消息后，不仅生侍御史的气，而且还不满张安世以下所有参与处置此事的亲信们，因为他们处事太不谨慎了。考刘德以宗正的身份参与审理上官氏、

---

① 《汉书》卷三六《刘德传》，第 1927 页。

② 《汉书》卷七四《魏相传》，第 3135 页。

③ ［日］内藤湖南著，夏应元选编并监译：《中国上古史》，夏应元等译，《中国史通论》（上），第 192 页。

盖主案，可知他在当年九月上官桀等谋反事败露之前就已任宗正，霍光欲妻之以女在上官桀等谋反案结案之后，谭向刘德申诉盖主所坐之罪事又当在此后。而据《汉书·百官公卿表》，元凤元年（前80年），“太中大夫刘德为宗正，数月免”[①]。是知刘德拒绝娶霍光女及其被罢免两事时间上相距太近，故纵使霍光对罢免刘德事并不知情，也难免让人朝霍光报复刘德这方面联想。是以霍光得知消息后，马上进行了补救，但也仅是又召刘德为官而已。因为若朝令夕改，让刘德官复原职，是会让人们看轻朝廷的，因此只是给了刘德一个“守青州刺史”，但这也意味着朝廷仍然坚持此前的判断，只是减轻了对刘德的惩罚而已，自然这也很难消弭人们对霍光的负面看法。

当时萧望之的嘲讽也让霍光颜面无光。萧望之是东海兰陵人，初以经术而闻名京师。上官桀等权贵被诛后未久，丙吉向霍光推荐萧望之、王仲翁等数名儒生，并受到霍光接见。由于霍光担心上官桀等的残余势力伺机报复，接见吏民时，被接见者都要先被脱衣搜身，去除兵器，然后由两个官员挟持着来见自己：“出入自备。吏民当见者，露索去刀兵，两吏挟持。”萧望之他们来见霍光时，侍卫人员也依例对他们进行搜查挟持，对此，王仲翁他们都没说什么，可是轮到萧望之时，因认为这种形同对待罪犯的行为是对他人格的侮辱，便不肯让搜身挟持，自己从一个小门退了出来说：“不愿见。”而负责引见的官吏见他闹情绪，在大将军府撒野，也生气，气势汹汹地拉着他不让走，双方就在庭院里吵了起来。霍光听说后，让官吏不要挟持萧望之，引他来见自己。萧望之来到霍光面前，毫不客气地把霍光批评了一顿：“将军以功

① 《汉书》卷一九《百官公卿表》，第795—796页。

德辅幼主，将以流大化，致于洽平，是以天下之士延颈企踵，争愿自效，以辅高明。今士见者皆先露索挟持，恐非周公相成王躬吐握之礼，致白屋之意。”对于萧望之的当面指责，霍光当时没说什么，内心却很不满，“于是光独不除用望之，而仲翁等皆补大将军史”。此事使霍光声誉大损，而萧望之则名声大著。如皇曾孙“自在民间闻望之名”。①

元凤三年（前 78 年），侯史吴一案的处置，又让人们对霍光更加反感。话说当初审理上官桀等谋反一案时，“御史大夫桑弘羊子迁亡，过父故吏侯史吴。后迁捕得，伏法”。及元凤元年十月朝廷下诏赦罪，侯史吴遂主动到官府投案自首。当时廷尉王平与少府徐仁共同审理此案，都认为桑迁因父亲桑弘羊谋反获罪，侯史吴藏匿桑迁，“非匿反者，乃匿为随者也”。孟康曰：“言桑迁但随坐耳，非自反也。”亦即桑迁属从犯而非主犯，侯史吴非藏匿主犯，而是从犯，且没有被发觉逮捕，因此根据赦令免除了侯史吴的罪行。据《汉书·杜延年传》，“后侍御史治实”。颜师古曰：“重核其事也。”宋祁则指出：“江南本‘后’字下有‘使’字。”② 若果如此，则此事就是霍光亲自安排的。

因为对于王平、徐仁的决定，当时霍光虽然没说什么，但他应该一直耿耿于怀。始元六年（前 81 年）上官桀与桑弘羊等诈为燕王奏书，设计陷害霍光之时，其最后一环是桑弘羊与外朝诸大臣一道执退霍光，显见在对付霍光一事上，桑弘羊与外朝大臣颇有默契。由于始元三年，徐仁已为“少府”。而始元五年，王平以军正的身份“为廷尉”③。则若上官桀使人诈上书事成功，当时

① 《汉书》卷七八《萧望之传》，第 3272—3273 页。

② 《前汉书》卷六〇《杜延年传》，第 877 页。

③ 《汉书》卷一九《百官公卿表》，第 793—794 页。

前去解除霍光权力的大臣中就有此二人。这不免让霍光怀恨在心，只因查无实据，且大肆株连，势必会引起朝廷震荡，故一直隐忍未发。及至在处理反叛事件时，王平、徐仁明知霍光对桑弘羊恨之入骨，却仍赦免桑弘羊的故吏，这不能不让霍光怀疑他们这些外朝官员仍然对自己阳奉阴违，故意借赦令为侯史吴开脱，暗中与自己做对。

同时，霍光借侯史吴一案向外朝官员开刀，还在于少府徐仁是丞相田千秋的女婿，霍光打击徐仁，就会让田千秋陷入尴尬的境地，可谓一石二鸟、一举两得。虽然自武帝托孤以来，作为辅政大臣，田千秋一直小心谨慎，竭力避免冒犯霍光，而霍光也着力与他结交，显得两人关系颇为和睦，但事实上霍光对他意见甚大。因为从田千秋的所作所为看，他看似不与霍光为难，实则皮里阳秋，老奸巨猾。如始元五年（前 82 年），有男子冒充卫太子诣阙，诏使田千秋率公卿、将军、中二千石杂识，然其至后却一言不发，这不能不让霍光怀疑他的居心。尤其让霍光不能容忍的是，田千秋在霍光与桑弘羊等的斗争中，每每偏袒桑弘羊等。始元六年盐铁会议，田千秋虽与会，却一无所言。实则他赞同桑弘羊的主张，后又与桑弘羊一起商议对策，最终由两人共同奏罢酒酤。及至元凤元年（前 80 年），霍光与桑弘羊等斗争白热化之际，田千秋又称病不理事。并且田千秋作为丞相，还经常袒护外朝官员，变相阻挠霍光政令在外朝的推行。上官桀与桑弘羊等在时，霍光因有求于田千秋，对其颇为容让。现在上官桀等已被铲除，霍光真正大权独揽，于是为了在外朝确立自己绝对的权威，霍光意欲借侯史吴一案，为难田千秋，定要让他颜面扫地。

却说侍御史知道霍光的想法，在复核案件时，为了得出侯史吴有罪的推定，先在桑迁身上做文章，将其定成谋反者，理由是桑迁通晓经术，明白事理，却知道父亲谋反而不谏诤劝阻，因此“与反者身无异”；侯史吴原为三百石官吏，非普通的庶民百姓，知道桑迁是朝廷抓捕的涉案人员还藏匿他，应该视为“谋首”，因此他藏匿桑迁是犯了“首匿”罪，即颜师古所言是“身为谋首而藏匿人”之罪，因此在量刑时不能与“庶人匿随从者等”[①]，故侯史吴不得被赦免。于是奏请重新审理该案，并弹劾“廷尉、少府纵反者”[②]。不过，侍御史虽言之凿凿，但观其推理，纯属颠倒黑白。

而侍御史一弹劾徐仁等，田千秋立马就慌了，因担心徐仁受到惩处，且侍御史的判词漏洞百出，分明是在罗致罪名，就多次为侯史吴一案找相关官员解说。怕霍光做决断时不采纳自己的辩解，田千秋特地召集中二千石官员、博士在公车门举行会议，议论侯史吴一案当如何定罪。然而由于参加会议的人都知道霍光的想法，怕受到牵连，且侯史吴不过是一个小吏而已，与己无涉，就都坚持认为侯史吴罪属“不道”。但对王平、徐仁的罪名却都不愿发表评论。因为这一判定虽确属诬陷，但若支持田千秋，就会招致霍光的报复；若支持霍光，不仅会让田千秋失望，而且由于形同助纣为虐，自己的良心会不安的。因此都保持缄默。官员们这样的表现让田千秋很无奈，但由于召集群臣议事是一件大事，不能不让皇帝知道，所以次日田千秋向昭帝上封事，报告了群臣议论的内容。霍光知道后，认为“千秋擅召中二千石以下，外内异言”。“外内”，颜师古云：“谓外朝及内朝也。”所谓“外内异言”实是“外”不从“内”，田千秋不服霍光的领导。于是盛怒之下，霍光“遂下廷尉平、少府仁狱。朝廷皆恐丞相坐之”[③]。长安政坛

① 《汉书》卷六〇《杜延年传》，第2662—2663页。

② 《汉书》卷六〇《杜延年传》，第2662页。

③ 《汉书》卷六〇《杜延年传》，第2662—2663页。

再次被恐怖气氛所笼罩。

太仆杜延年见霍光器张得忘乎所以，担心他再兴大狱，重伤国家的元气，就上书与霍光争辩，指出怎样才算官吏放纵罪人，法律是有明文规定的。现在先将桑迁推断为谋反者，将已离职为民的侯史吴视为官员，然后诬陷他作为官员藏匿谋反者，将他的行为定为不道之罪，从法律的角度看恐怕量刑过重。至于对王平、徐仁的指控，杜延年在奏书中没有讲，因为这明摆着是罗致罪名，还用提吗？对于丞相田千秋擅自召开群臣会议一事，杜延年不认为这是田千秋意在与霍光对抗。因为众所周知，田千秋素无定见与主张，好为属下说好话以笼络人心。当然他擅召中二千石官员议事，是非常无礼的行为，应该受到批评。但杜延年同时认为对田千秋的惩处不应过于严厉。这一方面是因为田千秋曾与霍光长期同朝为官，形同故旧；另一方面，田千秋又曾在先帝时任职用事，与霍光一样同属托孤重臣，有必要顾及他的体面。因此若非有大的变故，不可将他轻易抛弃。最后，杜延年又提醒霍光，如果他一意孤行，将会重伤他的声誉："间者民颇言狱深，吏为峻诋，今丞相所议，又狱事也，如是以及丞相，恐不合众心。群下讙哗，庶人私议，流言四布，延年窃重将军失此名于天下也！"①

杜延年的劝解，让霍光稍稍有所收敛，没有再追究田千秋的责任。但由于认为王平、徐仁意在借法律条文与自己对抗，因而始终不肯原谅他们，元凤三年（前 78 年）四月，少府徐仁、廷尉王平、左冯翊贾胜胡皆坐纵反者，徐仁自杀，王平、贾胜胡皆腰斩。未将徐仁腰斩，或许也算是霍光给丞相田千秋的人情吧，毕竟让徐仁死得不怎么痛苦，并且还给他留了个全尸。

① 《汉书》卷六〇《杜延年传》，第 2663 页。

元凤四年（前77年）正月，霍光为时年十八岁的昭帝举行了成人礼，即冠礼："帝加元服，见于高庙。"如淳曰："元服，谓初冠加上服也。"颜师古曰："如氏以为衣服之服，此说非也。元，首也。冠者，首之所著，故曰元服。"①为庆祝此事，朝廷下令天下聚饮五日，这也意味着世人皆知昭帝已成年。想当年武帝让霍光辅少主行周公之事天下皆知，是以萧望之批评霍光时，直接就说霍光接见被举荐之士时皆先露索挟持，"恐非周公相成王躬吐握之礼，致白屋之意"。而周公主政七年而还政于周成王在当时也属常识。如《尚书·洛诰》云："惟周公诞保文武受命，惟七年。"②《礼记·明堂位》云："周公践天子之位"，六年而天下大服，"七年，致政于成王"③。《韩诗外传》云："周公践天子之位七年。"④《史记》云："周公之代成王治，南面倍依以朝诸侯。及七年后，还政成王，北面就臣位，匔匔如畏然。"⑤而霍光主政已十一年，且昭帝已成年，却仍不肯还政于昭帝，此势必会引起世人的反感。

《春秋》云鲁宣公十六年（前593年）"夏，成周宣谢灾"。《公羊传》云："成周者何？东周也。谢者何？宣宫之谢也。何言乎成周宣谢灾？乐器藏焉尔。"⑥董仲舒、刘向以为鲁宣公十五年，王子捷杀死召伯、毛伯这两位东周的大夫，而"天子不能诛。天戒若曰，不能行政令，何以礼乐为而臧之？"而"元凤四年五月丁

---

① 《汉书》卷七《昭帝纪》，第229页。

② （西汉）孔安国传，（唐）孔颖达等正义：《尚书正义》卷一五《洛诰》，第217页。

③ （东汉）郑玄注，（唐）孔颖达等正义：《礼记正义》卷三一《明堂位》。

④ （西汉）韩婴撰，许维遹校释：《韩诗外传集释》卷三，第116页。

⑤ 《史记》卷三三《周公世家》，第1519—1520页。

⑥ （东汉）何休注，（唐）徐彦疏：《春秋公羊传注疏》卷一六，"宣公一六年"，第2287页。

丑，孝文庙正殿灾。”刘向认为此与“成周宣榭火同义”，时霍光擅权，“将为国害”，是以“天戒若曰，去贵而不正者。”[①]元凤四年（前77年），刘向才三岁，则其议论自非当时所发，但是，由于当时《春秋》公羊学大行而治公羊学的董仲舒为汉世儒宗，很难不让人由董仲舒的论述产生联想，认为这是上天在警示汉朝出了奸邪之人。

据《汉书·昭帝纪》，元凤四年（前77年）正月“甲戌，丞相千秋薨”[②]。据《史记·汉兴以来将相名臣年表》，该年“三月甲戌，千秋卒”[③]。据《二十史朔闰表》，该年正月丙戌朔，三月乙酉朔，皆无甲戌。疑所书月日有误。田千秋薨时，魏相为河南太守，田千秋的儿子为其属官洛阳武库令。田千秋的儿子考虑到自己父亲去世，魏相治郡严厉，担心时间久了被魏相治罪，就主动辞官走了，魏相知道后，派人去追，但他却不肯回来。魏相对此事进行分析，认为可能给自己带来不利影响：“大将军闻此令去官，必以为我用丞相死不能遇其子。使当世贵人非我，殆矣！”而霍光知道此事后，果然对魏相很不满。“后人有告相贼杀不辜，事下有司。”虽然当时有数千在长安服役的河南郡士卒为魏相求情，河南郡又有老弱万余人聚在函谷关欲为救魏相赴长安上书，但是霍光“用武库令事，遂下相廷尉狱”。颜师古曰：“光心以武库令事嫌之，而下其贼杀不辜之狱也。”[④]这显示无论是有意还是无心，只要违背霍光之意，霍光都不会轻易饶恕他。

如前所述，霍光侍奉武帝二十余年，行事小心谨慎，从未有

---

① 《汉书》卷二七《五行志》，第1323—1335页。

② 《汉书》卷七《昭帝纪》，第230页。

③ 《史记》卷二二《汉兴以来将相名臣年表》，第1146页。

④ 《汉书》卷七四《魏相传》，第3133—3134页。

过过失；及其辅佐昭帝，秉公执义，奉法直行，尽忠无私，俨然天下之表率，大汉之柱石。何以在铲除上官桀集团之后，却很快变得面目可憎起来？班固认为这是由于霍光“不学亡术，闇于大理”的缘故[①]。吕志毅认为霍光举致“冠冕堂皇，道貌岸然，给人以假相，骗取主子信任。可谓老谋深算，精明狡黠之徒。然霍光是一个贪权好势无厌之辈，他挫败了朝中权贵上官氏，为他专权扫清了障碍，然后恣意孤行，为所欲为”[②]。然而或许成为武帝那样的人正是霍光的梦想，亦即他并非是“闇于大理”，而是他可能压根儿就没有往这方面考虑，但也没有吕志毅说的那么不堪。

武帝喜欢恭谨的臣下，因此其身边的官员们普遍注重修饰自己的言行。如许昌、薛泽、庄青翟、赵周等为丞相，皆“娖娖廉谨”[③]。公孙弘为博士，“常称以为人主病不广大，人臣病不俭节”。其行“敦厚”[④]。后官至丞相。大将军卫青认为作为臣子，应该“奉法遵职”，不当越职行事。骠骑将军霍去病“亦放此意”[⑤]。所以霍光行事小心谨慎，不排除存在着将此作为谋取富贵的手段而刻意为之的可能。辅佐昭帝之初，霍光行事力求合乎公理、正义；及至其铲除敌对势力，立马便拔擢亲党，报复异己，风格大变。细绎之，在其辅政之初，高扬至公大义的旗帜，有弥补其在行使权力时因资历过浅而造成的不足之效用。及至大权在握，原来的问题都不复存在，于是行事不免就随心所欲起来。

---

① 《汉书》卷六八《霍光金日磾传》，第 2967 页。

② 吕志毅:《论霍光》,《河北大学学报》1995 年第 1 期。

③ 《史记》卷九六《张苍列传》，第 2685 页。

④ 《史记》卷一一二《公孙弘列传》，第 2950 页。

⑤ 《史记》卷一一一《卫将军骠骑列传》，第 2946 页。

但这显然与武帝委任霍光的初衷相左，故若武帝地下有知，定当大失所望。考武帝临终前的各项安排，不仅无制衡霍光之意，还竭力组建出一个得力的团队，来协助霍光做好辅佐少主工作。但有意思的是霍光之所以一度忠心谋国，从根本上看，竟是因为武帝组建的这个辅政团队在客观上对霍光形成的权力制衡。而这也以铁一般的事实验证了贾谊所持主张的荒谬。不过，纵使霍光大权独揽，短时期内，受各种因素的制约也使他不可能走得太远。

首先，大环境要求霍光承担起治国理政的重任。虽然武帝的统治给汉朝带来严重危机，但因高帝拨乱反正于前，文景与民休息于后，因而汉德未衰，人们普遍只是不满武帝而不反感汉朝，武帝让霍光来主持朝政，则他就是皇朝的代理人，必须承担起安定皇朝的重任，如田延年就说："先帝属将军以幼孤，寄将军以天下，以将军忠贤能安刘氏也。"[①] 否则，他主政的正当性就会受到舆论的质疑。

其次，霍光所构建的统治集团之中，那些忠于汉朝的官员会对其起到一定的制衡作用。霍光之所以能够实现对时局的掌控，离不开一批与武帝有着极深渊源的官员的支持。如张安世为御史大夫张汤之子，杜延年为御史大夫杜周之子，金赏、金建为车骑将军金日磾之子，宗室刘辟强、刘德父子皆为武帝所宠，赵充国以善战为武帝所欣赏，田广明以连擒大奸，被武帝征入为大鸿胪。亦即这些人的富贵并非全得自霍光，当他们加入霍光团队时，是或多或少自带有政治资源的，尤其是如张安世、杜延年作为名臣之后，刘德作为宗室代表，其背后都有着强大的势力为依托，这

① 《汉书》卷六八《霍光传》，第 2937 页。

使他们虽为霍光之下属，但与霍光的关系一定程度上还带有合作性质，而非完全依附于霍光。而霍光能够得他们的拥戴，首先在于霍光与他们在忠于武帝、忠于汉朝这方面有共识，其次在于霍光为了抗衡敌对势力，愿意与他们分享权力。不过，虽然他们在政治上给霍光以有力的支持，但普遍又有意识地与霍光保持着一定的距离。如张安世有三子，杜延年有七子，然皆不闻与霍家有结亲事，至张安世的孙辈，其孙女张敬嫁给了霍家的亲戚之子，而非霍光的子侄等亲近之人，张家算是与霍家有了些姻亲关系。至于刘德更是直接拒绝了霍光嫁女的美意。由于行事以忠于朝廷为旨归，有利于他们的发展，若霍光行事过于嚣张，他们是不会放任不管的，这在本质上也是一种制衡。

最后，天下稳定有利于霍光操控时局。霍光长期追随武帝，知道民心稳则天下安，而发展民生是稳定民心的关键，是以自其主政起，即根据形势的需要，不断调整统治政策，轻徭薄赋，与民休息。及至铲除上官桀集团后，仍然力行不辍。

然自元凤三年（前 78 年）起，霍光的众亲吏中一批出身寒微的官员的官位纷纷向上跃升，如杨敞为丞相、蔡义为御史大夫、韦贤为大鸿胪、田延年为大司农、史乐成为少府。由于这个群体的权力是完全来自霍光，他们自然是唯霍光马首是瞻；与此同时，其家族姻亲子弟也纷纷进入统治中枢，为中郎将、奉车都尉、诸曹大夫、骑都尉、给事中，这些人不仅各自分掌一部分权力，还可为霍光之耳目，紧盯他人之动向。其中，霍光的女婿范明友、邓广汉分别为未央卫尉、长乐卫尉。范明友同时还是度辽将军、平陵侯，已成为中朝领袖、霍光的助手。同时霍光还利用家奴冯子都、田子方等操控朝政，如《汉书·霍光传》云：“初，光爱幸监奴冯子都，常与计事。”颜师古曰：“监奴，谓奴之监知家务者也。”当时，“百官以下但事冯子都、王子方等，视丞相亡如也。”颜师古曰:“亡如犹言无所象似也。”[①] 钱大昕则认为:“师古说非也。亡如犹言蔑如，‘亡’、‘蔑’声相近。《楚孝王嚣传》‘蔑之命矣夫’，《论语》作‘亡之’。”[②] 王念孙亦称:“师古之说甚迂。亡如犹云蔑如，言百官以下皆蔑视丞相也。”[③] 这意味着在霍光的统治团队之中，一个完全听命于霍光的核心队伍正在成形，因此，展望未来，霍光最终将汉朝引向何方，其实并不易把握。并且霍光治国虽有术，然治家却无方。如霍光死后，其夫人显寡居，“与子都乱”。晋灼曰:“《汉语》东闾氏亡，显以婢代立，素与冯殷奸也。”颜师古曰:“殷者，子都之名。”[④] 是知霍光在世时，甚者在显尚为婢时，显就已与冯子都有奸情，但霍光至死都不知有此事。想想霍光一生辛苦，却是在为他人做嫁衣，真是深可悲哀。而尤为可怖的是霍光还常与冯子都商议朝政，并且让他代为领导群臣，故若冯子都动了邪念，做出什么惊世骇俗的事也是有可能的。

---

① 《汉书》卷六八《霍光传》，第 2950—2954 页。

② （清）钱大昕著，方诗铭、周殿杰校点:《三史拾遗》卷三《霍光传》，《廿二史考异（附:《三史拾遗》《诸史拾遗》)，上海古籍出版社 2004 年版，第 1432 页。

③ （清）王念孙:《汉书第十二 · 亡如也》，《读书杂志（四)》，第 339 页。

④ 《汉书》卷六八《霍光传》，第 2950—2951 页。

第九章　武帝后裔，各有人生

汉武帝共有六个儿子，当其崩时，其三子燕王刘旦、四子广陵王刘胥、少子刘弗陵皆在世，其中刘弗陵继承皇位，是为昭帝。当时刘旦对此极力反对，最终因图谋天子之位，被逼自杀，其封国被取消，嗣子刘建废为庶人，苟且偷生。刘胥因甘愿尊奉少弟，安分守己，屡获厚赐，惬意地生活在南方。与此同时，武帝长子卫太子的后裔皇曾孙刘病已靠着一众同情者的照顾，在艰难中成长、学习、娶妻、生子。青年皇曾孙对自己的人生规划应该是做一个扶危济困的游侠，是以斗鸡走马，无所不为，多次往来于诸陵之间，其足迹所履，周遍三辅。而武帝五子刘髆的儿子昌邑王刘贺也没有闲着，其人不好读书而乐逸游，兴之所至，能用不到半天的时间驾车驱驰二百里。随心所欲、为所欲为地度过自己的一生，或许就是刘贺的人生抱负。然而正当刘病已、刘贺各自在三辅、昌邑尽情地展示其旺盛的青春活力之时，未央宫里养尊处优的昭帝却在二十一岁的青春年华撒手人寰。此事一下子打乱了武帝后裔们的生活节奏，而汉朝的政局也再度陷入混乱之中。

第一节　落魄皇曾孙

后元二年（前 87 年），武帝去世前，赦天下，皇曾孙虽得自由，一时之间却无处可去。而主管郡邸狱事的治狱使者丙吉在处理完善后事宜后，马上会另有安排，已无法再照顾皇曾孙，于是便派守丞谁如与抚养皇曾孙的女囚胡组一起，将皇曾孙送到了京兆尹处："既遭大赦，吉谓守丞谁如，皇孙不当在官，使谁如移书京兆尹，遣与胡组俱送京兆尹"。"谁如"，孟康曰："郡守丞也，来诣京师邸治狱，姓谁名如。言皇孙不当在狱官，宜属郡县也。""不当在官"，文颖曰："不当在郡邸官也。"颜师古曰："守丞者，守狱官之丞耳，非郡丞也。谁如者，其人名，本作谯字，言姓，又非也。"刘奉世曰："守丞诸说皆非，盖郡邸守邸之丞也，与《朱买臣传》守丞同。"[①] 沈钦韩曰："上云大赦，则曾孙已出狱在郡邸。刘奉世谓此守邸之丞是也。"[②] 虽然诸家于"守丞"颇多说解，但仍应以颜师古说为是。因为丙吉只是治狱使者，并不预郡邸事，如何能领导守郡邸之丞？皇曾孙被送到京兆尹那里后，京兆尹"不受，复还"。丙吉只好继续把皇曾孙养在身边。"及组日满当去，皇孙思慕，吉以私钱顾组，令留与郭徽卿并养数月，乃遣组去。后少内啬夫白吉曰：'食皇孙亡诏令。'时，吉得食米肉，月月以给皇孙。"颜师古曰："少内，掖庭主府臧之官也。食读曰飤。诏令无文，无从得其廪具也。"宋祁曰："注文'廪'字疑作'禀'。"丙吉若有病，便使属下尊"朝夕请问皇孙，视省席蓐燥湿。候伺组、徽卿，不得令晨夜去皇孙敖荡，数奏甘毳食物"。颜师古曰："去，离也。敖，游戏也。荡，放也。"又曰："奏，进也。毳读与脆同。"[③] 及至打听到皇曾孙祖母史良娣的兄长史恭家的地址，就把皇曾孙送了过去："治狱使者丙吉怜皇曾孙无所归，载以

① 《前汉书》卷七四《丙吉传》，第 1034 页。
② （清）沈钦韩:《汉书疏证（二）》卷三二《魏相丙吉传》，（清）沈钦韩等撰:《汉书疏证（外二种）》，第 95 页。
③ 《前汉书》卷七四《丙吉传》，第 1034 页。

付史恭。”[①]

由于史家是皇曾孙祖母的娘家，与皇曾孙的血缘关系已不甚密切，因此不能不使人对丙吉的动机产生怀疑：他究竟是真正为皇曾孙着想还是在推卸责任？对此我们有必要看一下古人对姻亲关系的看法。

就秦汉而言，其时新出上古，不免带有浓厚的先代遗习，对婚姻关系的重视即是一重要表现。当时婚姻之家往往以兄弟相称，如《尔雅·释亲》称：“父之党为宗族，母与妻之党为兄弟。妇之父母、婿之父母，相谓为婚姻。”又“妇之党为婚兄弟，婿之党为姻兄弟”[②]。是以《汉书·何武传》有“不宜令异姓大臣持权”之语，颜师古曰：“异姓谓非宗室及外戚。”[③]这显见是把姻亲与宗族同等看待。《翼奉传》把姻亲之家视为“非异姓”，所谓：“同姓亲而易进，异姓疏而难通，故同姓一，异姓五，乃为平均。今左右无同姓，独以舅后之家为亲，异姓之臣又疏。”[④]这种关系尤重有实质的内容，即夫妇双方育下子嗣，那就是骨肉相连的至亲了。如霍光的女儿是宣帝的皇后，但由于没有生下子嗣，所以人们就认为霍家与宣帝的关系不如许、史之家是很正常的，如任宣就曾直白地对大司马霍禹说：“今许、史自天子骨肉，贵正宜耳。”[⑤]所以说，虽然皇曾孙是史家外孙，但在时人眼中与史家的孙子并无太大差别。据《史良娣传》，皇曾孙被送到史家后，得到了悉心照顾：“恭母贞君年老，见孙孤，甚哀之，自养视焉。”[⑥]所以丙吉这样做是

---

① 《汉书》卷九七《史良娣传》，第 3961 页。

② （晋）郭璞注，（北宋）邢昺疏：《尔雅注疏》卷四《释亲》，第 2593 页。

③ 《汉书》卷八六《何武传》，第 3487 页。

④ 《汉书》卷七五《翼奉传》，第 3173—3174 页。

⑤ 《汉书》卷六八《霍光传》，第 2953 页。

⑥ 《汉书》九七《史良娣传》，第 3961 页。

妥当的。

昭帝继位后，霍光很快便根据武帝的遗命把皇曾孙召回设于后宫的掖庭："后有诏掖庭养视，上属籍宗正"。应劭曰："掖庭，宫人之官，有令丞，宦者为之。诏敕掖庭养视之，始令宗正著其属籍。"① "属籍"，即由宗正著录与在位皇帝以及所封诸侯王血缘关系在"五属"之内的宗室成员名籍。② 而这样做，看似是武帝的恩赐，如许结称："巫蛊祸后，武帝觉得愧对卫太子与史皇孙，于是派人将他的这位皇曾孙接进宫中抚养。"③ 实则极有可能是武帝担心皇曾孙流落民间，被拥护卫太子势力所推戴，从而危及其少子刘弗陵的统治，因此遗命将其召回朝廷，由官方控制起来。

据《汉书·张安世传》，时掖庭令为张安世的兄长张贺。张贺原是卫太子刘据的亲信，巫蛊之祸中受到牵连，罪当处死，因其弟张安世向武帝上书求情，"得下蚕室"。颜师古曰："谓腐刑也。凡养蚕者，欲其温而早成，故为密室蓄火以置之。而新腐刑亦有中风之患，须入密室乃得以全，因呼为蚕室耳。"后为掖庭令。"而宣帝以皇曾孙收养掖庭。贺内伤太子无辜，而曾孙孤幼，所以视养拊循，恩甚密焉。及曾孙壮大，贺教书，令受《诗》"④。据《宣帝纪》，皇曾孙"受《诗》于东海澓中翁"。颜师古曰："东海人，姓澓，字中翁也。"⑤ 张贺有一子早卒，过继张安世的小儿子张彭祖为继子，是时张贺让其与皇曾孙"同席研书"⑥。《宣帝纪》亦称张贺以"私钱"供给皇曾孙教其读书。皇曾孙也非常怀念这

---

① 《汉书》卷八《宣帝纪》，第 236 页。

② 陈鹏：《汉代属籍与宗室差序管理》，《黑龙江社会科学》2022 年第 2 期。

③ 许结：《汉武帝》，南京大学出版社 2008 年版，第 162 页。

④ 《汉书》卷五九《张安世传》，第 2651—2652 页。

⑤ 《汉书》卷八《宣帝纪》，第 237 页。

⑥ 《汉书》卷五九《张安世传》，第 2651 页。

段历史，后回忆称："故掖庭令张贺辅导朕躬，修文学经术，恩惠卓异，厥功茂焉。"[①]

前已言及，始元五年（前82年）春发生的伪卫太子事件中，颇有卫太子残余势力活动的身影。而随着皇曾孙日渐长大，围绕皇曾孙发生的一些事情可能与卫太子的支持者也有一定关系。据说当时皇曾孙"数有征怪"[②]，如其"身足下有毛，卧居数有光耀。每买饼，所从买家辄大售，亦以是自怪"云云。[③]细究起来，除了其身足下有毛这件事外，其他的事情显然皆属造作。即如皇曾孙买饼致使所买之家饼大售之事，就当是拥护卫太子势力对其追捧的结果。因为汉代长安的商贸活动，都是在专门设置的"九市"展开的，是当时长安城的繁华之地，长安百姓的活动中心，正因如此，才有当年卫太子闹事时，驱使四市数万人对抗朝廷一事发生。由于九市是人口集中之地，而皇曾孙又身份特殊，故他的出现必然会引起人们的关注，再加上拥卫太子势力的动作，其所到之处自然也就成了人们关注的焦点。对此，陈苏镇指出，"昭帝时出现的关于皇曾孙的这些传说，也在向世人暗示皇曾孙是真命天子"[④]。但是为什么这些传说的出现就是在向世人暗示皇曾孙是真命天子，陈苏镇并没明言。不过一些学者的看法倒是给我们以启示，如周寿昌指出皇曾孙买饼这个典故，"与高帝从王媪、武负贳酒，每酤留饮，酒雠数倍同兆，其自怪亦与高帝自负同"[⑤]。李澄宇也称："高祖每酤留饮，酒雠数倍，而宣帝每买饼，所从买家辄

---

① 《汉书》卷八《宣帝纪》，第236—257页。

② 《汉书》卷五九《张安世传》，第2651—2652页。

③ 《汉书》卷八《宣帝纪》，第237页。

④ 陈苏镇：《汉代政治与〈春秋〉学》，第325页。

⑤ （清）周寿昌：《汉书注校补》卷四，（清）沈钦韩等撰：《汉书疏证（外二种）》（二），第440页。

大雠，亦可谓克绳祖武。”[①] 杨树达也认为皇曾孙这个典故，“与高祖事正同”[②]。亦即在诸学者看来，造作者是意欲通过宣扬皇曾孙与高帝相仿的举止来引起民众的联想。

元凤三年（前78年）正月，“泰山莱芜山南匈匈有数千人声，民视之，有大石自立，高丈五尺，大四十八围，入地深八尺，三石为足。石立后有白乌数千下集其旁。是时昌邑有枯社木卧复生，又上林苑中大柳树断枯卧地，亦自立生，有虫食树叶成文字，曰‘公孙病已立’”。时符节令鲁国蕃人眭弘利用《春秋》公羊学对此进行解读，以为“石柳皆阴类，下民之象，泰山者岱宗之岳，王者易姓告代之处。今大石自立，僵柳复起，非人力所为，此当有从匹夫为天子者。枯社木复生，故废之家公孙氏当复兴者也”。但由于当时在泰山还出现了大石自立，昌邑还出现了僵柳复起的奇事，不免严重影响了眭弘的判断，以至于眭弘“意亦不知其所在”，但说到兴头上，就有点收不住了，于是继续阐发。由于眭弘师从嬴公治《公羊春秋》，而嬴公为董仲舒弟子，眭弘便又拉出董仲舒为自己壮胆：“先师董仲舒有言，虽有继体守文之君，不害圣人之受命。汉家尧后，有传国之运。汉帝宜谁差天下，求索贤人，禅以帝位，而退自封百里，如殷周二王后，以承顺天命。”[③]

汉朝皇室是尧的后代的说法，今文经皆无说，唯可由《左传》推得。如贾逵称：“《五经》家皆无以证图谶明刘氏为尧后者，而《左氏》独有明文。”[④] 据《左传》，春秋时期，晋卿范氏士会由

① 李澄宇：《读汉书蠡述》，张舜徽主编：《二十五史三编》，岳麓书社1994年版，第951页。

② 杨树达：《汉书窥管》卷一，第1页。

③ 《汉书》卷七五《眭弘传》，第3153—3154页。

④ 《后汉书》卷三六《贾逵传》，第1237页。

晋国叛逃入秦国，后士会归晋，当初与他随行的家属这时或随他一起回了晋国，或是留在了秦国。留在秦国的那部分人就以刘为姓："其处者为刘氏。"[①] 而范氏的世系，据士会之孙范宣子在鲁襄公二十四年（前 549 年）称，在虞舜时期以上称陶唐氏，夏朝称御龙氏，商朝称豕韦氏，周朝称唐杜氏，春秋时期在晋国称为范氏："昔匄之祖，自虞以上为陶唐氏，在夏为御龙氏，在商为豕韦氏，在周为唐杜氏，晋主夏盟为范氏，其是之谓乎！"[②] 另外，鲁昭公二十九年（前 513 年），蔡墨说陶唐氏衰落后，他的后代刘累向豢龙氏学习养龙，以此事奉孔甲，孔甲嘉奖他，赐他作御龙氏，春秋时期的范氏就是刘累的后代，这就是刘姓的由来。而所谓的陶唐氏指的就是尧，所以说刘姓是尧的后代："有陶唐氏既衰，其后有刘累，学扰龙于豢龙氏，以事孔甲，能饮食之。夏后嘉之，赐氏曰御龙。以更豕韦之后。龙一雌死，潜醢以食夏后。夏后飨之，既而使求之。惧而迁于鲁县，范氏其后也。"[③] 李贤等亦称："范会自秦还晋，其处者为刘氏。明汉承尧后也。"[④] 眭弘虽以《公羊》学名家，但当时学者兼通其他学问的现象很普遍，故不能排除眭弘为使汉朝皇族与圣君尧攀上关系而采《左传》之说的可能。齐召南亦称："按以汉为尧后，始见此文。然则弘虽习《公羊》，亦兼通《左氏》矣。"[⑤]

---

① （西晋）杜预注，（唐）孔颖达等正义:《春秋左传正义》卷一九下，"文公一三年"，第 1852 页。

② （西晋）杜预注，（唐）孔颖达等正义:《春秋左传正义》卷三五，"襄公二四年"，第 1979 页。

③ （西晋）杜预注，（唐）孔颖达等正义:《春秋左传正义》卷五三，"昭公二九年"，第 2123 页。

④ 《后汉书》卷三六《贾逵传》，第 1238 页。

⑤ 《前汉书》卷七五《眭弘传》，第 1050 页。

眭弘把自己的推理写成奏书后，“使友人内官长赐上此书”。颜师古曰：“内官，署名。《百官表》云：‘内官长丞，初属少府，中属主爵，后属宗正。’赐者，其长之名。”结果两人同被处死：“时，昭帝幼，大将军霍光秉政，恶之，下其书廷尉。奏赐、孟妄设祆言惑众，大逆不道，皆伏诛。”[①]

就元凤三年（前78年）发生的数桩怪事而言，从今天的角度重新审视，就会发现这其实是人为造作的结果。对此顾颉刚早就有所阐发，他指出：“古代人最喜欢作豫言，也最肯信豫言。”并认为此事即属造作而成：“武帝之后，民穷财尽，国本动摇，谶言又得了发展的机会。例如上面提起的，昭帝时，泰山下一块卧地的大石忽然站起，上林苑的枯柳忽然重生，眭弘就说将有新天子从匹夫中突起。”[②] 吕思勉也认为“此当系事后附会之谈”[③]。至于是谁造作、附会了此谶言，顾颉刚、吕思勉皆未深究。而从当时的情况看，拥昌邑王刘贺势力与拥卫太子遗孙皇曾孙势力显然都脱不了干系。就昌邑集团而言，还是在武帝时，他们就觊觎大位，结果招致武帝严厉打击，丞相刘屈氂满门被诛，贰师将军李广利被迫投降匈奴，其家族被武帝诛除，而刘髆也在武帝去世前莫名其妙地死去，继立的刘贺当时不过六七岁。因此在相当长的一段时间里，昌邑集团都处在元气恢复的过程之中。到了元凤年间，刘贺已十余岁，昭帝身体却一直不好，又无子嗣，在此情况下，昌邑集团不垂涎皇位是不可能的，所以他们要想做出点事情以耸动视听，一点也不稀奇。泰山大石自立事件，多半是此集团所为，因为一来昌邑离泰山比较近，容易搞怪，二来作为汉时显赫的诸

① 《汉书》卷七五《眭弘传》，第3154页。
② 顾颉刚：《秦汉的方士与儒生》，上海古籍出版社2005年版，第88—89页。
③ 吕思勉：《秦汉史》，第173页。

侯王，刘贺集团也具备做成此事的实力。考其用心，当是想借此暗示民众将有新的天子崛起，那么这个新的天子在哪里呢？而与此同时，昌邑又发生了枯树复活的怪事。这显然是与泰山大石自立相连贯的动作，意在借此将人们的视线引向昌邑王国，使世人形成昌邑王将要复兴的看法。而如果形成这样的舆论，对于也在图谋崛起的卫太子残余势力而言就不利了。于是就有了上林苑枯柳重生事。从当时的情况看，由于皇曾孙"病已"之名得之在先，"公孙病已立"之谶出现在后，因此这"便很可能是同情太子的人们编造出来的又一'征怪'"。此事与同皇曾孙有关的那些神异的传说一样，"应当也是同样性质的事件"①。

元凤四年（前 77 年），皇曾孙十五岁。在汉代女子十四五岁，男子十五六岁，就该成家了。张贺初欲将自己的孙女嫁与皇曾孙，但因张安世反对而罢："是时，昭帝始冠，长八尺二寸。贺弟安世为右将军，与霍将军同心辅政，闻贺称誉皇曾孙，欲妻以女，安世怒曰：'曾孙乃卫太子后也，幸得以庶人衣食县官，足矣，勿复言予女事。'于是贺止。"② 对此，宋超认为当时群臣对皇曾孙普遍采取"一种视而不见，甚或带有一些轻蔑的目光"，张安世此举就属这种态度的"典型"。③ 张贺只好另做打算，后通过运作，让皇曾孙娶了许广汉之女许平君为妻。

许广汉是昌邑人，少时作为昌邑王刘髆的郎官，侍从武帝上甘泉宫，"误取它郎鞍以被其马，发觉，吏劾从行而盗，当死，有诏募下蚕室"。孟康曰："死罪囚欲就宫者听之。"④ 沈家本云："《传》

① 陈苏镇：《汉代政治与〈春秋〉学》，第 325 页。
② 《汉书》卷九七《许平君传》，第 3964 页。
③ 宋超：《昭宣时代》，第 85 页。
④ 《汉书》卷九七《许平君传》，第 3964—3965 页。

云‘下诏募下蚕室’，盖以其误而宽之也，孟康之注，与《传》意不合。”[①] 后为宦者丞。宦者是少府下属的一个部门，有令丞。武帝太初元年（前104年），将其增置七丞。

许广汉为宦者丞后，“上官桀谋反时，广汉部索。其殿中庐有索长数尺可以缚人者数千枚，满一箧缄封，广汉索不得，它吏往得之”。颜师古曰“部索”意为“部分搜索罪人也。”“殿中庐”是“桀所止宿庐舍在宫中者也。”“缄”是“束箧也。”“广汉索不得，它吏往得之”，意为“须得此绳索者，用为桀之反具。”关于“具”，王先谦曰“‘具’当作‘证’”[②]。周寿昌认为：“广汉时官宦者丞，部署绳索之用，犹管领也。故下言有‘索长数尺’，又云‘广汉索不得’，此正论求绳索事，何得阑入搜索人之‘索’字也？‘广汉索不得’，正言广汉所部索不得也。时取索以缚桀，故它吏往得之，可以为功，何得云‘用为桀之反具’？桀反何取于索耶！颜注全误。”[③] 然上官桀当是在丞相府被捕杀，不需于其所居之庐搜绳索缚之。此当如颜师古所言是在其庐搜其罪证。

而许广汉又因此而获罪，被判以服三岁刑的“鬼薪”，“输掖庭，后为暴室啬夫。”[④] 据《三辅黄图》，未央宫有“暴室”[⑤]。据《汉书·董贤传》，哀帝为董贤“起大第北阙下”[⑥]。据《鲍宣传》，哀帝为给董贤建大第，“并合三第尚以为小，复坏暴室”。颜师古曰：

---

① （清）沈家本撰，邓经元、骈宇骞点校：《汉律摭遗》卷二，《历代刑法考》，第1410页。

② 《汉书补注》九七《许平君传》，第5954—5955页。

③ （清）周寿昌：《汉书注校补》卷五五，（清）沈钦韩等撰：《汉书疏证（外二种）》（二），第825—826页。

④ 《汉书》卷九七《许平君传》，第3964页。

⑤ 何清谷：《三辅黄图校释》卷三《未央宫》，第171页。

⑥ 《汉书》卷九三《董贤传》，第3733页。

"时以三第总为一第赐贤，犹嫌陋小，复取暴室之地以增益之也。"[①] 据此可知，"暴室位置似距未央宫北阙不远"[②]。

据《三辅黄图》，暴室为"主掖庭织作染练之署，谓之暴室，取暴晒为名耳"[③]。应劭曰："暴室，宫人狱也，今曰薄室。"颜师古曰："暴室者，掖庭主织作染练之署，故谓之暴室，取暴晒为名耳。或云薄室者，薄亦暴也。今俗语亦云薄晒。盖暴室职务既多，因为置狱主治其罪人，故往往云暴室狱耳。然本非狱名，应说失之矣。"[④] 然据《汉书·赵飞燕传》，成帝时，中黄门田客交代掖庭狱丞籍武，让他把宫女曹宫所产之子与六名婢女"尽置暴室狱"[⑤]。又司马彪亦称东汉掖庭令下有暴室丞，"主中妇人疾病者，就此室治；其皇后、贵人有罪，亦就此室"[⑥]。故沈家本指出："是本有狱也。师古之注不知何据？"[⑦] 大庭脩亦称："由此可见，暴室是宫中妇人的病室，为方便起见，也用于妇人的狱室。"[⑧]

啬夫，广泛存在于诸官僚机构之中，属于从事具体工作的低级官员，如暴室"有啬夫官属"[⑨]，在掖庭令属官暴室丞的领导下工作。

当张贺在为皇曾孙娶妻事发愁时，许广汉的女儿许平君，已十四五岁，尚未婚配。"贺闻许啬夫有女，乃置酒请之"。宴席上，

---

① 《汉书》卷七二《鲍宣传》，第 3092 页。

② 何清谷:《三辅黄图校释》卷三《未央宫》，第 171 页。

③ 何清谷:《三辅黄图校释》卷三《未央宫》，第 171 页。

④ 《汉书》卷八《宣帝纪》，第 237 页。

⑤ 《汉书》卷九七《赵飞燕传》，第 3991 页。

⑥ 《后汉书志》卷二六《百官三》，第 3595 页。

⑦ （清）沈家本撰，邓经元、骈宇骞点校:《狱考》,《历代刑法考》，第 1166 页。

⑧ ［日］大庭脩:《秦汉法制史研究》，林剑鸣等译，上海人民出版社 1991 年版，第 404 页。

⑨ 何清谷:《三辅黄图校释》卷三《未央宫》，第 171 页。

张贺由于想让皇曾孙娶许广汉的女儿，自会将话题朝皇曾孙引，有意识地称扬皇曾孙之美。时皇曾孙养于掖庭，“与广汉同寺居”。颜师古曰：“寺者，掖庭之官舍。”[①] 考许广汉是元凤元年（前 80 年）九月，在霍光诛除反霍集团的过程中犯下错误，被处以刑期为三年的鬼薪，次年六月赦天下。按赦令，鬼薪遇赦，刑期减为一年，是知许广汉在当年就已刑满释放而为暴室啬夫，与皇帝孙同寺居。其时皇曾孙十三岁，已是英气勃发，从两人在官舍平素“出入相通”看，可知他们相处得甚是融洽，兼之许广汉听闻卜相者说皇曾孙“当大贵”，以故对皇曾孙“施恩甚厚”。[②] 也就是说许广汉也是一个对皇曾孙充满浓厚兴趣的人。

所以张贺所言许广汉自然乐意听，并且作为与皇曾孙同居一处者，他应该也可以与张贺分享一些他所掌握的皇曾孙不为他人所知的信息，兼之是边喝边聊，自然更是快乐。及至“酒酣”，张贺道：“曾孙体近，下人，乃关内侯，可妻也。”颜师古曰：“言曾孙之身于帝为近亲，纵其人材下劣，尚作关内侯。书本或无人字。”而许广汉则是“许诺”，即答应将女儿嫁与皇曾孙。想来接下来，张贺很便快结束了宴席，因为若再喝，让许广汉大醉，可能会把席间答应的事儿给忘了，那就前功尽弃了。许广汉回家便睡了，一夜无话，到得次日，酒醒后，想起答应张贺的事，就给其妻子说了，结果“妪闻之，怒”。颜师古曰：“广汉之妻不欲与曾孙。”话说许家也够倒霉，因为许平君本当嫁与宦官内者令欧侯氏之子为妻，这也算门当户对，不想要出嫁时，欧侯氏的儿子却死了。许广汉的妻子郁闷之下，便带了女儿去找卜相者占问前程，

① 《汉书》卷九七《许平君传》，第 3964—3965 页。

② 《史记》卷二〇《建元以来侯者年表》，第 1064 页。

而据卜相者说，许平君“当大贵”。别人都不相信，唯有许广汉的妻子“独喜”。如今看她听到许广汉说要把女儿嫁与皇曾孙后的反应，何止是“不欲”，分明是极不满意。但最终“广汉重令为介，遂与曾孙。”颜师古曰：“更令人作媒而结婚姻。”王先谦则指出：“令者，掖庭令也。贺为令，己为啬夫，故重其媒介，不以妪言中阻。颜注误。”[①]这也就是说许广汉虽然确实喜欢皇曾孙，但还没到甘愿将自己女儿的命运押到皇曾孙身上的地步；不想遭张贺算计，醉眼迷离之下，头脑一热，答应了张贺，由于张贺是自己的上司，自己若不守承诺，传出去不好听不说，张贺会怎么想？所以许广汉应该也很无奈，因为这分明是吃了个哑巴亏。

不过，说实在的，虽然张贺这事做得有点不地道，但他为此也没少付出。班固称“秦地”，其实就是关中地区，“嫁娶尤崇侈靡”[②]。《三辅黄图》称长安“闾里嫁娶，尤尚财货”[③]。据《盐铁论·散不足》，来自三辅地区的贤良称当时民间有宾客和举办婚宴，山珍海味毕陈：“殽旅重叠，燔炙满案，臑鳖脍鲤，麑卵鹑鷃橙枸，鲐鳢醢醢，众物杂味。”且饮酒无度，常常不醉不休：“今宾昏酒食，接连相因，析酲什半。”举行酒会时，还要有歌舞助兴：“今富者钟鼓五乐，歌儿数曹。中者鸣竽调瑟，郑儛赵讴。”并且嫁娶之服甚盛：“今富者皮衣朱貉，繁露环佩。中者长裾交袆，璧瑞簪珥。”[④]而皇曾孙娶许平君，是张贺“以家财聘之”[⑤]，则其花费当不菲。

---

① 《汉书补注》九七《许平君传》，第 5954—5955 页。

② 《汉书》卷二八《地理志》，第 1643 页。

③ 何清谷：《三辅黄图校释》卷一《秦汉风俗》，第 70 页。

④ 《盐铁论校注（定本）》卷六《散不足》，第 351—354 页。

⑤ 《汉书》卷五九《张安世传》，第 2651 页。

据《汉书·宣帝纪》，皇曾孙成家后，“因依倚广汉兄弟及祖母家史氏”[①]。这也意味着自此照顾皇曾孙的任务就交到了许史两家之手。并且这是客观现实，因为张贺在为皇曾孙娶妻后没过多久就死了。同时这也显示许史两家是乐意接受这项任务的，因为此时皇曾孙已长大成人，且张贺既然张罗给他娶妻，断不会让他成家后生活困窘，故若许史两家对他表现得甚不耐烦，已颇能自立的皇曾孙也不会去依靠他们。许广汉虽无子，但其弟许舜、许延寿皆有子。史恭有三子，史高、史曾、史玄，此三人与皇曾孙的父亲刘进是同辈，他们也都有子嗣。是以皇曾孙在许史两家并不缺少玩伴。

据《汉书·宣帝纪》，皇曾孙“喜游侠”[②]。《说文》云：“甹，侠也。三辅谓轻财者为甹。”[③]又云：“俜，侠也。”段玉裁称：“然则俜甹意义皆同。”[④]故“侠”当为见义勇为，轻视所爱之物，肯舍己助人的人。“任”与“侠”意相近，《墨子》就认为“任”是指人们不畏艰难险阻，不计个人得失，坚持不懈地完成所肩负的责任或事业。如其一则云：“任，士损己而益所为也。”[⑤]又云：“任，为身之所恶，以成人之所急。”[⑥]故“侠”往往又与“任”相连，有“任侠”之说。如司马迁称季布“为气任侠，有名于楚”。孟康曰：“信交道曰任。”如淳曰：“相与信为任，同是非为侠。”司马贞认为如

① 《汉书》卷八《宣帝纪》，第236—237页。

② 《汉书》卷八《宣帝纪》，第237页。

③ （东汉）许慎撰，（清）段玉裁注：《说文解字注》卷九《丂部》，第203页。

④ （东汉）许慎撰，（清）段玉裁注：《说文解字注》卷一五《人部》，第373页。

⑤ （清）孙诒让撰，孙启治点校：《墨子间诂》（上），卷一〇《经上》，中华书局2001年版，第314页。

⑥ （清）孙诒让撰，孙启治点校：《墨子间诂》（上），卷一〇《经说上》，第337页。

淳之说“为近”[①]。实则其说并不通透。“任侠”应如王叔岷所言“当为复语”[②]。由于为侠者多通过游历四方结交豪杰以寻求自身发展，故又称“游侠”，《史记》《汉书》还都为游侠立传。

就皇曾孙而言，他对“游侠”两字的理解可能更侧重在“游”字上。据说，他自成亲以后，经常在长安城外的京畿地区游历。

汉之京畿即三辅，三辅紧邻长安城建有五个帝陵。渭河北岸，咸阳原上有高祖长陵，“去长安城三十五里”。长陵东为“在长安城东北四十五里”的景帝阳陵，西为“去长陵十里”“在长安城北三十五里”的惠帝安陵，安陵西为“在长安城西北八十里”的武帝茂陵[③]。长安城东南的白鹿原上有文帝霸陵，“在长安东南三十里”[④]。帝陵附近设陵邑或称陵县，多在帝陵北部或东部。当时徙天下富贵豪强之家以实之：“汉兴，立都长安，徙齐诸田，楚昭、屈、景及诸功臣家于长陵。后世世徙吏二千石、高訾富人及豪桀并兼之家于诸陵。”[⑤]人烟炽盛。司马迁云：“长安诸陵，四方辐凑并至而会，地小人众。”[⑥]《关中记》称，“徙关东大族万家”于长陵，以为陵邑。[⑦]《三辅旧事》云：“武帝于槐里茂乡，徙户一万六千置茂陵。”[⑧]《汉旧仪》称茂陵人口“三万

---

① 《史记》卷一〇〇《季布列传》，第 2729—2730 页。

② 王叔岷：《史记斠证》卷一〇〇《季布栾布列传》，中华书局 2007 年版，第 2839 页。

③ 何清谷：《三辅黄图校释》卷六《陵墓》，第 362—368 页。

④ （北魏）郦道元原注，陈桥驿注释：《水经注》卷一九《渭水》，浙江古籍出版社 2001 年版，第 299 页。

⑤ 《汉书》卷二八《地理志》，第 1642 页。

⑥ 《史记》卷一二九《货殖列传》，第 3261 页。

⑦ 刘庆柱辑注：《关中记辑注》，三秦出版社 2006 年版，第 106 页。

⑧ 何清谷：《三辅黄图校释》卷六《陵墓》，第 368 页。

户”[1]，或“三万户至五万户”[2]。《汉书·地理志》录元始二年人口数。其中长陵“户五万五十七，口十七万九千四百六十九”。茂陵更是比长安县还多。如茂陵为“户六万一千八十七，口二十七万七千二百七十七”。长安县则“户八万八百，口二十四万六千二百”[3]。诸陵中，长陵、阳陵在冯翊地界，安陵、茂陵在扶风地界，霸陵在京兆地界。此外，冯翊还有高祖父太上皇万年陵、昭帝母钩弋夫人云陵，京兆有文帝母薄太后南陵，也皆设有陵邑。

据《汉书·宣帝纪》，当时皇曾孙“数上下诸陵”，颜师古曰：“诸陵皆据高敞地为之，县即在其侧。帝每周游往来诸陵县，去则上，来则下，故言上下诸陵。”王先谦认为：“颜说上下太泥，诸陵相距远近不一，数往来故云上下耳。”[4]不仅如此，皇曾孙还“周遍三辅”。颜师古曰：“游行皆至其处。”当时皇曾孙尤喜在长安城南京兆的杜县与右扶风的鄠县这两县之间游历，“率常在下杜”。孟康曰：“在长安南。”颜师古曰：“率者，总计之言也。下杜即今之杜城。”[5]《三辅黄图》称：“长乐宫在城中，近东直杜门，其南有下杜城。《汉书集注》云：‘故杜陵之下聚落也，故曰下杜门。’又曰端门，北对长乐宫”[6]。《水经注》亦称覆盎门“南有下杜城，应劭曰：故杜陵之下聚落也，故曰下杜门，又曰端门，北对长乐宫”[7]。故王鸣盛指出下杜“在杜陵县之西南、鄠县东北，所谓‘杜鄠之间’

---

① （东汉）卫宏撰，（清）孙星衍校集：《汉旧仪补遗》卷下，第 102 页。
② 《文献通考》卷一二四《王礼考十九》，第 3838 页。
③ 《汉书》卷二八《地理志》，第 1543—1547 页。
④ 《汉书补注》卷八《宣帝纪》，第 335—336 页。
⑤ 《汉书》卷八《宣帝纪》，第 237—238 页。
⑥ 何清谷：《三辅黄图校释》卷一《都城十二门》，第 79 页。
⑦ （北魏）郦道元原注，陈桥驿注释：《水经注》卷一九《渭水》，第 297 页。

也。若唐之杜城即汉杜陵县，后魏改名杜城者，非下杜也”[①]。

当时要想在长安城里见到皇曾孙，往往要到他参加朝会朝见昭帝时方可："时会朝请，舍长安尚冠里。""朝请"，如淳曰："春曰朝，秋曰请。""时会朝请"，文颖曰："以属弟尚亲，故岁时随宗室朝会也。"皇曾孙之所以"舍长安尚冠里"，颜师古曰："舍，止也。尚冠者，长安中里名。帝会朝请之时，即于此里中止息。"[②]如前所述，丞相府在未央宫东宫门外，黄霸为丞相时，曾与郡国上计吏议事丞相府，与会者有数百之众，如张敞的奏书中称："长吏守丞对时，臣敞舍有鹖雀飞止丞相府屋上，丞相以下见者数百人。"[③]显见京兆尹府与丞相府甚近。《三辅黄图》云："京兆，在故城南尚冠里。"[④]颜师古又称："《三辅黄图》云京兆在尚冠前街东入，故中尉府。"[⑤]宋敏求《长安志》云："《旧仪》曰：'中尉府在尚冠里街东。'"[⑥]是知尚冠里当在未央宫东宫墙以东，安门大街以西，东宫门至安门大街的道路以南，南城墙以北这片区域。

四处游荡，不仅有欢乐，有时还挺刺激。据《汉书·宣帝纪》，在游历过程中，皇曾孙曾经"困于莲勺卤中。"据如淳称，左冯翊的莲勺县"有盐池，纵广十余里，其乡人名为卤中。"颜师古进而指出："卤者，咸地也，今在栎阳县东。其乡人谓此中为卤盐池

---

① 王永平、张连生、孙显军、陈文和校点：《十七史商榷》卷九《汉书三》，第95页。

② 《汉书》卷八《宣帝纪》，第237—238页。

③ 《汉书》卷八九《黄霸传》，第3632页。

④ 何清谷：《三辅黄图校释》卷一《三辅治所》，第8页。

⑤ 《汉书》卷一九.《百官公卿表》，第737页。

⑥ （北宋）宋敏求撰，辛德勇、郎洁点校：《长安志》卷五《汉下》，三秦出版社2013年版，第220页。

也。”论及皇曾孙被困的原因，如淳曰：“为人所困辱也。”[①]想来，既然以做游侠为志向，则游历中皇曾孙不免要管点闲事，此次应是不仅事没有管好，还差点被人抓到。

作为游侠，其生活往往异于常人。如汉初侠士田仲“喜剑”，剧孟“好博，多少年之戏”[②]。武昭时人眭弘，“少时好侠，斗鸡走马”[③]。皇曾孙亦“斗鸡走马”[④]。皇曾孙喜斗鸡，张贺墓西边的“斗鸡翁舍”，是其“少时所尝游处”。[⑤]游历中，他还结交了一个名叫王奉光的斗鸡友。王奉光的先祖“高祖时有功赐爵关内侯，自沛徙长陵”，传爵至王奉光。“奉光少时好斗鸡，宣帝在民间数与奉光会，相识”[⑥]。

皇帝孙还有一个赌友叫陈遂，皇曾孙“微时与有故，相随博弈，数负进”，后皇曾孙称帝，任用陈遂，并将其迁官至太原太守，于是赐陈遂玺书曰：“制诏太原太守：官尊禄厚，可以偿博进矣。妻君宁时在旁，知状。”陈遂接到皇帝孙的玺书后，上书辞谢，因曰：“事在元平元年赦令前。”颜师古曰：“博，六博。奕，围棋也。”又曰：“进者，会礼之财也。谓博所赌也……一说进，胜也，帝博而胜，故遂有所负。”[⑦]又曰：“《陈遵传》云陈遂与宣帝博，数负进，帝后诏云可以偿博进未。”[⑧]颜师古之意，当是认为这应该是说皇曾孙与陈遂一起赌博时，本当以所赌之财充作会食

① 《汉书》卷八《宣帝纪》，第 237—238 页。
② 《史记》卷一二四《游侠列传》，第 3184 页。
③ 《汉书》卷七五《眭弘传》，第 3153 页。
④ 《汉书》卷八《宣帝纪》，第 237 页。
⑤ 《汉书》卷五九《张安世传》，第 2651 页。
⑥ 《汉书》卷九七《宣帝王皇后传》，第 3969 页。
⑦ 《汉书》卷九二《陈遵传》，第 3709 页。
⑧ 《汉书》卷一《高帝纪》，第 4 页。

即相聚进食之用，但陈遂多次拖欠不给。

荀悦《汉纪》述其此事云：“及杜陵陈遂字长子，上微时，与上游戏博弈，数负遂。上即位，稍见进用，至太原太守，乃赐遂玺书曰：‘制诏太原太守：官尊禄重，可以偿遂博负矣。妻君宁时在旁，知状。’遂乃上书谢恩曰：‘事在元平元年赦前。’其见厚如此。”[①] 观其文意，显然是认为宣帝赌博输给了陈遂，欠下了赌债。

在《宣帝纪》中班固论及皇曾孙的游侠生涯，称此举使其“具知闾里奸邪，吏治得失”[②]。按班固的说法，皇曾孙俨然是在自费进行严肃的社会调查。但通察皇曾孙的做派，其中似乎寻欢作乐的成分更多。并且，看当时的情况，三辅地区已经有点快容不下皇曾孙了，接下来若时间允许，他可能要出关壮游天下了。不过，若往深处分析，皇曾孙成亲之后，便远离长安，四处游荡，固然与他喜游侠有关，但他出身皇家，却沦落为庶人，并为政坛所不容，当成亲之年，无人愿把女儿嫁与他，总算结了婚，却是娶阉人之女为妻，并且还形同骗婚，弄出笑料，所以说，皇曾孙其实并不快乐，因此长安城压抑的气氛可能才是逼走他的主要原因。而这或许也是他不管干什么，许史两家始终待他如初的原因，皇曾孙太不容易。而考他离开长安后，经常居住在下杜，可能也颇有深意。前述覆盎门之所以又叫下杜门，是因为其南有下杜城，说明两者相距不远。而在两者之间，埋葬着他的曾祖母、祖母。他的父亲和母亲则葬在稍远一点的长安东郊。

关于皇曾孙家人的茔地，《汉书·戾太子传》将卫后、史良娣的葬处与史皇孙夫妇的葬处分写，可知方位并不一致：“卫后、

---

① 张烈点校：《汉纪》卷一八，《两汉纪（上）》，第 320 页。

② 《汉书》卷八《宣帝纪》，第 237 页。

史良娣葬长安城南。史皇孙、皇孙妃王夫人及皇女孙葬广明。”[①]

据《汉书·卫子夫传》，卫皇后当年自杀后，被“瘗之城南桐柏。”颜师古曰：“瘗，薶也。桐柏，亭名也。”皇曾孙做了皇帝后，“乃改葬卫后，追谥曰思后，置园邑三百家”。颜师古曰：“葬在杜门外大道东，以倡优杂伎千人乐其园，故号千人聚。”[②]观此，似乎更改了葬地，然观《五行志》云：“桐柏，卫思后园所在也。”[③]显然仍在原地。据《戾太子传》，史良娣“冢在博望苑北”，皇曾孙即位后，进行改葬，以“长安白亭东为戾后园”[④]。《水经注》云昆明故渠之北“有白亭博望苑”，史良娣死后，被“葬于苑北，宣帝以为戾（疑脱后字）园”。[⑤]是知博望苑本就在白亭。

据《汉书·戾太子传》：“史皇孙、皇孙妃王夫人及皇女孙葬广明。”苏林曰：“苑名也。”又“亲史皇孙位在广明郭北”[⑥]。据《刘贺传》：昭帝崩后，刘贺被征至长安，其到霸上后，“旦至广明东都门”。龚遂说：“礼，奔丧望见国都哭。此长安东郭门也。”[⑦]由此可知，广明在长安东郊。

远离长安的是非，近依亲人坟墓而居，或许能给他带来一些慰藉吧。想当年刚出生数月的皇曾孙，被投入郡邸狱时，“臂上犹带史良娣合采婉转丝绳，系身毒国宝镜一枚，大如八铢钱”[⑧]。“合采婉转丝绳”即用诸色丝线编织成彩绳。据应劭称汉代有以五彩

---

① 《汉书》卷六三《戾太子传》，第 2747 页。

② 《汉书》卷九七《卫子夫传》，第 3950—3951 页。

③ 《汉书》卷二七《五行志》，第 1374 页。

④ 《汉书》卷六三《戾太子传》，第 2748 页。

⑤ （北魏）郦道元原注，陈桥驿注释：《水经注》卷一九《渭水》，第 298 页。

⑥ 《汉书》卷六三《戾太子传》，第 2747—2748 页。

⑦ 《汉书》卷六三《刘贺传》，第 2765 页。

⑧ （东晋）葛洪撰，周天游校注：《西京杂记》卷一“身毒国宝镜”条，三秦出版社 2006 年版，第 30 页。

丝绳缠臂以避灾之习俗："五月五日，以五彩丝系臂，名长命缕，一名续命缕，一名辟兵缯，一名五色缕，一名朱索，辟兵及鬼，命人不病温。"[①]"身毒国"，李奇曰："一名天笃，则浮屠胡是也。"[②]其地在汉之西南，即古印度。"八铢钱"，铸造时间应为高后二年（前 186 年）至六年（前 182 年），山西原平窖藏半两钱中少量八铢钱，可认定是八铢钱的一种版式，其"重量约在 3–4g，直径约 25–26mm"[③]。亦即皇曾孙出生后，其祖母史良娣为使他免遭灾殃，特将五彩丝绳系于他的臂上，并且在五彩丝绳上还系了一枚来自身毒国的直径约 2.6 厘米左右的宝镜。据说该宝镜的辟邪功能尤其强大："旧传此镜见妖魅，得佩之者为天神所福。"因此皇曾孙虽迭遭大难，却总能"从危获济"。[④]

第二节　纵情昌邑王

当皇曾孙在三辅地区辗转游荡之时，远在东方的昌邑王刘贺也没有闲着。刘贺是武帝五子刘髆之子，始元元年（前 86 年）嗣爵为昌邑王时，年方数岁。及至长大成人，举止失度。他曾"遣中大夫之长安，多治仄注冠，以赐大臣，又以冠奴"。应劭曰："今法冠是也。"李奇曰："一曰高山冠，本齐冠也，谒者服之。"颜师古曰："仄，古侧字也。谓之侧注者，言形侧立而下注也。蔡邕云高九寸，铁为卷，非法冠及高山也。"此事颇不合礼制："冠者尊

① （东汉）应劭撰，王利器校注：《佚文》，《风俗通义校注》，第 605 页。
② 《汉书》卷六一《张骞传》，第 2690 页。
③ 杨君：《西汉"八铢钱""五分钱""荚钱"考辨》，《中国钱币》2023 年第 6 期。
④ （东晋）葛洪撰，周天游校注：《西京杂记》卷一"身毒国宝镜"条，第 30 页。

服，奴者贱人，贺无故好作非常之冠，暴尊象也。以冠奴者，当自至尊坠至贱也。”[①] 好游戏：“王尝久与驺奴、宰人游戏饮食，赏赐亡度。”胡三省曰：“驺，导车而执诃者也。宰人，掌膳食者也。”[②] 喜游猎：“好游猎，驱驰国中，动作亡节。”“不好书术而乐逸游，冯式撙衔，驰骋不止，口倦乎叱咤，手苦于棰辔，身劳乎车舆；朝则冒雾露，昼则被尘埃，夏则为大暑之所暴炙，冬则为风寒之所偃薄。数以耎脆之玉体犯勤劳之烦毒。”“幸方与，曾不半日而驰二百里，百姓颇废耕桑，治道牵马。”[③]

当时昌邑两位官员王吉、龚遂屡屡向刘贺进谏。

王吉治《韩诗》，兼通《五经》。官至云阳令，以举贤良为昌邑中尉。《汉旧仪》云王国中尉位比太傅、相，“秩二千石”，皆“不得与国政，辅王而已”[④]。《汉书·王吉传》也称其“不治民”。王吉曾情深意切地写过一篇奏疏劝谏刘贺，在奏疏中，他从阐释《诗经》之经义入手，语重心长地教导刘贺为王之道。王吉说安坐于广厦之下、细毡之上，在师傅的引领下修习经典，“考仁圣之风，习治国之道”，孜孜不倦地进行钻研，则获得的愉悦感远非纵马驰骋所能及。休息时，“俛仰诎信以利形，进退步趋以实下”，通过“吸新吐故”使五脏得到锻炼，通过“专意积精”使心神得到和悦，“于以养生，岂不长哉！”进而指出：“大王诚留意如此，则心有尧舜之志，体有乔松之寿，美声广誉登而上闻，则福禄其臻而社稷安矣。”若行为不谨，被皇帝知道，此“非飨国之福也”[⑤]。

---

① 《汉书》卷二七《五行志》，第 1366—1367 页。

② 《资治通鉴》卷二四，“元平元年”，第 777 页。

③ 《汉书》卷七二《王吉传》，第 3058—3059 页。

④ （东汉）卫宏撰，（清）孙星衍校：《汉旧仪》卷下，第 80 页。

⑤ 《汉书》卷七二《王吉传》，第 3060—3061 页。

龚遂以明经为官，至昌邑郎中令。王国郎中令，其职同于朝廷的光禄勋，武帝时“损其郎中令，秩千石”[①]，然《汉旧仪》云其“秩六百石”[②]，不知又损于何时。

据《汉书·五行志》，刘贺“见大白狗冠方山冠而无尾”。邓展曰:“方山冠以五采縠为之，乐舞人所服。”[③]胡三省曰:“方山冠，以五采縠为之，前高七寸，后高三寸，长八寸，乐舞人服之。”[④]《刘贺传》亦言及此事，称刘贺“尝见白犬，高三尺，无头，其颈以下似人，而冠方山冠”[⑤]。《通鉴考异》曰:“若颈以下似人而无头，何以辨其为犬，且安所施冠！盖《传》误也。”[⑥]当时刘贺让龚遂解说，龚遂曰:“此天戒，言在仄者尽冠狗也。去之则存，不去则亡矣。”颜师古曰:“言王左右侍侧之人不识礼义，若狗而著冠者耳。”刘贺又“闻人声曰‘熊’，视而见大熊。左右莫见”。刘贺问龚遂，答曰:“熊，山野之兽，而来入宫室，王独见之，此天戒大王，恐宫室将空，危亡象也。”[⑦]

据《汉书·刘贺传》当时白犬、熊等异事先后出现，继而又有“大鸟飞集宫中”[⑧]。而《五行志》则称:“有鹈鹕或曰秃鹙，集昌邑王殿下，王使人射杀之。”[⑨]此当为一事。每发生这种妖异之事，刘贺都要向龚遂询问缘故。尤其几件怪事连续出现，让刘贺感到很困惑，以至于非常感慨地仰天长叹:“不祥何为数来！”龚

---

① 《汉书》卷一九《百官公卿表》，第 741 页。
② （东汉）卫宏撰，（清）孙星衍校:《汉旧仪》卷下，第 80 页。
③ 《汉书》卷二七《五行志》，第 1367 页。
④ 《资治通鉴》卷二四，“元平元年”，第 778 页。
⑤ 《汉书》卷六三《刘贺传》，第 2766 页。
⑥ 《资治通鉴》卷二四，“元平元年”，第 778 页。
⑦ 《汉书》卷二七《五行志》，第 1367—1396 页。
⑧ 《汉书》卷六三《刘贺传》，第 2766 页。
⑨ 《汉书》卷二七《五行志》，第 1416 页。

遂则叩头回答说，臣不敢隐藏忠心，因此多次讲“危亡之戒”，大王听了不高兴。然而“国之存亡，岂在臣言哉？”对此，希望大王能自己揣度。进而又说：“大王诵《诗》三百五篇，人事浃，王道备，王之所行中《诗》一篇何等也？”最后更是不客气地说：“大王位为诸侯王，行污于庶人，以存难，以亡易，宜深察之。”后又发生“血污”刘贺的“坐席”之事，刘贺又问龚遂，龚遂“叫然号曰：‘宫空不久，祅祥数至。血者，阴忧象也。宜畏慎自省。’”①

王吉、龚遂的劝谏有时刘贺也能听得进去，就是缺乏毅力，不能坚持。如刘贺与驺奴、宰人游戏饮食，赏赐无度，龚遂知道后，入见刘贺，“涕泣膝行”，以至于把刘贺身边的侍御都感动哭了，接下来龚遂苦口婆心地好一痛说教，并请求“选郎通经术有行义者与王起居，坐则通《诗》、《书》，立则习礼容，宜有益。”刘贺当时颇有感触，就同意了。龚遂于是选郎中张安等十人侍奉刘贺，但是“居数日，王皆逐去安等”②。

尽管刘贺听不进去劝谏，但王吉和龚遂仍然见到刘贺有过失就批评他。如当时一看到刘贺行事放纵，王吉“辄谏争，甚得辅弼之义，虽不治民，国中莫不敬重焉”③。龚遂则“内谏争于王，外责傅相，引经义，陈祸福，至于涕泣，蹇蹇亡已”。以至“国中皆畏惮焉”④。

不过，通察刘贺的行事，他其实也就是少年心性，贪玩，不好受拘束而已。并且刘贺也并非一无是处，他知道王吉、龚遂都

① 《汉书》卷六三《刘贺传》，第 2766 页。
② 《汉书》卷八九《龚遂传》，第 3637—3638 页。
③ 《汉书》卷七二《王吉传》，第 3061 页。
④ 《汉书》卷八九《龚遂传》，第 3637 页。

是为他好，故虽听不进他们的劝谏，仍对他们非常尊重。并且龚遂有次“面刺王过，王至掩耳起走，曰‘郎中令善愧人’”[①]。前言王吉上疏谏刘贺，当时“王贺虽不遵道，然犹知敬礼吉，乃下令曰：‘寡人造行不能无惰，中尉甚忠，数辅吾过。使谒者千秋赐中尉牛肉五百斤，酒五石，脯五束。’”[②]

第三节　抑郁汉昭帝

当皇曾孙、刘贺各自在三辅、昌邑尽情地展示其旺盛的青春活力之时，未央宫里养尊处优的青年天子昭帝却已走到了生命的尽头，元平元年（前 74 年）四月十七日，崩于未央宫，时年二十一岁。

那一刻，皇曾孙或正在逗弄他刚出生几个月的儿子。

据《汉书·元帝纪》，元帝“母曰共哀许皇后，宣帝微时生民间。年二岁，宣帝即位。八岁，立为太子”。颜师古曰：“宣帝即位之明年改元曰本始。本始凡四年而改元曰地节。地节三年立皇太子。若初即位年二岁，则立为太子时年九岁矣。”[③] 又宣帝以元平元年（前 74 年）七月即位，而《许平君传》云许平君与皇曾孙成亲后，“一岁生元帝。数月，曾孙立为帝，平君为婕妤”[④]。颜师古据此曰：“是则即位时太子未必二岁也。参校前后众文，此纪进退为错。”刘攽曰：“此言‘年二岁，宣帝即位’，指论逾年改元为

---

① 《汉书》卷八九《龚遂传》，第 3637 页。
② 《汉书》卷七二《王吉传》，第 3061 页。
③ 《汉书》卷九《元帝纪》，第 277—278 页。
④ 《汉书》卷九七《许平君传》，第 3965 页。

即位耳，若《春秋》诸公也。”[①] 亦即《元帝纪》的叙述是能说得通的。查慎行认为元帝当生于元凤六年（前 75 年），“而月日无可考。若是正月以后，其为二岁无疑。若是十月以后，至明年丁未七月，名虽二岁，其实不过数月而已，似未可据《外戚传》断为《本纪》之错也”[②]。朱一新所持观点与刘攽同：“此所云宣帝即位者，当是从改元之年起算，则与《外戚传》不相违戾矣。”[③] 然臣瓒言及元帝的寿限曰：“帝年二十七即位，即位十六年，寿四十三。”[④] 元帝黄龙元年（前 49 年）十二月癸巳即位，次年改元，先后共用四个年号，初元五年、永光五年、建昭五年、竟宁一年，合十六年，则臣瓒是说元帝黄龙元年（前 49 年）二十七岁，据此上推，元帝当生于元凤六年（前 75 年）。对此，朱一新认为：“臣瓒注所云‘帝年二十七即位，寿四十三’当作‘二十六即位，寿四十二’。”[⑤] 亦即是臣瓒错了。洪颐煊认为：“《外戚传》称生数月宣帝立为帝，是以元平即位之日为始。此《纪》称年二岁宣帝即位，是据逾年改元本始而言。元帝生于元平元年。”并且又举了一条例子：“《疏广传》：‘地节三年立皇太子，广为少傅。在位五岁，皇太子年十二。’其年数正相合。”[⑥] 据《宣帝纪》，地节三年（前 67 年）“夏四月戊申，立皇太子”[⑦]。《丙吉传》云：“地节三年，立皇太子，吉

---

① 《前汉书》卷九《元帝纪》，第 97 页。

② （清）查慎行著，范道济点校：《得树楼杂钞》卷一二，《查慎行全集》（五），中华书局 2017 年版，第 239 页。

③ （清）朱一新撰，冯先思整理：《汉书管见》卷一，《朱一新全集》整理小组：《朱一新全集》（中），上海人民出版社 2017 年版，第 653 页。

④ 《汉书》卷九《元帝纪》，第 298 页。

⑤ （清）朱一新撰，冯先思整理：《汉书管见》卷一，第 653 页。

⑥ （清）洪颐煊著，王建点校：《读书丛录》卷一九“八岁立为太子”条，《洪颐煊集》（四），浙江古籍出版社 2019 年版，第 505 页。

⑦ 《汉书》卷八《宣帝纪》，第 249 页。

为太子太傅，数月，迁御史大夫。”[①] 据《百官公卿表》，地节三年“六月辛丑，太子太傅丙吉为御史大夫”[②]。《疏广传》云：“地节三年，立皇太子，选丙吉为太傅，广为少傅。数月，吉迁御史大夫，广徙为太傅”。又称疏广“在位五岁，皇太子年十二”[③]。据此推元帝被立为太子时年八岁。《汉纪》亦称元帝黄龙元年十二月即位，“年二十六”[④]。则其生于元平元年应该是可信的。

元帝出生后，皇曾孙给他起名为“奭。”[⑤] 奭，《说文》云：“盛也。从大从皕。”[⑥] 皕字意为二百，取此字为名，当有期盼其长寿之意。而《诗·大雅·常武》为召穆公美周宣王之诗，其云：“赫赫明明，王命卿士。”《毛传》：“赫赫然盛也。”[⑦] 段玉裁曰：“按奭是正字，赫是假借字。”[⑧] 故若皇曾孙取此诗为儿子之名，其意何止是暗含着期望儿子光大门楣之意！总之皇曾孙给他儿子起的名与字，合起来揣摩，他要表达的意思就是极乐！更何况他这儿子与他一样，也有点与众不同。成帝时宫女曹宫称其所生子，“额上有壮发，类孝元皇帝”。颜师古曰：“壮发，当额前侵下而生，今俗呼为圭头者是也。”[⑨]

当昭帝驾崩之时，刘贺可能正在寻欢作乐，因为他“闻天子

---

① 《汉书》卷七四《丙吉传》，第 3144 页。
② 《汉书》卷一九《百官公卿表》，第 803 页。
③ 《汉书》卷七一《疏广传》，第 3039 页。
④ 张烈点校：《汉纪》卷二一，《两汉纪》（上），第 368 页。
⑤ 《汉书》卷九《元帝纪》，第 277 页。
⑥ （东汉）许慎撰，（清）段玉裁注：《说文解字注》卷七《皕部》，第 137 页。
⑦ （东汉）郑玄笺，（唐）孔颖达等正义：《毛诗正义》卷一八之五《大雅·常武》，第 576 页。
⑧ （东汉）许慎撰，（清）段玉裁注：《说文解字注》卷七《皕部》，第 137 页。
⑨ 《汉书》卷九七《赵飞燕传》，第 3991—3992 页。

不豫，弋猎驰骋如故，与驺奴宰人游居娱戏”[①]。在刘贺看来，皇帝的生死与他何干！

而在广陵为王的刘胥得知此消息后大喜。刘胥本来一直过着子孙绕膝的幸福生活。昭帝即位后，因为有其兄刘旦在，纵使昭帝退位或崩逝，他也做不了皇帝，而元凤元年（前 80 年）刘旦自杀，想来他会生出些微兔死狐悲之感，当然也会有点戒惧。及至元凤五年（前 76 年）正月，刘胥来长安朝见昭帝，而昭帝对他也赏赐甚厚：“益国万一千户，赐钱二千万，黄金二百斤，剑二，安车一，乘马二驷。”[②] 按理他应该感激，不想他因见昭帝年少无子，或许也了解到昭帝身体不适，遂生觊觎皇位之心，“而楚地巫鬼，胥迎女巫李女须，使下神祝诅。女须泣曰：‘孝武帝下我。’左右皆伏。言‘吾必令胥为天子’”。继而刘胥又“多赐女须钱，使祷巫山”。不想李女须还没到巫山，消息传来，昭帝驾崩，刘胥大喜说：“女须良巫也！”于是“杀牛塞祷”以庆祝。颜师古曰：“以为因祷祝诅而崩也。”[③]

由于汉昭帝是英年早逝，西嶋定生认为：“其死因是很有疑问的。”[④] 鲁惟一也称：“他是否流露出什么迹象，致使霍光或其他人希望把他除掉，则不得而知。”但同时鲁惟一也承认：“历史记载中也没有任何暗示他非自然死亡的材料。”[⑤]

---

① 《汉书》卷二七《五行志》，第 1366 页。

② 《汉书》卷七《昭帝纪》，第 231 页。

③ 《汉书》卷六三《刘胥传》，第 2760—2761 页。

④ ［日］西嶋定生：《白话秦汉史（秦汉帝国的兴衰）》，黄耀能译，第 219—220 页。

⑤ ［英］霍瑞德、鲁惟一编：《剑桥中国秦汉史》，杨品泉、张书生、陈高华等译，张书生、杨品泉校订，第 167 页。

据《汉书·杜延年传》云："昭帝末，寝疾。"[①] 显见昭帝是重病而死，至于是什么病已经不得而知了。劳干推测他可能死于传染病："他死在夏四月，这时正在初夏，是传染病流行的季节。在传染病未明了其原因的时代，青壮年人死于传染病的，比例相当的高。"[②] 但也仅是推测而已，并无实据。不过其致病之因，倒是略可探讨一二。而论及此，在笔者看来，应与昭帝长期精神压抑颇有关联。

从昭帝与霍光相互配合对付上官桀等看，两人的关系还是颇为融洽的。然而有道是此一时彼一时，昭帝少时没能力主持国政，由着霍光全权处理也就罢了，到了元凤四年（前 77 年）正月，时年十八岁的昭帝行冠礼，这意味着昭帝已经成人，自此便可以处理国政了，可霍光却不肯向他移交权力，估计这会让他感到很郁闷。然而不仅国家大事昭帝不能参与，就是他的一举一动也完全处在霍光的掌控之下。这从霍光干涉昭帝的私生活一事就可以看出。

据《汉书·上官皇后传》，当时霍光从家族利益考虑，非常希望上官氏能生个太子，昭帝身边的近侍和医生们知道霍光的心意，为了讨好霍光，便以他身体不好为借口，要求他在私生活方面予以克制，不要临幸宫中女子。昭帝不听，大家就令宫中女子都穿前后有裆的裤子，估计这东西是连身的，带子又多，脱起来非常麻烦，甚至脱不掉，因为自此以后，后宫再没有为昭帝所临幸者："光欲皇后擅宠有子，帝时体不安，左右及医皆阿意，言宜禁内，虽宫人使令皆为穷绔，多其带，后宫莫有进者。"服虔曰："穷绔，

---

① 《汉书》卷六〇《杜延年传》，第 2665 页。

② 劳干:《霍光当政时的政治问题》,《古代中国的历史与文化》(上)，第 143 页。

有前后当，不得交通也。”颜师古曰：“使令，所使之人也。绔，古袴字也。穷绔即今之绲裆袴也。”[①]事实上，据《五行志》，不让昭帝近后宫女子，是霍光的命令：“光欲后有子，因上侍疾医言，禁内后宫皆不得进，唯皇后颛寝。”[②]想想连私生活都受到严格约束，是谁都会烦闷不已的。而苏辙将昭帝英年早逝的原因归结为霍光对昭帝照顾不周所致：“使昭帝居深宫，近嬖幸，虽天资明断，而无以养之，朝夕害之者众矣，而安能及远乎？”因此认为：“昭帝之短折，霍光之过也。”[③]显然是未能洞察事情的底蕴。

不仅如此，昭帝想找个能谈心的人都不容易。因为朝中群臣多为霍光亲党，后宫又是霍光的外孙女做着皇后，因而也被霍家牢牢控制。如金日磾子金赏，少时与昭帝同卧起，为玩伴，长大后仍侍奉昭帝，为宠臣，然而昭帝对其之“宠取过庸，不笃”。颜师古曰：“才过于常人耳，不能大厚也。”[④]原因是金赏为霍光之婿，昭帝不敢与他太过亲近。古代君主往往爱称孤道寡，用以自谦无德无能，其实昭帝才真是个名副其实的“孤家寡人”！而这样的人，活着有什么乐趣可言呢？

说起来，昭帝的人生其实挺凄惨的，先是母亲被父亲逼死，接着父亲又老病而崩，当时他才八岁！虽然他的父亲临死前为他做了精心安排，外有能臣帮他治理天下，内有同父异母姐姐照顾他的饮食起居，但这些人有谁真正为他着想过？从这些人的种种行为看，都是在想方设法地从他身上最大限度地榨取利益而已。

---

① 《汉书》卷九七《上官皇后传》，第3960页。

② 《汉书》卷二七《五行志》，第1335页。

③ 陈宏天、高秀芳点校：《栾城后集》卷八《昭帝论》，《苏辙集》，中华书局1990年版，第969—970页。

④ 《汉书》卷九三《佞幸传》，第3721—3722页。

最终因争权而爆发冲突，失势者命归黄泉，得意者专擅朝政，整个过程，昭帝几乎一直都扮演着傀儡的角色。生活在如此冷酷的环境中，昭帝怎么能够高兴起来？但形势发展到这个地步，昭帝其实也难辞其咎。元凤元年（前80年）前，昭帝虽然年幼，但在处理朝政上颇有发言权。究其原因，是由于霍光尽管于朝政有专断之权，但因有上官桀势力的牵制，使政令能否推行往往要经由昭帝的裁定方可。但由于昭帝言行之间明确表达了对上官桀势力的嫌恶，导致上官桀势力彻底绝望，遂图谋造反以扭转不利局面，及至上官桀势力被铲除，霍光对朝政实现绝对掌控，昭帝原来拥有的有限权力也随之归零。是以班固在昭帝行冠礼前不言其委政霍光事，及至其行冠礼后曰："昭帝即冠，遂委任光。"[①]其中是颇有深意的。所以时局发展到这个境地，昭帝是负有责任的，但上官桀集团也太不争气，始元四年（前83年）后，一件件事情做下来，最终把自己推到了道义的对立面，当此之时，要一个不过十四五岁的孩子做更深入的筹谋，是不现实的。

据《汉书·杜延年传》载，昭帝生病后，霍光特征召天下名医入京，让他们在太仆杜延年的领导下为昭帝诊疗："征天下名医，延年典领方药。"[②]然而昭帝还是死了，昭帝可能得的就是不治之症，也可能与当时的医疗水平低下有关。

汉文帝时，名医淳于意曾说："自意少时，喜医药，医药方试之多不验者。"[③]后从公孙光、阳庆那里学到秘方才精通医理。由于世间名医少，庸医多，在时人看来，与其饱受庸医的折磨，还不如不治。以至于《汉书·艺文志》称时谚云："有病不治，常得

① 《汉书》卷六八《霍光传》，第2936页。

② 《汉书》卷六〇《杜延年传》，第2665页。

③ 《史记》卷一〇五《淳于意列传》，第2796页。

中医。”[①] 所谓“中医”就是获得中等医疗效果的意思。所以昭帝之死不能排除当时医疗水平低下这一因素。

论及昭帝之死，宋超认为“刚逾弱冠之年昭帝的去世，霍光及群臣显然缺乏心理的准备”[②]。实则并非如此。元平元年（前 74 年），昭帝病情日渐恶化。为了应对即将到来的大变局，霍光采取了一系列措施。其时匈奴不断侵扰乌孙，乌孙求汉朝出兵援助，但鉴于昭帝病重，霍光暂未出师。当时针对昭帝病重的情况，霍光一方面以昭帝名义发布诏令，以示昭帝尚能经国理政，如元平元年（前 74 年）二月，以昭帝名义下诏减口赋钱。同时又征天下名医为其疗治，此举既是为了给昭帝疗疾，同时又有告知天下昭帝病重之意。而不断发布的天象异常警告也当意有所指。如元平元年（前 74 年），“二月甲申，晨有大星如月，有众星随而西行。……大星如月，大臣之象，众星随之，众皆随从也。天文以东行为顺，西行为逆，此大臣欲行权以安社稷。……三月丙戌，流星出翼、轸东北，干太微，入紫宫。始出小，且入大，有光。入有顷，声如雷，三鸣止。占曰：‘流星入紫宫，天下大凶。’”[③] 汉代观测天象，记录瑞应、灾异为太史令之职掌。而太史令为太常属官。时太常为蒲侯苏昌，此天象异常警告当属苏昌在霍光指使下所发布。霍光之所以如此，当是要以此暗示天下朝廷将有不测之事发生，以免因变生仓促，引起社会震动。而吏民通过朝廷的一系列异动，也隐约感觉到朝廷将有大事发生。有商人甚至从中发现商机：“茂陵富人焦氏、贾氏以数千万阴积贮炭苇诸下里物。”大司农田延年为此上奏书批评这种行为：“商贾或豫收方上不祥器

① 《汉书》卷三〇《艺文志》，第 1778 页。

② 宋超：《昭宣时代》，第 77 页。

③ 《汉书》卷二六《天文志》，第 1307—1308 页。

物，冀其疾用，欲以求利，非民臣所当为。请没入县官。”同时，霍光不对昭帝的后事豫作安排，以至于“昭帝大行时，方上事暴起，用度未办”[①]。此应当是故意为之，目的是为了避免让人们疑心自己心利昭帝之死。

虽然霍光对于昭帝之死颇有准备，但对他而言，真正的麻烦却在昭帝崩后，他能经受得住接下来的严峻考验吗？

---

① 《汉书》卷九〇《田延年传》，第3665页。

参考文献

李源澄:《秦汉史》，商务印书馆 1947 年版。

（北宋）司马光:《资治通鉴》，中华书局 1956 年版。

（东汉）班固:《汉书》，中华书局 1962 年版。

［日］滨口重国:《秦汉隋唐史の研究》（上卷），东京大学出版会 1966 年版。

［英］Michael Loewe，*Crisis and Conflict in Han China*，London：George Allen & Unwin Ltd.，1974.

（清）梁玉绳撰，贺次君点校:《史记志疑》，中华书局 1981 年版。

马元材:《桑弘羊年谱订补》，中州书画社 1982 年版。

（西汉）司马迁:《史记》，中华书局 1982 年版。

［日］西嶋定生:《白话秦汉史（秦汉帝国的兴衰）》，黄耀能译，（台北）文史哲出版社 1983 年版。

（清）梁玉绳等撰，吴树平、王佚之、汪玉可点校:《史记汉书诸表订补十种》，中华书局 1982 年版。

姚秀彦:《秦汉史》，（台北）三民书局 1983 年版。

吕思勉:《秦汉史》，上海古籍出版社 1983 年版。

安作璋、熊铁基:《秦汉官制史稿》，齐鲁书社 1984 年版。

（清）沈家本撰，邓经元、骈宇骞点校:《历代刑法考》，中华书局 1985 年版。

陈直:《居延汉简研究》，天津古籍出版社 1986 年版。

周振鹤:《西汉政区地理》，人民出版社 1987 年版。

谢桂华、李均明、朱国炤:《居延汉简释文合校》，文物出版社 1987 年版。

刘庆柱、李毓芳:《西汉十一陵》，陕西人民出版社 1987 年版。

（清）何焯著，崔高维点校:《义门读书记》，中华书局 1987 年版。

罗义俊:《汉武帝评传》，上海人民出版社 1988 年版。

（清）孙星衍等辑，周天游点校:《汉官六种》，中华书局 1990 年版。

［日］大庭脩:《秦汉法制史研究》，林剑鸣等译，上海人民出版社 1991 年版。

（清）苏舆撰，钟哲点校:《春秋繁露义证》，中华书局 1992 年版。

［英］崔瑞德、鲁惟一编:《剑桥中国秦汉史》，杨品泉、张书生、陈高华等译，张书生、杨品泉校订，中国社会科学出版社 1992 年版。

王利器校注:《盐铁论校注》（定本），中华书局 1992 年版。

中国社会科学院考古研究所编著:《汉长安城未央宫：1980 ~ 1989 年考古发掘报告》，中国大百科全书出版社 1996 年版。

《十三经注疏》，上海古籍出版社 1997 年版。

（东汉）许慎撰，（清）段玉裁注:《说文解字注》，浙江古籍出版社 1998 年版。

李开元:《汉帝国的建立与刘邦集团——军功受益阶层研究》，生活 · 读书 · 新知三联书店 2000 年版。

胡平生、张德芳编撰:《敦煌悬泉汉简释粹》，上海古籍出版社 2001 年版。

陈苏镇:《汉代政治与〈春秋〉学》，中国广播电视出版社 2001 年版。

庄春波:《汉武帝评传》，南京大学出版社 2001 年版。

徐复观:《两汉思想史》（第三卷），华东师范大学出版社 2001 年版。

（东汉）荀悦著，张烈点校:《汉纪》,《两汉纪》（上），中华书局

2002 年版。

徐州博物馆、南京大学历史学系考古专业:《徐州北洞山西汉楚王墓》,文物出版社 2003 年版。

林剑鸣:《秦汉史》,上海人民出版社 2003 年版。

李振宏:《居延汉简与汉代社会》,中华书局 2003 年版。

[日]西嶋定生:《中国古代帝国的形成与结构——二十等爵研究》,武尚清译,中华书局 2004 年版。

[日]内藤湖南著,夏应元选编并监译:《中国上古史》,夏应元等译,《中国史通论(上)》,社会科学文献出版社 2004 年版。

(清)钱大昕著,方诗铭、周殿杰校点:《廿二史考异》,上海古籍出版社 2004 年版。

何清谷:《三辅黄图校释》,中华书局 2005 年版。

晋文:《桑弘羊评传》,南京大学出版社 2005 年版。

张家山二四七号汉墓竹简整理小组:《张家山汉墓竹简[二四七号墓]》(释文修订本),文物出版社 2006 年版。

(清)沈钦韩等撰:《汉书疏证(外二种)》,上海古籍出版社 2006 年版。

(东汉)班固撰,(清)王先谦补注,上海师范大学古籍整理研究所整理:《汉书补注》,上海古籍出版社 2008 年版。

陈直:《汉书新证》,中华书局 2008 年版。

宋超:《昭宣时代》,陕西人民出版社 2008 年版。

徐卫民:《西汉未央宫》,陕西人民出版社 2008 年版。

王永平、张连生、孙显军、陈文和校点:《十七史商榷》,陈文和主编:《嘉定王鸣盛全集》(第四册),中华书局 2010 年版。

(南宋)马端临著,上海师范大学古籍研究所、华东师范大学古籍研究所点校:《文献通考》,中华书局 2011 年版。

马孟龙:《西汉侯国地理》，上海古籍出版社 2013 年版。

刘泽华总主编，林存光主编:《中国政治思想通史 · 秦汉卷》，中国人民大学出版社 2014 年版。

张俊民:《敦煌悬泉置出土文书研究》，甘肃教育出版社 2015 年版。

李峰:《巫蛊之祸　西汉中期政坛秘辛》，河南大学出版社 2015 年版。

陈宁:《秦汉马政研究》，中国社会科学出版社 2015 年版。

（清）朱一新撰，冯先思整理:《汉书管见》，《朱一新全集》整理小组:《朱一新全集》（中），上海人民出版社 2017 年版。

西安市汉长安城遗赴保管所编:《汉长安城长乐宫 4、5、6 号建筑遗址保护工程报告》，三秦出版社 2017 年版。

辛德勇:《制造汉武帝》（增订本），生活 · 读书 · 新知三联书店 2018 年版。

（南宋）王益之撰，王根林点校:《西汉年纪》，中华书局 2018 年版。

李峰:《〈制造汉武帝〉的历史公案》，河南人民出版社 2021 年版。

李峰、闫喜琴:《汉宣帝传》，人民出版社 2021 年版。

天回医简整理组:《天回医简》，文物出版社 2022 年版。

责任编辑：邵永忠
封面设计：胡欣欣

图书在版编目（CIP）数据

汉昭帝传 / 李峰 著．-- 北京：人民出版社，2025. 7.
（中国历代帝王传记）. -- ISBN 978-7-01-026956-6

Ⅰ. K827=341

中国国家版本馆 CIP 数据核字第 2024133G0T 号

汉昭帝传

HANZHAODI ZHUAN

李　峰　著

人民出版社 出版发行
（100706　北京市东城区隆福寺街 99 号）

北京新华印刷有限公司印刷　新华书店经销

2025 年 7 月第 1 版　2025 年 7 月北京第 1 次印刷

开本：880 毫米 ×1230 毫米 1/32　印张：11.875

字数：310 千字

ISBN 978-7-01-026956-6　定价：70.00 元

邮购地址　100706　北京市东城区隆福寺街 99 号

人民东方图书销售中心　电话（010）65250042　65289539